Krepold/Fischbeck
Bankrecht

Bankrecht

Konto – Zahlungsverkehr – Darlehensvertrag –
Kreditsicherheiten – Übungsklausuren

von

Prof. Dr. Hans-Michael Krepold

und

Sandra Fischbeck

Verlag Franz Vahlen München

VERLAG
VAHLEN
MÜNCHEN
www.vahlen.de

VAHLENS
ONLINE
MATERIALIEN

Zu diesem Titel
gibt es unter www.vahlen.de
für Dozenten die Grafiken
des Buches zum Download.

ISBN 978 3 8006 3674 7

Satz: Textservice Zink, Neue Steige 33, 74869 Schwarzach
Druck und Bindung: Druckhaus Nomos, In den Lissen 12, 76547 Sinzheim
Umschlag: Bruno Schachtner, Dachau

Gedruckt auf säurefreiem, alterungsbeständigem Papier
(hergestellt aus chlorfrei gebleichtem Zellstoff)

Vorwort

Für Praktiker, die sich einen schnellen Überblick über die Rechtsmaterie „Bankrecht" verschaffen wollen, ist dieses Buch ebenso bestimmt wie für Studenten, denen damit der Einstieg in das Bankrecht erleichtert wird. Die Verfasser sind ausnahmslos seit Jahren in der Ausbildung tätig. Prof. Dr. Hans-Michael Krepold unterrichtet den Schwerpunkt Bankrecht an der Hochschule Aschaffenburg und an der Universität Augsburg, nachdem er schon als Syndikus im Konzernbereich Recht der Bayerischen Hypo- und Vereinsbank AG viele Jahre Seminare gehalten hat. Sandra Fischbeck ist ebenfalls Syndika im Konzernbereich Recht der Bayerischen Hypo- und Vereinsbank AG. Seit vielen Jahren konzipiert sie Seminare für die Mitarbeiterinnen und Mitarbeiter und leitet diese mehrmals im Jahr. Die Bedürfnisse der Lernenden sind deshalb bekannt, und wir versuchen, ihnen mit diesem Buch gerecht zu werden.

Das Bankrecht ist eine weite, stets innovative Rechtsmaterie. Für den Erfolg im Bankrecht sind zuallererst fundierte Kenntnisse in allen Bereichen des BGB Voraussetzung. Schnell erkennt der Bankjurist, dass zusätzliche Bereiche hinzukommen, wie etwa Gesellschaftsrecht, Insolvenzrecht, Strafrecht oder das Prozessrecht. Wegen der umfangreichen Sondermaterie ist das Kapitalmarktrecht in einem weiteren Werk behandelt.

Mit den klassischen Standardwerken des Bankrechts kann und will dieses Buch nicht konkurrieren. Die Autoren empfehlen deshalb, zur Vertiefung das von Schimansky/Bunte/Lwowski in der 3. Auflage herausgegebene Bankrechts-Handbuch und das von Gößmann/Hellner/Schröter/Steuer/Weber als laufend aktualisierte Loseblattsammlung herausgegebene Werk Bankrecht und Bankpraxis heranzuziehen. Um dieses Buch gerade in den Fußnoten übersichtlich zu gestalten, führen die Autoren nur die Rechtsprechung und Literatur an, die gerade der studentische Anwender lesen sollte. Ansonsten wird grundsätzlich auf das Bankrechts-Handbuch verwiesen.

Dieses Buch setzt examens- und prüfungsrelevante Schwerpunkte. Damit der Erwartungshorizont in Examensklausuren aufgezeigt wird, sind bereits gestellte Klausuren mit Gliederung und Lösungsskizze aufgenommen.

Für Anregungen sind wir sehr dankbar. Bitte lassen Sie uns Ihre Meinung wissen. Wir sind erreichbar unter E-Mail: krepold@web.de und sc.fischbeck@arcor.de.

Gauting/München im April 2009

Sandra Fischbeck
Hans-Michael Krepold

Aktualitätsvermerk

Die zum 31.10. 2009 in Kraft tretende Änderung des Bürgerlichen Gesetzbuches zum Zahlungsverkehr und die ab 11.6.2010 geltende Änderung des Verbraucherdarlehensrechts durch das Gesetz zur Umsetzung der Verbraucherkreditrichtlinie, des zivilrechtlichen Teils der Zahlungsdiensterichtlinie sowie zur Neuordnung der Vorschriften über das Widerrufs- und Rückgaberecht gemäß Gesetzesentwurf der Bundesregierung vom 21.1.2009, BT-Drucks 16/11643 sind bereits berücksichtigt.

Inhaltsübersicht

Bearbeiterverzeichnis

1. Konto (mit Ausnahme 1.7 Bankgeheimnis)	: Fischbeck
1.7 Bankgeheimnis	: Krepold
2. Zahlungsverkehr	: Krepold
3.1 Darlehensvertrag	: Krepold
3.2 Verbraucherdarlehensvertrag	: Fischbeck
3.3 Avalkredit	: Fischbeck
4. Kreditsicherheiten (mit Ausnahme 4.2 Grundschuld)	: Fischbeck
4.2 Grundschuld	: Krepold
Übungsklausuren 1–4	: Krepold
Übungsklausur 5	: Fischbeck

Inhaltsverzeichnis

Abkürzungsverzeichnis

a.A.	andere Ansicht
a.F.	alte Fassung
AG	Aktiengesellschaft
AGB	Allgemeine Geschäftsbedingungen
AO	Abgabenordnung
AEAO	Anwendungserlass zur Abgabenordnung
BaFin	Bundesanstalt für Finanzdienstleistungsaufsicht
b.a.w.	bis auf weiteres (variable Zinsen)
BeurkG	Beurkundungsgesetz
BGB	Bürgerliches Gesetzbuch
BGB-E	beabsichtigte Änderung des BGB, Gesetzentwurf der Bundesregierung vom 21.1. 2009 (BT-Drs. 16/11643)
BGBl I	Bundesgesetzblatt Teil I
BGH	Bundesgerichtshof
BKR	Zeitschrift für Bank- und Kapitalmarktrecht
BVerfG	Bundesverfassungsgericht
BT-Drucks.	Deutscher Bundestag, Drucksache
eG	eingetragene Genossenschaft
EGBGB	Einführungsgesetz zum Bürgerlichen Gesetzbuch
EGMR	Europäischer Gerichtshof für Menschenrechte
EU	Europäische Union
EuGH	Europäischer Gerichtshof
EWR	Europäischer Wirtschaftsraum
GbR	Gesellschaft bürgerlichen Rechts (BGB-Gesellschaft)
GmbH	Gesellschaft mit beschränkter Haftung
GmbHG	GmbH-Gesetz
GwG	Geldwäschegesetz
HGB	Handelsgesetzbuch
hM	herrschende Meinung
IBAN	International Bank Account Number
i.V.m.	in Verbindung mit
JVEG	Justizvergütungs- und -entschädigungsgesetz
KG	Kommanditgesellschaft
KWG	Kreditwesengesetz
LSA	Lastschriftabkommen
mwN	mit weiteren Nachweisen
n.F.	neue Fassung
NJW	Neue Juristische Wochenschrift
NStZ	Neue Zeitschrift für Strafrecht

OHG	Offene Handelsgesellschaft
p.a.	per annum = pro Jahr
PAngV	Preisangabenverordnung
PEP	Politisch exponierte Person
PIN	persönliche Identifikationsnummer
PfandBG	Pfandbriefgesetz
Rn.	Randnummer
SEPA	Single Euro Payment Area
SGB I	Sozialgesetzbuch I. Buch
StGB	Strafgesetzbuch
StPO	Strafprozessordnung
St.Rspr.	Ständige Rechtsprechung
StV	Strafverteidiger
TAN	Transaktionsnummer
VerbrKrG	Verbraucherkreditgesetz (Vorgängerregelung der §§ 491 ff. BGB)
VVG	Versicherungsvertragsgesetz
WM	Wertpapiermitteilungen – Zeitschrift für Wirtschafts- und Bankrecht
WuB	WuB – Entscheidungssammlung zum Wirtschafts- und Bankrecht
ZInsO	Zeitschrift für das gesamte Insolvenzrecht
ZIP	Zeitschrift für Wirtschaftsrecht
ZKA	Zentraler Kreditausschuss (Zusammenschluss von Bankenverbänden)
ZPO	Zivilprozessordnung
ZVG	Zwangsversteigerungsgesetz

Abbildungsverzeichnis

1 Konto

Nahezu jeder Bundesbürger hat ein Bankkonto, und zwar in Form eines **Kontokorrentkontos**, mit dem der laufende Zahlungsverkehr abgewickelt wird. Die Kontoeröffnung ist regelmäßig der Beginn einer Geschäftsverbindung mit einer Bank; später kommen weitere Geschäfte hinzu (z.B. Zahlungsverkehr durch Einrichtung von Daueraufträgen, Überweisungsaufträge, Empfang von Überweisungen, aber auch eigenständige weitere Verträge, wie z.B. Depoteröffnung und daran anschließend der Kauf von Wertpapieren).

Die Kontobeziehung wird durch einen **Kontoeröffnungsvertrag** begründet. Mit dem Kontoeröffnungsvertrag werden die für die jeweilige Bankengruppe geltenden **AGB** (z.B. AGB-Banken[1], AGB-Sparkassen) mit einbezogen. Die jeweiligen AGB gelten nach ihrem Text, vgl. z.B. Nr. 1 Abs. 1 AGB-Banken, für die gesamte Geschäftsbeziehung des Kunden zu seiner Bank, also über die einzelne Kontobeziehung hinaus. Deshalb wird von der Literatur die Auffassung vertreten, dass mit der Kontoeröffnung nach dem Willen der Vertragsparteien neben dem Kontoeröffnungsvertrag ein weiterer Vertrag begründet wird, nämlich der sog. **Bankvertrag**.[2] Der Bankvertrag soll eine Rahmenvereinbarung darstellen, die für die gesamte Geschäftsverbindung des Kunden und der Bank gilt. Aus dem Bankvertrag ergeben sich nach dieser Auffassung jedoch keine Hauptleistungspflichten, sondern nur vertragliche Schutz- und Verhaltenspflichten, wie z.B. die Wahrung des Bankgeheimnisses durch die Bank (vgl. Nr. 2 Abs. 1 AGB-Banken).

Der Bankensenat des **BGH** hat mit Urteil vom 24.9. 2002[3] einen solchen **Bankvertrag abgelehnt**. Denn eine längere Geschäftsbeziehung begründet nach richtiger Auffassung des BGH noch keinen Rahmenvertrag, sondern ist nichts weiter als eine Beziehung, die auf einem Dauerschuldverhältnis (wie es die Kontobeziehung darstellt) oder einer mehr oder weniger großen Zahl von Einzelverträgen (z.B. Überweisungsverträgen, oder auch anderen Verträgen wie z.B. Kreditvertrag) beruht. Da der Bankvertrag keine primären Hauptleistungspflichten beinhaltet, ist er überflüssig; die sekundären Schutz- und Verhaltenspflichten gelten unabhängig vom Willen der Parteien kraft Gesetzes. Auch soweit die AGB der Bank für weitere Geschäfte gelten sollen, bedarf es nicht der Annahme eines Bankvertrags, der neben dem Einzelvertrag steht. Die AGB werden durch Vereinbarung in den Einzelvertrag (z.B. bei Kontoeröffnung) mit einbezogen und gelten dann nach ihrem Wortlaut (vgl. Nr. 1 Abs. 1 AGB-Banken) auch für etwaige weitere Geschäfte, also für die gesamte Geschäftsbeziehung.

---

[1] Abgedruckt auf der Homepage des Bundesverbands deutscher Banken, www.bankenverband.de unter den Stichworten: Fachinformationen, Recht.

[2] Vgl. hierzu ausführlich die dogmatischen Ausführungen von *Hopt* in *Schimansky/Bunte/Lwowski*, Bankrechts-Handbuch, 3. Auflage, § 1, und *Bunte*, ebenda, § 2.

[3] BGH, Urteil vom 24.9. 2002 – XI ZR 345/01, WM 2002, 2281 = NJW 2002, 3695 = ZIP 2002, 2082; die Literatur hält in weiten Teilen trotz dieses BGH-Urteils weiter am Bankvertrag fest, vgl. vorherige Fußnote.

1.1 Girovertrag und Kontokorrent

Ein Konto (italienisch: Rechnung) ist ein **Handelsbuch** iSv. § 238 HGB. Es legt eine auf Dauer begründete Geschäftsverbindung zahlenmäßig dar und gibt damit Auskunft über die Handelsgeschäfte, die die Bank vornimmt. Dabei handelt es sich um die öffentlich-rechtliche Seite eines Kontos. In zivilrechtlicher Hinsicht liegt einem Bankkonto der zwischen Bank und Kunde vereinbarte **Girovertrag** zu Grunde, aufgrund dessen der Kunde seinen bargeldlosen Zahlungsverkehr abwickelt. Aus diesem ergibt sich ebenfalls eine Buchführungspflicht der Bank, da die Bank dem Kontoinhaber nach § 666 BGB Auskunft erteilen und Rechenschaft ablegen muss.

1.1.1 Der Girovertrag als Grundlage des Girokontos

Die Bank übernimmt mit dem Girovertrag die Pflicht, ein **laufendes Konto** (Girokonto)[4] für den Kunden zu führen, über das der **bargeldlose Zahlungsverkehr** zugunsten des Kunden oder zu seinen Lasten verbucht werden. Die Bank muss also aufgrund des Girovertrags:

- Geldeingänge (aus Überweisungen oder Bareinzahlungen) entgegen nehmen und gutschreiben,
- vom Kunden zum Inkasso eingereichte Schecks einziehen,
- Überweisungen auf andere Konten ausführen, allerdings nur im Rahmen eines Kontoguthabens oder im Rahmen einer eingeräumten Kreditlinie, und
- Lastschriften einlösen; dies ebenfalls nur im Rahmen eines Guthabens oder einer eingeräumten Kreditlinie.

Das Recht des Kunden, sein Guthaben auf einem Girokonto **bar abzuheben**, ist nicht Bestandteil des Girovertrags. Es ergibt sich vielmehr aus dem mit dem Girovertrag regelmäßig ebenfalls zu Stande kommenden – von ihm aber rechtlich zu trennenden – **Verwahrvertrag**, aus dem der Kunde nach §§ 700, 695 BGB Auszahlung verlangen kann.[5]

Der Girovertrag wurde durch das Überweisungsgesetz vom 21.7. 1999 in **§ 676 f BGB** geregelt. Allerdings ist die Regelung nur lückenhaft, weil insbesondere die sich aus dem Girovertrag ergebende Pflicht der Bank, Schecks zum Inkasso entgegen zu nehmen und Lastschriften einzulösen, übersehen wurde. An der vorstehend geschilderten Rechtslage hat sich dennoch nichts geändert, so dass sämtliche oben aufgezählten Dienstleistungen Bestandteil des Girovertrags sind.[6]

---

[4] Als „laufendes Konto" wird ein Konto bezeichnet, über das der Kunde seinen bargeldlosen Zahlungsverkehr abwickelt (auch Girokonto genannt). In Abgrenzung dazu gibt es z.B. das Sparkonto, das nicht zur Abwicklung des Zahlungsverkehrs gedacht ist. Für das Sparkonto gibt es keine Kontokorrentvereinbarung.

[5] Vgl. *Schimansky* in *Schimansky/Bunte/Lwowski*, Bankrechts-Handbuch, 3. Auflage, § 47, Rn. 26; *Gößmann*, ebenda, § 70, Rn. 26 f.

[6] Vgl. *Schimansky* in *Schimansky/Bunte/Lwowski*, Bankrechts-Handbuch, 3. Auflage, § 47, Rn. 8.

Im Girovertrag wird auch vereinbart, welches **Entgelt** die Bank für die Kontoführung verlangt. Die Preismodelle der Banken sind höchst unterschiedlich. Es gibt pauschale Kontoführungspreise, kostenlose Kontoführung unter der Voraussetzung gewisser regelmäßiger Geldeingänge oder sonstiger Voraussetzungen, die Bepreisung einzelner Dienstleistungen, wie z.B. die Bepreisung eines beleghaften Überweisungsauftrags, usw. Die wichtigsten Leistungen der Bank aufgrund des Girovertrags, nämlich die Entgegennahme von Geldeingängen und die Durchführung von Kundenweisungen, werden im Folgenden dargestellt:

1.1.1.1 Entgegennahme von Geldeingängen: Anspruch auf Gutschrift

Aufgrund des Girovertrags ist die Bank verpflichtet, Geldeingänge, die sie für den Kunden erlangt, entgegen zu nehmen und dem Kunden gut zu schreiben. Denn der Girovertrag ist ein Geschäftsbesorgungsvertrag, bei dem die **Bank alles, was sie für den Kunden erlangt, nach § 667 BGB herauszugeben hat**.

> **Beispiel:** Ein Bierfreund aus Altötting (A), der uns mit seinen (neben-)beruflichen und Freizeit-Aktivitäten sowie mit seiner Familie noch öfter begegnen wird, ist Kunde der Raiffeisenbank Altötting eG (R). Seine Oma (O) hat ein Konto bei der Bayerischen Hypo- und Vereinsbank AG (HVB). O überweist A zum bestandenen Examen 1000 EUR. Die HVB belastet die 1000 EUR dem Konto und leitet den Betrag an die R weiter. Da A ein Konto bei der R hat, ist die R aufgrund des Girovertrags verpflichtet, den Überweisungsbetrag entgegen zu nehmen. Mit Eingang des Überweisungsbetrags (sog. **buchmäßige Deckung**) bei der R ist diese verpflichtet, den Betrag dem Konto des A gut zu schreiben. Mit dem Eingang der buchmäßigen Deckung hat die Bank (R) also im Rahmen ihrer Geschäftsbesorgung für A „etwas" (den Überweisungsbetrag) erlangt; mit der Gutschrift auf dem Konto des A erfüllt die Bank ihre sich aus § 667 BGB ergebende Herausgabepflicht.[7]

Dementsprechend hat der Kontoinhaber (hier der Zahlungsempfänger A) aus § 667 BGB einen Anspruch gegen die Bank, dass sie den erhaltenen Betrag auf seinem Konto gut schreibt; das ist der sogenannte **Anspruch auf Gutschrift**. Davon zu unterscheiden ist der **Anspruch aus der Gutschrift**, also das Recht des Kontoinhabers, über eine Gutschrift zu verfügen. Der Anspruch aus der Gutschrift ist jedoch durch das Kontokorrentverhältnis beschränkt und wird daher dort behandelt.[8]

Allerdings hat nicht nur der Kontoinhaber einen Anspruch auf Gutschrift, sondern zugleich die **Bank ein Recht zur Gutschrift**, das sich ebenfalls aus dem Girovertrag ergibt.

> **Beispiel:** Bierfreund A hat Konten bei der Raiffeisenbank Altötting eG (R) und bei der Bayerischen Hypo- und Vereinsbank AG (HVB). Das Konto bei der HVB ist von der Brauerei Andechs (B) gepfändet, weil A sein dort bestelltes Bierfass nicht bezahlt hatte. Das bei der R geführte Konto ist nicht gepfändet. A hat gegenüber dem

---

[7] Nach § 676g Abs. 1 BGB ist die Bank verpflichtet, einen überwiesenen Betrag spätestens einen Bankgeschäftstag nach Eingang der buchmäßigen Deckung bei ihr dem Kunden gutzuschreiben, siehe dazu Punkt 1.1.4.

[8] Vgl. Punkt 1.1.2.1.3.

Finanzamt München angegeben, dass die Steuererstattung auf das Konto bei der R zu leisten sei. Das Finanzamt München verwendet versehentlich die EDV-mäßig gespeicherte Bankverbindung zur HVB und überweist die Steuererstattung auf das gepfändete Konto bei der HVB. A beschwert sich bei der HVB, dass die Überweisung an die R hätte gehen sollen, und besteht auf einer Rücküberweisung an das Finanzamt.

Die HVB kehrt dennoch das sich aus der Steuererstattung ergebende Kontoguthaben des A an den Pfändungsgläubiger B aus. Denn sie hat aus dem Girovertrag zu A ein Recht, bei ihr eingehende Beträge gut zu schreiben. Die Weisung des A, die Gutschrift rückgängig zu machen, ist unbeachtlich. Denn zwischen A und dem Finanzamt München besteht ein Valutaverhältnis, aufgrund dessen A Anspruch auf die Zahlung hat. Zwar hat A einen gewissen Zahlungsweg vorgegeben, an den sich das Finanzamt München zu halten hat. Dass das Finanzamt München die Weisung des A nicht beachtet hat, ist ausschließlich in diesem Valutaverhältnis zu regeln.

Die Bank (hier: HVB) kann sich im völlig automatisierten bargeldlosen Zahlungsverkehr nicht um im Valutaverhältnis erteilte Weisungen kümmern, die ihr noch nicht einmal bekannt sind.[9]

1.1.1.2 Verpflichtung zur Durchführung von Weisungen

Aus dem Girovertrag ist die Bank nicht nur verpflichtet, Geldeingänge entgegen zu nehmen, sondern auch, Weisungen des Kontoinhabers durchzuführen. Der Girovertrag bestimmt die von der Bank zu erbringenden Leistungen nur gattungsmäßig, also beispielsweise, dass die Bank verpflichtet ist, Überweisungen auszuführen. Die **konkrete Leistungspflicht** der Bank wird erst **durch eine Weisung des Kontoinhabers ausgelöst**.

Die typische Weisung ist der **Überweisungsauftrag**: Der Überweisungsauftrag ist kein Auftrag im Rechtssinne, sondern **nach § 676a BGB ein Überweisungsvertrag**.[10] Da die Bank aufgrund des Giroverhältnisses verpflichtet ist, Überweisungen durch zu führen, bedarf es keiner ausdrücklichen Annahmeerklärung der Bank.

Die Pflicht, **Lastschriften einzulösen**, ergibt sich, wie oben dargestellt, ebenfalls aus dem Girovertrag. Auf Grundlage der vom BGH vertretenen Genehmigungstheorie führt die Bank allerdings keine Weisung des Kunden aus, wenn sie Lastschriften einlöst. Denn nach Auffassung des BGH handelt es sich bei der Lastschrifteinlösung um eine **ungenehmigte Kontobelastung**.[11] Dennoch ist die **Bank aufgrund des Girovertrags zu dieser Kontobelastung verpflichtet**.

---

[9] Anders wäre es allerdings, wenn die Überweisung des Finanzamts nicht für unseren Bierfreund A, sondern für dessen Ehefrau E gedacht wäre und aufgrund eines Zahlendrehers bei der Kontonummer versehentlich die Kontonummer des A angegeben wäre. Eine solche Gutschrift, die darauf beruht, dass die Empfängerbank keinen Kontonummer-Namensabgleich (siehe dazu Punkt 2.1.2.3.4.) vorgenommen hat, kann der Kontoinhaber, für den die Gutschrift nicht bestimmt war, ablehnen. Vgl. zum Recht des Kontoinhabers, Gutschriften zurück zu weisen, *Schimansky* in *Schimansky/Bunte/Lwowski*, Bankrechts-Handbuch, 3. Auflage, § 47, Rn. 16 ff, mwN aus der BGH-Rechsprechung.

[10] Zum Überweisungsvertrag siehe unten Punkt 2.1.2.1.1.

[11] Zur Genehmigungstheorie vgl. Punkt 2.2.5.2.2.

1.1.2 Das Girokonto als Kontokorrentkonto

Das laufende Konto (Girokonto) ist regelmäßig ein **Kontokorrentkonto**, also ein Konto, für das im Kontoeröffnungsvertrag eine Kontokorrentvereinbarung getroffen wird.

Beispiel: Im Kontoeröffnungsvertrag ist folgende (typische) Regelung enthalten: „**Kontokorrentabrede, Rechnungsabschluss** *Das Konto wird in laufender Rechnung geführt (Kontokorrentkonto). Die Bank erteilt jeweils zum Ende eines Quartals einen Rechnungsabschluss.*“[12]

Kontokorrent kommt aus dem Italienischen: conto corrente = **laufende Rechnung**. Ein Kontokorrent stellt eine bestimmte **Abrechnungsmethode** dar, die in §§ 355 ff. HGB geregelt ist. Eigentlich müsste die Bank jedes einzelne Geschäft des Kunden, z.B. eine Überweisung, gesondert abwickeln und abrechnen. Stattdessen fasst die Bank die beiderseitigen Ansprüche aus der Geschäftsverbindung (Forderungen des Kunden aus Gutschriften und die Verbindlichkeiten des Kunden aus Kontobelastungen) als bloße Rechnungsposten in einer laufenden Rechnung zusammen, um sie zu verrechnen. Das Kontokorrentverhältnis ist gekennzeichnet durch folgende Bestandteile:

- **Buchung** des einzelnen Geschäfts auf dem Konto, wovon die **Wertstellung** zu unterscheiden ist
- **Kontokorrentbindung** = Untergang des einzelnen Geschäfts im Kontokorrent,
- **Rechnungsabschluss** nach Ablauf der Rechnungsperiode und
- **Saldoanerkenntnis** des Kunden infolge des Rechnungsabschlusses.

Diese Bestandteile sollen im Folgenden näher erläutert werden. Es empfiehlt sich, die nachfolgenden Ausführungen anhand der eigenen Kontoauszüge nachzuvollziehen!

1.1.2.1 Buchungen

Die Bank bucht jedes einzelne Geschäft des Kunden auf dem Konto. Die Buchung ist ein technischer Vorgang, mit dem ein Geldabgang oder Geldzugang dem Kunden zugeordnet wird. Es gibt **zwei Arten von Buchungen: Gutschriften und Kontobelastungen**. Forderungen des Kunden gegen die Bank werden als Gutschrift gebucht; Forderungen der Bank gegen den Kunden werden als Kontobelastung gebucht.

1.1.2.1.1 Tagessaldo

Die Buchungen eines Tages ergeben den **Tagessaldo**. Ergibt sich ein Habensaldo, kann der Kunde über den Tagessaldo verfügen. Dies ergibt sich aus dem mit dem Girovertrag verknüpften **Verwahrvertrag**.[13]

Beispiel: Der Kontosaldo per 2.3. 2009 beträgt EUR 520,12 im Soll. Die Bank hat keine Dispositionslinie eingeräumt. Es handelt sich also um eine geduldete Überziehung.[14] Am 3.3. 2009 geht eine Steuererstattung in Höhe von EUR 845,00 auf dem

---

[12] Vgl. auch die Kontokorrentvereinbarung in Punkt 1 des unter Punkt 1.3.1 abgedruckten Formulars des Bank-Verlags zum Oder-Konto (Abb. 1-3-1).

[13] Siehe oben unter Punkt 1.1.1.

[14] Zur geduldeten Überziehung siehe Punkt 3.2.14.2.2.

Konto ein; auf dem Konto wird per 3.3. 2009 eine Gutschrift gebucht. Der Tagessaldo per 3.3. 2009 beträgt EUR 325,12. Der Kunde kann Auszahlung des tatsächlich vorhandenen Guthabens in Form des Tagessaldos verlangen. Unerheblich ist, dass für die Zeit, in der das Konto überzogen war, Überziehungszinsen anfallen; diese werden nicht vom Tagessaldo einbehalten, sondern erst mit dem Rechnungsabschluss in den Kontokorrent eingebucht.[15]

1.1.2.1.2 Belastungsbuchungen

Belastungsbuchungen haben nur **deklaratorische Bedeutung**: Mit der Belastungsbuchung behauptet die Bank, eine Forderung in entsprechender Höhe zu haben. Besteht die angebliche Forderung der Bank in Wahrheit nicht, kann die Belastungsbuchung keine Forderung begründen. Vielmehr ist sie rückgängig zu machen, und zwar auch noch nach dem Rechnungsabschluss.[16]

Beispiel: Die Bank belastet dem Konto des Kunden einen Betrag von EUR 1513,20, den sie auf ein Konto in Italien überwiesen hat. Im Nachhinein stellt sich heraus, dass der Überweisungsauftrag nicht vom Kunden stammt, sondern gefälscht war. Die Bank hat nicht allein deshalb, weil sie eine Belastungsbuchung vorgenommen hat, einen Anspruch gegen den Kunden auf Zahlung dieses Betrags. Besteht in Wahrheit – wie hier – keine Forderung gegen den Kunden, ist die Belastungsbuchung rückgängig zu machen.

1.1.2.1.3 Gutschriften; Storno- und Berichtigungsbuchung; Vorbehaltsgutschriften

Im Gegensatz dazu sind **Gutschriften** ein **abstraktes Schuldanerkenntnis** der Bank gegenüber ihrem Kunden. Allein durch die Gutschrift auf dem Konto wird ein Anspruch des Kunden gegen die Bank auf Auszahlung oder anderweitige Verfügung begründet. Diesen Anspruch nennt man den **Anspruch aus der Gutschrift**.

Wie bereits ausgeführt, hat der Kunde aus § 667 BGB einen **Anspruch auf Gutschrift** eines Geldbetrags, der zu seinen Gunsten bei der Bank eingegangen ist.[17] Hat die Bank die entsprechende Gutschrift, also die Buchung der Kundenforderung auf dem Konto, vorgenommen, entsteht der **Anspruch aus der Gutschrift**: Der Kunde kann über die Gutschrift verfügen, z. B. durch Barauszahlung oder Überweisung. Allerdings ist dieser Anspruch aus der Gutschrift **kontokorrentgebunden**, d. h. wie bereits dargelegt, kann der Kunde nur über den sich nach Gutschrift ergebenden Tagessaldo verfügen.

Hat die Bank bei der Gutschrift einen Fehler gemacht (z. B. irrtümliche Doppelbuchung, Gutschrift einer Überweisung auf einem Konto, dessen Inhaber nicht der auftragsgemäße Empfänger der Überweisung ist), kann sie die **fehlerhafte Gutschrift** und das damit verbundene Saldoanerkenntnis **nach Bereicherungsrecht zurück verlangen.**

---

[15] Zum Rechnungsabschluss siehe Punkt 1.1.2.3.

[16] Zur Wirkung des Rechnungsabschlusses und des Saldoanerkenntnisses siehe Punkt 1.1.2.3 und 1.1.2.4.

[17] Zum Anspruch auf Gutschrift siehe oben Punkt 1.1.1.1.

Diesen Bereicherungsanspruch kann die Bank im Wege der Selbsthilfe durch eine **Stornobuchung** der Gutschrift durchsetzen, vgl. Nr. 8 Abs. 1 AGB-Banken. Wenn der Kunde bereits über die fehlerhafte Gutschrift verfügt hat, gerät sein Konto durch die Stornobuchung ins Soll. Denn nach Nr. 8 Abs. 1 S. 1 letzter Halbsatz AGB-Banken kann der Kunde nicht geltend machen, dass er in Höhe der Gutschrift bereits verfügt hat. Auch hat der Kunde kein Recht, der Stornobuchung zu widersprechen.

Vorstehende Ausführungen gelten jedoch nur, wenn die Bank die fehlerhafte Gutschrift vor dem Rechnungsabschluss rückgängig macht. Liegt zwischen fehlerhafter Gutschrift (z. B. am 30. 3. 2009) und dem Zeitpunkt, zu dem die Bank ihren Fehler bemerkt (z. B. am 13. 4. 2009) ein **Rechnungsabschluss** (im Beispiel der Rechnungsabschluss per 31. 3. 2009), hat die Bank zwar ebenfalls ein Recht, die fehlerhafte Gutschrift rückgängig zu machen. Sie kann nach Nr. 8 Abs. 2 S. 1 AGB-Banken eine **Berichtigungsbuchung** vornehmen und den Gutschriftsbetrag wieder dem Konto belasten. Widerspricht der Kunde allerdings der Berichtigungsbuchung, muss sie die Berichtigungsbuchung rückgängig machen. Die Bank muss dann ihren Bereicherungsanspruch aus der fehlerhaften Gutschrift außerhalb des Kontokorrents geltend machen.

Gutschriften aus Bareinzahlungen und Überweisungseingängen erteilt die Bank vorbehaltlos. Es gibt jedoch auch sog. **Vorbehaltsgutschriften**, bei denen sich die Bank den Eingang vorbehält. Diese Gutschriften werden mit dem Zusatz **„E. v." = Eingang vorbehalten** gekennzeichnet (vgl. Nr. 9 Abs. 1 AGB-Banken, Nr. 10 Abs. 1 AGB-Sparkassen). Vorbehaltsgutschriften sind im Inkassoverfahren üblich, also wenn die Bank einen Scheck oder eine Lastschrift zum Einzug erhält. Es ist für die Bank im automatisierten Zahlungsverkehr wirtschaftlicher, den Gegenwert einer zum Einzug eingereichten Lastschrift dem Konto sofort gut zu schreiben, anstatt abzuwarten, ob ihr der Gegenwert tatsächlich zugeht. Vorbehaltsgutschriften stehen also unter der **auflösenden Bedingung, dass die Lastschrift nicht rückgängig** gemacht wird.[18] Widerspricht der Lastschriftschuldner, kann die Bank die Vorbehaltsgutschrift rückgängig machen (vgl. Nr. 9 Abs. 1 AGB-Banken, Nr. 10 Abs. 1 AGB-Sparkassen). Auch wenn die Gutschrift unter Vorbehalt steht, lassen die Banken ihre Kunden – ohne hierzu verpflichtet zu sein – üblicherweise über die Vorbehaltsgutschriften verfügen. Die Bank vertraut dabei auf die Einlösung der Lastschrift, um das Lastschrifteinzugsverfahren attraktiv zu halten.[19]

1.1.2.1.4 Wertstellung

Die Bank muss jede Buchung, gleich, ob Gutschrift oder Belastungsbuchung, **valutieren**, d. h. mit einem Datum versehen, das **für die Zinsberechnung maßgeblich** ist. Dies wird auch **Wertstellung** genannt.

Das Datum der Wertstellung ist **unabhängig vom Buchungstag**. Mit der Buchung wird eine Kontobewegung vollzogen; mit der Wertstellung wird festgelegt, **wann die Verzinsungspflicht** des Kunden bei einem Sollsaldo beginnt, bzw. die Verzinsungspflicht der Bank beginnt, falls die Bank ausnahmsweise Habenzinsen auf einem Girokonto gewährt. Der Wertstellungstag kann vor dem Buchungstag liegen, mit dem Buchungstag zusammenfallen oder nach dem Buchungstag liegen.

---

18 Vgl. Punkt 2.2.5.3.

19 Vgl. zur Vorbehaltsgutschrift auch Punkt 2.2.2.2.

Beispiel 1: Der Kunde hebt am Samstag, den 7.2. 2009, Geld am Geldautomaten ab. Die Belastungsbuchung erfolgt erst am nächsten Bankarbeitstag: Montag, den 9.2. 2009. Wertstellungstag ist jedoch der 7.2. 2009, weil an diesem Tag die Deckung abgeflossen ist. Ist durch die Abhebung ein Sollsaldo entstanden, fallen ab dem 8.2. 2009 Sollzinsen an.

Beispiel 2: Der Kunde zahlt am 9.2. 2009 zu Geschäftszeiten in einer Filiale seiner Bank Geld auf seinem Konto ein. Buchungs- und Wertstellungstag liegen am 9.2. 2009.

Beispiel 3: Die Bank erhält den Datensatz für die Rentenzahlungen ihrer Kunden bereits am 26.2. 2009, die Deckung jedoch erst am 27.2. 2009. Die Bank verbucht die Rentenzahlung bereits am 26.2. 2009 auf den Konten ihrer Kunden, die Rentenzahlungen erhalten. Wertstellungstag ist der 27.2. 2009 (letzter Arbeitstag des Monats).

Storno- und Berichtigungsbuchungen[20] werden mit dem Tag zu Wert gestellt, zu dem die zu korrigierende Buchung wert gestellt wurde.

Beispiel: Die Bayerische Hypo- und Vereinsbank AG hat am 6.3. 2009 eine Überweisung, die für Bierfreund A bestimmt war, aufgrund nicht vorgenommenem Kontonummer-Namensabgleich auf das Konto der Brauerei Andechs (B) mit Wertstellung 6.3. 2009 gutgeschrieben. Aufgrund einer Beschwerde des A am 13.3. 2009 bemerkt sie den Fehler und storniert die Gutschrift auf dem Konto der B. Buchungstag für diese Stornobuchung ist der 13.3. 2009, Wertstellungstag der 6.3. 2009.

Auch wenn der Wertstellungstag für jede Einzelbuchung gesondert zu bestimmen ist, wird nicht die Einzelbuchung verzinst, sondern der **Zwischensaldo, der sich aus allen Einzelbuchungen ergibt, die am gleichen Tag zu Wert gestellt werden**. Der zu verzinsende Zwischensaldo unterscheidet sich also auch vom oben unter Punkt 1.1.2.1.1 dargelegten Tagessaldo: Der Tagessaldo ergibt sich aus allen Einzelposten **mit gleichem Buchungstag**. Der Kunde ist berechtigt, über den Tagessaldo zu verfügen. Der Zwischensaldo, der für die Verzinsung und nicht für das verfügbare Guthaben maßgeblich ist, ergibt sich aus allen Buchungen, die den **gleichen Wertstellungstag** haben.

Kontoauszüge, die der Kunde am Kontoauszugsdrucker holt, oder **Kontostandsanzeigen** am Geldautomaten weisen üblicherweise den Tagessaldo aus. In diesem Tagessaldo wird das Wertstellungsdatum nicht berücksichtigt. Das heißt, obwohl beispielsweise ein **positiver Tagessaldo** angezeigt wird, können **Sollzinsen anfallen**.

Beispiel: Ein Kunde erhielt am 28.2. 2003 einen Kontoauszug, der ein Guthaben in Höhe von EUR 119,47 auswies (= verfügbarer Tagessaldo). In dem Guthabensaldo war eine Gutschrift von EUR 97,00 enthalten, die erst am 3.3. 2003 wertgestellt wurde. Der Kunde hob am 28.2. 2003 EUR 110,00 ab. Für den Zeitraum vom 1.3. 2003 bis 3.3. 2003 wurden dem Kunden Sollzinsen belastet.[21]

---

[20] siehe Punkt 1.1.2.1.3.

[21] Entspricht dem Sachverhalt des BGH-Urteils vom 11.1. 2007 – I ZR 87/04, NJW 2007, 3002 = ZIP 2007, 1455 = WM 2007, 1554.

Die Belastung von Sollzinsen für diesen Zeitraum entspricht den vertraglichen Vereinbarungen zwischen Bank und Kunden, ist also zivilrechtlich nicht zu beanstanden. Allerdings hat der für das Wettbewerbsrecht zuständige I. Zivilsenat des BGH entschieden, dass eine solche Gestaltung von Kontoauszügen **irreführend und damit wettbewerbswidrig** ist.[22] Dementsprechend findet sich nun auf den Geldautomaten und den Kontoauszügen der meisten Banken ein Hinweis, dass der angegebene Kontostand nicht die Wertstellung berücksichtigt und trotz ausgewiesenem Kontoguthaben Zinsen anfallen können.

Will der Kunde die Belastung von Sollzinsen vermeiden, muss er Gutschriften, die noch nicht wert gestellt sind, aus dem verfügbaren Tagessaldo herausrechnen. Im obigen Beispiel hätte der Kunde also nur über einen Betrag von EUR 22,47 verfügen können: Tagessaldo EUR 119,47 abzüglich im Tagessaldo enthaltener, aber noch nicht wert gestellter Gutschrift von EUR 97,00.

1.1.2.2 Kontokorrentbindung

Mit der Einstellung ins Kontokorrent verliert der einzelne Anspruch (des Kunden oder der Bank) seine Selbständigkeit. Dies nennt man **Kontokorrentbindung**. Alle einzelnen Ansprüche werden zu Rechnungsposten, die eine untrennbare Einheit bilden, aufgrund derer später der Saldo festgestellt wird.

Die einzelnen Ansprüche können daher **nicht selbständig erfüllt** werden. Beispielsweise kann der Kunde, wie bereits mehrfach ausgeführt, nicht Auszahlung einer Gutschrift von EUR 200,00 verlangen, wenn sein vor der Gutschrift mit EUR 199,53 überzogenes Konto (geduldete Überziehung) damit nur ausgeglichen wird. Umgekehrt kann die Bank diese Gutschrift, die auf dem Konto des Kunden eingegangen und damit im Kontokorrent untergegangen ist, nicht anderweitig verwenden, z. B. zur Erfüllung einer Zinsforderung aus einem dem Kunden gewährten Immobiliendarlehen.

Auch kann eine kontokorrentgebundene Einzelforderung, also beispielsweise eine Gutschrift, **nicht separat gepfändet** werden. Da der Kontoinhaber selbst einen Anspruch aus Gutschriften nur kontokorrentgebunden, also unter Berücksichtigung des aktuellen Saldos, geltend machen kann, gilt das Gleiche für Pfändungsgläubiger. Pfändungsgläubiger können nur die Saldoforderung[23] des Kontoinhabers pfänden.

Es gibt jedoch eine gesetzlich bestimmte **Ausnahme** von der Kontokorrentbindung: **Gutschriften aus Sozialleistungen** sind nach § 55 Abs. 1 SGB I während der ersten **sieben Tage seit Gutschrift nicht pfändbar**. Deshalb ist auch eine **Verrechnung** von Sozialleistungen im Kontokorrent während der sieben Tage seit Gutschrift **nicht zulässig**. Denn wenn ein Aufrechnungsverbot besteht, kann auch nicht verrechnet werden – und nach § 394 BGB ist eine Aufrechnung gegen eine Forderung nicht zulässig, soweit diese unpfändbar ist.

---

[22] Vgl. BGH, Urteil vom 11.1. 2007 – I ZR 87/04, NJW 2007, 3002 = ZIP 2007, 1455 = WM 2007, 1554; sowie zuvor: BGH vom 27.6. 2002, I ZR 86/00, NJW 2002, 3408 = ZIP 2002, 1760 = WM 2002, 1967 = BKR 2002, 884.

[23] den Tagessaldo, siehe oben unter Punkt 1.1.2.1.1.

Beispiel: Das Konto der Oma (O) des Bierfreunds A befindet sich aufgrund ihres großzügigen Geschenks von 1000 EUR an A am 26.2. 2009 mit EUR 913,45 im Soll (geduldete Überziehung[24]). Am 27.2. 2009 wird die Rente in Höhe von EUR 845,00 auf dem Konto der O gutgeschrieben. Gesetzliche Rente ist eine Sozialleistung, die nach SGB VI gezahlt wird, und fällt damit in den Anwendungsbereich des § 55 SGB I. O kann also innerhalb der sieben Tage ab Gutschrift, also bis 6.3. 2009, Auszahlung der Rentengutschrift in Höhe von EUR 845,00 (oder anderweitige Verfügungen über die Gutschrift, z.B. durch Überweisung) verlangen, obwohl sie keinen entsprechenden Tagessaldo hat. Denn die kraft Gesetzes automatisch unpfändbare Gutschrift aus der Sozialleistung kann innerhalb der sieben Tage auch nicht im Kontokorrent verrechnet werden, bleibt damit selbständig und geht nicht im Kontokorrent unter.

Anders verhält es sich jedoch bei **Gutschriften aus Arbeitseinkommen**. Gutschriften aus Arbeitseinkommen können **kontokorrentmäßig verrechnet** werden. Gutschriften aus Arbeitseinkommen sind nämlich anders als Gutschriften aus Sozialleistungen nicht kraft Gesetzes unpfändbar und damit auch nicht kraft Gesetzes von einer Verrechnung im Kontokorrent ausgenommen.

Zwar ordnet **§ 850k ZPO** an, dass das **Vollstreckungsgericht** bei einer **Kontopfändung** durch Beschluss feststellen kann, über welchen Betrag aus Arbeitseinkommen, das auf das gepfändete Konto überwiesen wurde, der Kontoinhaber verfügen kann. Das Vollstreckungsgericht kann also die Gutschrift aus Arbeitseinkommen ganz oder teilweise pfändungsfrei stellen. Die **Verrechnung** von Gutschriften im Kontokorrent ist jedoch zwischen Bank und Kunde **vertraglich vereinbart**, es handelt sich gerade **nicht um einen Vollstreckungszugriff**. Dementsprechend ist das Vollstreckungsgericht auch nicht zuständig.

Deshalb **hindert § 850k ZPO die Verrechnung von Gutschriften aus Arbeitseinkommen im Kontokorrent nicht**, wie der BGH ausdrücklich entschieden hat.[25]

1.1.2.3 Feststellung des Saldos durch Rechnungsabschluss

In regelmäßigen Abständen („Periodenkontokorrent") nimmt die Bank eine Gesamtabrechnung vor, stellt also den Saldo – den Überschuss zu Gunsten der Bank oder des Kunden – fest. Diese Saldierung nach Ablauf der Rechnungsperiode ist der **Rechnungsabschluss**. Übliche Rechnungsperiode bei Verbrauchern ist das Quartal (vgl. Nr. 7 Abs. 1 AGB-Banken). Bei Konten für Unternehmen werden auch monatliche Rechnungsabschlüsse vereinbart, weil dort regelmäßig sehr viele Buchungen stattfinden, die schneller saldiert und festgestellt werden sollen.

Beispielsweise werden für den quartalsweisen Rechnungsabschluss per 31.12. 2008 alle Buchungen im Zeitraum 1.10. 2008 bis 31.12. 2008 saldiert. Mit dem Rechnungsabschluss wird das vereinbarte **Kontoführungsentgelt** für das abzurechnende Quartal

---

[24] Zur geduldeten Überweisung siehe Punkt 3.2.14.2.2.

[25] BGH, Urteil vom 22.3. 2005, XI ZR 286/04, NJW 2005, 1863 = ZIP 2005, 941 = WM 2005, 1022 = BKR 2005, 288.

ebenso wie die angefallenen **Sollzinsen** in Rechnung gestellt.[26] Dabei wird der Rechnungsabschluss üblicherweise erst ein paar Tage nach dem Stichtag gebucht (z.B. erst am 5.1. 2009). Wertstellungsdatum ist das Ende der Rechnungsperiode, d.h. das Quartalsende (z.B. 31.12. 2008).

Der sich **beim Rechnungsabschluss ergebende Saldo** wird wiederum **in das Kontokorrent eingestellt**. Das bedeutet, dass der Saldo mit der Wertstellung vom Tag des Rechnungsabschlusses in die Zinsberechnung für die nächste Rechnungsperiode eingeht.[27]

Beispiel: Mit dem Rechnungsabschluss per 31.3. 2009 wird ein Sollsaldo in Höhe von EUR 212,50 per 31.3. 2009 festgestellt. Zusätzlich ergibt sich aus der Verrechnung der Einzelbuchungen des ersten Quartals 2009 eine Forderung der Bank in Höhe von EUR 51,73, die sich aus EUR 15,00 Kontoführungsentgelt und EUR 36,73 Sollzinsen für das erste Quartal 2009 zusammensetzt. Der Betrag von EUR 51,73 wird als Kontobelastung gebucht (entsprechend der obigen Ausführungen z.B. am 3.4. 2009), mit Wertstellungstag 31.3. 2009. Der Kunde muss also nicht nur auf den Sollsaldo von EUR 212,50 ab 1.4. 2009 Zinsen zahlen, sondern auf den um den Rechnungsabschluss von EUR 51,73 erhöhten Saldo von EUR 264,23, obwohl darin Zinsen in Höhe von EUR 36,73 enthalten sind.

Die Bank ist bei einem Kontokorrentkonto also zur Berechnung von **Zinseszinsen** berechtigt. Dies ergibt sich aus § 355 Abs. 1 HGB, der eine Ausnahme zum Zinseszinsverbot gemäß § 248 Abs. 1 BGB darstellt.

Der Rechnungsabschluss ist **nicht zu verwechseln mit den „normalen" Kontoauszügen**, die die Bank ihren Kunden zur Verfügung stellt. Kontoauszüge weisen den verfügbaren Tagessaldo aus. Der **Rechnungsabschluss** ist die förmliche Saldierung für die vergangene Rechnungsperiode und ist **darauf gerichtet, ein Saldoanerkenntnis des Kunden herbeizuführen**.

1.1.2.4 Saldoanerkenntnis

Nach **Nr. 7 Abs. 2 AGB-Banken** muss der Kunde spätestens vor Ablauf von **sechs Wochen** nach Zugang des Rechnungsabschlusses Einwendungen erheben. Bleibt er untätig, **gilt der Rechnungsabschluss als genehmigt**, d.h. durch sein Unterlassen hat der Kunde den Saldo anerkannt. Auf diese Rechtsfolge muss ihn die Bank allerdings bei Erteilung des Rechnungsabschlusses ausdrücklich hinweisen (vgl. Nr. 7 Abs. 2 S. 3 AGB-Banken).

Auch wenn der Kunde den Saldo anerkannt hat, kann er **noch Einwendungen gegen den Saldo geltend machen**. Wie bereits oben ausgeführt, hat eine Belastungsbuchung nur **deklaratorische** Bedeutung (vgl. das Beispiel zum gefälschten Überweisungsauf-

[26] Vgl. hierzu Nr. 7 Abs. 1 S. 1 AGB-Banken: *Die Bank erteilt bei einem Kontokorrentkonto, sofern nicht etwas anderes vereinbart ist, jeweils zum Ende eines Kalenderquartals einen Rechnungsabschluss; dabei werden die in diesem Zeitraum entstandenen beiderseitigen Ansprüche (einschließlich der Zinsen und Entgelte der Bank) verrechnet.*

[27] Vgl. hierzu Nr. 7 Abs. 1 S. 2 AGB-Banken: *Die Bank kann auf den Saldo, der sich aus der Verrechnung ergibt, nach Nr. 12 dieser Geschäftsbedingungen oder nach der mit dem Kunden anderweitig getroffenen Vereinbarung Zinsen berechnen.*

trag nach Italien oben unter Punkt 1.1.2.1.2). Auch der Rechnungsabschluss ändert daran nichts; eine materiell-rechtlich nicht gerechtfertigte Belastungsbuchung wird auch durch den Rechnungsabschluss nicht gerechtfertigt; der festgestellte Saldo ist und bleibt trotz Saldoanerkenntnis unrichtig. Da es keine Pflicht gibt, einen falschen Saldo anzuerkennen, kann der Kunde das **Saldoanerkenntnis mangels Rechtsgrund zurückfordern**.

Im Ergebnis führt das Saldoanerkenntnis zur **Umkehr der Darlegungs- und Beweislast- und Beweislast**: Der Kunde trägt die Beweislast dafür, dass sein Konto zu Unrecht belastet wurde oder eine ihm zustehende Gutschrift nicht erteilt wurde (vgl. Nr. 7 Abs. 2 S. 4 AGB-Banken).

Demgegenüber kann die **Bank**, die einen **Sollsaldo aus dem Kontokorrent gegen den Kunden gerichtlich geltend** machen will, das Saldoanerkenntnis für die Darlegungen im Prozess nutzen. Die Bank muss nicht sämtliche Kontobewegungen seit Kontoeröffnung darlegen, um die Saldoforderung zu begründen. Sondern sie legt den letzten Rechnungsabschluss mit dem festgestellten und anerkannten Saldo vor und kann sich dann darauf beschränken, die **Kontobewegungen seit dem letzten Saldoanerkenntnis darzulegen**, indem sie die entsprechenden Kontoauszüge vorlegt.

1.2 Anspruch auf ein Girokonto?

Aufgrund der Vertragsfreiheit ist keine Bank verpflichtet, ein Konto zu eröffnen. Es gibt nur wenige gesetzliche Ausnahmen, wie beispielsweise einige Sparkassengesetze der Länder.[28] Insbesondere für die Privatbanken gibt es keinen Kontrahierungszwang. Allerdings plante der Gesetzgeber in den vergangenen Jahren bereits mehrfach, eine gesetzliche Pflicht zur Eröffnung von Girokonten für Verbraucher einzuführen. Um einer gesetzlichen Verpflichtung zuvor zu kommen, haben die im Zentralen Kreditausschuss (ZKA) zusammengeschlossenen Bankenverbände[29] im Jahr 1995 die sog. **ZKA-Empfehlung Girokonto für jedermann** erarbeitet.[30]

Damit haben sich die Kreditinstitute bereit erklärt, für jeden Bürger auf Wunsch ein Girokonto auf Guthabenbasis zur Verfügung zu stellen. Allerdings sind die Kreditinstitute nicht verpflichtet, ein Konto zu führen, wenn dies unzumutbar ist. Negative Schufa-Eintragungen sind ausdrücklich kein Grund, die Kontoführung zu verweigern. **Unzumutbar** ist die Kontoeröffnung oder die Fortführung eines Kontos insbesondere, wenn:

- der Kunde die Leistungen des Kreditinstitutes missbraucht, insbesondere für gesetzwidrige Transaktionen, z. B. Betrug, Geldwäsche o. ä.
- der Kunde Falschangaben macht, die für das Vertragsverhältnis wesentlich sind

---

[28] z. B. § 5 Abs. 2 Sparkassenverordnung Bayern, § 5 Abs. 2 Sparkassengesetz Nordrhein-Westfalen, § 5 Sparkassenverordnung Sachsen.

[29] Bundesverband der Deutscher Volksbanken und Raiffeisenbanken, Bundesverband deutscher Banken, Bundesverband Öffentlicher Banken Deutschlands, Deutscher Sparkassen- und Giroverband, Verband deutscher Pfandbriefbanken, vgl. www.zka.de.

[30] Die ZKA-Empfehlung ist auf der Homepage des Zentralen Kreditausschusses www.zka.de unter dem Stichwort „Zahlungsverkehr" veröffentlicht.

- der Kunde Mitarbeiter oder Kunden grob belästigt oder gefährdet
- die bezweckte Nutzung des Kontos zur Teilnahme am bargeldlosen Zahlungsverkehr nicht gegeben ist, weil z. B. das Konto durch Handlungen vollstreckender Gläubiger blockiert ist oder ein Jahr lang umsatzlos geführt wird
- nicht sichergestellt ist, dass das Institut die für die Kontoführung und -nutzung vereinbarten üblichen Entgelte erhält
- der Kunde auch im Übrigen die Vereinbarungen nicht einhält.

Die ZKA-Empfehlung ist allerdings, wie sich schon aus ihrer Bezeichnung als **„Empfehlung"** ergibt, **nicht verbindlich**. Sie kann also **keinen Anspruch** des einzelnen Bürgers gegen eine einzelne Bank begründen, ein Konto zu eröffnen.[31] Dementsprechend kann sich der Bürger, dem die Bank die Eröffnung eines Girokontos verwehrt, zwar bei den jeweiligen Kundenbeschwerdestellen[32] beschweren. Allerdings können die Kundenbeschwerdestellen ggf. auch nur einen Verstoß gegen die ZKA-Empfehlung feststellen, nicht aber die Bank dazu verpflichten, ein Girokonto für den Kunden zu eröffnen. Dennoch halten sich viele Banken an einen Schlichtungsspruch, auch wenn dieser nicht verbindlich ist.

1.3 Das Gemeinschaftskonto: Ein Konto für mehrere Kontoinhaber

Kontoinhaber und damit Vertragspartner der Bank können auch mehrere Personen sein; dann handelt es sich um ein sogenanntes **Gemeinschaftskonto**. Die häufigste Form eines Gemeinschaftskontos ist das gemeinsame Konto von Eheleuten, die ihren Zahlungsverkehr über ein gemeinsames Konto abwickeln anstatt zwei getrennte Einzelkonten zu führen.

Auch ein Gemeinschaftskonto findet seine vertragliche Grundlage im Girovertrag, auch beim Gemeinschaftskonto gibt es ein Kontokorrentverhältnis.[33] Allerdings bedarf es einer zusätzlichen Regelung, nämlich ob die **beiden Kontoinhaber einzeln oder gemeinsam über das Konto verfügen** können. Dafür haben sich die Bezeichnungen „Oder-Konto" und „Und-Konto" etabliert:

1.3.1 „Oder-Konto"

Nachfolgend ist das Formular des Bank-Verlags Köln zur „Eröffnung eines Gemeinschaftskontos mit Einzelverfügungsberechtigung (‚Oder-Konto')" abgedruckt, das die typischen Regelungen für Oder-Konten beinhaltet.

---

[31] Vgl. OLG Bremen, Urteil vom 22. Dezember 2005 – 2 U 57/05, ZIP 2006, 798 = BKR 2006, 798, das die ZKA-Empfehlung als „Bitte" ansieht.

[32] Ebenfalls unter www.zka.de zu finden; für die privaten Banken ist das der Ombudsmann der privaten Banken.

[33] Vgl. Punkt 1 des unter Punkt 1.3.1 abgedruckten Formulars des Bank-Verlags zum Oder-Konto (Abb. 1-3-1).

Interne Angaben der Bank/Ablagehinweise

	Kontoform[2] (z.B. Sparkonto)	Das Konto wird wie folgt genutzt:[3]	Konto-/Depot-Nr.	Konto-/ Depot-Währung
1		☐ privat ☐ betrieblich		
2		☐ privat ☐ betrieblich		
3		☐ privat ☐ betrieblich		
4		☐ privat ☐ betrieblich		
5		☐ privat ☐ betrieblich		

Gegebenenfalls Zusatzbezeichnung

Eröffnung von Gemeinschaftskonten/-depots mit Einzelverfügungsberechtigung („Oder-Konto")[1]

Hiermit beantragen wir die Eröffnung von Gemeinschaftskonten/-depots mit Einzelverfügungsberechtigung für jeden Kontoinhaber zu nachfolgenden Vereinbarungen:

	A	B	C
Name, Vornamen (auch Geburtsnamen)			
Anschrift (in D inkl. Bundesland)[3]			
Beruf/Branche			
Staatsangeh.			
Familienstand[4]			
Geburtsort			
Geburtsdatum			
Telefon[4]			
Fax-Nr.[4]			
E-Mail-Adresse[4]			
Übermittlungsform der Kontoauszüge	☐ **Kontoauszugsdrucker** ☐ Sonstiges:	Zusendung der Konto-/Depotauszüge an:	
Nutzung elektronischer Medien[5]	☐ Debitkarte ☐ Online-Banking ☐ Telefonbanking ☐	☐ Debitkarte ☐ Online-Banking ☐ Telefonbanking ☐	☐ Debitkarte ☐ Online-Banking ☐ Telefonbanking ☐

1. Kontokorrentabrede, Rechnungsperiode

Die Konten werden in laufender Rechnung geführt (Kontokorrentkonto), sofern nicht eine abweichende Regelung besteht. Bei einem Kontokorrentkonto erteilt die Bank jeweils zum Ende eines Kalenderquartals einen Rechnungsabschluss, sofern nachstehend keine abweichende Rechnungsperiode angegeben ist:

Abweichende Rechnungsperiode	

Die Rechtswirkungen eines Rechnungsabschlusses sowie die Pflicht, dessen Inhalt zu prüfen und gegebenenfalls Einwendungen zu erheben, sind in Nr. 7 der Allgemeinen Geschäftsbedingungen geregelt.

2. Einzelverfügungsberechtigung

Jeder Konto-/Depotinhaber darf über die Konten/Depots ohne Mitwirkung der anderen Konto-/Depotinhaber verfügen und zu Lasten der Konten/Depots alle mit der Konto-/Depotführung im Zusammenhang stehenden Vereinbarungen treffen, sofern nicht nachstehend etwas anderes geregelt ist:

a) Kreditverträge und Kontoüberziehungen
Für den Abschluss und die Änderung von Kreditverträgen zu Lasten der Konten/Depots ist die Mitwirkung aller Konto-/Depotinhaber erforderlich. Jedoch ist jeder Konto-/Depotinhaber selbstständig berechtigt, über die auf dem Gemeinschaftskonto etwa eingeräumten Kredite jeder Art zu verfügen und von der Möglichkeit vorübergehender Kontoüberziehungen im banküblichen Rahmen Gebrauch zu machen.

b) Termingeschäfte
Zum Abschluss und zur Durchführung von Termingeschäften, insbesondere Finanz- und Devisentermingeschäften zu Lasten der Konten/Depots, bedarf es einer Vereinbarung mit allen Konto-/Depotinhabern.

c) Erteilung und Widerruf von Vollmachten
Eine Konto-/Depotvollmacht kann nur von allen Konto-/Depotinhabern gemeinschaftlich erteilt werden. Der Widerruf durch einen der Konto-/Depotinhaber führt zum Erlöschen der Vollmacht. Über einen Widerruf ist die Bank unverzüglich und aus Beweisgründen möglichst schriftlich zu unterrichten.

d) Auflösung der Konten/Depots
Eine Auflösung der Konten/Depots kann nur durch alle Konto-/Depotinhaber gemeinschaftlich erfolgen (zur Ausnahme für den Todesfall siehe Ziffer 7).

3. Eröffnung weiterer Konten/Depots

Jeder Konto-/Depotinhaber ist allein berechtigt, zum Zwecke der Geldanlage Sparkonten und Festgeldkonten mit Einzelverfügungsberechtigung für jeden Konto-/Depotmitinhaber zu den hier getroffenen Vereinbarungen zu eröffnen. Die Bank wird alle Kontomitinhaber hierüber unterrichten.

[1] Weitere Angaben zur Aufzeichnung gemäß GwG, KWG und AO sind auf dem Vordruck **41.226** aufzuzeichnen und zu den Kontoeröffnungsunterlagen hinzuzunehmen. [2] Angabe, falls sich aus der Konto-/Depotnummer die Kontoform nicht erkennen lässt. [3] Die Angaben sind erforderlich in Hinblick auf den korrekten Einbehalt der Abgeltungsteuer. [4] Die Angabe ist freiwillig. [5] Die Nutzung der elektronischen Zugangsmedien setzt voraus, dass hierüber zwischen der Bank und dem Konto-/Depotinhaber eine gesonderte Vereinbarung getroffen worden ist.

1

Ausfertigung für die Bank

4. Gesamtschuldnerische Haftung
Für die Verbindlichkeiten aus den Gemeinschaftskonten/-depots haften die Konto-/Depotinhaber als Gesamtschuldner, d. h., die Bank kann von jedem einzelnen Konto-/Depotinhaber die Erfüllung sämtlicher Ansprüche fordern.

5. Widerruf der Einzelverfügungsberechtigung
Jeder Konto-/Depotinhaber kann die Einzelverfügungsberechtigung eines anderen Konto-/Depotinhabers jederzeit mit Wirkung für die Zukunft der Bank gegenüber widerrufen. Über den Widerruf ist die Bank unverzüglich und aus Beweisgründen möglichst schriftlich zu unterrichten. Sodann können alle Konto-/Depotinhaber nur noch gemeinsam über die Konten/Depots verfügen.

6. Konto-/Depotmitteilungen
Konto- und Depotauszüge werden in der oben vereinbarten Form übermittelt. Wenn eine unmittelbare Benachrichtigung geboten ist (z.B. bei der Nichtausführung von Zahlungsverkehrsaufträgen), wird die Bank die Mitteilung stets an die oben genannte Postanschrift richten. Konto- und Kreditkündigungen sowie die Ankündigung solcher Maßnahmen werden jedoch jedem Konto-/Depotinhaber zugeleitet. Jeder Konto-/Depotinhaber kann verlangen, dass ihm künftig alle Konto-/Depotmitteilungen zusätzlich übermittelt werden.

7. Regelung für den Todesfall eines Konto-/Depotinhabers
Nach dem Tode eines Konto-/Depotinhabers bleiben die Befugnisse des/der anderen Konto-/Depotinhaber(s) unverändert bestehen. Jedoch kann/können der/die überlebende(n) Konto-/Depotinhaber ohne Mitwirkung der Erben die Konten/Depots auflösen.
Die Rechte des Verstorbenen werden durch dessen Erben gemeinschaftlich wahrgenommen. Das Recht zum Widerruf der Einzelverfügungsberechtigung steht jedoch jedem Erben allein zu. Widerruft ein Miterbe, bedarf jede Verfügung über die Konten/Depots seiner Mitwirkung. Widerrufen sämtliche Miterben die Einzelverfügungsberechtigung eines Konto-/Depotinhabers, so können sämtliche Konto-/Depotinhaber nur noch gemeinschaftlich mit sämtlichen Miterben über die Konten/Depots verfügen.

8. Einwilligung zur Übermittlung von Daten an die SCHUFA (gilt nur für Kontokorrentkonten)
Ich/Wir willige(n) ein, dass die Bank der SCHUFA HOLDING AG, Kormoranweg 5, 65201 Wiesbaden, Daten über die Beantragung, die Aufnahme und Beendigung dieser Kontoverbindung übermittelt.

Unabhängig davon wird die Bank der SCHUFA auch Daten aufgrund nicht vertragsgemäßen Verhaltens (z.B. Forderungsbetrag nach Kündigung, Konten- oder Kreditkartenmissbrauch) übermitteln. Diese Meldungen dürfen nach dem Bundesdatenschutzgesetz nur erfolgen, soweit dies nach der Abwägung aller betroffenen Interessen zulässig ist.

Insoweit befreie(n) ich/wir die Bank zugleich vom Bankgeheimnis.

Die SCHUFA speichert und übermittelt die Daten an ihre Vertragspartner im EU-Binnenmarkt, um diesen Informationen zur Beurteilung der Kreditwürdigkeit von natürlichen Personen zu geben. Vertragspartner der SCHUFA sind vor allem Kreditinstitute sowie Kreditkarten- und Leasinggesellschaften. Daneben erteilt die SCHUFA auch Auskünfte an Handels-, Telekommunikations- und sonstige Unternehmen, die Leistungen und Lieferungen gegen Kredit gewähren. Die SCHUFA stellt personenbezogene Daten nur zur Verfügung, wenn ein berechtigtes Interesse hieran im Einzelfall glaubhaft dargelegt wurde. Zur Schuldnerermittlung gibt die SCHUFA Adressdaten bekannt. Bei der Erteilung von Auskünften kann die SCHUFA ihren Vertragspartnern ergänzend einen aus ihrem Datenbestand errechneten Wahrscheinlichkeitswert zur Beurteilung des Kreditrisikos mitteilen (Score-Verfahren).

Ich kann/Wir können Auskunft bei der SCHUFA über die mich/uns betreffenden gespeicherten Daten erhalten. Weitere Informationen über das SCHUFA-Auskunfts- und -Score-Verfahren enthält ein Merkblatt, das auf Wunsch zur Verfügung gestellt wird. Die Adresse der SCHUFA lautet:

SCHUFA HOLDING AG, Verbraucherservice, Postfach 56 40, 30056 Hannover.

9. Einbeziehung der Geschäftsbedingungen
Maßgebend für die Geschäftsverbindung sind die Allgemeinen Geschäftsbedingungen der Bank. Daneben gelten für einzelne Geschäftsbeziehungen Sonderbedingungen, die Abweichungen oder Ergänzungen zu diesen Allgemeinen Geschäftsbedingungen enthalten; insbesondere handelt es sich hierbei um die Bedingungen für den Scheckverkehr, für den ec-/Maestro-Service, für den Sparverkehr, für den Überweisungsverkehr sowie für das Wertpapier- und Termingeschäft. Der Wortlaut der einzelnen Regelungen kann in den Geschäftsräumen der Bank eingesehen werden. Der Konto-/Depotinhaber kann auch später noch die Übersendung der Allgemeinen Geschäftsbedingungen und Sonderbedingungen an sich verlangen.

Ort, Datum	Unterschrift (= Unterschriftsprobe) **A**
Unterschrift (= Unterschriftsprobe) **B**	Unterschrift (= Unterschriftsprobe) **C**

40.226 (04/09) I

2

*Abbildung 1-3-1: Formular des Bank-Verlags zur Eröffnung eines Oder-Kontos**

* Mit freundlicher Genehmigung der Bank-Verlag Medien GmbH, Köln.

Bei einem Oder-Konto können die Kontoinhaber jeweils **einzeln verfügen**.[34] Die Kontoinhaber sind im Hinblick auf Guthaben **Gesamtgläubiger** gemäß § 428 BGB, d.h. die Bank kann an jeden Kontoinhaber einzeln leisten. Allerdings kann sich die Bank nicht aussuchen, an wen sie zahlt – sondern sie **zahlt an den Kontoinhaber, der eine Leistung von ihr fordert**. **Welchem der Kontoinhaber das Kontoguthaben zusteht**, ist im **Innenverhältnis** der Kontoinhaber zu klären; für die Bank ist dies irrelevant.

Beispiel: Bierfreund A und seine Noch-Ehefrau E leben in Trennung, da A gerne und viel Bierfässer bestellt und leert. Sie führen ein Oder-Konto. E hebt das gesamte Guthaben ab, das im Wesentlichen durch die Überweisung des ersten Arbeitseinkommens, das E nach ihrem bestandenen Examen erzielt hat, entstanden ist.

Entsteht auf dem Oder-Konto ein **Sollsaldo**, haften beide Kontoinhaber **gesamtschuldnerisch** für die Rückführung – allerdings nur, wenn dies im Kontovertrag vereinbart ist, was allerdings bei jeder Bank der Fall sein dürfte.[35] Denn im Kontoeröffnungsantrag für Gemeinschaftskonten ist üblicherweise geregelt, dass – trotz Einzelverfügungsberechtigung – Kreditverträge für das Konto nur durch beide Kontoinhaber gemeinsam abgeschlossen werden können. Allerdings können die Kontoinhaber auf dem Gemeinschaftskonto **eingeräumte Kredite** (insbesondere Dispositionskredite) einzeln in Anspruch nehmen und von der Möglichkeit, das **Konto vorübergehend im banküblichen Rahmen zu überziehen**, alleine Gebrauch machen.[36] Anhaltspunkt hierfür sind 10% eines eingeräumten Dispositionskredits, der regelmäßig drei Monatsgehälter beträgt.[37]

Beispiel: E hat, um ihrem „Kurschatten" zu gefallen, eine Augenliderstraffung durchgeführt und überweist zur Bezahlung einen Betrag von € 2000,00. Damit beträgt der Sollsaldo € 5500,00. Als Dispositionskredit sind € 5000,00 eingeräumt, d.h. sie überzieht das Konto um € 500,00 = 10% des eingeräumten Dispositionskredits. Auch A haftet als Mit-Kontoinhaber für den dadurch entstandenen Sollsaldo und zwar auch in Höhe der Überziehung.

Im Kontoeröffnungsvertrag für Gemeinschaftskonten ist üblicherweise – auch für Oder-Konten – geregelt, dass **Vollmachten nur von beiden Kontoinhabern gemeinsam erteilt** werden können. Widerruft einer der Kontoinhaber eine ursprünglich von beiden Kontoinhabern erteilte Vollmacht, besteht keine Vollmacht mehr.[38]

Beispiel: E kann also ihrem „Kurschatten" keine Vollmacht für das Oder-Konto mit A einräumen. Wenn A und E ihrem gemeinsamen Sohn Vollmacht erteilt hatten, der nach der Trennung nichts mehr von A wissen will, kann A alleine die Vollmacht widerrufen. Ab seinem Widerruf ist der Sohn nicht mehr verfügungsberechtigt.

---

[34] Vgl. Punkt 2 des Formulars des Bank-Verlags zum Oder-Konto (Abb. 1-3-1).

[35] Vgl. Punkt 4 des Formulars des Bank-Verlags zum Oder-Konto (Abb. 1-3-1).

[36] Vgl. Punkt 2a des Formulars des Bank-Verlags zum Oder-Konto (Abb. 1-3-1); zum Überziehungskredit siehe unten Punkt 3.2.14.2.

[37] *Hadding/Häuser* in *Schimansky/Bunte/Lwowski*, Bankrechts-Handbuch, 3. Auflage, Anh. 1 zu § 35, Nr. 3.

[38] Vgl. Punkt 2c des Formulars des Bank-Verlags zum Oder-Konto (Abb. 1-3-1).

Wenn ein **Gläubiger gegen einen der Kontoinhaber einen Titel** hat, kann er das **Gemeinschaftskonto pfänden**. Da der Pfändungsschuldner alleine über das Kontoguthaben verfügen kann, erwirbt der Pfändungsgläubiger durch die Kontopfändung die gleiche Rechtstellung. Er kann also Überweisung des Kontoguthabens verlangen.

> **Beispiel:** E hat die durchgeführte Augenliderstraffung nicht bezahlt. Der Schönheitschirurg erwirkt einen Vollstreckungsbescheid gegen E und pfändet das von A und E geführte Gemeinschaftskonto. Die Bank muss das Konto sperren und etwaige Kontoguthaben an den Pfändungsgläubiger überweisen.

Genauso kann auch die kontoführende Bank am Kontoguthaben auf einem Oder-Konto ihr **AGB-Pfandrecht**[39] geltend machen **wegen Forderungen**, die sie **nur gegen einen Kontoinhaber** hat.

> **Beispiel:** E hat, um die Augenliderstraffung zu bezahlen, einen Verbraucherkredit bei der Bank aufgenommen. Sie ist mit der Bezahlung einer Rate im Rückstand. Die Bank kann ihr AGB-Pfandrecht an dem Kontoguthaben auf dem Gemeinschaftskonto von A und E wegen der rückständigen Rate, für die E alleine haftet, geltend machen.

Im Kontoeröffnungsvertrag ist regelmäßig vorgesehen, dass **ein Kontoinhaber die Einzelverfügungsbefugnis der Kontoinhaber widerrufen kann**, also ein „Oder-Konto" in ein „Und-Konto" umwandeln kann. Ab diesem Widerruf können die beiden Kontoinhaber nur noch gemeinsam über das Konto verfügen.[40]

> **Beispiel:** E hat das gesamte Kontoguthaben auf dem Oder-Konto abgehoben. Danach widerruft sie die Einzelverfügungsbefugnis. Nach diesem Widerruf können A und E nur noch gemeinsam über das Konto verfügen. A erfährt davon erst, nachdem sein Arbeitseinkommen auf das Konto überwiesen wurde, und kann über sein Arbeitseinkommen nicht mehr ohne Zustimmung der E verfügen.

1.3.2 „Und-Konto"

Die Inhaber eines Gemeinschaftskontos können auch von Anfang an vorsehen, dass sie **nur gemeinschaftlich über das Konto verfügen** können. Eine Barauszahlung ist also nur möglich, wenn beide Kontoinhaber diese verlangen; eine Überweisung muss von beiden Kontoinhabern gemeinsam in Auftrag gegeben werden.

Für einen Sollsaldo – der nur durch eine Verfügung der beiden Kontoinhaber entstanden sein kann – haften die Kontoinhaber als **Gesamtschuldner**.

Das Kontoguthaben auf einem Und-Konto kann nur **gepfändet** werden, wenn ein **Titel gegen beide Kontoinhaber** vorliegt (vgl. § 747 S. 2 BGB, § 851 Abs. 1 ZPO). Der Gläubiger, der einen Anspruch nur gegen einen der beiden Kontoinhaber hat, kann den Anteil des Schuldners am Gesamthandsvermögen auf dem Gemeinschaftskonto pfänden. Drittschuldner dieser Anteilspfändung ist allerdings nicht die kontoführende Bank, sondern der andere Kontomitinhaber.

---

[39] Vgl. zum AGB-Pfandrecht ausführlich Punkt 3.5.6.

[40] Vgl. Punkt 5 des Formulars des Bank-Verlags zum Oder-Konto (Abb. 1-3-1).

Dementsprechend kann die Bank an dem Kontoguthaben auf einem Gemeinschaftskonto auch **kein AGB-Pfandrecht** geltend machen, wenn sie **nur gegen einen** der beiden Kontoinhaber eine **Forderung** hat.

1.3.3 Abgrenzung zum Konto für eine Gesellschaft bürgerlichen Rechts

Das Gemeinschaftskonto ist insbesondere von einem für eine Gesellschaft bürgerlichen Rechts geführten Konto zu unterscheiden. Denn eine Gesellschaft bürgerlichen Rechts kann, spätestens seitdem der BGH ihre Rechtsfähigkeit anerkannt hat[41], als GbR ein Konto führen. Dabei handelt es sich um ein **Einzelkonto für die GbR als alleinigen Kontoinhaber**.

Der Unterschied zu einem Gemeinschaftskonto zeigt sich meist nur, wenn sich die Zusammensetzung der GbR ändert, also ein Gesellschafter hinzu kommt oder ein Gesellschafter ausscheidet.

> **Beispiel:** Zwei Ärzte, die eine Praxis in der Rechtsform der GbR betreiben, haben ein Einzelkonto für die GbR eröffnet. Aufgrund von Streitigkeiten scheidet einer der Ärzte aus der GbR aus. Dies führt dazu, dass das Gesellschaftsvermögen dem verbleibenden Arzt „anwächst" – dabei handelt es sich um eine Art Gesamtrechtsnachfolge. Das Vermögen der GbR geht also automatisch auf den verbleibenden Arzt über. Aufgrund der Kontoeröffnung auf die GbR ist für die Bank klar, dass es sich bei dem Konto um Gesellschaftsvermögen handelt. Die Bank könnte also das auf die GbR geführte Konto auf den verbleibenden Arzt umschreiben, wenn ihr der zwischen den Ärzten geschlossene Vertrag vorgelegt wird.

Anders wäre es, wenn die Ärzte das Konto als **Gemeinschaftskonto**, z.B. als Oder-Konto, eröffnet hätten. Denn ein Gemeinschaftskonto – auch ein Oder-Konto – kann nur von beiden Kontoinhabern gemeinsam aufgelöst werden. Soll das Konto künftig nur für einen Arzt geführt werden, müsste der ausscheidende Arzt dem ausdrücklich zustimmen.

1.4 Das Treuhandkonto: Ein Konto für fremde Rechnung

Regelmäßig wird ein Konto in eigener Rechnung geführt, also um die eigenen Gelder darauf zu verbuchen. Es ist jedoch auch möglich, ein **Konto für fremde Rechnung** zu eröffnen. Ein Konto in fremder Rechnung wird **Treuhandkonto** genannt. Um ein Treuhandkonto handelt es sich, wenn die **auf dem Konto verbuchten Gelder nicht dem Kontoinhaber (Treuhänder), sondern einem Dritten (Treugeber) gehören**.

Bei einem Treuhandkonto besteht nur zwischen dem Treuhänder und der Bank ein Kontovertrag. Der Treugeber, dem das auf dem Konto verbuchte Geld gehört, steht in

---

[41] Vgl. zur Rechtsfähigkeit der GbR das grundlegende Urteil des BGH vom 29.1.2001 – II ZR 331/00, NJW 2001, 1056 = ZIP 2001, 330 = WM 2001, 408.

keiner vertraglichen Beziehung zur Bank. Die Bank ist an dem Treuhandverhältnis, das zwischen Treugeber und Treuhänder besteht, nicht beteiligt. Es bestehen also ausschließlich Rechtsbeziehungen „ums Eck“:[42]

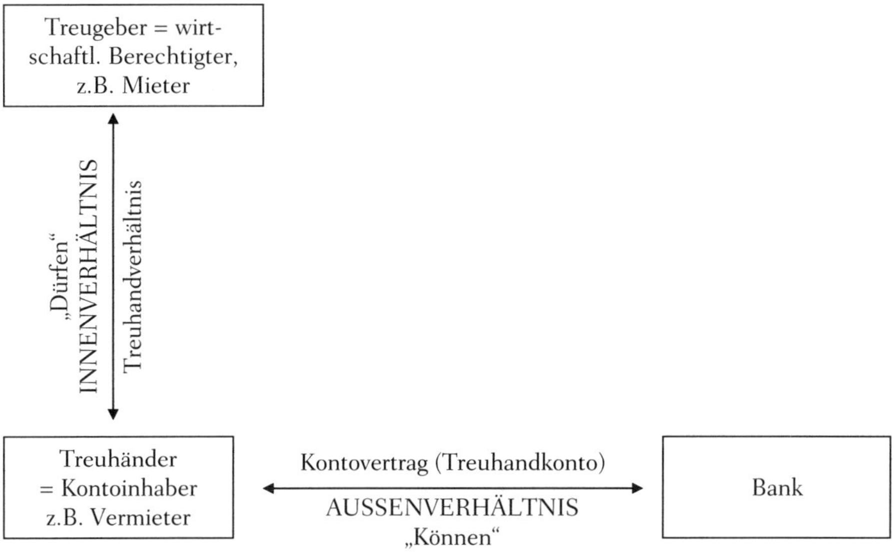

Abbildung 1-4: Rechtsbeziehungen beim Treuhandkonto[42]

Ein **Beispiel** für ein Treuhandkonto ist das **Mietkautionskonto**, das der Vermieter für die ihm von seinem Mieter überlassene Mietkaution führt. Der Vermieter ist nach § 551 Abs. 3 S. 3 BGB verpflichtet, die Mietkaution getrennt von seinem eigenen Vermögen anzulegen. Diese Vermögenstrennung bewirkt der Vermieter, indem er das Konto in fremder Rechnung, nämlich für Rechnung des Mieters, führt.

Dann handelt es sich um ein sogenanntes **„offenes Treuhandkonto“**, bei dem auch gegenüber der Bank offen gelegt ist, dass das Konto nicht für eigene, sondern für fremde Rechnung geführt wird. Im Gegensatz dazu gibt es auch ein so genanntes **„verdecktes Treuhandkonto“**. Beim verdeckten Treuhandkonto ist der Bank nicht offen gelegt, dass der Kontoinhaber in Wahrheit nicht für eigene Rechnung, sondern für fremde Rechnung handelt.[43]

Jeder Kontoeröffnungsantrag sieht die Angabe vor, ob der Kontoinhaber das Konto **auf eigene oder fremde Rechnung** führt. Denn die Bank ist nach § 2 Abs. 1 Nr. 3, Abs. 2 Nr. 1 GwG bei Begründung einer Geschäftsbeziehung (also insbesondere bei Kontoeröffnung) verpflichtet, abzuklären, ob der Vertragspartner (also der Kontoinhaber) für einen wirtschaftlich Berechtigten handelt.[44] **Bei der Frage nach dem wirtschaftlich Berechtigten spielen also das aufsichtsrechtliche Geldwäschegesetz und die zivilrechtliche Beurteilung ineinander:** Wenn und weil der Kontoinhaber entsprechend

---

[42] Nähere Erläuterungen zum Außen- und Innenverhältnis siehe Punkt 1.4.2.

[43] Das verdeckte Treuhandkonto bringt besondere Probleme mit sich, siehe dazu Punkt 1.4.6.

[44] Zur Feststellung des wirtschaftlich Berechtigten nach dem GwG im Einzelnen unter 1.8.3.

dem GwG angibt, dass er das Konto für fremde Rechnung führt, handelt es sich in zivilrechtlicher Hinsicht um ein Treuhandkonto, das für alle Beteiligten eine andere Rechtsposition nach sich zieht als bei einem in eigener Rechnung geführten Konto.

1.4.1 Rechtstellung der Bank bei einem Treuhandkonto

1.4.1.1 Pflichten der Bank nach dem Geldwäschegesetz

Die Bank ist nach § 2 Abs. 1 Nr. 1, Abs. 2 Nr. 1 Geldwäschegesetz verpflichtet, den **Kontoinhaber bei Kontoeröffnung zu identifizieren**. Kontoinhaber ist der **Treuhänder**, der anhand eines Legitimationsdokuments zu identifizieren ist (Ausweis, bzw. Registerauszug oder Gesellschaftsvertrag).[45]

Von dem **wirtschaftlich Berechtigten (Treugeber)**, zu dem die Bank, wie aufgezeigt, keine Rechtsbeziehung hat, muss sich die Bank kein Legitimationsdokument vorlegen lassen, denn die Bank unterliegt bei der Identifizierung des wirtschaftlich Berechtigten anderen Regeln als bei der Identifizierung des Kontoinhabers. Zwar ist die Bank bei jeder Kontoeröffnung (§ 2 Abs. 2 Nr. 1 GwG) verpflichtet, **abzuklären, ob der Kontoinhaber für einen wirtschaftlich Berechtigten handelt, und diesen zu identifizieren** (§ 2 Abs. 1 Nr. 3 GwG). Der wirtschaftlich Berechtigte ist in § 1 Abs. 6 S. 1 GwG legal definiert, wobei bei einem Treuhandkonto nur die zweite Alternative einschlägig ist: Wirtschaftlich Berechtigter ist die **Person, auf dessen Veranlassung die Geschäftsbeziehung begründet wird**. Da der Treuhänder ein Treuhandkonto auf Veranlassung des Treugebers eröffnet, muss die Bank den wirtschaftlich Berechtigten (also den Treugeber) zwar gemäß § 2 Abs. 1 Nr. 3 GwG identifizieren, aber nur nach Maßgabe des § 4 Abs. 5 GwG. Dort ist bestimmt, dass die Bank den **Namen des wirtschaftlich Berechtigten feststellen** muss und – soweit dies aufgrund des Geldwäscherisikos erforderlich ist – weitere Identifizierungsmerkmale. Die meisten Banken werden regelmäßig zumindest noch Anschrift und/oder Geburtsdatum des wirtschaftlich Berechtigten erfragen. Die **Vorlage eines Legitimationsdokuments** ist jedoch **nicht erforderlich.**

1.4.1.2 Zivilrechtliche Stellung der Bank

Aufgrund dessen, dass der Kontoinhaber gegenüber der Bank offen gelegt hat, nicht für eigene Rechnung zu handeln, weiß die Bank, dass es sich nicht um das eigene Vermögen des Kontoinhabers handelt. Nach ständiger Rechtsprechung hat die Bank auf ihr **AGB-Pfandrecht stillschweigend verzichtet**, indem sie ein offenes Treuhandkonto eröffnet hat.[46] Die Bank kann also z. B. nicht wegen Forderungen, die sie aus einem Immobiliendarlehen gegen den Treuhänder hat, auf das in fremder Rechnung geführte Konto zugreifen, weil es sich bei dem Guthaben auf dem in fremder Rechnung geführten Konto um Treugut handelt. Eine Ausnahme gibt es jedoch: Die Forderungen, die die Bank gerade aus dem Treuhandkonto gegen den Treuhänder hat, insbesondere also **Kontoführungsentgelte**, kann die Bank aus dem auf dem Treuhandkonto verbuchten Guthaben befriedigen.

---

[45] Zur Identifizierung des Kontoinhabers siehe ausführlich Punkt 1.8.1.

[46] Vgl. *Hadding/Häuser* in *Schimansky/Bunte/Lwowski*, Bankrechts-Handbuch, 3. Auflage, § 37, Rn. 53; zum AGB-Pfandrecht siehe ausführlich Punkt 4.5.6.

Die Bank ist **nicht verpflichtet zu prüfen**, ob der Kontoinhaber (Treuhänder) seine **Pflichten aus dem Treuhandverhältnis einhält**.

> **Beispiel:** Bierfreund A hat ein Studentenzimmer vermietet. Er hat die Mietkaution auf seinem in fremder Rechnung geführten Konto verwahrt. Er löst das Mietkautionskonto auf und zahlt das Guthaben auf seinem laufenden Konto ein, wo es von der Brauerei Andechs per Lastschrift zur Zahlung eines gelieferten Bierfasses eingezogen wird.

Hier verletzt der Vermieter zwar seine Pflichten gegenüber dem Mieter. Die Bank hingegen ist nicht verpflichtet, dies zu verhindern. Denn gegenüber der Bank ist der Kontoinhaber **Vollrechtsinhaber**; er ist zu sämtlichen Verfügungen über das Konto berechtigt, genauso als sei es sein eigenes Geld.

1.4.2 Rechtsstellung des Treuhänders (Kontoinhabers)

Der Treuhänder steht, wie Abbildung 1–4 gezeigt hat, in zwei Rechtsbeziehungen: Zum einen in einer Kontobeziehung zur Bank und zum anderen in einem Treuhandverhältnis zum Treugeber. Das Verhältnis zur Bank wird als **Außenverhältnis** bezeichnet; das Verhältnis zum Treugeber als **Innenverhältnis**.

Charakteristisch für jedes Treuhandverhältnis ist, dass „Können" und „Dürfen" auseinander fallen: Der **Treuhänder kann im Außenverhältnis zur Bank alles,** auch wenn er es **im Innenverhältnis** aufgrund der Treuhandabrede mit dem Treugeber **gegebenenfalls nicht darf**.

Diese Friktion zeigt sich deutlich an obigem Beispiel, bei dem der Vermieter die Mietkaution für eigene Zwecke verbraucht. Im Verhältnis zur Bank **kann** der Vermieter die Mietkaution verbrauchen, weil er im Außenverhältnis als Kontoinhaber zu sämtlichen Verfügungen über das Mietkautionskonto berechtigt ist. Im Innenverhältnis zum Mieter **darf** der Vermieter nicht die Mietkaution für eigene Zwecke verbrauchen. Im Innenverhältnis zum Mieter missbraucht der Vermieter also seine Rechtsstellung und macht sich schadensersatzpflichtig (u. U. begeht er sogar eine Straftat).

1.4.3 Rechtsstellung des Treugebers (wirtschaftlich Berechtigten)

Wie Abbildung 1–4 gezeigt hat, steht der **Treugeber in keiner vertraglichen Beziehung zur Bank**. Er kann ausschließlich gegenüber dem Treuhänder Rechte geltend machen. Das bedeutet: Der Treugeber kann von der Bank **keine Auskunft** über die Kontobewegungen auf dem Treuhandkonto verlangen, denn die Bank ist aufgrund der Kontobeziehung zum Treuhänder verpflichtet, das **Bankgeheimnis** zu wahren. Auch kann der Treugeber **nicht über das Treuhandkonto verfügen**. Hierzu ist nur der Kontoinhaber berechtigt. Beides gilt auch dann, wenn der erhebliche Verdacht besteht, dass der Treuhänder seine Rechtsstellung missbraucht und den Treugeber damit geschädigt hat. Hier muss der Treugeber zivilrechtlich gegen den Treuhänder vorgehen, notfalls im einstweiligen Rechtsschutz, sowie ggf. die Ermittlungsbehörden einschalten, gegenüber denen die Bank zur Auskunft verpflichtet ist.

Beispiel: Bierfreund A betätigt sich nebenher auch noch als Hausverwalter für das Haus, in dem er ein Studentenzimmer vermietet. Er hat die Gelder der Wohnungseigentümergemeinschaft (WEG) auf einem Treuhandkonto angelegt. Kontoinhaber ist also nicht etwa die WEG, sondern A. Weil der Verwaltungsbeirat bei der Belegprüfung festgestellt hat, dass A während seines Studiums wegen eines akuten finanziellen Engpasses seine eigenen Schulden aus der Instandhaltungsrücklage der WEG beglichen hat, beruft die WEG A in einer außerordentlichen Eigentümerversammlung ab und bestellt die Firma Hausverwalter Gut GmbH (H) zum neuen Hausverwalter. Der Geschäftsführer der H eröffnet bei der Bank ein Konto auf die WEG und möchte das Guthaben der WEG, das auf dem vom bisherigen Hausverwalter A geführten Konto noch vorhanden ist, auf das neu eröffnete Konto umbuchen. Die Bank darf diesem Wunsch nicht nachkommen, weil nur A zur Verfügung über das Treuhandkonto berechtigt ist. Die WEG als Treugeber und damit auch die H als neuer Vertreter der WEG kann von der Bank weder Auskunft über das Treuhandkonto noch die Verfügung über das Konto verlangen.

1.4.4 Das Treuhandkonto in der Zwangsvollstreckung gegen den Treuhänder

Die starke Stellung eines Treuhänders und die damit einhergehende Gefahr für den Treugeber zeigen sich auch in der Zwangsvollstreckung:

Gläubiger des Treuhänders können das Treuhandkonto pfänden. Die Bank ist verpflichtet, das Kontoguthaben an den Pfändungsgläubiger auszukehren. Es wird sogar angenommen, dass die Bank noch nicht einmal verpflichtet ist, den Pfändungsgläubiger oder den Treugeber von der Treuhandeigenschaft zu informieren.[47]

Der Treugeber muss sich gegen diese Zwangsvollstreckung durch eine **Drittwiderspruchsklage nach § 771 ZPO** gegen den Pfändungsgläubiger wehren (was allerdings voraussetzt, dass er überhaupt von der Pfändung erfährt). Hat die Bank das Kontoguthaben bereits an den Pfändungsgläubiger ausgekehrt, steht dem Treugeber ein entsprechender Bereicherungsanspruch gegen den Pfändungsgläubiger (nicht gegen die Bank!) zu.

Der Vollständigkeit halber sei angemerkt: **Gläubiger des Treugebers** können keine Kontopfändung bewirken. Denn Kontoinhaber ist der Treuhänder, so dass die Pfändung des Treuhandkontos einen Titel gegen den Treuhänder voraussetzt. Gläubiger des Treugebers müssen also einen sich **aus dem Treuhandverhältnis ergebenden Zahlungsanspruch des Treugebers gegen den Treuhänder** pfänden; Drittschuldner einer solchen Pfändung ist der Treuhänder. Mit einer solchen Zwangsvollstreckungsmaßnahme hat die Bank nichts zu tun.

---

[47] Vgl. *Hadding/Häuser* in *Schimansky/Bunte/Lwowski*, Bankrechts-Handbuch, 3. Auflage, § 37, Rn. 67; insoweit kann man aber auch gut eine andere Meinung vertreten und insbesondere gegenüber dem Pfändungsgläubiger die Treuhandeigenschaft offen legen. Es ist davon auszugehen, dass dies von Bank zu Bank unterschiedlich gehandhabt wird.

1.4.5 Das Treuhandkonto in der Insolvenz des Treuhänders

Wird über das Vermögen des Treuhänders ein Insolvenzverfahren eröffnet, ist der **Insolvenzverwalter des Treuhänders auch über das Treuhandkonto verfügungsbefugt**. Der Insolvenzverwalter kann also im Verhältnis zur Bank Auskehr des Guthabens zur Insolvenzmasse verlangen.

Allerdings steht dem **Treugeber** ein **Aussonderungsrecht nach § 47 InsO** zu; der Treugeber kann also **vom Insolvenzverwalter** des Treuhänders nach den Bestimmungen des Treuhandverhältnisses Zahlung verlangen. Auch in der Insolvenz des Treuhänders hat der Treugeber gegenüber der Bank keine eigenen Rechte; er kann sich nur an den Insolvenzverwalter des Treuhänders halten.

1.4.6 Das verdeckte Treuhandkonto

Die bisherigen Ausführungen betrafen das offene Treuhandkonto, also das Konto, bei dem der Bank offen gelegt wurde, dass es sich um ein in fremder Rechnung geführtes Konto handelt. Beim verdeckten Treuhandkonto ist die **Treuhandeigenschaft nicht offen gelegt**. Das Konto wird also aufgrund der Angaben im Kontovertrag in eigener Rechnung geführt – und der Bank die Treuhandeigenschaft auch nicht anderweitig, z.B. durch ausdrückliche Mitteilung, offen gelegt. Dennoch wird auf dem Konto nicht das eigene Vermögen des Kontoinhabers verbucht oder der eigene Zahlungsverkehr des Kontoinhabers abgewickelt. Dies geschieht entweder aus Nachlässigkeit des Kontoinhabers/Treuhänders, oder sogar bewusst. Letzteres ist z.B. der Fall, wenn ein Dritter – der meistens Kontovollmacht hat – das Konto für eigene Zwecke benutzt. Dies wird auch **„Kontoleihe"** genannt.

> **Beispiel:** Die Schufa des Vaters (V) unseres Bierfreunds A ist voller negativer Einträge, weshalb er Schwierigkeiten hatte, ein eigenes Konto zu eröffnen. V bittet A deshalb, ein Konto zu eröffnen und ihm Vollmacht einzuräumen, damit er das Konto des A nutzen kann. A eröffnet ein Konto in eigener Rechnung bei der Raiffeisenbank Altötting eG (R). Der Zahlungsverkehr, der über sein Konto läuft, ist allerdings V zuzuordnen, was z.B. am Verwendungszweck der einzelnen Buchungen zu erkennen ist, aber auch daran, dass der Empfänger eingehender Überweisungen als „V" bezeichnet ist.

1.4.6.1 Vorgehen der Bank gegen verdeckte Treuhandkonten

Aufgrund des nahezu ausschließlich automatisch abgewickelten Zahlungsverkehrs wird die Bank eine solche Kontonutzung durch Dritte regelmäßig nicht feststellen. **Nur bei besonderen Vorkommnissen**, die zumindest teilweise eine manuelle Bearbeitung nach sich ziehen, wird ein Bankmitarbeiter ggf. auf eine Kontonutzung durch Dritte **aufmerksam**.

> **Beispiel 1:** Der R wird eine Kontopfändung gegen V zugestellt. Da die R kein Konto für V führt, ist die Drittschuldnerauskunft negativ. Der Pfändungsgläubiger fragt bei R erneut nach, weil ihm aus der Geschäftsbeziehung die Kontonummer des Kontos von A als Konto des V bekannt ist. Aufgrund dieser Nachfrage bemerkt ein Mitarbeiter der Bank, dass V das Konto des A nutzt.

Beispiel 2: Auf dem Konto des A geht eine Überweisung in Höhe von 10 000 EUR aus dubiosen Geschäften des V ein, die von einem Bankmitarbeiter aufgrund des hohen Überweisungsbetrags manuell geprüft wird. Als Überweisungsempfänger ist V mit der Kontonummer des A angegeben. Aufgrund des Kontonummer-Namens-Abgleichs kann die Überweisung nicht dem Konto gutgeschrieben werden, sondern muss an den Überweisenden zurückgegeben werden. Anlässlich des Kontonummer-Namens-Abgleichs stellt der Bankmitarbeiter fest, dass V das Konto des A nutzt.[48]

Erlangt die Bank Kenntnis von einem verdeckten Treuhandkonto, muss sie reagieren:

Zum einen ist sie nach **§ 3 Abs. 1 Nr. 4 GwG zur kontinuierlichen Überwachung der Geschäftsbeziehung** einschließlich der in ihrem Verlauf durchgeführten Transaktionen verpflichtet, auch um sicherzustellen, dass die bei ihr vorhandenen Angaben zum wirtschaftlich Berechtigten richtig sind. Bei einem verdeckten Treuhandkonto ist der Kontoinhaber als wirtschaftlich Berechtigter angegeben („eigene Rechnung"); in Wahrheit ist jedoch ein anderer wirtschaftlich Berechtigter.

Zum anderen wirft ein solches Treuhandkonto auch Probleme im weitgehend automatisierten Zahlungsverkehr auf, wie obiges Beispiel 2 zeigt. Denn es birgt die Gefahr, dass die Bank **eingehende Überweisungen**, die sie aus wirtschaftlichen Gründen nur anhand der Kontonummer bucht, **falsch gutschreibt** (auf dem Konto des A), also den auf dem Überweisungsträger angegebenen Namen des Überweisungsempfängers (V) nicht beachtet.

Die Bank sollte also sowohl wegen ihrer Pflichten aus dem GwG, aber auch aus Eigeninteresse **gegen ein solches verdecktes Treuhandkonto vorgehen**. Regelmäßig wird sich empfehlen, das Konto auf den wirtschaftlich Berechtigten umzuschreiben, also im Beispiel V als Inhaber eines **Kontos in eigener Rechnung** zu führen. Wenn V eine negative Schufa hat, wird die Bank ein auf Guthabenbasis zu führendes Konto für jedermann führen.[49] Für eine Fortführung des Kontos auf den Namen des A mit Änderung des wirtschaftlich Berechtigten (von „eigene Rechnung" auf „in fremder Rechnung für V") wird es regelmäßig keinen Grund geben, weil kein Treuhandverhältnis zwischen A und V besteht, sodass es auch keinen Anlass für die Führung eines Treuhandkontos gibt.

1.4.6.2 AGB-Pfandrecht der Bank an Guthaben auf verdeckten Treuhandkonten?

Wie bereits ausgeführt, hat die Bank bei einem offenen Treuhandkonto stillschweigend auf ihr AGB-Pfandrecht verzichtet.[50] Ein solcher **stillschweigender Verzicht** kann jedoch nur vorliegen, wenn die **Bank weiß, dass auf dem Konto Fremdgelder** verbucht sind. Deshalb steht der Bank am Guthaben auf einem verdeckten Treuhandkonto ein **AGB-Pfandrecht** zu.

---

[48] Zum Kontonummer-Namens-Abgleich siehe unten Punkt 2.1.2.3.4.
[49] Zum Girokonto für jedermann siehe oben Punkt 1.2.
[50] Siehe oben Punkt 1.4.1.2.

Erfährt die Bank später, dass es sich in Wahrheit um Treuhandgelder handelt, kann nach Auffassung des BGH bereits die bloße Mitteilung dazu führen, dass die **Bank an nach dieser Mitteilung eingegangenen Geldern kein AGB-Pfandrecht mehr besitzt**. Der BGH geht davon aus, dass die Bank die durch die Mitteilung des Kontoinhabers bezweckte Umwandlung eines verdeckten in ein offenes Treuhandkonto stillschweigend annimmt; er zieht hier eine Parallele zur Eröffnung eines von Anfang an offenen Treuhandkontos, mit dem sich die Bank regelmäßig einverstanden erklärt.

Selbst wenn im Einzelfall das verdeckte Treuhandkonto durch die Mitteilung der Treuhandeigenschaft nicht in ein offenes Treuhandkonto umgewandelt worden sein sollte, kann sich die **Bank nach § 826 BGB gegenüber dem Treugeber schadensersatzpflichtig** machen, wenn sie künftig entstehendes Guthaben auf Verbindlichkeiten des Treuhänders verrechnet.

Das **bereits in der Vergangenheit (vor Offenlegung der Treuhandeigenschaft) entstandene AGB-Pfandrecht bleibt jedoch bestehen**. Das heißt, die Bank ist berechtigt, Guthaben, die bereits vor Offenlegung der Treuhandeigenschaft bestanden haben, auf Verbindlichkeiten des Treuhänders zu verrechnen.[51]

1.5 Das Anderkonto: Ein Treuhandkonto für bestimmte Berufe

Bestimmte Berufsgruppen, nämlich Rechtsanwälte, Notare, Wirtschaftsprüfer, Steuerberater und Patentanwälte, können sog. Anderkonten eröffnen. Hierfür gibt es besondere **Anderkontobedingungen**, die die berufsrechtlichen Vorschriften für die Führung von Anderkonten berücksichtigen. Bei Anderkonten handelt es sich um nichts anderes als **Treuhandkonten für diese Berufsgruppen**, und zwar **offene** Treuhandkonten, weil die Treuhandeigenschaft bereits mit Eröffnung eines Anderkontos offen gelegt wird. Die Ausführungen unter Punkt 1.4 zum Treuhandkonto gelten also für das Anderkonto ebenso.

Zwei Besonderheiten von Anderkonten sind erwähnenswert:

Der Anderkontoinhaber darf nach den Anderkontobedingungen **nur Angehörigen seiner Berufsgruppe eine Kontovollmacht** erteilen. Ein Anwalt darf also seiner Rechtsanwaltsfachangestellten keine Vollmacht über sein Anderkonto erteilen, sondern nur einem anderen Anwalt.

Die Anderkontobedingungen sehen vor, **wer verfügungsberechtigt ist über ein Anderkonto, wenn der Anderkontoinhaber seine Zulassung verloren hat oder verstorben ist**. Regelmäßig ist das ein amtlich bestellter Vertreter. Beim Tod des Anderkontoinhabers fällt das Anderkonto also auch nicht in den Nachlass, d.h. nicht die Erben können über das Konto verfügen, sondern nur ein amtlich bestellter Nachfolger.

---

[51] Vgl. zur späteren Offenlegung der Treuhandeigenschaft bei einem verdeckten Treuhandkonto das grundlegende Urteil des BGH vom 25.9. 1990, XI ZR 94/89, NJW 1991, 101 = ZIP 1990, 1463 = WM 1990, 1954.

1.6 Verfügungsberechtigung

1.6.1 Verfügungsberechtigung des Kontoinhabers

Wenn eine **natürliche Person Kontoinhaber** ist, darf diese über das Konto verfügen. Bei den Sonderformen von Konten bedeutet das: Sind es mehrere Kontoinhaber, muss im Kontoeröffnungsantrag geregelt sein, ob diese einzeln oder nur gemeinschaftlich verfügen können (vgl. Punkt 1.3). Handelt es sich um ein Treuhand- oder Anderkonto, darf nur der Kontoinhaber, nicht aber der Treugeber über das Konto verfügen (vgl. Punkt 1.4, 1.5).

Über das **Konto eines Unternehmens** darf der gesetzliche Vertreter des Unternehmens verfügen, denn dieser ist umfassend berechtigt, die Gesellschaft zu vertreten. Also darf der Geschäftsführer einer GbR, OHG, KG oder GmbH und der Vorstand einer AG oder eines Vereins über das jeweilige Konto der Gesellschaft, bzw. des Vereins verfügen. Wer gesetzlicher Vertreter ist, ergibt sich aus dem **Handels- oder Vereinsregister**. Mangels eines Registers für **Gesellschaften bürgerlichen Rechts** muss der Geschäftsführer einer GbR aus dem von allen Gesellschaftern unterzeichneten **Gesellschaftsvertrag**, bzw. einem Beschluss zur Bestellung des Geschäftsführers entnommen werden. Der Gesellschaftsvertrag kann allerdings jederzeit durch Beschluss abgeändert werden, so dass für die Bank wie für jeden anderen Dritten immer ein Risiko verbleibt, ob ihr wirklich der aktuelle Vertrag vorgelegt wird.

1.6.2 Kontovollmacht

Wenn der Kontoinhaber weiteren Personen Verfügungsberechtigung über sein Konto erteilen will, muss er diesen Personen entsprechende Vollmacht erteilen. Für eine Kontovollmacht gibt es **kein Formerfordernis**; aus Beweisgründen und wegen des Haftungsrisikos wird die Bank allerdings immer auf einer schriftlichen Vollmacht bestehen.

Vollmachten können im **Außenverhältnis** erteilt werden, d.h. der Vollmachtgeber (Kontoinhaber) teilt der Bank mit, wen er bevollmächtigt hat (vgl. § 167 Abs. 1 BGB). Vollmachten können auch im **Innenverhältnis** erteilt werden, d.h. der Vollmachtgeber (Kontoinhaber) teilt dem Bevollmächtigten die Vollmacht mit (vgl. § 171 Abs. 1 BGB). Auf dem gleichen Weg können Vollmachten auch im Außenverhältnis gegenüber dem Geschäftspartner oder im Innenverhältnis gegenüber dem Bevollmächtigten **widerrufen** werden (vgl. §§ 167 Abs. 1, 168 S. 3, 170 BGB).[52]

1.6.2.1 Auf Bankformular erteilte Kontovollmacht

Alle Banken haben **eigene Formulare** für Kontovollmachten. Als Beispiel ist das vom Bank-Verlag Köln bereit gestellte Formular abgedruckt.

---

[52] Zum Widerruf einer Generalvollmacht im Innenverhältnis und der daraus resultierenden Vorlage der Originalvollmacht bei jeder Verfügung siehe Punkt 1.6.2.2 am Ende

Interne Angaben der Bank/Ablagehinweise

Geschäftsstelle

Konto-/Depotvollmacht
für die gesamte Geschäftsverbindung

Kontoinhaber

Name und Anschrift	

Ich/Wir bevollmächtige(n) hiermit den nachstehend genannten Bevollmächtigten

Name, Vorname (auch Geburtsname)		Geburtsdatum	
		Geburtsort	
Anschrift		Staatsangehörigk.	
		Telefon-Nr.	

mich/uns im Geschäftsverkehr mit der Bank zu vertreten. Die Vollmacht gilt für meine/unsere **sämtlichen bestehenden und künftigen Konten/Depots bei der oben genannten Geschäftsstelle.**

Im Einzelnen gelten folgende Regelungen:

1. Umfang der Vollmacht

Die Vollmacht berechtigt gegenüber der Bank zur Vornahme aller Geschäfte, die mit der Konto- und Depotführung in unmittelbarem Zusammenhang stehen.

Der Bevollmächtigte kann insbesondere

- über jeweilige Guthaben (zum Beispiel durch Überweisungen, Barabhebungen, Schecks) verfügen und in diesem Zusammenhang auch Festgeldkonten und Sparkonten einrichten
- eingeräumte Kredite in Anspruch nehmen
- von der Möglichkeit vorübergehender Kontoüberziehungen im banküblichen Rahmen Gebrauch machen
- Wertpapiere und Devisen an- und verkaufen sowie die Auslieferung an sich verlangen
- Abrechnungen, Kontoauszüge, Wertpapier-, Depot- und Erträgnisaufstellungen sowie sonstige Abrechnungen und Mitteilungen entgegennehmen und anerkennen.

Diese Vollmacht berechtigt nicht

- zur Eröffnung weiterer Konten/Depots (mit Ausnahme der oben erwähnten Spar-/Festgeldkonten)
- zum Abschluss und zur Änderung von Kreditverträgen
- zum Abschluss von Finanztermingeschäften
- zum Abschluss von Schrankfach- und Verwahrverträgen
- zur Beantragung von Bankkunden- und Kreditkarten
- zur Bestellung und Rücknahme von Sicherheiten
- zur Entgegennahme von Konto- und Kreditkündigungen.

2. Elektronische Zugangsmedien

Die Nutzung elektronischer Zugangsmedien (z.B. Telefonbanking, Online-Banking) durch den Bevollmächtigten setzt voraus, dass zwischen der Bank und dem Kontoinhaber hierüber eine gesonderte Vereinbarung geschlossen worden ist.

3. Auflösung von Konten/Depots

Zur Auflösung der Konten/Depots ist der Bevollmächtigte erst nach dem Tode des Kontoinhabers berechtigt. Bei mehreren Kontoinhabern besteht diese Berechtigung erst nach dem Tode aller Kontoinhaber.

4. Untervollmachten

Zur Erteilung von Untervollmachten ist der Bevollmächtigte nicht berechtigt.

5. Geltungsdauer der Vollmacht

Die Vollmacht kann vom Kontoinhaber jederzeit gegenüber der Bank oder dem Bevollmächtigten widerrufen werden. Widerruft der Kontoinhaber die Vollmacht gegenüber dem Bevollmächtigten, so hat er die Bank hierüber unverzüglich und aus Beweisgründen möglichst schriftlich zu unterrichten. Bei mehreren Kontoinhabern führt der Widerruf der Vollmacht eines Kontoinhabers zum Erlöschen der Vollmacht.

Die Vollmacht erlischt nicht mit dem Tode des/der Kontoinhaber(s); sie bleibt für die Erben des jeweils verstorbenen Kontoinhabers in Kraft.

Widerruft einer von mehreren Miterben die Vollmacht, so kann der Bevollmächtigte nur noch diejenigen Miterben vertreten, die seine Vollmacht nicht widerrufen haben. In diesem Fall kann der Bevollmächtigte von der Vollmacht nur noch gemeinsam mit dem Widerrufenden Gebrauch machen. Die Bank kann verlangen, dass sich der Widerrufende als Erbe ausweist.

Ort, Datum, Unterschrift(en) des/der Kontoinhaber(s)	

Hinweis für den Bevollmächtigten:
Die Bank ist gesetzlich verpflichtet, Name und Anschrift des Bevollmächtigten festzuhalten; sie wird deshalb diese Daten speichern.

Der Bevollmächtigte zeichnet:

Ort, Datum, Unterschrift des Bevollmächtigten = Unterschriftsprobe	

1

Ausfertigung für die Bank

*Abbildung 1-6-2-1: Formular Kontovollmacht des Bank-Verlags**

* Mit freundlicher Genehmigung der Bank-Verlag Medien GmbH, Köln.

Auf Bankformular erteilte Vollmachten sind **im Außenverhältnis erteilte Vollmachten**, weil der Kontoinhaber = Vollmachtgeber der Bank als Geschäftspartner mitteilt, wer über das Konto verfügen darf. In den Kontovollmachtsformularen ist – meist in Form eines Positiv- und eines Negativkatalogs[53] – genau geregelt, welche Befugnisse der Kontobevollmächtigte erhält. So darf der Kontobevollmächtigte sämtliche **Verfügungen** über das Konto tätigen. Er darf **eingeräumte Kreditlinien** in Anspruch nehmen. Er kann **Überziehungen** im banküblichen Rahmen veranlassen. Der Bevollmächtigte ist jedoch **nicht** berechtigt, **Kredite** zu vereinbaren. Er darf seinerseits **keine Vollmacht (Untervollmacht)** erteilen.[54] Er darf das **Konto nicht auflösen**, es sei denn, der Kontoinhaber ist verstorben.[55]

Im Kontovollmachtsformular ist außerdem geregelt, dass eine **Vollmacht solange wirksam ist, bis sie der Kontoinhaber gegenüber der Bank widerruft**. Widerruft der Kontoinhaber die Vollmacht gegenüber dem Bevollmächtigten, ist er nach den Vereinbarungen im Kontovollmachtsformular **verpflichtet, den Widerruf der Bank unverzüglich** und aus Beweisgründen möglichst schriftlich **mitzuteilen**.[56] Dadurch stellt die Bank sicher, dass sie den Kontobevollmächtigten verfügen lassen kann, solange ihr kein Widerruf mitgeteilt wird.

Kontovollmachtsformulare für **Unternehmenskonten** sehen meistens anders aus als Kontovollmachtsformulare für Konten natürlicher Personen; sie werden häufig als **Unterschriftskarte** bezeichnet. Unternehmen räumen häufig mehreren Mitarbeitern Kontovollmacht ein und haben zudem differenziertere Vertretungsregelungen. So dürfen beispielsweise bestimmte Mitarbeiter einzeln das Unternehmen vertreten, andere Mitarbeiter nur gemeinsam mit einem weiteren Mitarbeiter. Dies erfordert eine andere formularmäßige Gestaltung.

Das Vollmachtsformular wird **vom Kontoinhaber unterzeichnet**. Ist Kontoinhaber **ein** Unternehmen, wird die Bank auf einer Unterschrift durch den **gesetzlichen Vertreter** (Geschäftsführer, Vorstand) bestehen, weil sie dessen Vertretungsberechtigung aus einem Register mit entsprechender Publizitätswirkung entnehmen kann.

Es ist rechtlich nicht erforderlich, dass der Bevollmächtigte die Vollmacht annimmt. Die Bank braucht jedoch eine **Unterschriftsprobe des Bevollmächtigten**. Deshalb ist regelmäßig eine Unterschrift des Bevollmächtigten auf dem Vollmachtsformular vorgesehen, die zugleich als Unterschriftsprobe dient.

1.6.2.2 General- und Vorsorgevollmachten; Vorsorgevollmacht auf Bankformular

Vor allem aufgrund der zunehmenden Alterung der Gesellschaft nehmen General- und Vorsorgevollmachten an Bedeutung zu. Mit einer **Generalvollmacht** erteilt eine Person einer anderen **Vollmacht, sie umfassend in jeder Hinsicht zu vertreten**. Eine **Vorsorgevollmacht** ist auch eine **Generalvollmacht**, allerdings soll der Bevollmächtigte hier-

[53] Vgl. Punkt 1 der Kontovollmacht des Bank-Verlags Köln (Abb. 1-6-2-1).
[54] Vgl. Punkt 4 der Kontovollmacht des Bank-Verlags Köln (Abb. 1-6-2-1).
[55] Vgl. Punkt 3 der Kontovollmacht des Bank-Verlags Köln (Abb. 1-6-2-1).
[56] Vgl. Punkt 5 der Kontovollmacht des Bank-Verlags Köln (Abb. 1-6-2-1).

von regelmäßig nur Gebrauch machen, wenn der Vollmachtgeber aufgrund körperlicher oder geistiger Gebrechen **nicht mehr in der Lage ist, selbst seine Angelegenheiten zu regeln**.

Meistens werden General- und Vorsorgevollmachten **notariell beurkundet** oder zumindest **notariell beglaubigt**. Es sind jedoch auch **privatschriftlich** erteilte General- und Vorsorgevollmachten im Umlauf, zumal das Bundesjustizministerium einen Vordruck für eine privatschriftliche Vorsorgevollmacht zur Verfügung stellt.[57]

Für Banken werfen General- und Vorsorgevollmachten spezielle Probleme auf:

- Umfang der Vertretungsmacht

Zunächst einmal muss die Bank jede vom Bevollmächtigten vorgelegte Vollmacht daraufhin überprüfen, **zu welchen konkreten Geschäften** der Bevollmächtigte berechtigt ist. Wenn – wie meist – Vollmacht für **alle Vermögensangelegenheiten** erteilt wurde, kann der Bevollmächtigte über das Konto verfügen.

- Bedingung für Wirksamkeit der Vollmacht

Insbesondere privatschriftliche Vorsorgevollmachten beinhalten immer wieder **Bedingungen für die Wirksamkeit der Vollmacht**.

> **Beispiel:** Die Oma (O) erteilt ihrem Enkel A eine handschriftliche Vollmacht. Der Text lautet: „Wenn ich nicht mehr in der Lage bin, selbst für mich zu sorgen, soll mein Enkel A für mich handeln." Als O ins Pflegeheim kommt, möchte A diverse Verfügungen über das Konto treffen (z. B. Dauerauftrag zur Zahlung des Heims einrichten).

Hier muss die **Bank prüfen, ob die Bedingung** „wenn ich nicht mehr in der Lage bin, selbst für mich zu sorgen" **eingetreten** ist. Sie wird also auf der Vorlage eines ärztlichen Attests bestehen müssen – und auch dann noch wegen der ungenauen Formulierung der Bedingung ein gewisses Risiko eingehen müssen. Alternativ bliebe der Bank die Möglichkeit, die Vollmacht nicht anzuerkennen und auf der **Bestellung eines Betreuers** zu bestehen. Das ist allerdings auch nicht immer einfach, denn die meisten Amtsgerichte lehnen die Bestellung eines Betreuers ab, wenn es eine General- oder Vorsorgevollmacht gibt (vgl. § 1896 Abs. 2 S. 2 BGB). Dennoch sollte die Bank bei besonders unklaren Formulierungen und größeren Verfügungen, die der Bevollmächtigte tätigen will (insbesondere, wenn diese nicht im erkennbaren Interesse des Kontoinhabers liegen), auf der Bestellung eines Betreuers bestehen.

Allerdings ist es der Kreditwirtschaft in den letzten Jahren durch entsprechende Öffentlichkeitsarbeit gelungen, solche unklaren, auch im Außenverhältnis geltenden Bedingungen zurückzudrängen. Der **Zentrale Kreditausschuss**, in dem die Spitzenverbände der Kreditwirtschaft zusammenarbeiten, hat ein **eigenes Formular für eine Vorsorgevollmacht** entworfen.[58] Dabei handelt es sich letztlich um eine „ganz normale" Kontovollmacht, denn sie wird im Außenverhältnis zur Bank erteilt und der Bevoll-

---

[57] Siehe hierzu die Homepage des Bundesjustizministeriums unter den Stichworten Betreuungsrecht, Vorsorgevollmacht; http://www.bmj.bund.de/das-betreuungsrecht.

[58] Dieses Formular ist ebenfalls auf der Homepage des Bundesjustizministeriums unter den Stichworten Betreuungsrecht, Konto- und Depotvollmacht veröffentlicht.

mächtigte ist im Außenverhältnis berechtigt, sofort über das Konto zu verfügen. Das Formular enthält folgenden Hinweis:

> „Wichtige Hinweise für den Kontoinhaber/Vollmachtgeber
>
> Ab wann und unter welchen Voraussetzungen der Bevollmächtigte von dieser Vollmacht Gebrauch machen darf, richtet sich den gesondert zu treffenden Vereinbarungen zwischen dem Kontoinhaber und dem Bevollmächtigten. Unabhängig von solchen Vereinbarungen kann der Bevollmächtigte gegenüber der Bank/Sparkasse ab dem Zeitpunkt der Ausstellung dieser Vollmacht von ihr Gebrauch machen.
>
> Die Bank/Sparkasse prüft nicht, ob der „Vorsorgefall" beim Kontoinhaber/Vollmachtgeber eingetreten ist."

- Fälschungsrisiko und Geschäftsfähigkeit des Vollmachtgebers

Bei jeder Vollmacht stellt sich die Frage, ob die Vollmacht wirklich **vom Vollmachtgeber unterzeichnet** wurde und ob dieser **geschäftsfähig** war. Dennoch sind diese Fragen für Banken bei General- und Vorsorgevollmachten von besonderer Bedeutung. Denn bei einer Vollmachtserteilung **auf Bankformular** erfährt die Bank zwangsläufig sofort nach Unterzeichnung von der erteilten Vollmacht. Dementsprechend kann sie **sofort etwaige Zweifel ausräumen**. Sie kann beispielsweise auf eine Unterzeichnung der Bankvollmacht in ihren Geschäftsräumen dringen, sie kann sich durch eine Nachfrage beim Vollmachtgeber vergewissern oder die erteilte Vollmacht schriftlich an den Vollmachtgeber bestätigen und um erneute Rückbestätigung bitten.

Von der Erteilung einer **General- oder Vorsorgevollmacht** hingegen erfährt die Bank meistens erst, wenn der Kontoinhaber selbst nicht in der Lage ist zu handeln (meistens ist er gebrechlich, manchmal aufgrund eines Auslandsaufenthalts nicht erreichbar). Das heißt, die Bank hat **keine Möglichkeit, sich zu vergewissern**, ob der Kontoinhaber selbst die Vollmacht erteilt hat und ob er geschäftsfähig war. Wenn die Vollmacht **notariell beurkundet** ist, wird sie sich auf die Feststellungen des Notars (vgl. § 11 BeurkG) verlassen können. Ist die Vollmacht nur **notariell beglaubigt**, hat der Notar zwar die Identität des Vollmachtgebers überprüft (vgl. § 40 BeurkG), nicht aber dessen Geschäftsfähigkeit. Bei einer **privatschriftlichen** Vollmacht schließlich hat die Bank überhaupt keine Anhaltspunkte. Die Bank muss also in jedem Einzelfall abwägen, ob sie die Vollmacht anerkennt und notfalls auf der **Anordnung einer Betreuung** bestehen. Lehnt das Amtsgericht die Bestellung eines Betreuers ab, weil es eine Generalvollmacht gibt (vgl. § 1896 Abs. 2 S. 2 BGB), hat das Amtsgericht dadurch wenigstens inzident bestätigt, dass es keine Zweifel an der Wirksamkeit der Vollmacht hat.

- Kein zwischenzeitlicher Widerruf der General- oder Vorsorgevollmacht

General- und Vorsorgevollmachten sind im Innenverhältnis erteilt und können dementsprechend auch **im Innenverhältnis widerrufen** werden, also indem der Vollmachtgeber gegenüber dem Bevollmächtigten die Vollmacht widerruft.[59] Von einem solchen Widerruf hat die Bank, die am Innenverhältnis nicht beteiligt ist, regelmäßig keine Kenntnis.

---

[59] Zum Widerruf der Vollmacht siehe auch oben Punkt 1.6.2.

Dennoch kann sich die Bank davor schützen, dass der bisher Bevollmächtigte über das Konto verfügt, obwohl der Kontoinhaber dem Bevollmächtigten die Vollmacht bereits entzogen hat. Hier hilft die **Gutglaubensvorschrift des § 172 Abs. 2 BGB**: Solange der Bevollmächtigte im **Besitz der Vollmachtsurkunde** ist, können Dritte darauf vertrauen, dass er bevollmächtigt ist (es sei denn, dem Dritten ist der Widerruf der Vollmacht bekannt, vgl. § 173 BGB). Deshalb ist es in der Bankpraxis üblich, sich vom General- oder Vorsorgebevollmächtigten **bei jeder Verfügung die Original-Vollmachtsurkunde vorlegen** zu lassen. Nur so ist die Bank vor einem zwischenzeitlichen Widerruf der im Innenverhältnis erteilten Vollmacht geschützt. Das ist für beide Seiten allerdings nicht besonders praktikabel. Insbesondere kann der General- oder Vorsorgebevollmächtigte keinerlei elektronischen Verfügungen über das Konto tätigen; noch nicht einmal eine Barabhebung am Geldautomaten ist möglich.

Deshalb empfiehlt es sich, dem Bevollmächtigten **zusätzlich** zu einer General- oder Vorsorgevollmacht **eine Bankvollmacht** (entweder auf dem „normalen" Kontovollmachtsformular oder einem Vorsorgevollmachtsformular) zu erteilen. Darauf weist beispielsweise auch das vom Bundesjustizministerium erteilte Formular für eine Vorsorgevollmacht ausdrücklich hin.[60]

1.6.3 Verfügungsberechtigung des Betreuers

Wenn der Kontoinhaber keinerlei Vollmachten erteilt hat und gebrechlich wird, kommt es in vielen Fällen zur **Bestellung eines Betreuers**. Der Betreuer ist in seinem Aufgabenkreis **gesetzlicher Vertreter** des Betreuten, § 1902 BGB. Für die Bank kommt es darauf an, dass der Betreuer für die **Vermögenssorge**, also sämtliche Vermögensangelegenheiten, bestellt ist. Dann kann der Betreuer den Betreuten ihr gegenüber vertreten.

Allerdings muss die Bank auf die Einschränkungen der Vertretungsmacht des Betreuers für bestimmte Geschäfte achten. Hingewiesen sei auf die **wichtigste Einschränkung der Vertretungsmacht**:

Nach § 1812 Abs. 1 BGB darf der Vormund eine Leistung mit Wirkung für den Mündel nur annehmen, wenn der Gegenvormund (oder das Vormundschaftsgericht, vgl. § 1812 Abs. 2 BGB) zustimmt. Diese Vorschrift ist nach § 1908i Abs. 1 S. 1 BGB auf den Betreuer sinngemäß anzuwenden, wobei für den Betreuer die **Genehmigung des Vormundschaftsgerichts** erforderlich ist. Das heißt, der Betreuer kann **nur mit Genehmigung des Vormundschaftsgerichts über das Konto des Betreuten verfügen.**

Allerdings ist die Ausnahmevorschrift des § 1813 Abs. 1 Nr. 2 BGB nach § 1908i Abs. 1 S. 1 BGB ebenfalls anzuwenden: Danach braucht der Betreuer **keine Genehmigung** für die Verfügung über das Konto, wenn der Anspruch den Wert von € **3000,00 nicht übersteigt**. Nach ganz herrschender Meinung kommt es für den Wert nicht auf die Höhe der einzelnen Kontoverfügung an, sondern auf die **Höhe des gesamten Kontoguthabens**.[61]

---

[60] Siehe hierzu die Homepage des Bundesjustizministeriums unter den Stichworten Betreuungsrecht, Vorsorgevollmacht; http://www.bmj.bund.de/das-betreuungsrecht.

[61] *Palandt/Diederichsen*, BGB, 68. Auflage, § 1813, Rn. 3.

Beispiel: Der Betreute hat € 5312,00 auf seinem Girokonto. Der Betreuer möchte € 2000,00 in einem Bundesschatzbrief anlegen. Für die Verfügung über das Girokonto braucht er die Genehmigung des Vormundschaftsgerichts, weil das Guthaben über € 3000,00 beträgt. Auf die Höhe der Verfügung (€ 2000,00) kommt es nicht an.

Allerdings bedürfen folgende Personen nach § 1908i Abs. 2 S. 2 BGB (i.V.m. §§ 1857a, 1852 Abs. 2 S. 1 BGB) **unabhängig vom Kontoguthaben keiner Genehmigung** des Vormundschaftsgerichts für Verfügungen über das Konto des Betreuten, also auch dann nicht, wenn das Kontoguthaben 3000 EUR übersteigt: **Vater, Mutter, Ehegatte und Abkömmling des Betreuten und Vereins- und Behördenbetreuer**. Diese Personen sind kraft Gesetzes zu Verfügungen über das Vermögen des Betreuten berechtigt; sie werden als **befreite Betreuer** bezeichnet.

Andere Personen („nicht befreite Betreuer") können sich nach § 1825 BGB (i.V.m. § 1908i Abs. 1 S. 1 BGB) vom Vormundschaftsgericht zu solchen Verfügungen **allgemein ermächtigen** lassen.

1.6.4 Verfügungsberechtigung der Erben beim Tod des Kontoinhabers

Wenn der Kontoinhaber verstirbt, sind die Erben über das Konto verfügungsberechtigt. Wenn mehrere Personen Erbe sind, können **nur alle Erben gemeinsam** über das Konto verfügen (§ 2040 Abs. 1 BGB). Ist allerdings ein **Testamentsvollstrecker** bestimmt, steht diesem – im Rahmen seines Aufgabenkreises – die alleinige Verfügungsmacht zu (vgl. § 2205 S. 2 BGB).

Die Bank muss sich vergewissern, wer Erbe oder Testamentsvollstrecker ist, um nicht Gefahr zu laufen, einen unberechtigten Dritten über das Konto verfügen zu lassen. Dafür sieht **Nr. 5 der AGB-Banken** eine Regelung vor:

Nach Nr. 5 S. 1 der AGB-Banken kann die Bank die Vorlage eines **Erbscheins** (§§ 2353 ff. BGB) und eines **Testamentsvollstreckerzeugnisses** (§ 2368 BGB) verlangen, um die Verfügungsberechtigung zu klären. Beide Dokumente haben **öffentlichen Glauben**, vgl. § 2366 BGB, § 2368 Abs. 3 BGB.

Allerdings kann die Bank nach Nr. 5 S. 2 der AGB-Banken „auf die Vorlage eines Erbscheins oder eines Testamentsvollstreckerzeugnisses verzichten, wenn ihr eine **Ausfertigung oder eine beglaubigte Abschrift der letztwilligen Verfügung (Testament, Erbvertrag) nebst zugehöriger Eröffnungsniederschrift** vorgelegt wird". Eine Pflicht, sich mit der eröffneten letztwilligen Verfügung zu begnügen, sehen die AGB-Banken gerade nicht vor („kann", nicht „muss"). Die nach § 2260 BGB (Testament), bzw. § 2300 BGB (Erbvertrag) erforderliche Eröffnung der letztwilligen Verfügung bedeutet letztlich nur, dass der Inhalt der letztwilligen Verfügung(en) bekannt gegeben wird und eine Niederschrift angefertigt wird. Öffentlicher Glaube kommt der Eröffnungsniederschrift nicht zu. Ebenso sagt die Eröffnungsniederschrift nichts über die Wirksamkeit der letztwilligen Verfügung aus; oder welche von mehreren letztwilligen Verfügungen maßgeblich ist. Die Bank hat also **weniger Sicherheit**, wenn sie sich statt des mit öffentlichem Glauben ausgestatteten Erbscheins nur mit der Vorlage einer letztwilligen Verfügung samt Eröffnungsniederschrift begnügt.

Allerdings heißt es in **Nr. 5 S. 3 und 4 der AGB-Banken** weiter: „Die Bank darf denjenigen, der darin [in der eröffneten letztwilligen Verfügung] als Erbe oder als Testamentsvollstrecker bezeichnet ist, als Berechtigten ansehen, ihn verfügen lassen und insbesondere mit befreiender Wirkung an ihn leisten. Dies gilt nicht, wenn der Bank bekannt war, dass der dort Genannte (zum Beispiel nach Anfechtung oder wegen Nichtigkeit des Testaments) nicht verfügungsberechtigt war oder wenn ihr dies infolge Fahrlässigkeit nicht bekannt geworden ist."

Mit dieser Regelung soll **vertraglich ein dem Erbschein entsprechender Gutglaubensschutz für Verfügungen an den in der eröffneten letztwilligen Verfügung angegebenen Erben** geregelt werden. Nach herrschender Meinung benachteiligt diese AGB-Regelung den wahren Erben nicht unangemessen (§ 307 Abs. 2 Nr. 1 BGB), denn der Erbe ist noch nicht Vertragspartner der Bank, und er wird durch den Erblasser benachteiligt, der den Erben ohne Rechtsnachteil für die Bank benachteiligen darf.[62]

Dennoch wird die Bank bei sehr hohen Nachlassguthaben und vor allem bei nicht eindeutigen Formulierungen im Testament auf der Vorlage eines Erbscheins bestehen.

1.7 Bankgeheimnis[63]

1.7.1 Begriff und Rechtsgrundlage

Jeder Bankkunde hat das Bedürfnis, dass die Bank ihr Bekanntes geheim hält. Niemand will die Höhe seines Einkommens, den Wert seines Vermögens oder zu leistende Unterhaltszahlungen veröffentlicht wissen. Die geschäftliche Beziehung zwischen Kunde und Bank ist seit Jahrhunderten durch ein gegenseitiges Vertrauensverhältnis geprägt, wonach die Bank zur Verschwiegenheit verpflichtet ist. Das **Bankgeheimnis** ist gesetzlich nicht geregelt oder definiert, es ist als **vorkonstitutionelles Gewohnheitsrecht**[64] zu qualifizieren. Seit 1. 1. 1993 ist das Bankgeheimnis in **Nr. 2 Abs. 1 der AGB-Banken** geregelt und lautet:

> „Die Bank ist zur Verschwiegenheit über alle kundenbezogenen Tatsachen und Wertungen verpflichtet, von denen sie Kenntnis erlangt (Bankgeheimnis). Informationen über den Kunden darf die Bank nur weitergeben, wenn gesetzliche Bestimmungen dies gebieten oder der Kunde eingewilligt hat oder die Bank zur Erteilung einer Bankauskunft befugt ist."

Das Bankgeheimnis ist schon mit der Aufnahme des geschäftlichen Kontakts nach § 311 Abs. 2 Nr. 1 BGB zu berücksichtigen, da ansonsten der Kunde im vorvertraglichen Stadium bei der Anbahnung eines Darlehensvertrages mit der Hingabe der Selbstauskunft über seine persönlichen und wirtschaftlichen Verhältnisse keinen Vertrauensschutz hätte.

---

[62] Vgl. *Bunte* in *Schimansky/Bunte/Lwowski,* Bankrechts-Handbuch, 3. Auflage, § 10, Rn. 28.

[63] Ausführlich und weiterführend zum Bankgeheimnis *Bruchner/Krepold* in *Schimansky/Bunte/Lwowski*, Bankrechts-Handbuch, 3. Auflage, § 39.

[64] Ausführlich und weiterführend *Nobbe*, WM 2005, 1537.

1.7.2 Gegenstand und Umfang

Unter die Verschwiegenheitspflicht fallen grundsätzlich alle Tatsachen, die nach dem tatsächlichen **Willen des Kunden** geheim zu halten sind. Grundsätzlich unterliegt alles, was eine Bank im Zusammenhang mit einer Geschäftsverbindung über den Kunden in Erfahrung bringt, ohne Einschränkung der Geheimhaltungspflicht.

Die **inhaltliche Reichweite** umfasst nach Nr. 2 Abs. 1 der AGB-Banken Tatsachen und Wertungen. **Tatsachen** sind äußere und innere Vorgänge, die der Nachprüfung durch Dritte offen stehen. Dazu gehören auch innere Tatsachen, wie Beweggründe, Überlegungen und Willensrichtungen.

Beispiel: Kunde lässt eine Lastschrift des Telefonunternehmens zurückgehen, um dieses „zu ärgern". Diese Motivation des Kunden darf die Bank nicht mitteilen.

Wertungen beruhen in der Regel ebenfalls auf Tatsachen, enthalten aber subjektiv gefärbte, nicht objektiv nachprüfbare Schlussfolgerungen oder Meinungsäußerungen.

Beispiel: Auf die Frage eines Fernsehsenders, ob einem großen Medienkonzern von der Deutschen Bank noch ein Darlehen gewährt wird, antwortete der damalige Vorstandssprecher Breuer im Originalton: „Was alles man darüber lesen und hören kann, ist ja, dass der Finanzsektor nicht bereit ist, auf unveränderter Basis noch weitere Fremd- oder gar Eigenmittel zur Verfügung zu stellen." Damit gab Breuer eine Schlussfolgerung über die Kreditwürdigkeit ab.[65]

Von der inhaltlichen Rechweite nicht umfasst sind offenkundige und allgemein bekannte Tatsachen. Geschützt sind alle Personen, die in einem rechtsgeschäftlichen Kontakt (§ 311 Abs. 2 BGB) mit der Bank stehen. Zum geheimhaltungspflichtigen Personenkreis gehört jeder Mitarbeiter, jeder Vorstand und jeder Aufsichtsrat.

Auch innerhalb der Bank darf die Information nur weitergegeben oder abgefragt werden, wenn die betreffende Person daran ein aus ihrer Banktätigkeit heraus begründetes Interesse hat (**inneres Bankgeheimnis**). Es darf also keine Information ohne rechtfertigenden Grund geben.

Beispiel: Der bei der Bayerischen Hypo- und Vereinsbank AG (B) angestellte A vermietet privat eine Wohnung. Der Mietinteressent M hat sein Konto bei B. A darf das Konto des M nicht abfragen, um die Bonität seines zukünftigen Mieters zu überprüfen.

Im Spiegelbild zum inneren Bankgeheimnis muss gelten, dass Wissen nur dann einem anderen Bankmitarbeiter zugerechnet werden darf, wenn diese Information typischerweise aktenmäßig oder elektronisch festgehalten wird.

---

[65] Die gesamte Geschichte ist nachzulesen: BGH, Urteil vom 24. 1. 2006 – XI ZR 384/03, ZIP 2006, 317 = NJW 2006, 830 = WM 2006, 320 = BKR 2006, 830.

1.7.3 Grenzen des Bankgeheimnisses im Zivilrecht

Da das Bankgeheimnis entscheidend vom Willen des Bankkunden abhängt, ist das Bankgeheimnis nicht verletzt, wenn der Kunde in die Weitergabe von Informationen **einwilligt**. Der häufigste Fall ist die **Schufa-Klausel** bei der Kontoeröffnung.

Auch bei einem Zahlungsverkehrvorgang mit der **ec-Karte**, bei dem der Einzug des Kaufpreises per **Lastschrift** (ELV-Verfahren[66]) vereinbart ist und gerade keine Kontoabfrage direkt an der Kasse stattfindet, darf die Bank wegen der ausdrücklichen und mit der Unterschriftsprobe des Kunden überprüfbaren Erklärung Name und Anschrift des auf der ec-Karte genannten Kontoinhabers an den Verkäufer weitergeben. Auf dem vom Kunden unterschriebenen Beleg heißt es u. a.:

> „Ich weise mein Kreditinstitut, das durch die umseitig angegebene Bankleitzahl bezeichnet ist, an, bei Nichteinlösung der Lastschrift oder bei Widerspruch gegen die Lastschrift dem umseitig genannten Unternehmen auf Anforderung meinen Namen und meine Adresse vollständig mitzuteilen, damit die Ansprüche gegen mich geltend gemacht werden können."

Auch bei einem nicht bezahlten **Scheck** darf der Scheckinhaber Name und Anschrift des Scheckausstellers erfahren, um gegen diesen vorgehen zu können.

Stellt ein Dritter im Einvernehmen mit dem Hauptschuldner eine **Bürgschaft**, darf die Bank diesbezüglich Auskunft an den Bürgen geben, insbesondere darf die Bank die Höhe der Hauptschuld nennen. Ebenso darf die Bank einem **nachrangigen Gläubiger** Auskunft geben, wenn diesem das Recht auf Auskunftserteilung und Rechnungslegung zusammen mit dem Anspruch auf Übererlös oder Rechnungslegung abgetreten ist. Diese Abtretung ist üblich und findet sich in der sogenannten Sicherheitenzweckerklärung. Eine **Sicherungszession** darf bei berechtigtem Interesse offen gelegt werden.

Nach § 74 Abs. 3 S. 2 GmbHG kann jeder Gläubiger einer **liquidierten GmbH** vom Registergericht zur Einsicht in deren Bücher und Schriften ermächtigt werden.

Die **Abtretung** eines Not leidenden Darlehens, eines Darlehens bei dem vertragswidrig Verpflichtungen nicht mehr erfüllt werden, ist auch ohne Mitwirkung des Schuldners grundsätzlich wirksam. Die grundlegende BGH-Entscheidung[67] hat das Bundesverfassungsgericht[68] bestätigt. Der Gesetzgeber[69] geht inzwischen ebenfalls von der Abtretbarkeit einer Darlehensforderung aus (vgl. insbesondere § 492 Abs. 1a und Abs. 3, § 1192 Abs. 1a BGB, § 799a ZPO). Mit dem Verkauf der Darlehensforderung realisiert die Bank zwar den Verlust, begrenzt damit aber zugleich das Risiko. Gerade wegen der Eigenkapitalrichtlinien nach den Vorschriften von Basel II, wonach höhere Risiken mit einem höheren Eigenkapital zu unterlegen sind, was zu einer Verteuerung von risikohö-

---

[66] Vgl. unten Punkt 2.3.7.3.

[67] BGH, Urteil vom 27.2. 2007 – XI ZR 195/05, NJW 2007, 2106 = ZIP 2007, 619 = BKR 2007, 194.

[68] BVerfG, Beschluss vom 11.7. 2007 – 1 BvR 1025/07, NJW 2007, 3707 = BKR 2007, 503 = WM 2007, 1694.

[69] Risikobegrenzungsgesetz vom 18.8. 2008, BGBl I S. 1666.

heren Engagements führt, neigen Banken dazu, ein unabsehbares Risiko durch einen Forderungsverkauf endgültig zu bereinigen. Jede der bislang durchgeführten Veräußerungsmodalitäten zwingt die veräußernde Bank Informationen über seinen Kunden preiszugeben und damit das Bankgeheimnis zu verletzen: Selbst wenn der Forderungseinzug durch die veräußernde Bank selbst erfolgt, kann ein entsprechender Kaufpreis für die abzutretende Darlehensforderung nur gefunden werden, wenn die Bonität des Darlehensnehmers offen liegt und das bekannt gegebene Sicherungsobjekt neu eingewertet werden kann. Das Thema einer realitätsnahen Kaufpreisfindung zwingt die Vertragsparteien vor Abschluss ihrer Verhandlungen, die zunächst anonymisierten Daten zu individualisieren.

Es ist also eine Begründung zu finden, weshalb die Abtretung Not leidender Darlehen ohne Zustimmung des Schuldners, also ohne Zustimmung des Bankgeheimnisträgers erfolgen kann. Für eine mutmaßliche Einwilligung fehlt der Anknüpfungspunkt. Auch § 402 BGB kann nicht herangezogen werden, da diese Vorschrift das Verhältnis des Abtretenden (Zedent) zum Zessionar bestimmt. § 354a HGB gilt nur für beiderseitige Handelsgeschäfte, scheidet also aus, wenn der Darlehensnehmer ein Verbraucher ist.

Die Begründung liegt in der **Wahrnehmung berechtigter Interessen** durch die Bank: Wenn der Darlehensnehmer **vertragsbrüchig** geworden ist, darf die Bank alles tun, um ihren Schaden möglichst gering zu halten. Außerdem ist die Bank in jedem Fall berechtigt, im Urteilsverfahren einen Titel zu erstreiten oder das grundpfandrechtlich gesicherte Objekt im Wege der Zwangsversteigerung zu verwerten. Das Urteilsverfahren ist ebenso **öffentlich** (§ 169 S. 1 GVG) wie das Zwangsversteigerungsverfahren (§ 39 Abs. 1, § 66, § 105 ZVG). Bei der gerichtlichen Geltendmachung darf und muss die Bank die anspruchbegründenden Tatsachen vortragen. Insoweit muss das Bankgeheimnis zurücktreten. Gleiches gilt für das Zwangsversteigerungsverfahren. Durch den Weiterverkauf und die Abtretung der Darlehensforderung ist der Darlehensnehmer keiner öffentlichen Gerichtsverhandlung ausgesetzt und deshalb insgesamt weniger stark beeinträchtigt.

Zu überlegen ist jedoch, ob die Bank an jeden beliebigen Dritten die Darlehensforderung abtreten darf. Um nicht rechtsstaatlich zweifelhaften Vollstreckungsmethoden ausgesetzt zu sein, sollte der Zessionar ebenfalls einer **demokratisch und rechtsstaatlich legitimierten Bankenaufsicht** unterworfen sein. Weiter ist anhand des Einzelfalls zu erwägen, ob bei einer Darlehensaufnahme bei einer regional tätigen Bank die Ansprechpartner und Entscheidungsträger ebenfalls regional vor Ort mit der bisherigen Geschäftssprache erreichbar sein müssen.

Im **Risikobegrenzungsgesetz** sind diese Ansätze nicht zu finden. Nach § 492 Abs. 1a BGB muss bei Immobiliendarlehensverträgen die vom Darlehensgeber zu unterzeichnende Vertragserklärung nur einen deutlich gestalteten **Hinweis** darauf enthalten, dass der Darlehensgeber Forderungen aus dem Darlehensvertrag ohne Zustimmung des Darlehensnehmers abtreten und das Vertragsverhältnis auf einen Dritten übertragen darf. Dies hat zur Folge, dass der **Gesetzgeber keinerlei Anforderungen an den Darlehenserwerber** stellt und nicht einmal ein Not leidendes Darlehen als Voraussetzung für eine Abtretung normiert. Jedoch ist nach wie vor das vertraglich vereinbarte oder zumindest nach dem vorkonstitutionellen Gewohnheitsrecht anerkannte Bankgeheimnis zu wahren. In der höchstrichterlichen Rechtsprechung werden deshalb die vorgenannten Prämissen für die Abtretung einer Bankforderung (insbesondere ausschließlich die Abtretung von Not leidenden Darlehen, Zessionar unterliegt einer demokratisch und rechtsstaatlich normierten Bankenaufsicht, Ansprechpartner und Entscheidungsträger vor Ort in der bisherigen Geschäftssprache erreichbar) ihren Niederschlag finden.

1.7.4 Durchbrechung des Bankgeheimnisses im Strafverfahren

1.7.4.1 Durchsuchungs- und Beschlagnahmebeschluss

Nach Nr. 2 Abs. 1 AGB-Banken darf die Bank Informationen über den Kunden nur weitergeben, wenn **gesetzliche Bestimmungen** dies gebieten. Die häufigste und wichtigste Eingriffsmöglichkeit ist in der Praxis der Durchsuchungs- (§ 105 Abs. 1 S. 1 StPO) und Beschlagnahmebeschluss (§ 98 Abs. 1 S. 1 StPO). In einer fast endlosen Reihe von Entscheidungen[70] verschafft das **Bundesverfassungsgericht**, insbesondere unter dem damaligen Vizepräsidenten und Vorsitzenden des 2. Senats **Winfried Hassemer**, dem Art. 13 GG (Unverletzlichkeit der Wohnung) wieder Geltung. Die Vielzahl der bis heute ergehenden Entscheidungen des Bundesverfassungsgerichts zeigt, dass die **Strafverfolgungsbehörden nach wie vor nicht gewillt sind, das Grundgesetz zu beachten**, und noch viel schlimmer, die Verfassung bewusst missachten.

So verweigern sich aktuell beispielsweise im Bereitschaftsdienst eine Reihe von Ermittlungsrichtern faktisch dem Grundgesetz[71]: Sie fordern eine schriftliche Darlegung der Gründe für den Durchsuchungs- und Beschlagnahmebeschluss und verweisen zugleich darauf, derzeit (zu Hause) kein Fax zur Verfügung zu haben. Damit meinen die Ermittlungsrichter eine vermeintliche „Gefahr in Verzug“ begründen zu können. Sie verweisen damit bewusst verfassungswidrig (Art. 13 Abs. 2 GG: „nur durch den Richter“) die Entscheidung an die Staatsanwaltschaft und damit an die Exekutive.

Dies ist kein Einzelfall: 57% der Beschlagnahme- und Durchsuchungsbeschlüsse enthalten keine konkreten Angaben zum Tatverdacht, 70% beschreiben nicht konkret die den Verdacht begründenden Tatsachen, 45% haben keine konkretisierende Bezeichnung der Beweismittel und 97% stellen keine Überlegungen zur Verhältnismäßigkeit an.[72] In der Bankrechtspraxis und in der Beratung von Unternehmen kommt es entscheidend darauf an, die Grundsätze eines verfassungsgemäßen Durchsuchungs- und Beschlagnahmebeschlusses verinnerlicht zu haben, um in der konkreten Situation dem Grundgesetz Geltung verschaffen zu können oder zumindest seine Gegenvorstellung zu Protokoll zu geben und gegebenenfalls später gerichtliche Hilfe in Anspruch zu nehmen.

---

[70] Wegweisend insbesondere BVerfG, Urteil vom 20.2. 2001 – 2 BvR 1444/00, NJW 2001, 1121 und BVerfG, Beschluss vom 8.3. 2004 – 2 BvR 27/04, NJW 2004, 1517; Rechtsprechungsübersicht bei *Bruchner/Krepold* in *Schimansky/Bunte/Lwowski*, Bankrechts-Handbuch, 3. Auflage, § 39, Rn. 102 ff.

[71] Vgl. Süddeutsche Zeitung vom 11.10. 2006, S. 41.

[72] *Bandisch*, Mandant und Patient, schutzlos bei Durchsuchung von Kanzlei und Praxis?, NJW 1987, 2200.

1.7.4.1.1 Anfangsverdacht

Grundlegende Voraussetzung ist der **Anfangsverdacht i.S.v. § 152 Abs. 2 StPO**. Es müssen dabei **zureichende und tatsächliche Verdachtsgründe für eine bestimmte, bereits begangene Straftat** vorliegen.[73] Vage Anhaltspunkte oder bloße Vermutungen genügen nicht. Die aufzuklärende Straftat muss umschrieben sein. Es sind tatsächliche Angaben über den Inhalt des Tatvorwurfs anzuführen. Diese konkret angeführten Tatsachen müssen nach der kriminalistischen Erfahrung die Möglichkeit einer verfolgbaren Straftat ergeben. Die Schilderung braucht nicht so vollständig zu sein, wie die Formulierung eines Anklagesatzes (§ 200 Abs. 1 S. 1 StPO) oder die tatsächlichen Feststellungen eines Urteils (§ 267 Abs. 1 S. 1 StPO). Es müssen aber **Verhaltensweisen oder Umstände geschildert werden, die – wenn sie erwiesen sein sollten – die wesentlichen Merkmale des gesetzlichen Straftatbestandes erfüllen**.[74]

> **Beispiel:** Aus einem Grundstücksverkauf Anfang 2007 erhält der in Deutschland steuerpflichtige H eine Million Euro überwiesen. Diese leitet er am gleichen Tag auf sein Festgeldkonto in Lichtenstein weiter, ohne dass er die Zinserträge aus diesem Festgeld in seiner Steuererklärung für 2007 angibt.

1.7.4.1.2 Richterlicher Beschluss

Für die **Anordnungen** von Durchsuchungs- und Beschlagnahmebeschlüssen ist nach Art. 13 Abs. 2 GG und § 105 Abs. 1 S. 1 StPO **grundsätzlich der Richter** zuständig. Aus dem Durchsuchungs- und Beschlagnahmebeschluss muss hervorgehen, dass der Ermittlungsrichter selbst und eigenverantwortlich geprüft hat. Durch geeignete Formulierungen hat der Richter sicherzustellen, dass der Eingriff in die Grundrechte messbar und kontrollierbar bleibt.

In der Praxis wird die richterliche Kontrollbefugnis ausgehebelt[75], wenn die Staatsanwaltschaft die vom Ermittlungsrichter beim Amtsgericht zu erlassenden Durchsuchungsbeschlüsse bereits in Beschlussform vorformuliert, sodass der Richter diese nur noch unterschreiben muss. Für den Richter liegt aus Zeit- oder Bequemlichkeitsgründen die Hemmschwelle sehr hoch, den bereits auf dem amtsgerichtlichen Briefkopf vorformulierten und unterschriftsreifen Beschluss zu ändern oder mit neuer Begründung erst gar nicht zu erlassen.

Eine weitere Aushöhlung der richterlichen Sachherrschaft liegt in der Anordnung der Durchsuchung durch die Staatsanwaltschaft, mit der Begründung es sei **„Gefahr in Verzug"**. Gängige Praxis war es, den Dienstschluss des Richters abzuwarten, um dann mit der vorgeschobenen Begründung „Gefahr im Verzug" die Durchsuchungsaktion ohne richterlichen Beschluss durchzuführen. Dem hat das Bundesverfassungsgericht[76] Einhalt geboten: **„Gefahr in Verzug"** ist **nur** dann gegeben, **wenn keine richterliche Anordnung – trotz entsprechender organisatorischer Vorkehrungen und entspre-**

---

[73] BVerfG, Beschluss vom 1.3. 2002 – 2 BvR 972/00, WM 2002, 648 = NJW 2002, 1940.

[74] BVerfG, Beschluss vom 8.3. 2006 – 2 BvR 27/04, NJW 2004, 1517, 1518; BVerfG vom 7.9. 2006 – 2 BvR 1219/05, NJW 2007, 1443.

[75] *Ciolek-Krepold*, Durchsuchung und Beschlagnahme in Wirtschaftsstrafsachen, Rn. 53.

[76] BVerfG, Urteil vom 20.2. 2001 – 2 BvR 1444/00, NJW 2001, 1121, 1123.

chender personeller Ausstattung – eingeholt werden kann, ohne den Zweck der Maßnahme zu gefährden. Dazu sind die Gerichte so zu organisieren, dass ein richterlicher Eil- und Notdienst grundsätzlich auch in der Nacht, an Wochenenden und an Feiertagen eingerichtet ist. „Gefahr in Verzug" bedeutet nichts anderes, als dass bei Einschaltung eines Richters die naheliegende Möglichkeit bestehen muss, dass durch diese eingetretene Verzögerung der Durchsuchungserfolg vereitelt würde.

Beispiele: Der Steuerhinterzieher H räumt sein Büro aus und verstaut diese Akten gerade in einen Kleinlaster mit außereuropäischem Kennzeichen: Gefahr in Verzug. Die Staatsanwaltschaft erhält anonym einen elektronischen Datenträger, auf dem Personen gespeichert sind, die in Lichtenstein ein Festgeldkonto haben: Keine Gefahr in Verzug für die Durchsuchung bei den potenziellen Steuerhinterziehern.

Bei der **Durchsuchung von Geschäftsräumen Dritter**, wenn sich also das Strafverfahren gerade nicht gegen Bankmitarbeiter richtet und die Bank insoweit dann Dritte ist, scheidet „Gefahr in Verzug" bei einer vernünftigen Prognosebetrachtung schon deshalb aus, da kein Bankmitarbeiter einen Kunden betreffende Beweismittel verfälschen und beseitigen wird, um sich dadurch selbst der großen Gefahr auszusetzen, strafrechtlich nach §§ 267 ff StGB belangt zu werden.

1.7.4.1.3 Grundsatz der Verhältnismäßigkeit

Die Anordnung einer Durchsuchung und Beschlagnahme steht wie jedes staatliche Handeln unter dem **verfassungsrechtlichen Gebot der Verhältnismäßigkeit**. Dabei sind zu berücksichtigen: Schwere der Straftat, die Art und Weise sowie die Umstände, unter denen die Anordnung getroffen worden ist, die Frage, ob weiteres Beweismittel vorliegt, Inhalt und Umfang der Anordnung unter Berücksichtigung insbesondere der Art der untersuchten Räume und der Schutzvorkehrungen, um die Auswirkungen auf ein vernünftiges Maß zu beschränken, sowie das Ausmaß möglicher Auswirkungen auf den guten Ruf des Betroffenen.[77]

Beispiel: Durchsuchung von Privat- und Geschäftsräumen wegen einer Verkehrsordnungswidrigkeit ist nicht verhältnismäßig.

Die Maßnahme muss auch **erforderlich** sein, d.h. es darf kein milderes Mittel geben. Gerade wenn Banken als Drittbeteiligte betroffen sind, genügt der Zugang eines Durchsuchungs- und Beschlagnahmebeschlusses mit der Ergänzung, dass die Durchsuchung und Beschlagnahme abgewendet werden kann, wenn bestimmte Unterlagen, wie Kontoauszüge oder Schriftverkehr, vorgelegt werden (**Abwendungsvorlage**). Im Rahmen der Verhältnismäßigkeit ist im Wirtschaftsleben der entscheidende Faktor, dass die von der Durchsuchung und Beschlagnahme betroffene Bank ihren Geschäftsbetrieb aufrechterhalten kann. Meist genügt die Übersendung von Fotokopien. Besonders umfangreiche Unterlagen können den Ermittlungsbehörden in einem besonders bereitgestellten Raum, zu dem ausschließlich die Strafverfolgungsbehörden Zutritt haben, bereitgestellt werden.

---

[77] EGMR, Urteil vom 28.4. 2005 – 41604/98, NJW 2006, 1495; BVerfG, Beschluss vom 7.9. 2006 – 2 BvR 1219/05, NJW 2007, 1443.

Die **Sichtung** (§ 110 StPO) der beschlagnahmten Unterlagen muss spätestens nach sechs Monaten[78] abgeschlossen sein. Um aber den Geschäftsbetrieb (insbesondere Rechnungen, Schriftverkehr und Buchhaltung) nicht zu gefährden, ist diese Zeit grundsätzlich zu lang, **vier Wochen** müssen ausreichend sein[79]. Die Strafverfolgungsbehören haben dies entsprechend personell umzusetzen.

1.7.4.1.4 Schriftform

Der Grundrechtseingriff darf nur aufgrund eines **schriftlichen**[80] Beschlusses erfolgen. Dem Betroffenen muss eine Kontrollmöglichkeit über Ausmaß und Umfang der Maßnahme an die Hand gegeben werden.

1.7.4.1.5 Gültigkeitsdauer

Die Vollstreckung eines Beschlusses ist nur solange zulässig, wie der dem gerichtlichen Beschluss zu Grunde liegende Sachverhalt unverändert geblieben ist. Zudem hat das Bundesverfassungsgericht[81] die maximale **Gültigkeitsdauer** auf **sechs Monate** begrenzt.

1.7.4.1.6 Herausgabeverlangen nach § 95 StPO

Die Ermittlungsbehörde weiß – der bloße Verdacht genügt nicht –, dass eine bestimmte Person ein ganz bestimmtes Beweismittel im Gewahrsam hat, dieses Beweismittel aber mittels einer Durchsuchung nicht gefunden werden konnte[82] und der Ort des Gewahrsams, sprich das Versteck des Beweismittels, nicht zu ermitteln ist.

> **Beispiel:** Ein unbeteiligter Dritter hat die Mordwaffe gefunden und dann so gut versteckt, dass die Ermittlungsbehörden diese nicht auffinden konnten.

Mit Zwangsmitteln soll der mutmaßliche Gewahrsamsinhaber (unter Preisgabe des Verstecks) zur Herausgabe des Beweismittels gezwungen werden (§ 95 Abs. 2 i.V.m. § 70 StPO).

In der staatsanwaltschaftlichen Ermittlungspraxis wird zunehmend über die zuvor beschriebenen Grenzen hinaus ein **Herausgabeverlangen nach § 95 StPO** auch dann gestellt, wenn eine Durchsuchung und Beschlagnahme ohne weiteres möglich und erfolgversprechend wäre. Dabei soll insbesondere ein richterlicher Durchsuchungs- und Beschlagnahmebeschluss umgangen werden.

Nach **weit überwiegender Ansicht**[83] stellt das vollstreckbare Herausgabeverlangen nach § 95 StPO einen **strafprozessualen Grundrechtseingriff** dar, der nach der Syste-

---

[78] BVerfG, Beschluss vom 27.5. 1997 – 2 BvR 1992/92, NJW 1997, 2165.

[79] *Ciolek-Krepold*, Durchsuchung und Beschlagnahme in Wirtschaftsstrafsachen, Rn. 152.

[80] BVerfG NJW 1966, 1603; *Ciolek-Krepold*, Durchsuchung und Beschlagnahme in Wirtschaftsstrafsachen, Rn. 65.

[81] BVerfG, Beschluss vom 27.5. 1997 – 2 BvR 1992/92, NJW 1997, 2165.

[82] *Selmer*, Steuerrecht und Bankgeheimnis, S. 67; LG Bonn WM 82, 1371, 1372; Dahm, BuB, 2/895.

[83] Vgl. LG Bonn WM 1982, 1371; LG Berlin WM 1984, 772; LG Landshut WM 1985, 749; LG Düsseldorf wistra 1993, 199; LG Stuttgart NJW 1992, 2646; *Braczyk*, wistra 1993, 57; *Reiß*

matik des Gesetzes grundsätzlich eine **richterliche Anordnung** voraussetzt. Der Staatsanwalt darf von einem Bankmitarbeiter daher die Herausgabe von Bankunterlagen nach § 95 StPO nur unter Vorlage eines richterlichen Beschlagnahmebeschlusses verlangen; anderenfalls würde die Regelung des § 94 Abs. 2 StPO weitgehend außer Kraft gesetzt und damit die gesetzgeberische Kompetenzzuweisung bei strafprozessualen Grundrechtseingriffen unterlaufen.

Die gegenteilige Ansicht ist nach der Entscheidung des Bundesverfassungsgerichts zum Richtervorbehalt und zur „Gefahr im Vollzug“[84] überholt und verfassungswidrig.

Die Staatsanwaltschaft ist auch nicht befugt, gegen einen Bankmitarbeiter nach § 95 Abs. 2 StPO ein Ordnungsgeld zu verhängen, weil dieser sich mit Rücksicht auf das Bankgeheimnis weigert, ohne richterliche Beschlagnahme Kontounterlagen in Kopie herauszugeben.[85] Die Staatsanwaltschaft und ihre Hilfsbeamten können die Herausgabe nur unter den engen Voraussetzungen der „Gefahr im Verzug“ verlangen.

1.7.4.1.7 Rechtsschutz

Gegen gerichtliche Durchsuchungs- (§ 105 Abs. 1 S. 1 StPO) und Beschlagnahmebeschlüsse (§ 98 Abs. 1 S. 1 StPO) sowie Herausgabeverlangen (§ 95 StPO) ist die **Beschwerde nach § 304 StPO** zulässig. Die Einlegung dieses Rechtsbehelfs ist an keine Frist gebunden. Das Bundesverfassungsgericht[86] hat die Rechtsstellung des von der Durchsuchung Betroffenen gestärkt: **Auch bei prozessualer Überholung** gebiete ein **effizienter Rechtsschutz nach Art. 19 Abs. 4 GG** in Fällen tiefgreifender Grundrechtseingriffe eine gerichtliche Überprüfung des Gerichtsbeschlusses und darf auch nach Abschluss der Zwangsmaßnahme erfolgen. Die Beschwerde ist zu begründen. Die Beschwerde wird bei dem Gericht, das den Durchsuchungs- oder Beschlagnahmebeschluss erlassen hat, eingelegt, regelmäßig also beim Amtsgericht. Das Amtsgericht hilft der Beschwerde ab oder legt sie unverzüglich, längstens binnen drei Tagen, dem Landgericht als Beschwerdegericht vor (§ 306 Abs. 2 StPO). Gegen die Entscheidung des Landgerichts kann Verfassungsbeschwerde erhoben werden.

StV 1988, 35; *Pfeiffer*, StPO, 5. Auflage 2005, § 95 RdNr 1 aE; *Selmer*, Steuerrecht und Bankgeheimnis, S. 67; *Nack* in *Hannich (Hrsg.)*, Karlsruher Kommentar zur StPO, 6. Auflage 2008, § 95 RdNr 4: „Zuständig ist der Richter. Eine Zuständigkeit der Staatsanwaltschaft wird durch § 161a nicht begründet“; *Lemke* in Heidelberger Kommentar zur Strafprozeßordnung, 3. Aufl. 2001, § 95, RdNr 6; *Müller* in KMR, *Kleinknecht/Müller/Reitberger*, § 95 RdNr 6, Stand Dezember 2008: „Nur der Richter“; *Schäfer* in *Loewe/Rosenberg*, 25. Auflage 1997 ff., § 95 StPO RdNr 6; *Dahm*, BuB, RdNr 2/895; **aA**: LG Lübeck vom 3.2. 2000, NJW 2000, 3149 mwN; *Meyer/Goßner* 51. Aufl. 2008, § 95 RdNr 2 ohne Begründung.

[84] BVerfG, Urteil vom 20.2. 2001 – 2 BvR 1444/00, NJW 01, 1121, 1123.

[85] LG Landshut WM 1985, 749 m. Anm. WuB I B 3.-2.85 *Locher*; LG Düsseldorf WM 1995, 576; LG Berlin, WM 1984, 773.

[86] BVerfG, Beschluss vom 30.4. 1997 – 2 BvR 817/90, 2 BvR 728/92, 2 BvR 802/95, 2 BvR 1065/95, NJW 1997, 2163; bestätigt durch BVerfG, Beschluss vom 22.1. 2002 – 2 BvR 1473/01, StV 02, 348, BVerfG, Beschluss vom 3.12. 2002 – 2 BvR 1845/00, NJW 03, 2303 und BVerfG, Beschluss vom 18.12. 2002 – 2 BvR 1910/02, NJW 03, 1513.

1.7.4.1.8 Unterrichtung des Kunden

Die Bank ist zwar nicht verpflichtet, aber grundsätzlich **berechtigt, ihren Kunden** über die gegen ihn gerichteten Ermittlungsmaßnahmen **zu informieren**. Nur so steht dem Kunden die Möglichkeit einer Selbstanzeige offen. Außerdem darf dem Betroffenen nicht die Möglichkeit abgeschnitten werden, gegen die von der Ermittlungsbehörde ergriffenen Maßnahmen in verfassungsrechtlich gebotenem Umfang (Art. 19 Abs. 4 GG) Rechtsmittel einzulegen. Demgegenüber sieht § 12 Abs. 1 GwG ausdrücklich vor, dass das Kreditinstitut seine Kunden nicht über eine Verdachtsanzeige sowie über ein daraufhin eingeleitetes Ermittlungsverfahren wegen Geldwäsche (§ 261 StGB) unterrichten darf.[87]

1.7.4.1.9 Kostenerstattung

Für den angefallenen Arbeitsaufwand darf die Bank maximal € 17,00 pro Stunde (§ 23 Abs. 1 S. 1 i.V.m. § 22 S. 1 JVEG) berechnen. Für die Anfertigung von Kopien werden 50 Cent für die ersten 50 Seiten und 15 Cent für jede weitere Seite gem. § 23 Abs. 2 i.V.m. § 7 Abs. 2 JVEG ersetzt. Die notwendige Benutzung einer Datenverarbeitungsanlage wird nach § 23 Abs. 3 entschädigt. Der Anspruch auf die Kostenerstattung erlischt, wenn er nicht binnen drei Monaten bei der anfragenden Ermittlungsbehörde geltend gemacht wird (§ 2 Abs. 1 S. 1 JVEG).

1.7.4.1.10 Verwertungsverbot

Bei einem **bewussten Verstoß gegen die Grundsätze der Durchsuchung und Beschlagnahme** ist ein **Verwertungsverbot** der daraus gewonnenen Erkenntnisse als Korrektiv zum verfassungswidrigen Grundrechtseingriff unabdingbar. Die jüngsten Entscheidungen des Bundesverfassungsgerichts[88] und Bundesgerichtshofs[89] lassen darauf deuten, dass die Strafverfolgungsbehörden in ihrer jahrelangen Nichtbeachtung verfassungsgerichtlicher Entscheidungen das Fass zum Überlaufen gebracht und sich ein **Verwertungsverbot** als strafermittlungstechnisch schärfste Maßnahme eingehandelt haben.

1.7.4.2 Zeugeneinvernahme

Das Bankgeheimnis ist nicht im Katalog der zur Zeugnisverweigerung berechtigten Berufsgeheimnisse von § 53 StPO aufgeführt. Kreditinstitute, deren Inhaber, Organe und Angestellte können sich daher in einem Strafermittlungsverfahren und im Strafprozess gegen einen Kunden nicht auf ein Zeugnisverweigerungsrecht berufen. Sie **müssen** daher vor der **Staatsanwaltschaft** (§ 161a StPO), vor dem **Ermittlungsrichter** (§ 162 StPO) und vor dem **Prozessgericht** nach vorheriger Ladung **als Zeugen aussagen**, **nicht dagegen vor der Polizei**. Mitarbeiter öffentlich-rechtlicher Kreditinstitute bedürfen der Aussagegenehmigung ihrer Dienstvorgesetzten nach § 54 StPO.

---

[87] Zu den Pflichten der Bank nach dem Geldwäschegesetz vgl. Punkt 1.8.

[88] BVerfG, Beschluss vom 12.4. 2005 – 2 BvR 1027/02, NJW 2005, 1917.

[89] BGH, Urteil vom 18.4. 2007 – 5 StR 546/06, NJW 2007, 2269; zustimmend Roxin NStZ 2007, 616 und Mosbacher NJW 2007, 3686.

Voraussetzung für die **Aussagepflicht vor der Staatsanwaltschaft** ist nach dem Wortlaut von § 161a StPO eine „ordnungsgemäße" Ladung. Für die Ladung des Zeugen besteht keine Frist. Es ist grundsätzlich möglich, einen Zeugen zur sofortigen Aussage aufzufordern. Andererseits darf die Ladung aber nicht so kurzfristig erfolgen, dass es dem Zeugen nicht mehr möglich ist, einen Rechtsanwalt als Beistand nach § 68b, S. 1 StPO zur Zeugenvernehmung hinzuzuziehen und sich vor der Vernehmung mit diesem zu beraten. Die Ladung ist zwar formunabhängig, sollte jedoch im Interesse der Rechtsklarheit möglichst schriftlich erfolgen. Die Zeugenladung muss Angaben über die aufzuklärenden Straftaten enthalten und zum Ausdruck bringen, dass der Adressat als Zeuge vernommen werden soll. Er hat **nur Aussagen über eigene konkrete Wahrnehmungen** zu machen; er ist gehalten, in zumutbarem Umfange sein Gedächtnis, insbesondere anhand seiner eigenen Unterlagen aufzufrischen. Der Zeuge muss jedoch keine Akten zur Vernehmung mitbringen.

Der Zeuge ist **nicht verpflichtet**, sich über ihm unbekannte Sachverhalte im Hinblick auf die Zeugeneinvernahme erst Kenntnisse durch **neue Erkundigungen und Nachforschungen** zu verschaffen. Es ist daher unzulässig, einen Vorstand oder einen Zweigstellenleiter als Zeugen über einen Geschäftsvorfall zu vernehmen, an dem dieser offensichtlich selbst nicht mitgewirkt hat. Es ist verfassungswidrige Praxis, mit einer derartigen Zeugenladung die Vorgaben für die richterlichen Durchsuchungs- und Beschlagnahmebeschlüsse zu umgehen. Die Vorgaben des Bundesverfassungsgerichtes in der Entscheidung vom 20. 2. 2001[90] werden damit ausgehebelt. Auch die in der Ermittlungspraxis verbreitete Handhabung, den Leiter einer größeren Filialeinheit mit der Maßgabe zu laden, den mit der Angelegenheit vertrauten Sachbearbeiter namhaft zu machen und zur Wahrnehmung des Vernehmungstermins zu entsenden, ist eine Umgehung der verfassungsrechtlich aufgestellten Grundsätze, zumal wenn sich die Befragung – wie meist – nicht auf eigene Wahrnehmungen des Zeugen in der arbeitsteiligen Welt, sondern auf den Akteninhalt des Gesamtengagements bezieht.

Vor den **Zivilgerichten** hingegen gilt das Bankgeheimnis, denn dieses stellt ein **„Gewerbegeheimnis"** nach § 384 Nr. 3 ZPO dar. Der Bankmitarbeiter, der die Ladung eines Zivilgerichts als Zeuge erhält, kann also nach § 384 Nr. 3 ZPO die Aussage verweigern, und ist hierzu aufgrund des Bankgeheimnisses sogar verpflichtet. Eine Aussage vor dem Zivilgericht ist also nur zulässig, wenn der Kunde den Bankmitarbeiter vom Bankgeheimnis befreit.

1.7.4.3 Automatisierter Abruf von Kontoinformationen (§ 24c KWG)

Seit Ende 2003[91] ist den Strafverfolgungsbehörden die Möglichkeit eröffnet, bundesweit Bankverbindungen von Personen in Erfahrung zu bringen. Dieses Gesetz hat das Bundesverfassungsgericht als noch verfassungskonform eingestuft.[92]

---

[90] BVerfG, Urteil vom 20.2. 2001 – 2 BvR 1444/00, NJW 01, 1121.

[91] Viertes Finanzmarktförderungsgesetz vom 21.6. 2002, BGBl. I S. 2010.

[92] BVerfG, Beschluss vom 13.6. 2007 – 1 BvR 1550/03, 1 BvR 2357/04, 1 BvR 603/05, WM 2007, 1360 = ZIP 2007, 1356 = NJW 2007, 2464.

Jedes Kreditinstitut hat eine Datenbank (Datei i. S. v. § 24c Abs. 1 S. 1 KWG) zu führen, auf die die Bundesanstalt für Finanzdienstleistungsaufsicht (BaFin) Zugriff hat (§ 24c Abs. 1 S. 1 und S. 5 KWG). In dieser Datei sind folgende Daten zu speichern (§ 24c Abs. 1 S. 1 Nr. 1 + Nr. 2 KWG):

- Name und bei natürlichen Personen der Geburtstag von
  - Kontoinhaber
  - weiteren Verfügungsberechtigten über das Konto
  - abweichender wirtschaftlicher Berechtigter (i. S. v. § 8 Abs. 1 GWG)
- Kontonummer
- Tag der Kontoeröffnung
- Tag der Kontoauflösung

Die **BaFin darf** aus dieser Datei **Daten** zur Erfüllung ihrer Aufgaben (§ 24c Abs. 2 KWG) **abrufen**. Von weitaus größerer Bedeutung ist die Erteilung von Auskünften aus dieser Datei an die Strafverfolgungsbehörden und Gerichte sowie Finanzämter und diverse weitere öffentliche Behörden (vgl. § 93 Abs. 7, Abs. 8 i. V. m. § 93b AO). So haben diese einen **genauen Überblick der Bankkonten**, über die der Betroffene verfügungsberechtigt ist.

In der Praxis ersucht die anfragende Behörde schriftlich unter Angabe des Aktenzeichens (§ 24 Abs. 4 S. 1 KWG) um Auskunft bei der BaFin und erhält wenige Tage später eine vollständige Übersicht aller Kontoverbindungen. Damit entfällt für die Strafverfolgungsbehörden die zeitraubende Suche nach Bankverbindungen. Durch den automatisierten Abruf von Kontoinformationen kann die BaFin schnell und kostengünstig feststellen, ob für die verdächtigen Personen Konten oder Depots geführt werden. Die Behörden können dann gezielte Auskunftsersuchen an die Kreditinstitute richten.

Das Kreditinstitut hat durch technische und organisatorische Maßnahmen sicherzustellen, dass es von den Abfragen des BAFin nichts erfährt.

Die Ausnahmen vom automatisierten Kontoabrufverfahren sind im Schreiben des Bundesministeriums der Finanzen vom 4. 11. 2002[93] geregelt. Verfassungsrechtlich pikant ist die Vorstellung, ein einfaches Schreiben könne ein umfassendes Gesetz einschränken. Das Bundesverfassungsgericht hat hier eine verfassungspolitische Entscheidung[94] getroffen.

---

[93] Abgedruckt in *Consbruch/Möller/Bähre/Schneider,* Kreditwesengesetz, Textsammlung Nr. 11.80. Weitere Ausnahmen sind in der Härtefallregelung, Schreiben des Bundesministeriums der Finanzen vom 16. 12. 2002 und für Kreditkartenkonten im Schreiben des Bundesministeriums der Finanzen vom 15. 1. 2003, abgedruckt in *Consbruch/Möller/Bähre/Schneider,* Kreditwesengesetz, Textsammlung Nr. 11.80, aufgenommen.

[94] BVerfG, Beschluss vom 13. 6. 2007 – 1 BvR 1550/03, 1 BvR 2357/04, 1 BvR 603/05, WM 2007, 1360 = ZIP 2007, 1356 = NJW 2007, 2464.

1.7.5 Rechtsfolgen bei der Verletzung des Bankgeheimnisses

1.7.5.1 Schadensersatzpflicht

1.7.5.1.1 Schadensersatzanspruch/Anspruchsgrundlagen

Da die Bank zur Wahrung des Bankgeheimnisses gewohnheitsrechtlich/vertraglich verpflichtet ist, haftet diese bei schuldhafter Verletzung aus **Schadensersatz** wegen positiver Forderungsverletzung (**§ 280 Abs. 1 BGB**).[95] Es genügt schon die Aufnahme eines geschäftlichen Kontakts nach § 311 Abs. 2 BGB.

Hinzu kommt im Einzelfall eine Haftung wegen unerlaubter Handlung nach § 823 ff. BGB.

Der Bruch des Bankgeheimnisses kann das allgemeine Persönlichkeitsrecht des Betroffenen verletzen. Ein Verstoß gegen die Verschwiegenheitspflicht kann auch einen Eingriff in den eingerichteten und ausgeübten Gewerbebetrieb darstellen, da der Schutz des Bankbetriebes alles umfasst, was in seiner Gesamtheit den wirtschaftlichen Wert des Betriebes ausmacht; hierzu gehört insbesondere auch der Kundenstamm. Darüber hinaus können die Voraussetzungen für eine Haftung nach § 823 Abs. 2 BGB i.V.m. §§ 28 und 41 BDSG wegen Verletzung des Datenschutzgesetzes vorliegen.

Das Kreditinstitut hat die Sorgfalt eines ordentlichen Kaufmannes (§ 347 HGB) anzuwenden; es haftet für das Verhalten seiner Angestellten im Rahmen der §§ 278, 831 BGB, für seine Organe nach den §§ 30, 89 BGB.

> **Beispiele:** Die **Bank haftet auf Schadensersatz nach § 280 Abs. 1, § 31 BGB**, wenn sich der Vorstandssprecher zur wirtschaftlichen Lage eines Bankkunden kritisch äußert. In dem vom BGH[96] entschiedenen Fall hatte der Vorstandssprecher einer Bank in einer Fernsehsendung dem Finanzsektor mehr oder weniger nahe gelegt, bei Ausbleiben von Umstrukturierungsmaßnahmen dem betreffenden Kunden keine weiteren Kreditmittel zur Verfügung zu stellen. Tatsächlich gaben die Banken sodann keine weiteren Kredite mehr, ausgelaufene Kreditlinien wurden nicht verlängert und bestehende Kredite gekündigt. Der BGH hat im vorgenannten Grundurteil die Verletzung des Bankgeheimnisses festgestellt. Die Entscheidung, in welcher Höhe ein Schaden tatsächlich eingetreten ist, bleibt einem noch laufenden Verfahren[97] vorbehalten.

Im Gegensatz zum OLG München[98] sieht der BGH[99] auch eine **persönliche deliktische Haftung des Vorstandssprechers aus § 823 Abs. 1 i.V.m. dem Recht am ein-**

---

[95] BGH, Urteil vom 24.1. 2006 – XI 384/03, ZIP 2006, 317 = NJW 2006, 830 = WM 2006, 380 = BKR 2006, 830.

[96] BGH, Urteil vom 24.1. 2006 – XI 384/03, ZIP 06, 317 = NJW 06, 830 = WM 06, 380 = BKR 2006, 830; Vorinstanzen: OLG München vom 10.12. 2003, BKR 2004, 65 = WM 2004, 74 = ZIP 2004, 19 = NJW 2004, 224 und LG München I, BKR 2004, 244 = NJW 2003, 1046.

[97] In der ersten Instanz hat das LG München I – 33 O 25598/05 die Klage abgewiesen, NJW-Spezial 2009, 412 = BB 2009, 729 = GWR 2009, 147.

[98] OLG München BKR 2004, 65 = WM 2004, 74 = ZIP 2004, 19 = NJW 2004, 224.

[99] BGH, Urteil vom 24.1. 2006 – XI 384/03, ZIP 2006, 317 = NJW 2006, 830 = WM 2006, 380 = BKR 2006, 830.

gerichteten und ausgeübten Gewerbebetrieb. Die persönliche Haftung des Vorstandssprechers aus § 823 I BGB i.V.m. dem Recht am eingerichteten und ausgeübten Gewerbebetrieb wird damit begründet, dass die Verpflichtung der Bank auch ihre Angestellten in der Meinungsäußerungsfreiheit beschränkte. Gegenüber den Nichtvertragspartnern bleibt der Angestellte allerdings frei. Einen Eingriff in das allgemeine Persönlichkeitsrecht wegen der „Prangerwirkung" der Interviewäußerungen lehnt der BGH ab.

Beide Ansprüche sollen allerdings nur der Tochtergesellschaft zustehen, die einen Darlehensvertrag mit der Bank abgeschlossen hatte: Denn das Bankgeheimnis bezieht sich nur auf **kunden**bezogene Daten, der Darlehensvertrag mit einer Kapitalgesellschaft entfaltet aber wegen des Trennungsprinzips **keine Schutzwirkungen** für den Gesellschafter oder andere Konzernangehörige.

1.7.5.1.2 Höhe des Schadensersatzanspruchs

Der Haftungsmaßstab ergibt sich aus § 249 BGB. Danach hat die Bank das negative Interesse zu ersetzen. Der betroffene **Kunde** ist im Ergebnis **so zu stellen**, wie er stehen würde, wenn die **Verletzung der Verschwiegenheitspflicht nicht erfolgt wäre**. Tatsächlich ist jedoch nicht jeder durch die Verletzung der Verschwiegenheitspflicht verursachte Nachteil ein ersatzfähiger Schaden. So stellen etwa durch die Verletzung der Verschwiegenheitspflicht verursachte **Steuernachzahlungen** des Kunden **keinen ersatzfähigen Schaden** dar, da das Vermögen des Kunden auch ohne Bruch des Bankgeheimnisses mit der Steuerschuld belastet war und die hinterzogenen Steuern einen rechtswidrigen und nicht schutzwürdigen Vermögensvorteil darstellen, auf dessen Fortbestehen der Bankkunde kein Recht hat. Das Bankgeheimnis ist nicht dazu bestimmt, Straftaten zu ermöglichen oder zu verheimlichen; aus diesem Grunde ist die Haftung auch in vertraglichen Beziehungen entsprechend begrenzt. Entsprechendes ist auch anzunehmen, wenn die Verletzung der Verschwiegenheitspflicht dem Gläubiger eines Kunden erst ermöglicht hat, seinen Anspruch im Wege der Pfändung seines Bankguthabens zu realisieren.

1.7.5.2 Unterlassungsanspruch

Besteht die begründete Besorgnis, dass ein Kreditinstitut oder einer seiner Mitarbeiter die ihm obliegende Verschwiegenheitspflicht verletzen wird, so steht dem Kunden ein Anspruch auf Unterlassung (**§ 1004 Abs. 1 S. 1 BGB i.V.m. gewohnheitsrechtlich anerkannten/vertraglich vereinbarten Bankgeheimnis**) zu, den er im Wege einer vorbeugenden Unterlassungsklage geltend machen oder durch Erwirkung einer einstweiligen Verfügung gem. § 935 ZPO sichern kann. Eine begründete Besorgnis für eine bevorstehende Vertragsverletzung ist anzunehmen, wenn das Kreditinstitut seine Geheimhaltungspflicht bestreitet.

1.7.5.3 Kündigungsrecht des Kunden

Hat der Bruch des Bankgeheimnisses das Vertrauen des Kunden in das Kreditinstitut so tiefgreifend erschüttert, dass ihm die Fortsetzung der Geschäftsverbindung nicht mehr zuzumuten ist, so kann der Kunde das Vertragsverhältnis **aus wichtigem Grund** nach § 314 Abs. 1 BGB **kündigen**. Nr. 18 Abs. 2 AGB-Banken[100]/Nr. 26 Abs. 2 AGB-Sparkassen haben nur deklaratorischen Charakter. Die Bestimmung einer Abhilfefrist oder der Abmahnung nach § 314 Abs. 2 BGB bedarf es nach § 323 Abs. 2 Nr. 3 BGB nicht. Mit der Veröffentlichung der Tatsachen oder Wertungen ist das Bankgeheimnis unwiederbringlich verletzt. Eine weitere vertrauensvolle Geschäftsverbindung ist unmöglich.

1.7.5.4 Arbeits-/dienstrechtliche Konsequenzen

Angestellte eines Kreditinstitutes sind aufgrund entsprechender ausdrücklicher Regelungen in den Tarifverträgen sowie durch entsprechende Bestimmungen in den individuellen Anstellungsverträgen zur Wahrung des Bankgeheimnisses verpflichtet. Darüber hinaus hat der Bankangestellte auch ohne ausdrückliche vertragliche Regelung aufgrund seiner dem Arbeitsvertrag immanenten Pflicht zur Rücksichtnahme auf die geschäftlichen Interessen des Arbeitgebers Betriebs- und Geschäftsgeheimnisse und damit auch das Bankgeheimnis zu wahren. Die Verschwiegenheitspflicht besteht auch nach Beendigung des Dienstverhältnisses zum Kreditinstitut fort. Verstöße gegen die Verschwiegenheitspflicht können im Einzelfall eine **fristlose Kündigung** des betreffenden Mitarbeiters rechtfertigen.

Die Verschwiegenheitspflicht verbeamteter Mitarbeiter von öffentlich-rechtlichen Kreditinstituten ist in den einschlägigen beamtenrechtlichen Vorschriften geregelt. Eine entsprechende Verpflichtung ist für Mitarbeiter öffentlich-rechtlicher Sparkassen in den einschlägigen Sparkassengesetzen und Sparkassensatzungen geregelt. Verletzt ein Bankmitarbeiter das Bankgeheimnis, so macht er sich gegenüber dem Arbeitgeber schadensersatzpflichtig (§ 280 Abs. 1 BGB).

1.7.5.5 Strafrechtliche Konsequenzen

Die unbefugte Weitergabe personenbezogener Daten ist unter den Voraussetzungen des § 43 BDSG bußgeldbewehrt. Unter Maßgabe von § 44 BDSG liegt sogar eine Straftat vor.

Darüber hinaus verbietet § 203 Abs. 2 StGB die unbefugte Weitergabe bestimmter Privatgeheimnisse durch einen Amtsträger. Mitarbeiter öffentlich-rechtlicher Kreditinstitute können sich daher bei einer Verletzung des Bankgeheimnisses strafbar machen.

Eine Strafbarkeit kann sich aus § 17 UWG ergeben. Die Kenntnis von Bankkundendaten ist ein Wissensvorsprung gegenüber der Konkurrenz und damit ein (wirtschaftlich wertvolles) Geheimnis der Bank, solange der Geheimnischarakter der Information nicht infolge Offenkundigkeit verloren geht. Für die Strafbarkeit reicht es aus, wenn ein bereits in der Öffentlichkeit kursierendes Gerücht oder eine öffentliche Vermutung bestätigt wird.

---

[100] Nr. 18 Abs. 2 AGB-Banken (Kündigung aus wichtigem Grund) lautet: *„Ist für eine Geschäftsbeziehung eine Laufzeit oder eine abweichende Kündigungsregelung vereinbart, kann eine fristlose Kündigung nur dann ausgesprochen werden, wenn hierfür ein wichtiger Grund vorliegt, der es dem Kunden, auch unter Berücksichtigung der berechtigten Belange der Bank, unzumutbar werden läßt, die Geschäftsbeziehung fortzusetzen.“*

Die Strafvorschrift des § 55b KWG ist nur anzuwenden, wenn die Tatsache bestehender Kredite über einer bestimmten Grenze offenbart wird. An einer Offenbarung fehlt es, wenn aus den veröffentlichen Geschäftsberichten bereits die Tatsache dieser Kredite hervorgeht.

1.8 Identifizierung nach Geldwäschegesetz und Abgabenordnung

Banken sind Verpflichtete des Geldwäschegesetzes (§ 2 Abs. 1 Nr. 1 GwG). Das Geldwäschegesetz gibt den Banken eine Reihe von Sorgfaltspflichten auf, die Geldwäsche verhindern sollen.

Geldwäsche ist eine **Straftat**, vgl. § 261 StGB. Danach ist es strafbar, wenn die Herkunft eines Gegenstands, der aus einer anderen Straftat (sog. **Vortat**; aufgezählt in § 261 Abs. 1 S. 2 StGB) herrührt, z.B. verschleiert wird. Das ist insbesondere dann der Fall, wenn der Gewinn aus einer Straftat auf ein Bankkonto eingezahlt wird und damit **in den legalen Finanzkreislauf eingeschleust** wird.

> **Beispiel:** Eine deutsche Firma besticht einen Amtsträger im georgischen Transportministerium. Die Bestechungsgelder fließen auf ein Konto der Schwester des bestochenen Amtsträgers; die Schwester verfügt nach den Weisungen ihres Bruders über das Konto. Damit hat sich die Schwester der Geldwäsche schuldig gemacht, denn die nach § 334 StGB strafbare Bestechung ist nach § 261 Abs. 1 Nr. 2a StGB eine Vortat der Geldwäsche.[101]

Hierbei kann sich auch der **Bankangestellte** wegen Geldwäsche strafbar machen, zumal nach § 261 Abs. 5 StGB sogar derjenige strafbar ist, der **leichtfertig** nicht erkennt, dass ein Gegenstand aus einer Geldwäsche-Vortat herrührt.

Um zu vermeiden, dass Banken sich an Geldwäschehandlungen beteiligen und um den Ermittlungsbehörden das Nachverfolgen sog. „Papierspuren" zu erleichtern, die Straftaterlöse bei der Einschleusung in den legalen Finanzkreislauf hinterlassen, trat am 26.11. 1993 das **Geldwäschegesetz** in Kraft. Mit dem Geldwäschegesetz wurde die Erste Geldwäscherichtlinie der EG umgesetzt. Seitdem wurde die Geldwäschegesetzgebung sowohl auf europäischer Ebene als auch auf nationaler Ebene mehrfach **verschärft**. Aktuell gilt das Geldwäschegesetz vom 13.8. 2008, das am 21.8. 2008 mit dem Geldwäschebekämpfungsergänzungsgesetz in Kraft getreten ist und die Dritte Geldwäscherichtlinie der EU vom 26.10. 2005 umsetzt.[102] Die wesentliche Neuerung ist, dass die Banken stärker einem **risikobasierten Ansatz** folgen dürfen, bzw. müssen. D.h. bei hohem Geldwäscherisiko sind erhöhte Sorgfaltspflichten zu beachten, bei niedrigem Geldwäscherisiko bestehen vereinfachte Sorgfaltspflichten. Ergänzt werden die Regelungen des Geldwäschegesetzes, die nicht nur für Banken, sondern auch für die ande-

---

[101] Sachverhalt nach BGH, Beschluss vom 19.2. 2009 – 1 StR 4/09.

[102] Richtlinie 2005/60/EG, Abl. L 309/15; die Richtlinie war bis 15.12. 2007 in nationales Recht umzusetzen. Deutschland hat die Richtlinie mit dem am 21.8. 2008 in Kraft getretenen Geldwäschebekämpfungsergänzungsgesetz verspätet umgesetzt.

ren in § 2 GwG genannten Verpflichteten gelten (z. B. Rechtsanwälte gemäß § 2 Abs. 1 Nr. 7 GwG), durch die **§§ 25a–25h KWG**, die spezifische Vorschriften für Banken enthalten. Zudem gibt es **Anwendungs- und Auslegungshinweise zum Geldwäschebekämpfungsergänzungsgesetz des Zentralen Kreditausschusses vom 17.12. 2008**, die mit der BaFin abgestimmt wurden.[103]

Das Geldwäschegesetz legt den Banken umfangreiche, nachfolgend beschriebene **Sorgfaltspflichten** auf, die durch die **Erhebung zahlreicher Daten beim Kunden** umgesetzt werden müssen. Die bankrechtliche Beziehung zwischen Bank und Kunde bleibt davon letztlich unberührt. Einzig und allein die Frage nach dem **wirtschaftlich Berechtigten** kann auch zivilrechtliche Folgen nach sich ziehen, wie die Ausführungen zum Treuhandkonto[104] gezeigt haben.

1.8.1 Identifizierung des Kontoinhabers bei Kontoeröffnung

Nach § 3 Abs. 1 Nr. 1 GwG muss die Bank den **Vertragspartner identifizieren**, und zwar **vor Begründung der Geschäftsbeziehung**, vgl. § 3 Abs. 2 Nr. 1 GwG. Mit der Eröffnung eines Kontos wird eine Geschäftsbeziehung (vgl. die Legaldefinition in § 1 Abs. 3 GwG) begründet.[105] Vertragspartner des Kontovertrags ist der **Kontoinhaber**; dieser ist also zu identifizieren. Identifizieren bedeutet nach § 1 Abs. 1 GwG, dass die Bank die Identität des Kontoinhabers feststellen muss, indem sie Angaben vom Kontoinhaber erhebt, und die Identität überprüft. Was das genau heißt, ist in **§ 4 GwG** geregelt:

Ist eine **natürliche Person** Kontoinhaber, muss die Bank **Name, Geburtsort, Geburtsdatum, Staatsangehörigkeit und Anschrift** feststellen (§ 4 Abs. 3 Nr. 1 GwG) und sich durch Vorlage eines **gültigen amtlichen Ausweises mit Lichtbild** vergewissern, dass diese Angaben zutreffend sind (§ 4 Abs. 4 Nr. 1 GwG). Es reicht, wenn sich die Bank den – **gültigen**! – Ausweis vorlegen lässt und die Angaben übernimmt, sie muss ihn nicht zwingend kopieren.

Ist der Kontoinhaber eine **juristische Person oder Personengesellschaft**, muss die Bank gemäß § 4 Abs. 3 Nr. 2 GwG folgende Daten erheben:

- Firma, Name oder Bezeichnung,
- Rechtsform,
- Registernummer, soweit vorhanden,
- Anschrift des Sitzes oder der Hauptniederlassung und
- Namen der Mitglieder des Vertretungsorgans oder der gesetzlichen Vertreter

---

[103] Die Anwendungs- und Auslegungshinweise sind auf der sehr informativen Homepage www.antigeldwaesche.de des Rechtsanwalts Achim Diergarten abgedruckt; dort zu finden unter http://www.anti-geldwaesche.de/PDF-Dateien/auslegungs_und_anwendungshinweise.pdf.

[104] Siehe oben Punkt 1.4.

[105] Eine auf Dauer angelegte Geschäftsbeziehung iSd. § 1 Abs. 3 GwG liegt auch beim Abschluss eines Darlehensvertrags und weiteren Verträgen vor, d. h. auch hier treffen die Bank die Sorgfaltspflichten nach dem Geldwäschegesetz. In den folgenden Ausführungen wird nur von der Kontoeröffnung gesprochen; die jeweiligen Pflichten gelten jedoch entsprechend bei Begründung einer sonstigen dauerhaften Geschäftsbeziehung iSd. § 1 Abs. 3 GwG.

- Ist ein Mitglied des Vertretungsorgans oder der gesetzliche Vertreter eine juristische Person (z. B. die Komplementär-GmbH bei einem für eine GmbH & Co. KG eröffneten Konto), ist auch deren Firma, Neme oder Bezeichnung, Rechtsform und Anschrift des Sitzes oder der Hauptniederlassung festzustellen. Diese Angaben sind anhand eines Auszugs aus dem Handels- oder Genossenschaftsregister oder einem vergleichbaren amtlichen Register oder Verzeichnis[106], der Gründungsdokumente[107] oder gleichwertiger beweiskräftiger Dokumente oder durch Einsichtnahme in die Register- oder Verzeichnisdaten zu überprüfen, vgl. § 4 Abs. 4 Nr. 2 GwG.

Die erhobenen Angaben muss die Bank gemäß § 8 GwG **aufzeichnen** und mindestens fünf Jahre nach Abschluss der Geschäftsbeziehung **aufbewahren**.

Nach § 4 Abs. 1 GwG muss die Identifizierung **vor Begründung der Geschäftsbeziehung** erfolgen. Das würde bei der Kontoeröffnung bedeuten, dass die Bank das Konto nicht eröffnen dürfte, bevor die Identifizierung nicht vollständig abgeschlossen ist. Nach der **Sonderregelung in § 25e KWG** darf die Bank das Konto allerdings schon eröffnen, auch wenn ihr noch Identifizierungsangaben fehlen. Die Bank darf sogar schon Gelder entgegen nehmen. Allerdings muss die Bank sicherstellen, dass der **Kontoinhaber, solange er nicht vollständig identifiziert ist, nicht über das Konto verfügen kann**. Das wird die Bank durch eine Kontosperre umsetzen.

Die Bank kann **von einer Identifizierung absehen, wenn sie den Kontoinhaber bereits bei früherer Gelegenheit identifiziert** hat und die Angaben aufgezeichnet hat (vgl. § 4 Abs. 2 GwG). Das heißt, dass die Bank für einen Kunden, den sie bei einer Kontoeröffnung bereits identifiziert hat, z. B. weitere Konten eröffnen oder Kreditverträge abschließen darf, ohne den Kunden erneut förmlich zu identifizieren. Dabei ist es auch unschädlich, wenn der bei der ersten Kontoeröffnung vorgelegte, damals gültige Ausweis mittlerweile abgelaufen ist.

Wichtige Ausnahmen von der Identifizierungspflicht sind in § 5 GwG (vereinfachte Sorgfaltspflichten) geregelt: Banken können von der Identifizierung absehen, wenn sie ein Konto für ein **anderes Kredit- oder Finanzinstitut oder ein Versicherungsunternehmen oder einen Versicherungsvermittler** mit Sitz in der EU oder mit Sitz in einem vergleichbaren Drittstaat führen (vgl. § 5 Abs. 2 Nr. 1 GwG).[108] Gleiches gilt bei Konten für **börsennotierte Gesellschaften** (Einzelheiten vgl. § 5 Abs. 2 Nr. 2 GwG) sowie bei für **Behörden** geführten Konten (vgl. § 5 Abs. 2 Nr. 4 GwG), wobei hierzu auch Körperschaften des öffentlichen Rechts zählen.

Seit Inkrafttreten des neuen Geldwäschegesetzes zum 21.8. 2008 sind die Banken verpflichtet, die **zur Identifizierung vorgelegten Dokumente, Daten oder Informationen zu aktualisieren**, vgl. § 3 Abs. 1 Nr. 4 GwG. Die Auslegungs- und Anwendungshinweise zum Geldwäschebekämpfungsgesetz des ZKA vom 17.12. 2008 sehen je nach Geldwäscherisiko Zeitabstände von zwei bis zehn Jahren vor.

---

[106] Z. B. Vereins- oder Partnerschaftsregister oder vergleichbare Register, die in anderen LändeRn. geführt werden.

[107] Z. B. Gesellschaftsvertrag bei einer GbR.

[108] Die von den EU-Mitgliedsländern. erstellte „Liste der Länder und Gebiete mit gleichwertigen Anforderungen bei der Verhinderung von Geldwäsche und Terrorismusfinanzierung" findet sich auf der Homepage der BaFin.

1.8.2 Identifizierung des Verfügungsberechtigten nach § 154 Abs. 2 AO

Zusätzlich sind Banken nach **§ 154 Abs. 2 Abgabenordnung (AO)** verpflichtet, sich Gewissheit über die **Identität der Verfügungsberechtigten eines Kontos** zu verschaffen. Zu den Verfügungsberechtigten eines Kontos gehört nicht nur der Kontoinhaber (der nach dem GwG zu identifizieren ist), sondern insbesondere auch **alle Kontobevollmächtigten**. Für die Kontobevollmächtigten sieht das **GwG** keine Identifizierungspflicht vor, sondern nur für den Vertragspartner. Das GwG gilt nicht nur für die Kontoeröffnung, sondern für die Begründung jeglicher dauerhafter Geschäftsbeziehung. Die AO hingegen gilt nur für bestimmte Geschäfte (die Kontoeröffnung, die Verwahrung oder Verpfändung von Wertsachen und die Eröffnung eines Schließfaches) und sieht die Identifizierung aller Verfügungsberechtigten, also auch des Kontobevollmächtigten vor.

Dementsprechend muss die Bank auch denjenigen, der Kontovollmacht hat, identifizieren, wobei schon seit langem geklärt ist, dass auch die Identifizierung nach § 154 Abs. 2 AO durch **Vorlage eines gültigen Ausweises**, bzw. bei einer juristischen Person oder Personengesellschaft eines **Registerauszugs oder Gründungsdokuments** und Angabe aller nach dem GwG erforderlichen Angaben erfolgen muss. Allerdings sieht der **Anwendungserlass zur Abgabenordnung (AEAO) zu § 154 AO in Nr. 7 Buchstaben a bis l einige Ausnahmen** vor[109].

So kann beispielsweise auf die Identifizierung der **Eltern** verzichtet werden, die ein Konto für ihre minderjährigen Kinder eröffnen, wenn ihre Vertretungsbefugnis durch amtliche Urkunden nachgewiesen wird. **Parteien kraft Amtes** wie z.B. Insolvenzverwalter oder Testamentsvollstrecker, die kraft Gesetzes über das Konto verfügungsbefugt sind, müssen ebenfalls nicht durch Ausweisvorlage identifiziert werden.

Ist jemand durch eine **Vollmacht zur einmaligen Verfügung** über ein Konto berechtigt – hierzu zählen auch Generalvollmachten, die bei jeder Verfügung im Original vorgelegt werden müssen – ist es ebenfalls nicht nötig, den Bevollmächtigten zu identifizieren. Selbstverständlich muss sich die Bank dennoch vergewissern, dass derjenige, der sich unter Vorlage einer Originalvollmacht als Bevollmächtigter ausgibt, tatsächlich der Bevollmächtigte ist, wenn sie die auftretende Person nicht kennt. Denn anderenfalls läuft sie Gefahr, einen Nichtberechtigten über das Konto verfügen zu lassen. In solchen Fällen ist die Bank also nicht gesetzlich zur Identifizierung verpflichtet, wird dies aber tun, um der **Sorgfalt eines ordentlichen Kaufmanns** Genüge zu tun und sich selbst und den Kontoinhaber vor der Verfügung durch Nichtberechtigte zu schützen.

Auch bei denjenigen, die über Konten von **Personen des öffentlichen Rechts** (Nr. 7h AEAO) oder Konten von **Kreditinstituten und Versicherungsgesellschaften** (Nr. 7i AEAO) verfügungsberechtigt sind, kann die Bank auf eine Identifizierung verzichten. Kombiniert mit den **vereinfachten Sorgfaltspflichten nach § 5 Abs. 1 Nr. 1 und**

---

[109] Der Anwendungserlass zur Abgabenordnung ist abgedruckt auf der Homepage des Bundesfinanzministeriums www.bundesfinanzministerium.de unter den Stichworten Wirtschaft und Verwaltung, SteueRn., Veröffentlichungen zu Steuerarten, Abgabenordnung.

Nr. 4 GwG kann die Bank außerdem auf eine förmliche Identifizierung des Kontoinhabers selbst verzichten, soweit es sich um eine Behörde oder ein Kreditinstitut handelt.

Eine weitere Ausnahmeregelung sieht Nr. 7j AEAO vor: Sind **Personen über das Konto eines Unternehmens verfügungsberechtigt, die in einem öffentlichen Register als vertretungsberechtigte Personen eingetragen** sind (z. B. Vorstand, Geschäftsführer, Prokuristen), kann die Bank auf eine Identifizierung durch Ausweisvorlage verzichten. Die Eintragung in das öffentliche Register ersetzt somit die Identifizierung durch Ausweisvorlage.

Abschließend sei auf die Ausnahmeregelung des **Nr. 7k AEAO**, die **„Fünferregelung"**, hingewiesen: Wenn die Bank ein Konto für ein Unternehmen führt, und bereits mindestens fünf Personen, die Vollmacht über das Unternehmenskonto haben, identifiziert hat (gleichgültig, ob durch Ausweisvorlage oder Registereintrag gem. Nr. 7j AEAO), muss die Bank weitere vertretungsberechtigte Personen nicht identifizieren.

1.8.3 Feststellung und Identifizierung des wirtschaftlich Berechtigten

Nach § 3 Abs. 1 Nr. 3 GwG müssen Banken bei Eröffnung eines Kontos **abklären, ob der Kontoinhaber für einen wirtschaftlich Berechtigten handelt, und diesen nach Maßgabe des § 4 Abs. 5 GwG identifizieren**.

Gemäß den **vereinfachten Sorgfaltspflichten** nach § 5 Abs. 2 Nr. 1, 2, 4 GwG kann die Bank nicht nur auf die Identifizierung des Vertragspartners, sondern auch auf die Identifizierung des wirtschaftlich Berechtigten verzichten, wenn es sich um das Konto eines Kredit- oder Finanzinstituts oder einer Versicherungsgesellschaft, bzw. -vermittlung, einer börsennotierten Gesellschaft oder einer Behörde handelt. Darüber hinaus muss die Bank den wirtschaftlich Berechtigten bei **Anderkonten** nicht abklären, vgl. § 5 Abs. 2 Nr. 3 GwG.

Bis zum Inkrafttreten des Geldwäschebekämpfungsergänzungsgesetzes am 21.8. 2008 war wirtschaftlich Berechtigter nur derjenige, auf dessen Rechnung das Konto eröffnet wurde, also der **Treugeber**, der wirtschaftlich Berechtigte eines Treuhandkontos.[110]

Seit dem Geldwäschebekämpfungsergänzungsgesetzes fällt unter den Begriff des wirtschaftlich Berechtigten jedoch nicht mehr nur der Treugeber, sondern auch die **natürliche Person, die mindestens 25% der Anteile an einer Gesellschaft hält oder anderweitig 25% des Vermögens kontrolliert** (vgl. hierzu im Einzelnen die Legaldefinition des § 1 Abs. 6 GwG). Diesen wirtschaftlich Berechtigten „neuer Prägung" hätte man besser im Einklang mit der 3. Geldwäscherichtlinie der EU als **„wirtschaftlichen Eigentümer"** bezeichnet, doch der entsprechende Vorschlag der Kreditwirtschaft hat sich im Gesetzgebungsverfahren leider nicht durchgesetzt. Somit fällt unter den Begriff des wirtschaftlich Berechtigten zum einen der Treugeber, zum anderen der „wirtschaftliche Eigentümer" als derjenige, der den Vertragspartner maßgeblich beherrscht oder kontrolliert.

---

[110] Zum Treuhandkonto siehe oben unter Punkt 1.4.

Dass nach § 1 Abs. 6 GwG **wirtschaftlich Berechtigter nur eine natürliche Person** sein kann, hat allerdings auch Auswirkungen auf den Treugeber: Wenn der Treugeber keine natürliche Person, sondern ein Unternehmen ist, muss die Bank die hinter dem Treugeber stehenden natürlichen Personen feststellen.

> **Beispiel:** Der Eigentümer einer Ladeneinheit hat seinen Laden an eine GmbH vermietet. Er möchte die Mietkaution bei seiner Bank anlegen. Das Mietkautionskonto wird in fremder Rechnung geführt. Wirtschaftlich Berechtigter war bisher die GmbH; nach heutigem GwG muss die Bank die hinter der GmbH stehenden natürlichen Personen (die Gesellschafter) als wirtschaftlich Berechtigte feststellen, sofern die 25%-Grenze erreicht wird.

Nach § 4 Abs. 5 GwG müssen Banken vom wirtschaftlich Berechtigten **nur den Namen feststellen und, je nach Geldwäscherisiko, ggf. weitere Identifizierungsmerkmale** (z. B. Geburtsdatum, Anschrift). Während die für den Vertragspartner erhobenen Angaben in jedem Fall überprüft werden müssen (vgl. § 4 Abs. 4 GwG), muss die Bank die Angaben zum wirtschaftlich Berechtigten zunächst nur vom Kontoinhaber **erfragen**. Der ZKA geht in seinen Auslegungs- und Anwendungshinweisen davon aus, dass regelmäßig die Angaben des Kunden ungeprüft übernommen werden können, wenn die Bank keine Zweifel hegen muss, dass diese falsch sind.

Allerdings führt der neue Begriff des wirtschaftlich Berechtigten im Sinne des wirtschaftlichen Eigentümers zu **umfangreichen Feststellungspflichten für die Bank, wenn sie ein Konto für ein Unternehmen eröffnet**. Denn die Bank muss von ihrem Kunden die Angabe verlangen, welche natürliche Person hinter dem Unternehmen steht (sofern es sich nicht um eine börsennotierte Gesellschaft oder ein anderes Unternehmen handelt, bei dem die Bank gemäß § 5 Abs. 1, Abs. 2 GwG auf die Identifizierung des Vertragspartners und des wirtschaftlich Berechtigten verzichten kann).

Insbesondere bei **„mehrstufigen Unternehmenskonstruktionen“**, bei denen am Kontoinhaber seinerseits Unternehmen beteiligt sind, muss weiter geforscht werden, weil wirtschaftlich Berechtigter nur eine natürliche Person sein kann (vgl. § 1 Abs. 6 GwG). Hier kann die Vorlage eines Konzerndiagramms erforderlich werden. Zur Verdeutlichung, welche umfangreichen Angaben erforderlich sind, sei nur der erste (und damit einfachste) Fall der Auslegungs- und Anwendungshinweise zum Geldwäschebekämpfungsergänzungsgesetz des ZKA vom 17. 12. 2008 wieder gegeben[111]:

> „Ausgangsfall: Kunde ist GmbH (K-GmbH) – 33,3% der Anteile hält A, 33,3% B und 33,3% C-GmbH. Anteile an C-GmbH sind wie folgt verteilt: D: 30% und E: 70%
>
> Ergebnis → A, B und E sind wirtschaftlich Berechtigte hinsichtlich K-GmbH: A und B sind jeweils wirtschaftlich Berechtigter, da jeweils 25%-Schwellenwert der Vermutungsregel bei direkter Beteiligung überschritten sind. Hinsichtlich C-GmbH kommt es auf Stimmrechts-/Anteilsverteilung unter Gesellschaftern der C-GmbH an: D ist nicht wirtschaftlich Berechtigter, da 30% grundsätzlich nicht für Beherrschung der C-GmbH reichen. E ist wirtschaftlich Berechtigter, da 70%-iger Anteil an C-GmbH E Kontrolle über C-GmbH geben.“

---

[111] Im Übrigen wird für die Ermittlung des wirtschaftlich Berechtigten auf die Anwendungs- und Auslegungshinweise verwiesen, dort insbesondere Nr. 27 und Nr. 29.

1.8.4 Verstärkte Sorgfaltspflichten

Abschließend sei darauf hingewiesen, dass § 6 GwG verstärkte Sorgfaltspflichten vorsieht, wenn ein **erhöhtes Geldwäscherisiko** gegeben ist.

Dieses nimmt der Gesetzgeber insbesondere bei sog. **„politisch exponierten Personen"** („PEP") an, also Personen, die ein wichtiges öffentliches Amt ausüben. Wer „PEP" ist, ergibt sich aus § 6 Abs. 2 Nr. 1 S. 1 bis 4 GwG. Nach § 6 Abs. 2 Nr. 1 S. 5 lit. a bis c GwG ist der Bankangestellte verpflichtet, vor Eröffnung eines Kontos für eine „PEP" die Zustimmung seines Vorgesetzten einzuholen; es sind Maßnahmen zu ergreifen, um die Herkunft der Vermögenswerte zu bestimmen; außerdem ist die Geschäftsbeziehung verstärkt kontinuierlich zu überwachen.

Ist der Kontoinhaber bei Kontoeröffnung **nicht persönlich anwesend**, sieht § 6 Abs. 2 Nr. 2 GwG ebenfalls verstärkte Sorgfaltspflichten vor.

Schließlich sieht **§ 25f KWG** für Banken verstärkte Sorgfaltspflichten bei Geschäftsbeziehungen zu **Korrespondenzbanken** mit Sitz außerhalb der EU vor. Korrespondenzbanken sind Banken, die insbesondere zur Abwicklung des Zahlungsverkehrs ins Ausland eingeschaltet werden.

1.9 Das Konto in der Insolvenz

Bei der Vielzahl von Insolvenzen darf auch in einem Studienbuch zum Bankrecht zumindest eine kurze Darstellung der Folgen der Insolvenz nicht fehlen:

Die Eröffnung eines Insolvenzverfahrens über das Vermögen des Kontoinhabers **beendet sowohl den Girovertrag** (§ 116 InsO) **als auch das Kontokorrentverhältnis** (§ 91 Abs. 1 InsO). Die Bank wäre also eigentlich nicht mehr verpflichtet, Zahlungseingänge für den Kontoinhaber entgegen zu nehmen. Allerdings geht die herrschende Literatur davon aus, dass die Bank aufgrund nachwirkender Treuepflichten aus dem Giroverhältnis zumindest für eine gewisse Zeit verpflichtet ist, **Zahlungseingänge nach Beendigung der Kontoverbindung entgegen zu nehmen und den Kontoinhaber (bzw. den Insolvenzverwalter) davon zu unterrichten.**[112] Letztlich wird das in der Bankpraxis kaum ein Problem darstellen, da die Bank das Konto zumindest für eine gewisse Zeit noch weiter führt und demnach auch Zahlungseingänge entgegen nimmt und verbucht.

Ab Eröffnung des Insolvenzverfahrens darf die Bank **eingehende Zahlungen jedenfalls nicht mehr im Kontokorrent verrechnen**, denn durch das Insolvenzverfahren ist das Kontokorrentverhältnis beendet und die Bank darf an dem Zahlungseingang, der zur Insolvenzmasse gehört, kein Recht mehr erwerben, vgl. § 91 Abs. 1 InsO. Die Bank muss Zahlungseingänge nach Insolvenzeröffnung also an den Insolvenzverwalter herausgeben.

---

[112] Vgl. *Schimansky* in *Schimansky/Bunte/Lwowski*, Bankrechts-Handbuch, 3. Auflage, § 47, Rn. 36.

Beispiel: Das Insolvenzverfahren über das Vermögen des Kunden wird am 13.3. 2009 eröffnet. Zu diesem Zeitpunkt hat die Bank einen Sollsaldo von € 102 103,99. Am 16.3. 2009 geht eine Zahlung von € 20 000,00 auf dem Konto ein. Die Bank darf die € 20 000 nicht im Kontokorrent verrechnen, sondern muss sie an den Insolvenzverwalter herausgeben. Der Sollsaldo der Bank von € 102 103,99 wird als Insolvenzforderung im Insolvenzverfahren angemeldet (§§ 174 ff. InsO).

Mit Insolvenzeröffnung **geht das Verfügungsrecht des Schuldners auf den Insolvenzverwalter über** (§ 80 Abs. 1 InsO). Eigene Verfügungen des Schuldners sind unwirksam (§ 81 Abs. 1 S. 1 InsO). **Leistungen an den Insolvenzschuldner** sind ebenfalls **unwirksam**, jedenfalls wenn der Leistende wusste, dass über das Vermögen des Leistungsempfängers ein Insolvenzverfahren eröffnet wurde (§ 82 InsO). Das bedeutet im Hinblick auf das Konto:

Die Bank darf keine Verfügungen im Auftrag des Insolvenzschuldners ausführen. Hingegen ist sie verpflichtet, Zahlungseingänge und Guthaben an den Insolvenzverwalter auszukehren. Das ist, wenn die Bank von der Insolvenzeröffnung Kenntnis hat, problemlos umzusetzen. Doch wie ist die Rechtslage, **wenn die Bank von der Insolvenzeröffnung keine Kenntnis** hatte und deshalb noch Verfügungen im Auftrag des Insolvenzschuldners ausgeführt hat?

Beispiel: Das Insolvenzverfahren wird am 13.3. 2009 eröffnet. Zu diesem Zeitpunkt hat der Insolvenzschuldner ein Guthaben von € 500,– auf seinem Konto. Am 16.3. 2009 wird die Insolvenzeröffnung öffentlich bekannt gemacht. Die Bank weiß jedoch am 16.3. 2009 noch nichts von der Insolvenzeröffnung, weil erst am 20.3. 2009 das Schreiben des Insolvenzverwalters bei ihr eingeht. Deshalb zahlt sie dem Insolvenzschuldner am 16.3. 2009 € 300,– in bar aus.

Ist diese Leistung an den Insolvenzschuldner wirksam (mit der Folge, dass die Bank nur das Restguthaben an den Insolvenzverwalter auskehren muss) oder ist die Barauszahlung an den Insolvenzschuldner unwirksam? Letzteres hätte zur Folge, dass die Bank € 500,– an den Insolvenzverwalter auskehren muss und einen Bereicherungsanspruch gegen den Insolvenzschuldner in Höhe von € 300,– hat, den sie jedoch nur in das nicht zur Insolvenzmasse gehörende (also im Wesentlichen das unpfändbare) Vermögen des Insolvenzschuldners geltend machen könnte.[113] Denn der Bereicherungsanspruch ist nach Insolvenzeröffnung entstanden und damit keine Insolvenzforderung iSd. § 38 InsO, und auch keine Masseforderung iSd. § 55 InsO, und kann damit nicht aus der Insolvenzmasse befriedigt werden.

Nach § 82 InsO wird die Bank von ihrer Verbindlichkeit frei, wenn sie nach Insolvenzeröffnung an den Insolvenzschuldner leistet und von der Insolvenzeröffnung keine Kenntnis hatte. Dabei wird, wenn die Insolvenzeröffnung zur Zeit der Leistung **noch nicht öffentlich bekannt gemacht war, vermutet, dass die Bank keine Kenntnis** hatte. Hier fand die Barauszahlung am Tag der öffentlichen Bekanntmachung statt, wobei die Bank tatsächlich noch keine Kenntnis von der Insolvenzeröffnung hatte. Des-

---

[113] Zur Insolvenzmasse gehört das gesamte Vermögen des Schuldners, das dieser zur Zeit der Insolvenzeröffnung hatte, vgl. § 35 InsO, mit Ausnahme der unpfändbaren Gegenstände, vgl. § 36 InsO.

halb wurde die Bank von ihrer Verbindlichkeit frei und muss nur das Restguthaben von 200,– EUR an den Insolvenzverwalter auskehren.

Wird über das Vermögen eines Kontoinhabers eines **Gemeinschaftskontos** das Insolvenzverfahren eröffnet, wird das **Kontokorrentverhältnis nicht beendet**. Denn die **Auseinandersetzung** einer Gemeinschaft findet nach § 84 InsO **außerhalb des Insolvenzverfahrens** statt. Die Bank ist also weiterhin berechtigt, Zahlungseingänge entgegen zu nehmen und im Kontokorrent zu verrechnen. Allerdings darf die Bank, weil das Verfügungsrecht des Schuldners auf den Insolvenzverwalter übergegangen ist, keine Aufträge des Insolvenzschuldners mehr ausführen. Aufträge des anderen Kontoinhabers hingegen sind unverändert auszuführen.

1.10 Kündigung des Kontos

Der **Kontoinhaber** ist jederzeit berechtigt, die Kontoverbindung zu **kündigen**, und zwar mit **sofortiger Wirkung**, vgl. Nr. 18 Abs. 1 der AGB-Banken.

Die **Bank** kann die Kontoverbindung ebenfalls jederzeit kündigen, allerdings beträgt die **Kündigungsfrist für laufende Konten und Depots sechs Wochen**, vgl. Nr. 19 Abs. 1 S. 3 der AGB-Banken. Zudem hat sie die Selbstverpflichtung durch die ZKA-Empfehlung Girokonto für jedermann[114] zu beachten.

Von der Kündigung der Kontoverbindung, die unter Beachtung der sechswöchigen Frist erfolgen sollte, ist die Kündigung einer Kontoüberziehung oder eines auf dem Konto eingeräumten Kontokorrentkredits oder einer Dispositionslinie zu unterscheiden. Eine **Überziehung** kann **täglich fällig** gestellt werden; ein **Kontokorrentkredit oder ein Dispositionskredit** kann jederzeit nach Nr. 19 Abs. 2 der AGB-Banken **fristlos gekündigt** werden, da es sich jeweils um unbefristet eingeräumte Darlehen handelt.[115] Ob mit der Kündigung einer auf einem Konto eingeräumten Kreditlinie zugleich die Kontoverbindung und damit das Kontokorrentverhältnis beendet wird, ist Auslegungssache.[116]

---

[114] S.o. unter Punkt 1.2.

[115] Zur Kündigung von Krediten durch die Bank siehe Punkt 3.1.5.6; zu den Besonderheiten bei der Kündigung von Verbraucherkrediten durch die Bank siehe Punkt 3.2.12.2.

[116] Vgl. hierzu BGH, Urteil vom 20.5. 2003 – XI ZR 235/02, ZIP 2003, 1435 = WM 2003, 1418 = BKR 2003, 633.

2 Zahlungsverkehr

Wie die weltweiten Finanzmarktkrisen und die daraus zwingend erforderlichen staatlichen Eingriffe deutlich zeigen, ist ein funktionierender **bargeldloser Zahlungsverkehr eine der bedeutendsten Infrastrukturmerkmale einer hoch entwickelten Volkswirtschaft**. Die Güterströme fließen über Autobahnen, Flughäfen oder Datennetze, die damit verbundenen Vergütungsströme muss ein leistungsstarker Zahlungsverkehr abwickeln. In der Bundesrepublik Deutschland ist wegen der großen Konkurrenz unter den Banken der Zahlungsverkehr europaweit derzeit wohl am effektivsten organisiert. Die bargeldlosen Zahlungen (jährlich insgesamt fast 16 Milliarden Stück[117], pro Bankarbeitstag über 63 Millionen) erfolgen im Wesentlichen durch[118]

- Überweisung (42,2% Marktanteil im Jahr 2005),
- Lastschrift (41,9% Marktanteil im Jahr 2005),
- ec-Karte (12,5% Marktanteil im Jahr 2005)

und entgegen der Werbung nur zu einem geringen Teil über Kreditkarten oder Geldkarten. Ein funktionierender Zahlungsverkehr ist unabdingbar für die Infrastruktur eines Landes.

Die EU-Zahlungsdiensterichtlinie[119] verfolgt den Zweck, in der EU Zahlungen einfacher, schneller, effektiver und sicherer zu machen. Diese Zahlungsdiensterichtlinie muss der bundesdeutsche Gesetzgeber bis zum 31.10. 2009 in nationales Recht umsetzen[120]. Inzwischen liegt der Gesetzesentwurf der Bundesregierung vom 21.1. 2009[121] vor, der – ohne dem Bundestag als verfassungsmäßigem Gesetzgebungsorgan vorgreifen zu wollen – bis auf die eine oder andere Spezialität so Gesetz werden wird. Die bisherigen speziellen Regelungen im BGB zum Zahlungsverkehr, die sich im Wesentlichen auf den Überweisungsverkehr (§ 676a – § 676e BGB), den Girovertrag (§ 676f und § 676g BGB) und den Missbrauch von Zahlungskarten (§ 676h BGB) beschränkt haben, entfallen. Die neuen Vorschriften regeln alle Zahlungsinstrumente, insbesondere Überweisungen, Lastschriften und Karten.

Mit der Darstellung des Anfang 2009 geltenden Rechts versucht dieser Abschnitt auch die Unterschiede zu dem ab 31.10. 2009 geltenden Recht aufzuzeigen.

---

[117] Im Jahr 2005 waren es 15 854 800 000 bargeldlose Zahlungsvorgänge in Deutschland; entnommen aus der Statistik der Bank für gegenseitigen Zahlungsverkehr, abrufbar unter www.bis.org/publ/cpss75p2.pdf, neuere statistische Zahlen sind noch nicht vorhanden.

[118] Statistik der Bank für gegenseitigen Zahlungsverkehr, abrufbar unter www.bis.org/publ/cpss75p2.pdf.

[119] Richtlinie 2007/64/EG des Europäischen Parlaments und des Rates vom 13.11. 2007 über Zahlungsdienste im Binnenmarkt (Zahlungsdiensterichtlinie), ABl. EU Nr. L 319 S. 1 vom 5.12. 2007.

[120] Rösler/Werner, BKR 2009, 1.

[121] BT-Drucks. 16/11643, zu finden unter www.bundestag.de; die betreffenden BGB-Vorschriften sind mit BGB-E abgekürzt.

2.1 Überweisung

2.1.1 Überblick

2.1.1.1 Begriff

Nach der **Legaldefinition** für die Überweisung in § 676a Abs. 1 S. 1 BGB wird die überweisende Bank auf Veranlassung des überweisenden Auftraggebers verpflichtet, dem Begünstigten einen bestimmten Geldbetrag zur Gutschrift auf dessen Konto zur Verfügung zu stellen.

2.1.1.2 Überweisungsarten

Zu unterscheiden ist die institutsinterne und die institutsübergreifende Überweisung.

Bei der **institutsinternen** Überweisung ist die überweisende Bank mit der Bank, bei der der Begünstigte sein Konto führt, identisch. Bei dieser Überweisung findet nur eine bankinterne Umbuchung statt.

Sind diese Banken verschieden, so spricht man von einer **institutsübergreifenden** oder **institutsfremden** Überweisung.

Bei einer Inlandsüberweisung findet der Geldtransfer von einem inländischen Konto auf ein inländisches Konto statt, während bei der Auslandsüberweisung[122] eines der Konten in einem anderen Staat liegt.

2.1.1.3 Beteiligte

Beispiel: Ein Bierfreund aus Altötting (A) kauft telefonisch ein Fass Andechser Doppelbock Dunkel direkt bei der Brauerei Andechs (B) für € 100,00 und lässt dieses nach Altötting liefern. Den Kaufpreis von € 100,00 überweist A von seinem Konto bei der Raiffeisenbank Altötting eG auf das bei der Bayerischen Hypo- und Vereinsbank AG geführte Konto der Brauerei Andechs.

Der Kaufvertrag zwischen A und B ist die rechtliche Grundlage für die mit der Überweisung erfolgte Vermögensverschiebung. Die Rechtsbeziehung zwischen dem **Überweisenden A** und dem **Überweisungsempfänger B** wird als **Valutaverhältnis** bezeichnet.

Um den Geldfluss in Gang zu bringen, gibt nun der Überweisende A der Raiffeisenbank Altötting (Bank des Überweisenden), den Auftrag, von seinem Konto die € 100,00 an B zu überweisen. Die Bank des Überweisenden führt den Überweisungsauftrag aus. Dieses **Deckungsverhältnis zwischen dem Überweisenden und der Bank des Überweisenden** regelt der **Überweisungsvertrag** in § 676a bis § 676c BGB.

---

[122] Weiterführend *Hadding/Häuser* in *Schimansky/Bunte/Lwowski*, Bankrechts-Handbuch, 3. Auflage, § 51.

Damit hat aber noch lange nicht die Brauerei Andechs ihr Geld. Die Raiffeisenbank Altötting eG transferiert dieses Geld direkt oder über eine zwischengeschaltete Bank (insbesondere wenn die beteiligten Banken nicht gegenseitig Konten führen) an die Bayerische Hypo- und Vereinsbank AG. Als **Interbankenverhältnis** bezeichnet man die Rechtsbeziehung zwischen den beteiligten Banken.

Erst wenn die Bank des Überweisungsempfängers, hier die Bayerische Hypo- und Vereinsbank AG, das Geld erhalten hat, kann und muss sie die überwiesenen € 100,– der Brauerei Andechs als Überweisungsempfänger gutschreiben. Dieses **Inkassoverhältnis zwischen dem Überweisungsempfänger B**, der auch als Begünstigter oder Gläubiger bezeichnet wird, **und der Bank des Überweisungsempfängers** ist durch den zwischen diesen beiden Parteien bestehenden **Girovertrag** (§ 676f – 676h BGB) näher bestimmt.[123]

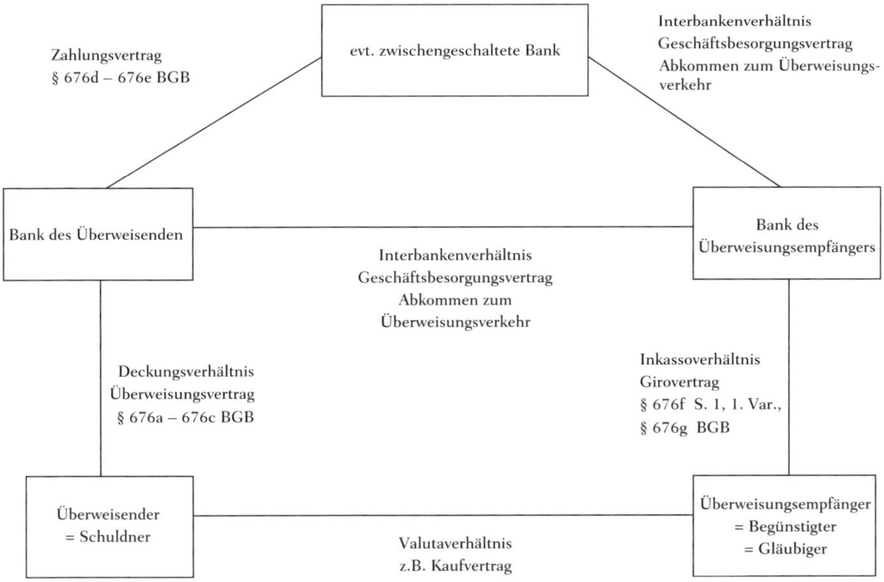

Abbildung 2-1-1-3: Rechtsbeziehungen im Überweisungsverkehr

Die Beteiligten bleiben auch durch das neue Recht unverändert. Die neuen Bestimmungen in § 675c bis 676c BGB-E ersetzen und ergänzen die Regelungen zum Überweisungsverkehr. Die auf die Überweisung beschränkten Bestimmungen des Überweisungsvertrages (§§ 675a ff.) löst der Zahlungsdienstevertrag (§ 675f BGB-E) ab, der neben der Überweisung auch für Lastschriften und Karten gelten soll. In § 675f Abs. 3 BGB-E ist ausdrücklich die „Übermittlung eines Geldbetrages" genannt.

---

[123] Zum Girovertrag siehe oben Punkt 1.1.1, zur Entgegennahme von Geldeingängen siehe Punkt 1.1.1.1.

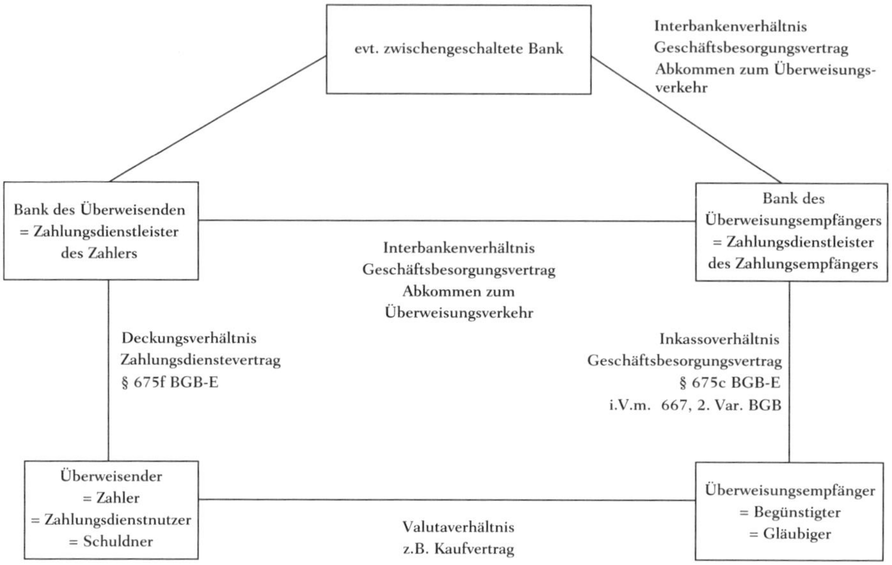

Abbildung 2-1-1-3: Rechtsbeziehungen im Überweisungsverkehr ab 31.10. 2009[124]

2.1.2 Deckungsverhältnis zwischen dem Überweisenden und seiner Bank: Überweisungsvertrag

2.1.2.1 Überweisungsvertrag

2.1.2.1.1 Abschluss

Der Überweisungsvertrag ist an **keine Form** gebunden. Er kann auch mündlich abgeschlossen werden. Schon aus Beweisgründen sollte der Überweisungsauftrag schriftlich oder mit Kennwort, PIN und TAN gesichert erfolgen, um den Auftraggeber personifizieren zu können. In der Vergangenheit war der schriftliche Überweisungsauftrag auf einem Vordruck der Bank die Regel.

Inzwischen sind Überweisungen über das Internet (Internetbanking) und über Telefon (Telefonbanking) weit verbreitet.

Der Überweisungsvertrag (so ausdrücklich § 676a Abs. 1 S. 1 BGB) bedarf grundsätzlich wie jeder Vertrag zweier übereinstimmender Willenserklärungen, Angebot und Annahme. Das Angebot liegt in dem Überweisungsauftrag des Überweisenden. Die Annahme kann die Bank bei der massenhaften[125] Abwicklung von Überweisungen nicht im Einzelfall ausdrücklich erklären. Dies kostet Zeit, Aufwand und Geld, das letztendlich die Bankkunden zu bezahlen hätten. Üblicherweise ist die **Annahmeerklärung** der

[124] Gesetzentwurf der Bundesregierung vom 21.1. 2009, BT-Drs. 16/11643; die betreffenden BGB-Vorschriften sind mit BGB-E abgekürzt.

[125] Allein in der Bundesrepublik arbeitstäglich über 25 Millionen.

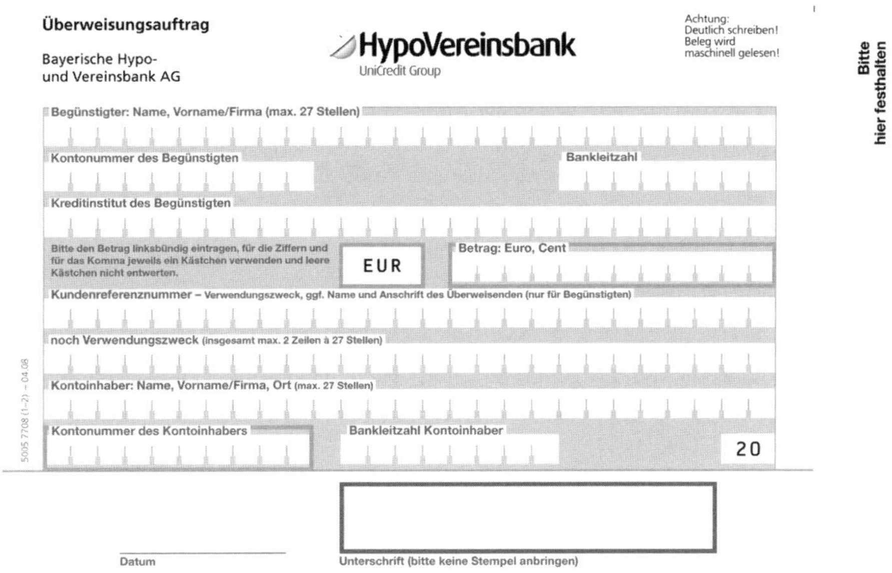
Überweisungsauftrag

Bayerische Hypo- und Vereinsbank AG

HypoVereinsbank
UniCredit Group

Achtung: Deutlich schreiben! Beleg wird maschinell gelesen!

Bitte hier festhalten

Begünstigter: Name, Vorname/Firma (max. 27 Stellen)

Kontonummer des Begünstigten

Bankleitzahl

Kreditinstitut des Begünstigten

Bitte den Betrag linksbündig eintragen, für die Ziffern und für das Komma jeweils ein Kästchen verwenden und leere Kästchen nicht entwerten.

EUR

Betrag: Euro, Cent

Kundenreferenznummer – Verwendungszweck, ggf. Name und Anschrift des Überweisenden (nur für Begünstigten)

noch Verwendungszweck (insgesamt max. 2 Zeilen à 27 Stellen)

Kontoinhaber: Name, Vorname/Firma, Ort (max. 27 Stellen)

Kontonummer des Kontoinhabers

Bankleitzahl Kontoinhaber

20

5005 7708 (1-2) – 04.08

Datum

Unterschrift (bitte keine Stempel anbringen)

Abbildung 2-1-2-1-1: Überweisungsauftrag

überweisenden Bank auch **nicht nötig**, da die Bank die Überweisungen ihrer Kunden im Rahmen von Giroverträgen (§ 676f BGB) abwickelt. Durch den **Girovertrag** ist die **Bank** nach § 676f Abs. 1 S. 1 BGB **verpflichtet**, Überweisungsverträge zulasten des Kunden abzuwickeln, wenn das Girokonto entsprechende Deckung (Guthaben oder eingeräumte Kreditlinie) aufweist.[126] Einer ausdrücklichen Annahme des Überweisungsauftrages durch die Bank bedarf es deshalb in diesen Fällen – und das sind mengenmäßig fast 100% – nicht.

In den exotischen Ausnahmefällen, in denen kein Giroverhältnis zwischen dem Überweisenden und seiner Bank besteht, etwa wenn der Überweisende bar einbezahlt und dann den Auftrag gibt, dieses Geld zu überweisen, hilft **§ 663 BGB**. Normalerweise bietet eine Bank öffentlich an, Überweisungen auszuführen. Will sie deshalb einen Überweisungsauftrag außerhalb des Giroverhältnisses nicht annehmen, so ist die Bank verpflichtet, die **Ablehnung** dem Überweisenden **unverzüglich anzuzeigen**. Anderenfalls gilt nach § 362 Abs. 1, S. 1, 2. Halbsatz HGB das Angebot zum Abschluss eines Überweisungsvertrages als angenommen.

Dem trägt **künftig** auch § 675f i.V.m. § 675o BGB-E Rechnung. In der Regel besteht zwischen dem Überweisenden und seiner Bank ein **Girokonto**. Im Rahmen der Girokontovereinbarung besteht ein **Zahlungsdienstrahmenvertrag** (§ 676f Abs. 2 BGB-E). Die Bank des Überweisenden, also der Zahlungsdienstleister des Zahlers, ist damit grundsätzlich verpflichtet, die Überweisung bei entsprechender Deckung auszuführen. Nur bei Verstoß gegen Rechtsvorschriften, darf die Bank des Überweisenden die Ausführung ablehnen (§ 675o Abs. 2 BGB-E).

---

[126] Zum Girovertrag und der Pflicht zur Durchführung von Weisungen siehe oben Punkt 1.1.1.2.

Bei einem **Einzelzahlungsvertrag** (§ 675f Abs. 1 BGB-E) ist der Zahlungsdienstleister verpflichtet, den Zahlungsdienstenutzer **unverzüglich über die Ablehnung zu unterrichten** (§ 675o Abs. 1 BGB-E).

> **Beispiel:** Ein anderer Bierfreund aus Altötting (A) ist nicht Kunde bei der Raiffeisenbank Altötting. A legt € 100,00 auf den Banktresen und beauftragt die Raiffeisenbank Altötting diesen Betrag an die Brauerei Andechs zu überweisen. Da A ortsbekannter Querulant ist, kann die Bank die Ausführung sofort am Bankschalter ablehnen.

2.1.2.1.2 Fälschung

Gibt ein Dritter **ohne die entsprechende Verfügungsmacht** über das Konto einen Überweisungsauftrag, so trägt grundsätzlich die **Bank das Risiko**. Selbst wenn die Unterschrift perfekt gefälscht ist, kommt gerade mit dem Kontoinhaber kein Überweisungsvertrag zu Stande.

Auch bei der **Online-Überweisung** und der Überweisung im Rahmen des Telefonbankings kommt kein Überweisungsvertrag mit dem Kontoinhaber zu Stande, wenn dessen Zugangsdaten missbraucht werden. Dennoch trägt der Kontoinhaber regelmäßig das Risiko, denn in beiden Fällen muss sich der Überweisende mit einer geheimen, nur ihm bekannten persönlichen Identifikationsnummer (PIN) legitimieren. Bei der Online-Überweisung erfolgt zudem die Freischaltung erst mit der Eingabe einer nur dem Kontoinhaber bekannten Transaktionsnummer (TAN). Ähnlich wie bei der Verwendung der richtigen PIN bei einer (angeblich) verloren gegangenen ec-Karte[127], gibt es auch hier einen **Anscheinsbeweis**, dass der Kontoinhaber dem Dritten die PIN rechtswidrig verschafft hat. Kann der Anscheinsbeweis nicht erschüttert werden, trägt der **Kontoinhaber das Risiko**.

Nach neuem Recht sind PIN und TAN als personalisierte Sicherheitsmerkmale gem. § 675l S. 1 BGB-E vom Kontoinhaber mit allen zumutbaren Vorkehrungen vor einem unbefugten Zugriff zu schützen. Die Haftungsregelung ergibt sich aus § 675v BGB-E. Die Variante „sonstige missbräuchliche Verwendung" in § 675v Abs. 1 S. 2 BGB-E regelt solche Zahlungsauthentifizierungsinstrumente, die nicht einen Gegenstand (z. B. ec-Karte) als Instrument haben, sondern ein Verfahren, wie es bei Passwort, PIN und TAN der Fall ist. Bei einer sonstigen missbräuchlichen Verwendung trifft den Kontoinhaber eine Haftung über höchstens € 150,00 nur, wenn er seiner Sorgfaltspflicht, das Zahlungsauthentifizierungsinstrument sicher aufzubewahren, nicht nachgekommen ist. Es kommt hier also ein Verschuldenselement hinzu.[128]

2.1.2.1.3 Kündigung

Zu unterscheiden ist, ob die Bank oder der Überweisende kündigt.

Kündigt der Überweisende nach § 676 Abs. 4 BGB, ist wegen der schnellen elektronischen Abwicklung der Überweisungen eine Kündigung des Überweisungsvertrages

---

[127] BGH, Urteil vom 5. 10. 2004 – XI ZR 210/03, NJW 2004, 3623 = ZIP 2004, 2226 = WM 2004, 2309 = BKR 2004, 493; ausführlich zur ec-Karte: vgl. Punkt 2.3.5.

[128] Näheres siehe unter Punkt 2.3.6.3.

nur sehr selten möglich. Spätestens wenn der Überweisungsbetrag endgültig dem Empfänger auf dessen Konto als Gutschrift zur Verfügung gestellt ist[129], kann der Überweisende nicht mehr kündigen.

Die damalige EU-Überweisungsrichtlinie[130] hat sich die Beschleunigung des Überweisungsverkehrs zum Ziel gesetzt. Würde man dem genauen Wortlaut des Gesetzes in § 676 Abs. 4 S. 1 BGB folgen, so könnte der Überweisende bis zum Beginn der Ausführungsfrist jederzeit kündigen. Die **Ausführungsfrist** beginnt aber gem. § 676a Abs. 2 S. 3 BGB erst **mit Ablauf** des Tages, an dem alle Voraussetzungen für die Durchführung der Überweisung, also Deckung des Kontos, vorhanden sind und alle erforderlichen Überweisungsangaben vorliegen, also am nächsten Bankgeschäftstag.

Andererseits ist die Bank nach § 676a Abs. 2 S. 1 BGB verpflichtet, die Überweisung baldmöglichst zu bewirken, also eine institutsinterne Überweisung sofort und taggleich auszuführen. Wäre aber der Überweisende noch einen Arbeitstag später berechtigt, den Überweisungsvertrag zu kündigen, wäre die Bank einem unkalkulierbaren Risiko ausgesetzt, das überwiesene Geld wieder zurückzuerhalten. Entgegen der technischen Möglichkeiten wäre die Bank dann gezwungen, systematisch die Kündigungsmöglichkeit des Überweisenden abzuwarten und den Überweisungsverkehr zu verlangsamen. Um nicht zu diesem sinnwidrigen Ergebnis zu kommen, ist § 676a Abs. 4 S. 1 dahingehend auszulegen, dass die **Kündigungsmöglichkeit** des Überweisenden **spätestens mit der Gutschrift auf dem Empfängerkonto endet**.[131]

> **Beispiel:** A überweist B institutsintern € 100,00 im Wege einer Online-Überweisung. Bereits wenige Sekunden später sind die € 100,00 auf dem Konto des B gutgeschrieben. Die Bank kann dann den Überweisungsauftrag nicht mehr kündigen.

§ 675p BGB-E ersetzt dieses widersprüchliche Kündigungsrecht: **Bereits mit dem Zugang** des Zahlungsauftrages beim Zahlungsdiensteanbieter kann der Überweisende grundsätzlich **nicht mehr widerrufen** (§ 675p Abs. 1 BGB-E). Diese eingeschränkte Widerrufbarkeit ist das Spiegelbild der nochmals verkürzten Zahlungspflichten in § 675s BGB-E. Ist aber zwischen dem Überweisenden und seiner Bank ein Termin für die Ausführung der Überweisung vereinbart, so kann der Überweisende bis einen Geschäftstag vorher widerrufen (§ 675p Abs. 3 BGB-E). Darüber hinaus tritt eine **weitere Verschärfung** ein: Selbst wenn sich der Überweisende und seine Bank auf einen Widerruf verständigen, muss trotzdem der **Überweisungsempfänger noch zustimmen** (§ 675p Abs. 4 S. 2 BGB-E).

> **Beispiel:** Bierfreund A „überweist" € 100,00 an die Brauerei Andechs (B). Da für die Bierlieferung Vorauszahlung vereinbart ist, legt A einen Online-Ausdruck vor, auf dem vermerkt ist: „Vielen Dank, wir haben Ihren Auftrag am 13.1. um 17.25 Uhr er-

---

[129] Ausführlich *Schimansky* in *Schimansky/Bunte/Lwowski*, Bankrechts-Handbuch, 3. Auflage, § 49, Rn. 22ff.

[130] EU-Richtlinie 97/5 vom 27.1. 1997, Abl. Nr. L 43/25; wurde aufgehoben durch die EU-Zahlungsdiensterichtlinie 2007/64 vom 5.12. 2007, ABl. EU Nr. L 319 S. 1.

[131] Ausführlich *Schimansky* in *Schimansky/Bunte/Lwowski*, Bankrechts-Handbuch, 3. Auflage, § 49, Rn. 22ff.

halten." Nach dem Ausdruck löscht A den Überweisungsauftrag und sendet B den Ausdruck per Fax. B verlässt sich auf dem gefaxten Ausdruck und liefert das Bier. Nach der künftigen Rechtslage kann A den Überweisungsauftrag nur mit Zustimmung der B widerrufen.

Die **Bank** kann unter den Voraussetzungen des § 676a Abs. 3 BGB **kündigen**. Da aber bei fehlender Deckung des Kontos oder bei unvollständigen Angaben im Überweisungsauftrag ohnehin für die Bank keine Verpflichtung zur Ausführung besteht, erweist sich **§ 676a Abs. 3 BGB** als **gesetzgeberische Fehlleistung**[132], die durch **ersatzloses Streichen** zum 31.10. 2009 bereinigt wird.

2.1.2.2 Pflichten des Überweisenden

Der Überweisende schuldet einen **Vorschuss** (§ 669 BGB) in Höhe des Überweisungsbetrages, der durch die Kontobelastung des Überweisenden erbracht wird. Der Überweisende hat deshalb für eine entsprechende Kontodeckung zu sorgen. Für die erfolgreiche Überweisung kann die Bank – abhängig von den Vereinbarungen im Girovertrag – ein entsprechendes Entgelt verlangen.[133] Die wichtigste Sorgfaltpflicht für den Überweisenden ist, durch die Einhaltung von üblichen Sicherungsmaßnahmen die Gefahr von Fälschungen oder betrügerischen Manipulationen auszuschließen.

2.1.2.3 Pflichten der überweisenden Bank

Die überweisende Bank schuldet dem Überweisenden den **Erfolg** (§ 676a Abs. 1 S. 1 und 2 BGB) Sie hat dem Überweisungsempfänger einen Anspruch auf Gutschrift gegen seine Bank zu verschaffen. Darüber hinaus sind die in § 676a Abs. 1 S. 1 BGB bestimmten Angaben zu übermitteln.

2.1.2.3.1 Erfolg der Überweisung

Bewirkt ist die Überweisung, wenn der **volle Überweisungsbetrag** mit **richtiger Wertstellung** und unter **Mitteilung des angegebenen Verwendungszweckes** auf dem **Konto des Überweisungsempfängers** bei dessen Bank **gutgeschrieben** ist.

§ 676a Abs. 1 S. 1 BGB regelt dabei die institutsinterne Überweisung. Die Bank des Überweisenden schuldet die Gutschrift des ungekürzten Überweisungsbetrages auf dem Empfängerkonto.

Bei der institutsfremden Überweisung schuldet die Bank des Überweisenden dem Überweisenden nach dem seit 21. Juli 1999 geltenden Recht (§ 676a Abs. 1 S. 2 BGB) ebenfalls einen Erfolg. Dem Begünstigten hat die Bank des Überweisenden einen Anspruch auf Gutschrift[134] des ungekürzten Überweisungsbetrages gegen die Bank des Über-weisungsempfängers zu verschaffen. Diese vertragliche, verschuldensabhängige

---

[132] Lesenswert *Schimansky* in *Schimansky/Bunte/Lwowski*, Bankrechts-Handbuch, 3. Auflage, § 49, Rn. 7.

[133] Zum Girovertrag siehe Punkt 1.1.1.

[134] Zum Anspruch auf Gutschrift siehe Punkt 1.1.1.1.

Erfolgshaftung behandelt dabei die zwischengeschalteten Banken wie Erfüllungsgehilfen der Erstbank (§ 676c Abs. 1 S. 2 und S. 3 BGB).

Aus § 675f Abs. 1 BGB-E („ausführen") geht hervor, dass weiterhin der Erfolg der überweisenden Bank geschuldet ist.[135]

2.1.2.3.2 *Rechtzeitige Ausführung*

Die überweisende Bank schuldet die **baldmöglichste Bewirkung** (§ 676a Abs. 2 S. 1 BGB) der Überweisung, in jedem Fall aber innerhalb der in § 676a Abs. 2 S. 2 genannten Ausführungsfristen. Die Fristen betragen

- für Überweisungen innerhalb der EU/des EWR fünf Bankgeschäftstage (§ 676a Abs. 2 S. 2 Nr. 1 BGB),
- für inländische Überweisungen drei Bankgeschäftstage (§ 676a Abs. 2 S. 2 Nr. 2 BGB),
- für institutsinterne Überweisungen innerhalb einer Haupt- oder Zweigstelle ein Bankgeschäftstag (§ 676a Abs. 2 S. 2 Nr. 3 BGB) und
- für andere institutsinterne Überweisungen zwei Bankgeschäftstage (§ 676a Abs. 2 S. 2 Nr. 3 BGB)

bis zur Gutschrift auf dem Empfängerkonto. Für Überweisungen in Nicht-EU/EWR-Staaten sind keine Ausführungsfristen festgelegt. Sofern es keine vertragliche Vereinbarung gibt, ist die Überweisung baldmöglichst zu bewirken (§ 676a Abs. 2 S. 1 BGB).

Die Ausführungsfrist beginnt mit dem Ablauf des Tages, an dem der Bank die für die Ausführung der Überweisung erforderlichen Angaben vorliegen und ausreichende Deckung vorhanden ist (§ 676a Abs. 2 S. 3 BGB), sofern nicht etwas anderes vereinbart ist.

Das **neue Recht** unterscheidet nicht mehr zwischen inländischen Überweisungen und Überweisungen innerhalb der EU. § 676s BGB-E schreibt für alle Zahlungsvorgänge vor, dass der Zahlungsbetrag **spätestens am Ende des auf den Zeitpunkt des Zahlungsauftrages folgenden Geschäftstages beim Zahlungsdienstleister des Zahlungsempfängers einzugehen** hat. Bis 1.1. 2012 besteht die Möglichkeit, einvernehmlich die Frist auf bis zu drei Geschäftstage zu verlängern (§ 675s Abs. 1 S. 1, 2. Halbsatz BGB-E).

2.1.2.3.3 *Folgen*

- Verspätete Überweisung (§ 676b Abs. 1 BGB)

Eine Folge der Fristversäumung ist in § 676b Abs. 1 BGB normiert. Unabhängig davon, ob dem Überweisenden tatsächlich ein Schaden entstanden ist und unabhängig vom Verschulden der überweisenden Bank (§ 676c Abs. 1 S. 1 BGB), steht dem Überweisenden die **Verzinsung des Überweisungsbetrages** zu. Dabei handelt es sich nicht um einen pauschalierten Schadensersatz, sondern um einen Strafzins. Dieser hat eine Höhe von fünf Prozentpunkten über dem Basiszinssatz.

---

[135] Rösler/Werner, BKR 2009, 1, 7.

Beispiel: Unser Bierfreund aus Altötting (A) überweist am Donnerstag, den 18.9. 2008, von seinem Konto bei der Raiffeisenbank Altötting den Kaufpreis in Höhe von € 100 000,00 auf das bei der Bayerischen Hypo- und Vereinsbank AG geführte Konto der Brauerei Andechs (B). Aus nicht mehr nachvollziehbaren Gründen kommen die € 100 000,00 nicht auf dem Konto der B an. B setzt deshalb mit Mahnschreiben vom 6.12. 2008 den A zum 24.12. 2008 in Verzug. Am 22.12. 2008 geht das Geld nach einer erneuten Überweisung auf dem Konto der B ein. Der Überweisungsbetrag hätte spätestens drei Bankarbeitstage nach Ablauf des 18.9. 2008, also am 23.9. 2008 auf dem Konto der B eingehen müssen. Für diese 90 Tage fällt ein Strafzins von € 2019,45 (Basiszinssatz 3,19% p.a.; Strafzinssatz 8,19% p.a.; bitte taggenau rechnen: 7 Tage im September, 31 im Oktober, 30 im November und 22 im Dezember). Diesen Strafzins muss die Raiffeisenbank bezahlen, obwohl der A keinen Schaden hat. Ein Verzögerungsschaden der B gegen A scheidet aus, da sich A am 22.12. 2008 nicht im Verzug befindet.

Daneben kann nach den Vorschriften der §§ 280 Abs. 1 und 2, § 286 Abs. 1 und 2 Nr. 2 BGB ein **verschuldensabhängiger Verzögerungsschaden** in Betracht kommen.

Beispiel: Unser Bierfreund aus Altötting (A) überweist am Donnerstag, den 18.9. 2008, von seinem Konto bei der Raiffeisenbank Altötting den Kaufpreis in Höhe von € 100 000,00 auf das bei der Bayerischen Hypo- und Vereinsbank AG geführte Konto der Brauerei Andechs (B), um das ihm bei Zahlungseingang bis 29.9. 2008 gewährte Skonto (= Belohnung für eine frühe Zahlung) in Höhe von € 2000,00 nicht zu verlieren. Anstatt die Überweisung in das dafür vorgesehene Fach zu legen, hat der Bankmitarbeiter (M) diese auf seinem Schreibtisch gelegt und nicht weiter bearbeitet. Erst am 2.10. 2008 findet M die Überweisung wieder und leitet sie dann weiter. A kann neben dem Strafzins auch das Skonto, das er an B aufgrund der verspäteten Zahlung nachzahlen muss, als Verzögerungsschaden verlangen.

- Gekürzte Überweisung (§ 676b Abs. 2 BGB)

Stellenweise behalten insbesondere im **Auslandsgeschäft** dazwischengeschaltete Banken **vereinbarungswidrig Gebühren und Auslagen** ein. Bei Überweisungen innerhalb der EU ist dies ausgeschlossen. Nach Wahl des Überweisenden (§§ 262, 263 BGB) ist der einbehaltene Betrag ohne zusätzliche Kosten oder Auslagen an ihn oder an den Begünstigten zu überweisen.

§ 675 q Abs. 1 BGB-E verpflichtet ebenfalls zu einer ungekürzten Übermittlung.

- Gescheiterte Überweisung (§ 676b Abs. 3 BGB)

Der Überweisende hat einen verschuldensunabhängigen Erstattungsanspruch gegen seine Bank in Höhe des Garantiebetrages von € 12 500,00 zuzüglich bereits entrichteter Entgelte und Auslagen, wenn die Überweisung nicht innerhalb einer Nachfrist von 14 Bankgeschäftstagen vom Erstattungsverlangen des Überweisenden an auf dem Konto des Überweisungsempfängers gutgeschrieben ist („Geld-zurück-Garantie“).

Die vorgenannten Ansprüche sind ausgeschlossen, wenn höhere Gewalt die Ursache für den Fehler bei der Abwicklung war (§ 676b Abs. 4 BGB). Ein Verschulden der überweisenden Bank ist nach § 676a Abs. 1 S. 1 BGB nicht Voraussetzung für die Ansprüche nach § 676b BGB. Die überweisende Bank hat grundsätzlich auch ein Verschulden der zwischengeschalteten Bank zu vertreten (§ 676c Abs. 1 S. 3 BGB). Allerdings kann die Haftung begrenzt werden (vgl. dazu im Einzelnen die Voraussetzungen von § 676c Abs. 1 S. 4 BGB, von § 676c Abs. 1 S. 5 BGB und von § 676c Abs. 3 BGB.

Die Überweisungsbank haftet daneben auch nach dem allgemeinen Schuldrecht (z.B. insbesondere aus positiver Vertragsverletzung bei Verletzung von Nebenpflichten).

Das **Deckungsverhältnis** zwischen dem Überweisenden und seiner Bank ist **kein Vertrag zugunsten eines Dritten**, also kein Vertrag zugunsten des Überweisungsempfängers nach § 328 BGB, da dies dem gesetzlichen System des Überweisungsrechts widerspricht[136]. Der Überweisungsempfänger hat bei einer fehlerhaften Bearbeitung durch die Bank des Überweisenden oder eine zwischengeschaltete Bank keine Schadensersatzansprüche gegen diese Banken. Er hat seine Ansprüche aus der unterlassenen oder fehlerhaften Überweisung beim Überweisenden als seinen Schuldner geltend zu machen, der seinerseits Rückgriff auf die eingeschalteten Banken nach § 676b i.V.m. § 676c BGB nehmen kann.

Im neuen Recht verschärft § 675y BGB-E die Haftung des Zahlungsdienstleisters bei nicht erfolgter oder fehlerhafter Ausführung des Zahlungsauftrages: Die Nachfristsetzung entfällt, der Überweisende kann unverzüglich eine ungekürzte Erstattung verlangen und die Haftung ist nicht gesetzlich auf € 12 500,00 begrenzt. Die Haftung kann nur einvernehmlich auf € 12 500,00 begrenzt werden. Dagegen entfällt der verschuldensunabhängige (§ 676c Abs. 1 S. 1 BGB) Strafzinsanspruch nach § 676b Abs. 1 S. 1 ersatzlos.

2.1.2.3.4 Prinzip der formellen Auftragsstrenge

Nach dem Prinzip der **formellen Auftragsstrenge**[137] hat sich die überweisende Bank strikt an die im Überweisungsformular niedergelegten oder anderweitig gegebenen Weisungen des Überweisenden zu halten. Wegen der Massenhaftigkeit von Überweisungen, allein in der Bundesrepublik Deutschland sind es bankarbeitstäglich über 26 Millionen[138], kann und muss sich die überweisende Bank über das Valutaverhältnis oder sonstige mit der Überweisung verfolgte Interessen keine Gedanken machen. Die überweisende Bank ist im Überweisungsverkehr **nur zum Zwecke eines technisch einwandfreien, einfachen, schnellen und effektiven Zahlungsverkehrs tätig** und ist deshalb weder verpflichtet noch in der Lage, Überlegungen über die Zweckmäßigkeit der einzelnen Überweisung anzustellen und den Überweisenden vor Fehlern zu warnen oder zu schützen. Nur in seltenen, besonderen und konkret zu begründeten Ausnahmefällen kann aus Anlass des Überweisungsvertrages zusätzlich ein besonderer Beratungsvertrag zu Stande kommen.

Stimmen Kontonummer und Empfängerbezeichnung nicht überein, so ist im beleggebundenen Überweisungsverkehr grundsätzlich[139] die namentliche Bezeichnung des

---

[136] *Schimansky* in *Schimansky/Bunte/Lwowski*, Bankrechts-Handbuch, 3. Auflage, § 49, Rn. 151.

[137] BGH NJW 1987, 317, 318 = WM 1986, 1409 = ZIP 1986, 1537.

[138] Zahlen für das Jahr 2005, entnommen aus der Statistik der Bank für gegenseitigen Zahlungsverkehr, abrufbar unter www.bis.org/publ/cpss75p2.pdf.

[139] Zu den Ausnahmen vgl. *Schimansky* in *Schimansky/Bunte/Lwowski*, Bankrechts-Handbuch, 3. Auflage, § 49, Rn. 84ff.

Überweisungsempfängers maßgeblich. Die Eintragung der Kontonummer auf dem Überweisungsformular ist fehleranfällig, da die Ziffernkombination willkürlich ist und deshalb vom Überweisenden keiner Plausibilitätskontrolle unterworfen werden kann. Demgegenüber ermöglicht der Empfängername eine wesentlich sicherere Individualisierung.[140] § 676a Abs. 1 S. 1 BGB verpflichtet die überweisende Bank, „dem Begünstigten" den Überweisungsbetrag zur Verfügung zu stellen und nicht einer bestimmten Kontonummer. Da die beleggebunden Überweisungen aus Effizienzgründen schon bei der überweisenden Bank in Datensätze umgewandelt werden[141], kann die Bank des Überweisungsempfängers über einen elektronischen Datenabgleich den Namen mit der Kontonummer abgleichen.

Höchstrichterlich noch offen ist, ob bei der **beleglosen Internet- oder Telefonüberweisung** die Kontonummer oder der nicht entsprechende Empfängername zählt. Der BGH hat bisher nur entschieden, dass eine Vereinbarung in allgemeinen Geschäftsbedingungen, wonach beleglos in Auftrag gegebene Überweisungen nur anhand der Kontonummer abgewickelt werden, jedenfalls mit Unternehmen wirksam ist.[142]

Nach der hier vertretenen Auffassung ist auch im beleglosen Überweisungsverkehr nach § 676a Abs. 1 S. 1 BGB der Empfängername grundsätzlich entscheidend. Die Empfängerbank hat es hier sogar leichter, kann sie doch anhand der vom Überweisenden schon in Dateiform angegebenen Daten einen elektronischen Datenabgleich fahren und bei Nichtübereinstimmung automatisch Rückfrage beim Überweisenden nehmen. Inzwischen prüft bereits die **überweisende Bank** die Kundenangaben auf Plausibilität, da ihr meistens schon anderweitige Zahlungsvorgänge für das entsprechende Konto und die dazugehörigen Namensbezeichnungen vorliegen oder sie führt zumindest die Prüfzifferkontrolle[143] durch.

Nach dem **neuen Recht** (§ 675r Abs. 1 BGB-E) kommt es hier zu einer **Änderung**: Die beteiligten Zahlungsdienstleister sind berechtigt, einen Zahlungsvorgang **„ausschließ-**

---

140 Ständige Rechtsprechung, vgl. BGH NJW 1991, 3208, 3209 mwN = WM 1991, 1912 = ZIP 1999, 1413.

141 Nummer 1, Abs. 2 Abkommen zum Überweisungsverkehr: „Für die zwischenbetriebliche Weiterleitung sind die in Belegform eingereichten Überweisungen vom überweisenden Kreditinstitut auf elekronische Medien zu erfassen und beleglos weiterzuleiten (EZÜ-Verfahren)".

142 BGH, Urteil vom 15. November 2005 – XI ZR 265/04, WM 2006, 28 = ZIP 2006, 17. Das OLG Dresden hat – auch ohne Vereinbarung mit dem überweisenden Unternehmen – entschieden, dass jedenfalls von einem Unternehmen beleglos in Auftrag gegebene Überweisungen nach der angegebenen Kontonummer gebucht werden dürfen. Diese auch von weiteren Instanzgerichten vertretene Auffassung stützt sich auf die vom ehemaligen Bundesrichter *Nobbe* in WM 2001, Beilage 4, S. 16, 19, vertretene Auffassung, wonach sich ein Kunde, der eine Überweisung beleglos in Auftrag gibt, konkludent mit der Buchung anhand der numerischen Angaben einverstanden erklärt.

143 Vgl. Nummer 2 Abs. 2 und 3 Abkommen zum Überweisungsverkehr:
„(2) Das überweisende Kreditinstitut hat im EZÜ die richtige und vollständige Erfassung der unter Absatz (1) aufgeführten Daten durch geeignete Kontrollen sicherzustellen und die erfassten Daten durch eine maximal 11-stellige Referenznummer zu ergänzen. (...)
(3) Sofern ein Prüfzifferberechnungs-Verfahren des Kreditinstituts des Begünstigten für die Kontonummer des Begünstigten bekannt gegeben worden ist, hat das überweisende Kreditinstitut die richtige Erfassung der Kontonummer im EZÜ anhand dieser Prüfzifferberechnung zu überprüfen. Ist das Prüfzifferergebnis trotz richtiger Erfassung negativ, muss das überweisende Kreditinstitut entweder beim überweisenden Kontoinhaber zurückfragen (...).".

lich“ anhand der vom Überweisenden angegebenen Kundenkennung auszuführen. Die Kundenkennung ist nach der Definition in § 675r Abs. 1 BGB-E eine Abfolge aus Buchstaben, Zahlen oder Symbolen. Gerade das Wort „oder“ gibt zu verstehen, dass nunmehr eine Kundenkennung national allein nach **Kontonummer und Bankleitzahl** und EU-weit ausschließlich nach IBAN (International Bank Account Number) erfolgen kann.[144]

2.1.3 Institutsübergreifende Überweisung

2.1.3.1 Überblick

Das Verhältnis zwischen der Bank des Überweisenden und der gegebenenfalls dazwischengeschalteten Bank regelt der **Zahlungsvertrag** in § 676d und § 676e BGB.

Der Inhalt dieses eigenen, speziellen und **unnötigerweise**[145] **normierten Geschäftsbesorgungsvertrages** beschränkt sich in der Pflicht der dazwischengeschalteten Bank gegenüber der vorgeschaltenen Bank, den Überweisungsbetrag an eine weitere Bank oder an die Bank des Überweisungsempfängers weiterzuleiten. Aus der Differenzierung im Gesetzeswortlaut von § 676d Abs. 1 S. 1 BGB zwischen „einem anderen Kreditinstitut“ und der Weiterleitung des Überweisungsbetrages „an ein weiteres Kreditinstitut“ geht hervor, dass der Zahlvertrag nur das Verhältnis der Zwischenbank zur vorgeschalteten Bank des Überweisenden oder zu einer anderen vorgeschalteten Zwischenbank regelt, nicht aber das Rechtsverhältnis zu einer nachgeschalteten Zwischenbank oder zur Bank des Überweisungsempfängers[146]. Für diese mit dem Zahlungsvertrag nicht geregelten Rechtsbeziehungen greift man weiterhin auf das Rechtsinstitut des Geschäftsbesorgungsvertrages zurück. Dieser **Geschäftsbesorgungsvertrag** wird – ebenso wie der Zahlungsvertrag – durch das zwischen den Banken rechtsgeschäftlich geschlossene **„Abkommen zum Überweisungsverkehr“**[147] näher ausgestaltet.

Nach neuem Recht entfallen zum 31.10. 2009 § 676d und § 676e BGB ersatzlos. Ohne dass es zu materiellen Änderungen kommt, greift man wieder auf den **Geschäftsbesorgungsvertrag** und auf das **Abkommen zum Überweisungsverkehr** zurück.

---

[144] Vgl. auch die Gesetzesbegründung Bt-Drucks. 16/11643, S. 177, wonach die am Überweisungsvorgang beteiligten Banken keinen Abgleich von Kontonummer, bzw. Kundenkennung und EmpfängeRn.ame voRn.ehmen müssen, um die verkürzten Ausführungsfristen wahren zu können.

[145] *Schimansky* hat als vormaliger Vorsitzender Richter des XI. BGH-Senats (Bankensenat) zu-*treffend* keine hohe Meinung vom bundesdeutschen Gesetzgeber; lesesnswert deshalb die Beispiele gesetzgeberischer Inkompetenz bei *Schimansky* in *Schimansky/Bunte/Lwowski*, Bankrechts-Handbuch, 3. Auflage, § 49, Rn. 134, Rn. 135, Rn. 153, Rn. 164 und Rn. 169.

[146] Vgl. BT-Drucks. 14/1967, S. 9 und S. 19.

[147] Abgedruckt bei *Escher-Weingart* in *Gößmann/Hellner/Schröter/Steuer/Weber (Hrsg.)*, Bankrecht und Bankpraxis, Stand 05/2006, Rn. 6/102 und *Gößmann* in *Schimansky/Bunte/Lwowski*, Bankrechts-Handbuch, 3. Auflage, Anhang 3 zu §§ 52–55.

2.1.3.2 Zahlungsvertrag (§ 676d – 676e BGB)

2.1.3.2.1 Verpflichtungen aus dem Zahlungsvertrag

Durch den Zahlungsvertrag ist nach § 676d Abs. 1 S. 1 BGB die zwischengeschaltete Bank gegenüber der vorgeschalteten Bank des Überweisenden oder einer anderen bereits zwischengeschalteten Bank verpflichtet, im Rahmen des Überweisungsverkehrs einen Überweisungsbetrag an eine nachgeschaltete Bank oder an die Bank des Überweisungsempfängers weiterzuleiten. Bis zur Einführung des Zahlungsvertrages im Jahr 1999[148] war dieses Interbankenverhältnis ein durch das Abkommen zum Überweisungsverkehr[149] ausgestalteter Geschäftsbesorgungsvertrag. Theoretisch geändert hat sich nur die praktisch bedeutungslose Frage, ob eine Bank den Abschluss des Zahlungsvertrages annehmen muss oder ablehnen kann.

Der vormalige Vorsitzende des für das Bankrecht zuständigen XI. BGH-Senats Herbert Schimansky führt deshalb zutreffend aus[150], dass dem Gesetzgeber die Abwicklung des bargeldlosen Zahlungsverkehrs „ein Buch mit sieben Siegeln" geblieben sei. Jede einzelne Kettenüberweisung soll nach dem gesetzgeberischen Leitbild dabei eine Reihe von einzelnen Zahlungsverträgen auslösen. So wäre die Weitergabe des Überweisungsauftrages durch die überweisende Bank oder eine Zwischenbank an das nachfolgende Glied in der Kette ein Angebot zum Abschluss eines Zahlungsvertrages, das die nachfolgende Bank nach Belieben annehmen oder ablehnen könnte. Dieser rechtsirrige gesetzgeberische Gedanke widerspricht dem Modell eines effektiven und reibungslosen Überweisungsverkehrs. Nicht einmal die Ausführungsfristen nach § 676a Abs. 2 BGB könnten dann eingehalten werden. Der Überweisungsverkehr ist aber ein Massengeschäft, das sich nur auf der Grundlage standardisierter Kommunikationsformen bei geringstmöglichem Kommunikationsaufwand effektiv, schnell und günstig betreiben lässt. Nach richtiger Auffassung[151] bildet deshalb das **Abkommen zum Überweisungsverkehr**[152] einen Rahmenvertrag, der das einzelne Kreditinstitut zur Weiterleitung eines den Spezifikationen des Abkommens entsprechenden Überweisungsauftrages verpflichtet. Der einzelne Auftrag stellt sich damit – wie bisher – als Weisung innerhalb der typisierten Sonderform eines Girovertrages im Interbankenverhältnis dar. § 676d Abs. 1 BGB regelt daher nur einen Teilausschnitt der „vertragstypischen Pflichten" ohne Änderung der bisherigen Rechtslage. Die ersatzlose Streichung des § 676d BGB zum 31.10. 2009 ist deshalb konsequent.

---

[148] BGBl. I 1999, S. 1652.

[149] Abgedruckt bei *Escher-Weingart* in *Göβmann/Hellner/Schröter/Steuer/Weber* (*Hrsg.*), Bankrecht und Bankpraxis, Stand 05/2006, Rn. 6/102 und *Göβmann* in *Schimansky/Bunte/Lwowski*, Bankrechts-Handbuch, 3. Auflage, Anhang 3 zu §§ 52–55.

[150] *Schimansky* in *Schimansky/Bunte/Lwowski*, Bankrechts-Handbuch, 3. Auflage, § 49, Rn. 135.

[151] *Schimansky* in *Schimansky/Bunte/Lwowski*, Bankrechts-Handbuch, 3. Auflage, § 49, Rn. 135, *Göβmann* in FS Kümpel S. 153 ff.; ebenso *Schmalenbach* in *Bamberger/Roth* BGB § 676d RdNr 5.

[152] Abgedruckt bei *Escher-Weingart* in *Göβmann/Hellner/Schröter/Steuer/Weber* (*Hrsg.*), Bankrecht und Bankpraxis, Stand 05/2006, Rn. 6/102 und *Göβmann* in *Schimansky/Bunte/Lwowski*, Bankrechts-Handbuch, 3. Auflage, Anhang 3 zu §§ 52–55.

Die Weiterleitung i.S.v. § 676d Abs. 1 BGB hat **ungekürzt** zu erfolgen, wie es § 676e Abs. 2 BGB voraussetzt. Da die Bank des Überweisenden ihre Pflichten aus § 676a Abs. 1 Satz 2 BGB erfüllen muss, ergibt sich der Pflichtenumfang des § 676d Abs. 1 BGB aus § 676a Abs. 1 BGB. Dazu gehört die **Übermittlung sämtlicher mit dem Überweisungsvertrag verknüpften Informationen und Weisungen**. Auch die zwischengeschaltete Bank ist nach den allgemeinen Grundsätzen der **schnellen Abwicklung** von Überweisungen zur „baldmöglichsten" (§ 676a Abs. 2 Satz 1 BGB) Weiterleitung verpflichtet. Die Ausführungsfristen des § 676 Abs. 2 S. 2 BGB betreffen die gesamte Laufzeit in der Überweisungskette und können für diesen Teilausschnitt der Überweisungskette nur als Anhaltspunkt unter Berücksichtigung aller anderen Schritte dienen.

2.1.3.2.2 Ausgleichsansprüche (§ 676e BGB)

- Verspätete Überweisung (§ 676e Abs. 1 BGB)

Die Bank des Überweisenden haftet dem Überweisenden für die Überschreitung der Ausführungsfristen (§ 676b Abs. 1 BGB), auch wenn dies im Verantwortungsbereich der zwischengeschalteten Bank liegt, weil diese nicht den kürzesten und schnellsten Weg gewählt hat. Die zwischengeschaltete Bank hat dann der Bank des Überweisenden den Schaden zu ersetzen (§ 676e Abs. 1 BGB).

- Gekürzte Überweisung (§ 676e Abs. 2 BGB)

Hat die zwischengeschaltete Bank unberechtigt einen Teil des Überweisungsbetrages einbehalten, so kann die Bank des Überweisenden wählen, ob sie eine Erstattung des einbehaltenen Betrages an sich oder eine Überweisung an den Begünstigten bei Freistellung von ihrer eigenen Zahlungsverpflichtung aus § 676b Abs. 2 BGB gegenüber dem Überweisenden will (§ 676e Abs. 2 BGB).

- Gescheiterte Überweisung (§ 676e Abs. 3 BGB)

Nimmt der Überweisende seine Bank aus der verschuldensunabhängigen Garantiehaftung des § 676b Abs. 3 BGB in Anspruch, so hat diese ebenfalls einen **verschuldensunabhängigen Ausgleichsanspruch** gegen die von ihr zwischengeschaltete Bank (§ 676e Abs. 3 BGB). Erfüllt diese erste zwischengeschaltete Bank als Vertragspartner der Bank des Überweisenden dieser den Ausgleichsanspruch, so kann diese wiederum bei der von ihr zwischengeschalteten Bank ihren Ausgleichsanspruch geltend machen. Im Ergebnis führt die Kette bis zu der zwischengeschalteten Bank, die den Überweisungsbetrag nicht vertragsgemäß weitergeleitet hat. Darüber hinaus sind alle an einer gescheiterten Überweisung beteiligten Banken[153] verpflichtet, nach dem Verbleib des verschwundenen Überweisungsbetrages zu forschen (§ 676e Abs. 4). Findet sich der Überweisungsbetrag, kann ein für die Nachforschung angemessener Betrag als Entschädigung abgezogen werden.

---

[153] *Schimansky* in *Schimansky/Bunte/Lwowski*, Bankrechts-Handbuch, 3. Auflage, § 49, Rn. 164.

2.1.3.3 Interbankenverhältnis

Das Rechtsverhältnis der Bank des Überweisungsempfängers zu ihrer vorgeschalteten Bank, also zur Bank des Überweisenden oder einer zwischengeschalteten Bank, wird als **Interbankenverhältnis** bezeichnet. Dieses Interbankenverhältnis ist nicht ausdrücklich gesetzlich geregelt. Es handelt sich um einen Geschäftsbesorgungsvertrag, der durch das Abkommen zum Überweisungsverkehr[154] konkretisiert wird. Das Abkommen zum Überweisungsverkehr begründet Rechte und Pflichten nur zwischen den beteiligten Banken.

Im Wesentlichen regelt das Abkommen die verpflichtende Umwandlung von schriftlichen Überweisungsaufträgen in eine beleglose Datensatzform durch die überweisende Bank (Nummer 1), die Mindestangaben für die Überweisung (Nummer 2), die Sicherheitsvorkehrungen (Nummer 3), das Rückrufverfahren bei Kündigung des Überweisungsvertrages (Nummer 4) und die Haftung und prozentuale Schadensverteilung unter den beteiligten Banken (Nummer 5).

2.1.4 Inkassoverhältnis zwischen dem Überweisungsempfänger und seiner Bank

Der **Überweisungsempfänger** hat gegenüber seiner Bank, also gegenüber der Bank des Überweisungsempfängers mit Zahlungseingang einen **Anspruch auf valutagerechte Gutschrift dieses Überweisungsbetrages** (§ 676f S. 1, 2. Var. BGB, § 676g Abs. 1 S. 1 BGB).[155] § 676g Abs. 1 S. 1 BGB wiederholt dabei die vertragstypische Pflicht des Girovertrages (§ 676f S. 1, 2. Var. BGB), die sich schon aus dem Geschäftsbesorgungsrecht ergibt (§ 675 Abs. 1 BGB, § 667, 2. Var. BGB, künftig: § 675c BGB-E i.V.m. § 667, 2. Var. BGB). Jedenfalls ist die Gutschrift jetzt **innerhalb eines Bankgeschäftstages nach Zahlungseingang** auf dem Konto des Überweisungsempfängers **gutzuschreiben**. Dadurch ist es den Banken nicht mehr möglich, sich durch verspätete Gutschriften Liquidität und Zinsvorteile zu verschaffen.

Die Grundsätze der **formalen Auftragsstrenge** gelten **auch für die Bank des Überweisungsempfängers**. Der Überweisungsbetrag darf nur dem angegebenen Empfänger und nur dem bezeichneten Konto gutgeschrieben werden, da ansonsten die vom Überweisenden gewollte Tilgungswirkung im Valutaverhältnis nicht eintritt. Auch **weiter gehende Weisungen**, Bedingungen und Sicherungsabreden sind von der Bank des Überweisungsempfängers **zu beachten**.

> **Beispiel:** Die Kaufpreiszahlung für einen Grundstückskauf darf nach den Bedingungen der Treuhandvereinbarung zwischen der Bank des Überweisenden und der Bank des Überweisungsempfängers erst auf dem Empfängerkonto (Konto des Verkäufers) gutgeschrieben werden, wenn die Bank des Überweisungsempfängers die Abtretungserklärung der für sie eingetragenen Grundschuld gegenüber der Bank des Überweisenden abgegeben hat.

---

[154] Abgedruckt bei *Escher-Weingart* in *Göβmann/Hellner/Schröter/Steuer/Weber (Hrsg.)*, Bankrecht und Bankpraxis, Stand 05/2006, Rn. 6/102 und *Göβmann* in *Schimansky/Bunte/Lwowski*, Bankrechts-Handbuch, 3. Auflage, Anhang 3 zu §§ 52–55.

[155] Zur Wertstellung siehe Punkt 1.1.2.1.4.

Ist der Überweisungsbetrag **endgültig zur Gutschrift** auf dem Konto des Begünstigten zur Verfügung gestellt, so ist ab diesem Zeitpunkt die Kündigung des Überweisungsvertrages durch den Überweisenden ausgeschlossen (§ 676a Abs. 4 S. 1 BGB). Dieser maßgebliche Zeitpunkt ist mit der **Abrufpräsenz der Gutschrift** durch den Überweisungsempfänger gegeben, wenn also der Überweisungsempfänger die Möglichkeit erhält, über den Kontoauszugsdrucker oder über den Kontoauszugsabruf per Internet von der vorbehaltlosen Zurverfügungstellung des Überweisungsbetrages zu erfahren.

Beispiel: Die Brauerei Andechs (B) hat an Bankgeschäftstagen die Möglichkeit, ab vier Uhr morgens ihre Kontoauszüge bei der Bayerischen Hypo- und Vereinsbank AG per Internet oder Kontoauszugsdrucker abzurufen. Die € 100,00 von unserem Bierfreund aus Altötting (A) sind am Dienstag, den 13.1. deshalb ab vier Uhr morgens abrufbar. Bereits zu dieser Stunde ist die Kündigung des Überweisungsauftrages durch A nicht mehr möglich. Es kommt nicht darauf an, dass der Cellerar (Wirtschaftsleiter und alleinvertretungsberechtigte Verwalter) erst nach dem Morgengebet gegen acht Uhr den Kontoauszug per Internet tatsächlich abruft.

Zum 31.10. 2009 tritt der Zeitpunkt **früher** ein, da nach § 675p Abs. 1 BGB-E der Widerruf nur noch bis zum **Zugang** des Überweisungsauftrages bei der Bank des Überweisenden möglich ist.

2.1.5 Valutaverhältnis zwischen dem Überweisenden und dem Überweisungsempfänger

Ergibt sich nach der Verkehrsanschauung und der Art des konkreten Geschäftes keine eindeutige Barleistungspflicht, so ist eine Überweisung zulässig, wenn sie nicht im Einzelfall durch eine jederzeit mögliche Erklärung des Gläubigers ausgeschlossen wird. Üblicherweise wird auf den **Rechnungen** die **Kontoverbindung** angegeben. Eine Überweisung auf ein bereits bestehendes Girokonto des Gläubigers ist dann ohnehin nicht problematisch. Die zu tilgende **Forderung aus dem Valutaverhältnis erlischt** nach der Rechtsprechung des BGH und der überwiegenden Meinung in der Literatur **mit der Gutschrift** des Überweisungsbetrages auf dem Konto des Gläubigers (= Überweisungsempfänger).[156]

Vom **Tilgungszeitpunkt** zu **trennen**, ist die Frage der **Rechtzeitigkeit der Zahlung**. Der Schuldner ist zwar verpflichtet, das Geld an den Wohnort oder den Ort der gewerblichen Niederlassung des Gläubigers zu übermitteln, Erfüllungsort für die Leistung des Schuldner bleibt gem. § 270 Abs. 4 i.V.m. § 269 BGB der Wohnsitz oder der Ort der gewerblichen Niederlassung des Schuldners. Die Geldschuld ist danach eine Schickschuld, wobei der Schuldner die Gefahr der Übermittlung trägt **(qualifizierte Schick-**

---

[156] Zuletzt BGH NJW 1999, 210 = WM 1999, 11 = ZIP 1998, 2090; statt aller in der Literatur Nobbe, WM Sonderbeilage 4/2001, S. 21; mit beachtlichen Gründen, die sich auf die Neufassung des Gestzes in § 676a Abs. 4 BGB stützt, sieht *Schimansky* in *Schimansky/Bunte/Lwowski*, Bankrechts-Handbuch, 3. Auflage, § 49, Rn. 207 ff. die Erfüllung bereits mit der Entstehung des Anspruchs auf Gutschrift; zum Anspruch auf Gutschrift siehe Punkt 1.1.1.1, zur Gutschrift siehe Punkt 1.1.2.1.3.

schuld). Nach der herrschenden Meinung[157] ist deshalb eine Zahlung durch Überweisung dann als rechtzeitig anzusehen, wenn der Antrag für den Überweisungsvertrag vom überweisenden Schuldner **innerhalb der Zahlungsfrist bei seiner Bank eingeht** und ausreichend Verfügungsrahmen (Kontodeckung oder Kreditlinie) vorhanden ist. Insbesondere für die Fragen, ob bei Fälligkeit bezahlt wurde oder ob Skonto abgezogen werden darf, ist dies von entscheidender Bedeutung.

Beispiel: Der Grundstückskaufpreis in Höhe von € 1 000 000,00 ist am Gründonnerstag, den 9.4. fällig. Bekanntlich sind Karfreitag, Karsamstag, Ostersonntag und Ostermontag keine Bankgeschäftstage. Es reicht bei einem entsprechenden Verfügungsrahmen aus, den Überweisungsauftrag kurz vor Geschäftsschluss am 9.4. zu geben, wohl wissend, dass die Überweisung üblicherweise vor Ostern nicht mehr ausgeführt wird. Unterstellt man einen Darlehenszinssatz von nur 5% p.a. bedeutet die fünf Tage später stattfindende Belastung eine Ersparnis von fast € 684,93.[158]

Da nach dem Gesetzeswortlaut die in § 270 BGB normierte qualifizierte Schickschuld nur „im Zweifel" gelten soll, können die Vertragsparteien im Valutaverhältnis davon abweichende Vereinbarungen treffen und insbesondere eine **Bringschuld vereinbaren**. Für die Rechtzeitigkeit der Zahlung ist dann die Gutschrift auf dem Konto des Schuldners entscheidend. Steuerschulden sind in § 224 AO als Bringschulden ausgestaltet.

2.1.6 Bereicherungsrechtlicher Ausgleich bei Überweisungen

Der Bereicherungsausgleich[159] vollzieht sich auch im Überweisungsverkehr **innerhalb der jeweiligen Leistungsverhältnisse**. Weist das Deckungsverhältnis zwischen dem Überweisenden und der Bank des Überweisenden einen Fehler auf, so ist der Ausgleich zwischen diesen Beteiligten abzuwickeln, bei einem Fehler im Valutaverhältnis ist dagegen dort der Ausgleich vorzunehmen. Da sich nach der jahrzehntelangen Rechtsprechung des Bundesgerichtshofes im Bereicherungsrecht eine „schematische Lösung" verbietet, kann der den Geldbetrag rückerstattenden Bank des Überweisenden empfohlen werden, sich **zusätzlich** vom Überweisenden vor der Gutschrift auf sein Konto seine tatsächlichen oder vermeintlichen Ansprüche gegen den Überweisungsempfänger **abtreten** zu lassen.

2.1.6.1 Mangel im Deckungsverhältnis

2.1.6.1.1 Fehlen einer wirksamen Weisung

Die Zahlung der überweisenden Bank kann dem Überweisenden nur zugerechnet werden, wenn dazu eine wirksame Weisung vorliegt.

---

[157] Zum gesamten Meinungsstreit: *Schimansky* in *Schimansky/Bunte/Lwowski*, Bankrechts-Handbuch, 3. Auflage, § 49, Rn. 214 ff.

[158] € 1 000 000,– × 0,05 : 365 Tage × 5 Tage = € 684,93.

[159] Ausführlich *Schimansky* in *Schimansky/Bunte/Lwowski*, Bankrechts-Handbuch, 3. Auflage, § 50; Überblick in Palandt, 68. Auflage, § 812, Rn. 107.

Fehlt dagegen eine **wirksame Weisung** oder ist die Weisung unwirksam, so liegt keine zurechenbare Leistung des (angeblich) „Überweisenden“ vor. Die ohne diese Weisung **überweisende Bank** hat einen **direkten Bereicherungsanspruch gegen den Überweisungsempfänger**.[160]

> **Beispiel:** Unser Bierfreund aus Altötting (A) kauft telefonisch ein Fass Andechser Doppelbock Dunkel direkt bei der Brauerei Andechs (B) für € 100,00 und lässt dieses nach Altötting liefern. Den Kaufpreis von € 100,00 überweist A von seinem Konto bei der Raiffeisenbank Altötting eG auf das bei der Bayerischen Hypo- und Vereinsbank AG geführten Konto der Brauerei Andechs, indem er zur Beschleunigung des Zahlungsvorganges den Überweisungsauftrag per Fax sendet. Damit die Raiffeisenbank Altötting eG auch seinen Originalüberweisungsauftrag mit seiner Unterschrift vorliegen hat, übersendet er das Original mit einem deutlichen Hinweis auf das bereits vorliegende Fax. Die Überweisung wird trotzdem nochmals ausgeführt. Die Raiffeisenbank Altötting eG selbst kann nach § 812 Abs. 1 S. 1, 2. Var. BGB direkt von B die doppelt überwiesenen € 100,00 zurückverlangen.

Weitere Beispiele für das Fehlen einer wirksamen Weisung sind die Fälschung oder Verfälschung eines Überweisungsauftrages, die Ausführung einer Überweisung trotz zeitlichen Ablaufs eines befristeten Dauerauftrages oder die fehlende Geschäftsfähigkeit.

Der Direktanspruch der ohne wirksame Weisung handelnden Bank ist eine **Nichtleistungskondiktion nach § 812 Abs. 1 S. 1, 2. Var. BGB**. Dabei können die Einwände nach § 814 BGB und § 817 Satz 2 BGB nicht erhoben werden. Der gutgläubige Überweisungsempfänger kann sich aber auf den Wegfall der Bereicherung (§ 818 Abs. 3 BGB) berufen.

2.1.6.1.2 Missachtung von Weisungen durch die Bank des Überweisenden

Wenn der Überweisende den Überweisungsvorgang zurechenbar in Gang gesetzt hat und die **Bank des Überweisenden von der Weisung abweicht**, liegt eine **Leistung der Bank** des Überweisenden vor. Die Abweichung von der Weisung kann in der Ausführung der Überweisung trotz rechtzeitiger Kündigung oder in der Ausführung mit einem zu hohen Überweisungsbetrag liegen.[161] Folge davon ist, dass die **Bank des Überweisenden** grundsätzlich einen **Kondiktionsanspruch (§ 812 Abs. 1 S. 1, 1. Var. BGB)** gegen den Überweisenden haben kann. Dieser Bereicherungsanspruch der überweisenden Bank gegen den Auftraggeber setzt einen Vermögenszuwachs bei diesem voraus. Hat die **Überweisungszahlung im Valutaverhältnis zwischen Überweisenden und Überweisungsempfänger Tilgungswirkung**, wovon in der Regel auszugehen ist, wenn mit dem ursprünglichen Auftrag eine bestehende Schuld erfüllt werden sollte, so hat der Überweisende einen **Vermögensvorteil**. **Liegt dagegen im Valutaverhältnis keine Schuld** vor, hat die Bank des Überweisenden nur einen girovertraglichen Anspruch auf **Abtretung des Bereicherungsanspruches** des Überweisenden gegen den Überweisungsempfänger. In diesem Fall trägt die Bank des Überweisenden das Bonitätsrisiko des Überweisungsempfängers. Dies ist wegen der missachteten Weisung auch gerecht.

---

[160] Ständige Rechtsprechung des BGH, zuletzt Urteil vom 29.4. 2008 – XI ZR 371/07.

[161] BGH, Urteil vom 29.4. 2008 – XI ZR 371/07.

Beispiel: Unser Bierfreund aus Altötting (A) überweist die € 100,00 Kaufpreis von seinem Konto bei der Raiffeisenbank Altötting eG auf das bei der Bayerischen Hypo- und Vereinsbank AG geführten Konto der Brauerei Andechs (B). Der Angestellte der Raiffeisenbank Altötting eG vertippt sich aber und schreibt € 300,00. Da eine über € 100,00 hinausgehende Verpflichtung des A nicht besteht, ist dieser nur nach § 812 Abs. 1 S. 1, 1. Var. BGB verpflichtet, seinen Anspruch aus § 812 Abs. 1 S. 1, 1. Var. BGB gegen B auf Rückzahlung der € 200,00 abzutreten.

2.1.6.2 Mangel im Valutaverhältnis

Der Bereicherungsausgleich findet hier nach den allgemeinen Grundsätzen zwischen dem Überweisenden und Überweisungsempfänger statt.

Beispiel: Unser Bierfreund aus Altötting (A) überweist die € 100,00 Kaufpreis an die Brauerei Andechs (B). B liefert vereinbarungsgemäß zum 18.9. das Bierfass. Bei dem von A veranstalteten Grillfest an der Isar wird das Fass geöffnet, aber das Fass ist leer. A erklärt den Rücktritt und hat gegen B Anspruch auf Rückzahlung des Kaufpreises. Die Banken sind an der Rückabwicklung des Valutaverhältnisses nicht beteiligt.

2.2 Lastschrift

Neben der Überweisung ist die Lastschrift[162] die **häufigste Form des bargeldlosen Zahlungsverkehrs**.

Beispiel: Unser Bierfreund aus Altötting (A) kauft wieder ein Fass Andechser Doppelbock Dunkel direkt bei der Brauerei Andechs (B) für € 100,00 und lässt dieses nach Altötting liefern. Zur Bezahlung des Kaufpreises unterschreibt A eine sogenannte Einzugsermächtigung. B reicht bei seiner Bank eine Lastschrift ein und bekommt das Geld auf seinem Konto gutgeschrieben.

2.2.1 Überblick

2.2.1.1 Wirtschaftliche Bedeutung der Lastschrift

Fast 42% des bargeldlosen Zahlungsverkehrs wird über Lastschriften abgewickelt.[163] An jedem Bankgeschäftstag werden dabei über 26 Millionen Lastschriften in der Bundesrepublik Deutschland abgewickelt. Da die Initiative für die Bezahlung mit der Einreichung der Lastschrift durch den Gläubiger ausgeht, ist in fast allen Fällen eine **fristgerechte Bezahlung gesichert**. Für den Gläubiger ergeben sich dadurch **Liquiditäts- und Zinsvorteile**. Das Lastschriftverfahren beschleunigt den Geldumlauf, das eingesetzte Kapi-

---

[162] Weiterführend *van Gelder* in *Schimansky/Bunte/Lwowski*, Bankrechts-Handbuch, 3. Auflage, § 57 und § 58; *Krepold* in *Gößmann/Hellner/Schröter/Steuer/Weber (Hrsg.)*, Bankrecht und Bankpraxis, Stand 05/2003, Rn. 6/300 ff.

[163] Statistik der Bank für gegenseitigen Zahlungsverkehr, abrufbar unter www.bis.org/publ/cpss75p2.pdf.

tal ist intensiver genutzt. Auch die **Debitorenbuchhaltung** gerade bei großen Versorgungs- oder Telefonunternehmen ist wesentlich **effektiver**, da nur die kleine Anzahl der Nichtzahler manuell bearbeitet werden muss. Man stelle sich nur vor, alle Stromkunden oder Handynutzer müssten bar bezahlen, so wie es in manchen Ländern Europas noch der Fall ist. Neben der Unannehmlichkeit für den einzelnen Schuldner, zur Bank gehen zu müssen, hätten die Unternehmen personalintensiv zu kontrollieren, wer bezahlt hat und wer nicht. Diese Mehrkosten müssten dann wieder auf die Kunden umgelegt werden. Schon daraus ist ersichtlich, dass die Lastschrift als die **volkswirtschaftlich günstigste Form unbarer Massenzahlungen** beurteilt wird.[164] Die elektronischen Überweisungen haben gegenüber der Lastschrift zudem den Nachteil, dass der Überweisende den Verwendungszweck selbst ausfüllt, während bei der Lastschrift dieser bereits vorgegeben ist, was eine Zuordnung der Zahlung wesentlich erleichtert. Auch der Schuldner als Zahlungspflichtiger hat Vorteile: Er muss nicht eine Überweisung ausfüllen und seiner Bank übermitteln. Weiter ist sichergestellt, dass er fristgemäß bezahlt. So vermeidet er aufwändige Fristenkontrollen oder Verzugszinsen. Als vorwiegend automatisiertes und kostengünstiges Verfahren ist die Lastschrift ein wesentlicher **Beitrag zur qualitativen Infrastruktur** des Wirtschaftsstandortes Bundesrepublik Deutschland.

2.2.1.2 Beteiligte im Lastschriftverfahren und Darstellung des Verfahrensablaufs

Beteiligte am Lastschriftverfahren sind:

Zahlungsempfänger ist der Gläubiger, der die Lastschriftanweisung seiner kontoführenden Bank im Inkassoverhältnis zum Einzug gibt.

Als **Zahlungspflichtigen** bezeichnet man den Schuldner.

Erste Inkassostelle ist die kontoführende Bank des Gläubigers, die ihn zum Lastschriftverfahren zugelassen hat.

Zahlstelle ist die Bank des Schuldners, die dessen Konto belastet.

Das Lastschriftabkommen kennt zwei verschiedene Verfahrensarten, das **Einzugsermächtigungsverfahren** und das **Abbuchungsauftragsverfahren**. Fast alle Lastschriften werden über das Einzugsermächtigungsverfahren abgewickelt, während das Abbuchungsauftragsverfahren praktisch nur eine geringe Bedeutung hat.

2.2.1.2.1 Abbuchungsauftragsverfahren

Der zahlungspflichtige **Schuldner erteilt** seiner Bank, der **Zahlstelle**, einen generellen **Abbuchungsauftrag**, Lastschriften eines bestimmten Gläubigers auf seinem Konto einzulösen. Den konkreten Zahlungsvorgang löst der zahlungsempfangende Gläubiger bei seiner Bank (erste Inkassostelle) mit der Einreichung einer Lastschrift über einen bestimmten Betrag aus. Die erste Inkassostelle schreibt unter der Bedingung des Zahlungseingangs den Lastschriftbetrag gut und gibt die Lastschrift an die Zahlstelle weiter. Die **Zahlstelle prüft**, ob ein **Abbuchungsauftrag** des Zahlungspflichtigen vorliegt, und belastet dann dessen Konto.

---

[164] Zschoche, Zur dogmatischen Einordnung des Lastschriftverfahrens unter besonderer Berücksichtigung der Vertrauensstrukturen 1981, S. 31.

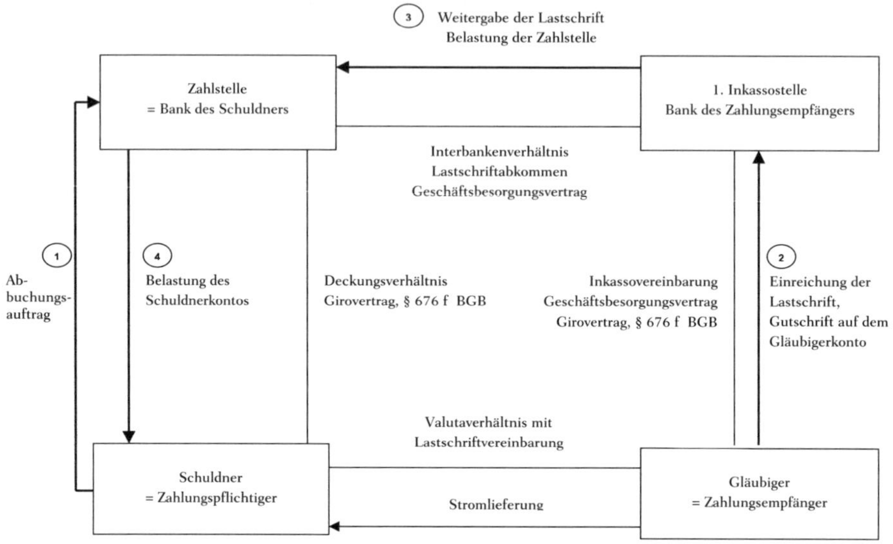

Abbildung 2-2-1-2-1: Verfahrensablauf Abbuchungsauftragsverfahren

Wegen der geringen praktischen Bedeutung wird hier auf das Abbuchungsauftragsverfahren nicht mehr weiter eingegangen.[165]

2.2.1.2.2 *Einzugsermächtigungsverfahren*

Der **zahlungspflichtige Schuldner erteilt seinem Gläubiger** in der Regel eine schriftliche **Ermächtigung**, Forderungen im Lastschriftverfahren einziehen zu können. Den konkreten Zahlungsvorgang löst der Gläubiger mit der Einreichung einer Lastschrift bei seiner Bank (erste Inkassostelle) über einen bestimmten Betrag aus. Die erste Inkassostelle schreibt unter der Bedingung des Zahlungseingangs den Lastschriftbetrag gut und gibt die Lastschrift an die Zahlstelle weiter. Die Zahlstelle verlässt sich auf die Mitteilung, dass eine Einzugsermächtigung vorliegt und die Höhe des Lastschriftbetrages zutreffend ist, und belastet ohne weitere Prüfung das Konto des Zahlungsempfängers. Als Korrektiv für den fremden Zugriff auf sein Konto steht dem Zahlungspflichtigen ein Lastschriftwiderspruchsrecht bis längstens sechs Wochen nach Zugang des Rechnungsabschlusses zu.

---

[165] Weiterführend *van Gelder* in *Schimansky/Bunte/Lwowski*, Bankrechts-Handbuch, 3. Auflage, § 57 und § 58; *Krepold* in *Göβmann/Hellner/Schröter/Steuer/Weber (Hrsg.)*, Bankrecht und Bankpraxis, Stand 05/2003, Rn. 6/300 ff.

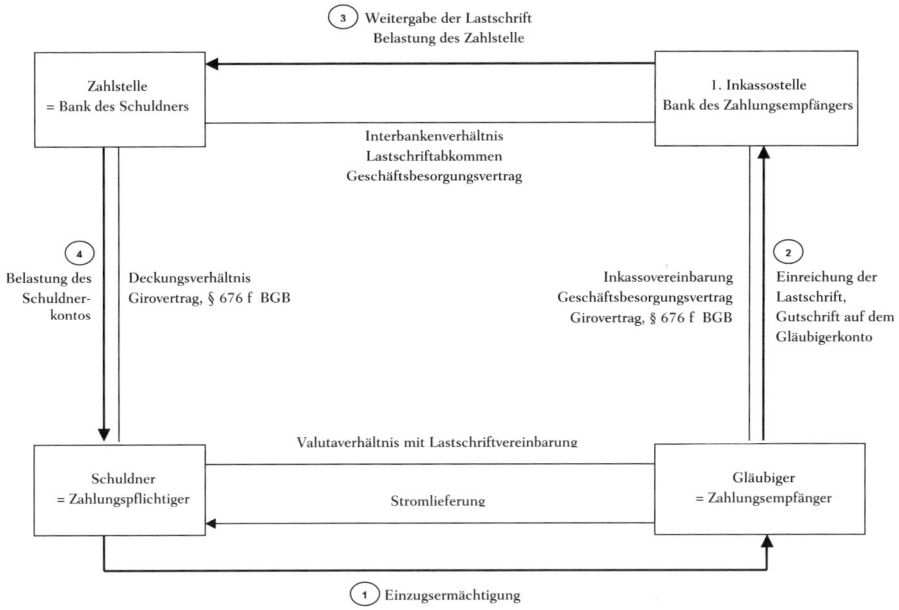

Abbildung 2-2-1-2-1: Verfahrensablauf Einzugsermächtigungsverfahren

2.2.2 Valutaverhältnis zwischen Gläubiger und Schuldner

2.2.2.1 Lastschriftvereinbarung

2.2.2.1.1 Abschluss

Nach dem gesetzlichen Leitbild des § 270 BGB hat der Schuldner das Geld dem Gläubiger an dessen Wohnort zu übermitteln. Soll dagegen die Bezahlung durch die Übertragung von Buchgeld im Lastschriftweg erfolgen, müssen Gläubiger und Schuldner eine entsprechende unselbstständige Nebenabrede abschließen. Festzulegen ist in der **Lastschriftabrede**, ob die Lastschrift im Wege des Lastschriftermächtigungsverfahrens oder im Wege des Abbuchungsauftragsverfahrens eingezogen wird. In den Allgemeinen Geschäftsbedingungen kann die Zahlungsweise in Form des Einzugsermächtigungsverfahrens[166], nicht aber das Abbuchungsauftragsverfahren, vorgegeben und vereinbart werden.

2.2.2.1.2 Form

Zwar soll die Lastschriftvereinbarung nach Abschnitt 1 Nr. 1a des Lastschriftabkommens (LSA) **schriftlich** abgefasst werden und der Gläubiger verpflichtet sich auch dazu im Mustervertrag[167] gegenüber der ersten Inkassostelle, um den Nachweis eines erteil-

[166] BGH, Urteil vom 29.5. 2008 – III ZR 330/07, NJW 2008, 2495 = WM 2008, 1391; BGH NJW 1996, 988, 989.

[167] Nr. 2 der Vereinbarung für den Einzug von Forderungen durch Lastschriften (Einzugsermächtigungsverfahren), abgedruckt bei *Krepold* in *Gößmann/Hellner/Schröter/Steuer/Weber (Hrsg.)*, Bankrecht und Bankpraxis, Stand 05/2003, Rn. 6/380a.

ten Abbuchungsauftrages führen zu können. Wirksamkeitsvoraussetzung für das Valutaverhältnis ist die Schriftform aber nicht, da das Lastschriftabkommen nur im Interbankenverhältnis und die Mustervereinbarung nicht im Verhältnis zum Schuldner gilt.

2.2.2.1.3 Wirkung

Durch die Lastschriftvereinbarung wandelt sich die Geldschuld von einer qualifizierten Schickschuld (§ 270 BGB) in eine **Holschuld** um. Die Bezahlung durch die Lastschrift ist dann die geschuldete Leistung, die nach § 362 Abs. 1 BGB zu erfüllen ist. Der Forderungseinzug ist eine Gläubigerobliegenheit. Die Verzögerungsgefahr liegt beim Gläubiger.

2.2.2.1.4 Pflichten

Vor dem Lastschrifteinzug hat der **Gläubiger** den Schuldner rechtzeitig über die **Höhe und Fälligkeit seiner Forderungen zu unterrichten**, wenn diese unregelmäßig, in längeren Zeitabständen oder in unterschiedlicher Höhe fällig werden. Diese Verpflichtung ergibt sich daraus, dass der **Schuldner** für seine **Zahlungsverpflichtung** ein ausreichendes Guthaben oder eine entsprechende Kreditlinie vorzuhalten hat. Kann die eingereichte Lastschrift nicht eingelöst werden, so wird nach der Lastschriftvereinbarung die Zahlschuld wieder zur Schickschuld.

2.2.2.2 Erfüllung

Wegen der Lastschriftabrede ist der Gläubiger mit der Übertragung des Buchgeldes durch die Lastschrift einverstanden. Mit der endgültigen Gutschrift auf dem Konto des Gläubigers ist die Geldschuld des Zahlungspflichtigen erfüllt (§ 362 BGB). Da aber der Schuldner dem Gläubiger durch einen Widerspruch gegenüber seiner Bank den Geldbetrag wieder entziehen kann, der diesem bereits gutgeschrieben war, nachdem die erste Inkassostelle den Geldbetrag durch Einlösung der Lastschrift von der Zahlstelle erhalten hat, hängt die **Erfüllung** von der **endgültigen Bewirkung** an den Gläubiger ab.

In der Regel wird die einzuziehende Forderung dem Konto des Gläubigers schon mit Einreichung der Lastschrift mit dem Zusatztext „E.v." („Eingang vorbehalten") gutgeschrieben. Bei diesem Vorbehalt handelt es sich um eine **aufschiebende Bedingung** im Sinne von § 158 Abs. 1 BGB mit dem Inhalt, dass die Gutschrift **erst mit der Einlösung der Lastschrift durch die Zahlstelle wirksam** und sodann im Valutaverhältnis die Erfüllung der Geldschuld herbeigeführt wird[168]. Dies ist die endgültige Bewirkung.

Widerspricht der Zahlungspflichtige der Belastung seines Kontos mit dem Lastschriftbetrag rechtzeitig, so entfällt die Erfüllungswirkung von Anfang an. Dies ergibt sich daraus, dass die **Gutschrift**, die durch die Einlösung vorbehaltlos geworden ist, nach allgemeiner Auffassung **unter der auflösenden Bedingung** (§ 158 Abs. 2 BGB) einer Rückbelastung wegen eines **Widerspruchs** des Zahlungspflichtigen steht.

---

[168] Ausführlich dazu *Krepold* in *Gößmann/Hellner/Schröter/Steuer/Weber (Hrsg.)*, Bankrecht und Bankpraxis, Stand 05/2003, Rn. 6/359 ff.; aA *van Gelder* in *Schimansky/Bunte/Lwowski*, Bankrechts-Handbuch, 3. Auflage, § 58, Rn. 167;

2.2.3 Inkassovereinbarung zwischen Zahlungsempfänger und erster Inkassostelle

Wegen der Möglichkeit des Widerspruchs durch den Schuldner und der Rückgabe mangels Deckung durch die Zahlstelle, ist jede unter Vorbehalt gutgeschriebene Lastschrift bis zur endgültigen Einlösung der Lastschrift eine **Darlehensgewährung** durch die erste Inkassostelle. Die erste Inkassostelle ist deshalb nicht verpflichtet, jeden Kunden zum Lastschriftverfahren zuzulassen. Dazu bedarf es neben dem Girovertrag (§ 676 f BGB)[169] einer ergänzenden **Inkassovereinbarung**[170] zwischen dem Zahlungsempfänger und seiner Bank. Die erste Inkassostelle wird den Abschluss dieser Inkassovereinbarung und die damit verbundene Zulassung zum Lastschriftverfahren von der **Seriosität und Bonität** der Zahlungsempfängers abhängig machen.

Wegen des Geschäftsbesorgungscharakters hat die erste Inkassostelle Aufwendungsersatzansprüche gegen den Zahlungsempfänger für die von ihr vorverauslagten Entgelte oder Erstattungsleistungen im Interbankenverhältnis[171].

2.2.4 Interbankenverhältnis

Das Rechtsverhältnis zwischen der ersten Inkassostelle und der Zahlstelle ist im **Lastschriftabkommen** (LSA)[172] geregelt. Neben technischen Ablaufbeschreibungen sind die Rechte und Pflichten der beteiligten Banken vereinbart. Will die Zahlstelle die Lastschrift **mangels Deckung zurückgeben**, hat dies nach Abschnitt II Nummer 1 LSA **spätestens an dem auf den Tag des Eingangs folgenden Geschäftstag** zu erfolgen.

In Abschnitt II Nummer 2 LSA ist geregelt, dass bei einem **Widerspruch des Zahlungspflichtigen** die Lastschrift von der Zahlstelle nur innerhalb von **sechs Wochen** zurückgegeben werden kann.[173] Die abkommenswidrig verspätete Rückbelastung einer nicht eingelösten Lastschrift kann nach Abschnitt IV, Nummer 3 zu einem Schadensersatzanspruch der ersten Inkassostelle führen.

Das **Lastschriftabkommen** begründet nach Abschnitt IV, Nummer 1 LSA Rechte und Pflichten nur zwischen den beteiligten Banken. Im bargeldlosen Zahlungsverkehr ent-

---

169 Zum Girovertrag siehe oben Punkt 1.1.1.

170 Muster einer Inkassovereinbarung, die in der Bankpraxis mit „Vereinbarung über den Einzug von Forderungen durch Lastschriften (Einzugsermächtigungsverfahren)" bezeichnet wird, ist abgedruckt bei *Krepold* in *Gößmann/Hellner/Schröter/Steuer/Weber (Hrsg.)*, Bankrecht und Bankpraxis, Stand 05/2003, Rn. 6/380a.

171 Nicht zu verwechseln mit dem früher bei der Rückgabe einer Lastschrift mangels Deckung dem Schuldner von der Zahlstelle in Rechnung gestellten Bearbeitungsentgelt. Vgl. auch Punkt 2.2.5.3 aE.

172 Abgedruckt bei *Krepold* in *Gößmann/Hellner/Schröter/Steuer/Weber (Hrsg.)*, Bankrecht und Bankpraxis, Stand 05/2003, Rn. 6/311.

173 Diese Regelung ist nicht synchron mit der für das Deckungsverhältnis Allgemeinen Geschäftsbedingungen, wonach der Schuldner die Lastschrift bis zu sechs Wochen nach Rechnungsabschluss zurückgeben kann.

falten die Rechtsverhältnisse zwischen den beteiligten Banken **keine Schutzwirkung zu Gunsten Dritter**. Die Einbeziehung eines Dritten in die Schutzwirkung eines Vertrages setzt nämlich voraus, dass Sinn und Zweck des Vertrages und die erkennbaren Auswirkungen der vertragsgemäßen Leistung auf den Dritten unter Berücksichtigung von Treu und Glauben seine Einbeziehung erfordern und eine Vertragspartei, für den Vertragsgegner erkennbar, redlicherweise damit rechnen kann, dass die ihr geschuldete Obhut und Fürsorge in gleichem Maße auch dem Dritten entgegengebracht wird. Um die vom Gesetzgeber gewollte unterschiedliche Ausgestaltung von vertraglicher und deliktischer Haftung nicht aufzugeben, ist bei Vermögensschäden eine Beschränkung auf eng begrenzte Fälle geboten. Der Kreis der in den Vertragsschutz einbezogenen Dritten ist daher unter Beachtung einer sachgerechten Abwägung der Interessen der Beteiligten dahin zu begrenzen, dass

- der Dritte mit der Hauptleistung bestimmungsgemäß in Berührung kommt,
- ein schutzwürdiges Interesse des Gläubigers an der Einbeziehung des Dritten besteht,
- den Interessen des Schuldners durch Erkennbarkeit und Zumutbarkeit der Haftungserweiterung Rechnung getragen wird und
- der Dritte schutzbedürftig ist.

Diese Voraussetzungen sind bei den Abkommen zwischen den beteiligten Banken im bargeldlosen Zahlungsverkehr nicht erfüllt.[174]

2.2.5 Deckungsverhältnis zwischen Schuldner und Schuldnerbank im Einzugsermächtigungsverfahren

2.2.5.1 Verfahren

Der Schuldner hat den Gläubiger „ermächtigt", Forderungen zulasten seines Kontos bei der Schuldnerbank einzuziehen. Die Initiative geht vom Gläubiger aus, der mit der Lastschrift auf ein fremdes Konto, nämlich auf das Konto des Schuldners bei der Schuldnerbank, zugreift. Die Bank des Schuldners belastet zunächst das Konto des Schuldners, ohne dazu direkt vom Schuldner selbst berechtigt worden zu sein. Ihr Handeln stützt sich allein auf den Hinweis in der Lastschrift, dass eine Einzugsermächtigung des Schuldners dem Gläubiger vorliege. Gegenüber seiner Bank hat der Schuldner zu diesem Zeitpunkt einer Zahlung durch Lastschrift im Einzugsermächtigungsverfahren noch keine Willenserklärung abgegeben.

---

[174] BGH, Urteil vom 6.5. 2008 – XI ZR 56/07, NJW 2008, 2245 unter Berufung auf *van Gelder* in *Schimansky/Bunte/Lwowski*, Bankrechts-Handbuch, 3. Auflage, § 58, Rn. 198ff. und *Krepold* in *Göβmann/Hellner/Schröter/Steuer/Weber (Hrsg.)*, Bankrecht und Bankpraxis, Stand 05/ 2003, Rn. 6/333 und unter ausdrücklichen Aufgabe seiner früheren Rechtsprechung (BGHZ 69, 82 = NJW 1977, 1916, BGHZ 96, 9 = NJW 1986, 249 und BGH NJW-RR 1988, 559 = WM 1988, 246, 247).

2.2.5.2 Theorien

2.2.5.2.1 Vollmachtstheorie

Nach der Vollmachtstheorie[175] ist die Einzugsermächtigung als **Vollmacht** im Sinne von §§ 164 ff BGB zu qualifizieren. Der Zahlungsempfänger reicht unter offener Bezugnahme auf den Schuldner die Lastschrift ein. Hieraus wird deutlich, dass die Folgen der Lastschriftvollmacht auch den Vollmachtgeber (= Schuldner) treffen sollen und damit ein Handeln nur im eigenen Namen des Zahlungsempfängers verneint werden kann. Liegt eine Vollmacht zur Einziehung von Lastschriften überhaupt nicht vor oder betrifft die Lastschrift eine Forderung, deren Inkasso von einer bestehenden Einzugsermächtigung nicht gedeckt wird, weil sie nicht dem dort angegebenen Verpflichtungsgrund entsprach, so ist die Lastschriftweisung nach den §§ 180 Satz 2, 177 Abs. 1 BGB grundsätzlich schwebend unwirksam, sodass der Schuldner einer derartigen Lastschrift widersprechen kann.

2.2.5.2.2 Genehmigungstheorie

Der **Bundesgerichtshof**[176] dagegen folgt seit 1977 in ständiger Rechtsprechung der **Genehmigungstheorie**, wobei für den XI. Senat des Bundesgerichtshofes ein Abrücken von der Genehmigungstheorie zumindest für das Valutaverhältnis nicht mehr ausgeschlossen ist.[177] Nach der Genehmigungstheorie wird die Zahlstelle nur auf **Weisung der ersten Inkassostelle** und im **Vertrauen auf eine entsprechende Einzugsermächtigung** tätig. Die Zahlstelle belastet ohne entsprechenden Auftrag des zahlungspflichtigen Schuldners dessen Konto. Die **Kontobelastung** bedarf deshalb zu ihrer **Wirksamkeit der Genehmigung** des Zahlungspflichtigen nach § 185 Abs. 2 S. 1 BGB.

Wenn der Schuldner sechs Wochen nach dem Zugang des Rechnungsabschlusses gegen diesen keine Einwendung erhebt und die Bank ihn auf diese Folge bei Erteilung eines Rechnungsabschlusses besonders hingewiesen hat, so wird die **Genehmigung** des Schuldners durch Nr. 7 Abs. 3 AGB-Banken **sechs Wochen nach Zugang des Rechnungsabschlusses fingiert**. Auch schon **vorher** kann der Schuldner durch schlüssiges Handeln genehmigen. Eine Genehmigung liegt nicht schon in der widerspruchslosen Hinnahme eines Tagesauszuges. Setzt aber der Schuldner nach angemessener Überlegungsfrist, die in der Regel nicht länger als eine Woche nach Abruf des Kontoauszuges sein wird, den Zahlungsverkehr über sein Konto fort, so ist darin eine konkludente Genehmigung zu sehen. Nach einer **stillschweigenden, konkludenten oder ausdrücklichen Genehmigung** kann der Schuldner der Lastschrift **nicht mehr widersprechen**.

Außerdem hat der Schuldner **sittenwidrige Lastschriftwidersprüche** zu unterlassen.

---

175 Ausführlich zum Meinungssteit *Krepold* in *Gößmann/Hellner/Schröter/Steuer/Weber* (*Hrsg.*), Bankrecht und Bankpraxis, Stand 05/2003, Rn. 6/316 ff., insbesondere Rn. 6/329 und 330.

176 BGHZ 69, 82, 85.

177 BGH, Urteil vom 10.6. 2008 – Az XI ZR 283/07, NJW 2008, 3348 = ZIP 2008, 1977 = WM 2008, 1963.

Beispiel: Unser Bierfreund aus Altötting (A) hat wöchentlich einen Kasten Andechser Weißbier geliefert bekommen und per Lastschrift bezahlt. Obwohl es ihm hervorragend geschmeckt hat, widerruft er ohne ersichtlichen Grund die Lastschrift.

Dies ergibt sich aus der Regelung des § 826 BGB als spezielle Ausprägung des für die gesamte Zivilrechtsordnung herrschenden Grundsatzes von Treu und Glauben (§ 242 BGB), der uneingeschränkt auch für (vorläufige) Insolvenzverwalter gilt.[178] Das Insolvenzrecht rechtfertigt es nicht, das Einzugsermächtigungsverfahren zulasten desjenigen, der voraus geleistet hat und aufgrund der eingelösten Lastschriften weiter leistet, und damit zulasten all seiner Kunden, auf die er die kalkulatorischen Ausfälle umlegen muss[179], zu einem Instrument der Massemehrung umzufunktionieren[180], damit sich insbesondere die Insolvenzverwalter aus dieser Masse sicher befriedigen können.

2.2.5.3 Einlösung von Lastschriften

Nach der Genehmigungstheorie ist die Zahlstelle gegenüber dem Zahlungspflichtigen zur Kontobelastung nicht berechtigt und mangels Weisung des Zahlungspflichtigen schon gar nicht verpflichtet. Die Vertreter der Genehmigungstheorie versuchen diese juristische Lücke zu schließen, indem die Zahlstelle zunächst auf das Vorliegen einer Einzugsermächtigung vertrauen und die Lastschrift bei entsprechender Deckung auch einlösen soll. Der Zahlungspflichtige hat dann die zunächst unberechtigt erfolgte Kontobelastung zu genehmigen. Eine **ausdrückliche Genehmigungserklärung** geben in der Praxis nur juristische Personen bei Abbuchung von Steuern und Sozialversicherungsbeiträgen ab, um eine persönliche Haftung der Vertretungsorgane (§§ 34, 69 AO) bei einem (unberechtigten und sittenwidrigen) Lastschriftwiderspruch durch den Insolvenzverwalter zu vermeiden.

Beispiel: Die A GmbH, vertreten von Bierfreund und Geschäftsführer A aus Altötting, hat gegenüber dem Finanzamt eine Einzugsermächtigung abgegeben und lässt ihre Steuern vom Finanzamt per Lastschrift einziehen. Da A nicht sicher ist, ob die A GmbH der Wirtschafstkrise trotzen kann, genehmigt er für die A GmbH mit einem gesondertem Schreiben die Lastschriften des Finanzamtes gegenüber seiner Bank, um nicht Gefahr zu laufen, persönlich für die Steuerschuld haften zu müssen.

Eine **schlüssige Genehmigung** des Zahlungspflichtigen ergibt sich daraus, dass er es in Kenntnis der Lastschriftbelastung und dem Ablauf einer „unverzüglichen" Kontroll-

---

[178] aA der für das Insolvenzrecht zuständige IX. Zivilsenat des BGH, Urteil vom 4.11. 2004 – IX ZR 22/03, NJW 2005, 675 = WM 2004, 2482 = ZIP 2004, 1442 = BKR 2005, 362, wonach der (vorläufige) Insolvenzverwalter keinen sachlichen Grund zum Widerspruch gegen Lastschriften benötigt. Diese Frage gehört, zumal der XI. Zivilsenat des BGH die Auffassung des IX. Zivilsenats nicht teilt und einen sachlichen Grund für den Widerspruch verlangt (vgl. BGH, Urteil vom 10.6. 2008 – XI ZR 283/07, NJW 2008, 3348 = ZIP 2008, 1977 = WM 2008, 1963, dort Rn. 17 ff., insb. Rn. 19), zu einer der umstrittensten Fragen an der Schnittstelle zwischen Bankrecht und Insolvenzrecht. Näheres dazu *Krepold/Spiegel* in *Gößmann/Hellner/Schröter/Steuer/Weber (Hrsg.)*, Bankrecht und Bankpraxis, Stand 09/2007, Rn. 6/506a ff.

[179] Ausführlich dazu *Krepold/Spiegel* in *Gößmann/Hellner/Schröter/Steuer/Weber (Hrsg.)*, Bankrecht und Bankpraxis, Stand 09/2007, Rn. 6/506a ff., insbesondere Rn. 6/507h.

[180] BGH, Urteil vom 10.6. 2008 – Az XI ZR 283/07, NJW 2008, 3348 = ZIP 2008, 1977 = WM 2008, 1963.

pflicht nach Nr. 11 Abs. 4 AGB-Banken unterlässt, der Lastschriftbelastung zu widersprechen. Eine konkludente Genehmigung wird deshalb angenommen, wenn der Zahlungspflichtige bei Kenntnis seiner Kontoauszüge nach angemessener Überlegungsfrist weitere Kontoverfügungen vornimmt. Dies ist im Geschäftsleben die häufigste Form der Genehmigung.

Beispiel: Die A GmbH, vertreten von Bierfreund und Geschäftsführer A aus Altötting, hat gegenüber dem Finanzamt eine Einzugsermächtigung abgegeben und lässt ihre Steuern vom Finanzamt per Lastschrift einziehen. A informiert sich täglich über die finanzielle Situation der A GmbH, indem er die Kontoauszüge der A GmbH täglich per Internet abruft und kontrolliert. Am 13. 1. erscheint auf seinem Kontoauszug die Lastschrift seiner Finanzamtes. Im Laufe der Woche tätigt er eine Vielzahl von Überweisungen, wobei er zusieht, dass das Konto der A GmbH immer im zugesagten Kontokorrentrahmen bleibt. Damit ist die Lastschrift konkludent genehmigt.

Zuletzt hilft die **Genehmigungsfiktion nach Nr. 7 Abs. 3 AGB-Banken**:

> „(3) Genehmigung von Belastungen aus Lastschriften
>
> Hat der Kunde eine Belastungsbuchung aus einer Lastschrift, für die er dem Gläubiger eine Einzugsermächtigung erteilt hat, nicht schon genehmigt, so hat er Einwendungen gegen diese im Saldo des nächsten Rechnungsabschlusses enthaltene Belastungsbuchung spätestens vor Ablauf von sechs Wochen nach Zugang des Rechnungsabschlusses zu erheben. Macht er seine Einwendungen schriftlich geltend, genügt die Absendung innerhalb der Sechs-Wochen-Frist. Das Unterlassen rechtzeitiger Einwendungen gilt als Genehmigung der Belastung. Auf diese Folge wird die Bank bei Erteilung des Rechnungsabschlusses besonders hinweisen."

Schweigt der Zahlungspflichtige **sechs Wochen nach Zugang des Rechnungsabschlusses** und ist er auf die Genehmigungsfiktion bei Erteilung des Rechnungsabschlusses hingewiesen worden, so gilt dieses Schweigen als **Genehmigung** der Lastschrift.[181]

Beispiel: Die A GmbH, vertreten von Bierfreund und Geschäftsführer A aus Altötting, hat gegenüber dem Finanzamt eine Einzugsermächtigung abgegeben und lässt ihre Steuern vom Finanzamt per Lastschrift einziehen. A ist als alleiniger Geschäftsführer über Weihnachten in Garmisch. Auf der Kandahar-Abfahrt lernt er die Skifahrerin Maria kennen und bleibt weitere acht Wochen. Der Rechnungsabschluss ist ab Freitag, den 2. 1. abrufbar und enthält den Hinweis auf die Genehmigungsfiktion für Lastschriften. Mit der Abrufbarkeit am 2. 1. ist der Rechnungsabschluss zugegangen (Fristbeginn nach § 187 Abs. 1 BGB: Samstag, 3. 1.). Widerruft A nicht innerhalb von sechs Wochen, also bis spätestens Freitag, den 13.2. (Fristende nach § 188 Abs. 2, 1. Var. BGB), gilt die Lastschrift als genehmigt.

---

[181] Grundlage hierfür war die von *Krepold* in *Gößmann/Hellner/Schröter/Steuer/Weber* (Hrsg.), Bankrecht und Bankpraxis, Stand 03.97 entworfene und von van Gelder in WM 2000, 101, 106 verfeinerte Rechtskonstruktion, die der Bundesgerichthof in seiner Entscheidung vom 6.6. 2000 aufgegriffen und als Genehmigungsmöglichkeit aufgezeigt hat, worauf die AGB-Banken mit Wirkung zum 1.4. 2002 geändert wurden.

Nach der Genehmigung kann der Zahlungspflichtige nicht mehr der Lastschrift widersprechen, die Lastschrift nicht mehr zurückgeben und nicht mehr die Wiedergutschrift des belasteten Betrags verlangen.

Die Vermögensverschiebung zulasten des Kontos des Zahlungspflichtigen geschieht durch eine entsprechende **Belastungsbuchung.**[182] Mit dem Wirksamwerden der Belastungsbuchung ist unter Berücksichtigung von Nr. 9 Abs. 1 AGB-Banken die Einlösung der Lastschrift verbunden, die dazu führt, dass der Eingangsvorbehalt (auf dem Kontoauszug ist dies mit **„E.v.“**, also mit „Eingang vorbehalten“ kenntlich gemacht) auf dem Konto des Zahlungspflichtigen **entfällt** und die Zahlstelle die Lastschrift nicht mehr wegen Unanbringlichkeit oder mangels Deckung an die erste Inkassostelle zurückgeben darf. Mit der Einlösung der Einzugsermächtigungslastschrift durch die Zahlstelle steht die **Gutschrift** auf dem Konto des Zahlungsempfängers **unter der auflösenden Bedingung eines etwaigen Widerspruchs** des Kunden.

Allerdings führt die Belastungsbuchung allgemein nicht automatisch auch zur **Einlösung** einer Lastschrift. Die Belastungsbuchung allein ist im modernen Bankbetrieb nämlich lediglich ein technischer Vorgang, der an sich noch keine Einlösungswirkung im rechtlichen Sinne entfalten kann. Es gilt, den Zeitpunkt festzustellen, in dem die Bank ihren **Einlösungswillen** zu erkennen gibt. Dieser Zeitpunkt wird – unabhängig von Nr. 9 Abs. 2 AGB-Banken – regelmäßig dann anzunehmen sein, wenn die Bank die eingehenden Lastschriftbelastungen disponiert, d.h. geprüft hat, ob insbesondere das Konto des Zahlungspflichtigen eine ausreichende Deckung aufweist oder der Lastschriftbetrag innerhalb einer eingeräumten Kreditlinie liegt. Im Lastschriftverfahren erfolgt eine Prüfung der Belastungsbuchungen grundsätzlich erst nach der technischen Anfertigung der Buchungsunterlagen (s. Abschnitt I Nr. 2 LSA) und unter Umständen erst, nachdem die Kontoauszüge mit der Belastungsbuchung bereits von der Buchungsstelle – beispielsweise einem Rechenzentrum – direkt an den Kunden abgeschickt oder aber für diesen zur Abholung bereitgestellt worden sind. In der Eingabe der Lastschriftdaten in die EDV-Anlage und in der damit verbundenen Herstellung der Buchungsunterlagen ist folglich noch keine Einlösung der Lastschrift zu sehen, da es am Einlösungswillen der Bank fehlt. Vielmehr dient die Absendung des Kontoauszuges oder die Bereitstellung des Kontoauszuges im Internet oder am Kontoauszugsdrucker vor einer Disposition lediglich der Unterrichtung des Zahlungspflichtigen über einen technischen Buchungsvorgang. Erst wenn die **Belastungsbuchung anschließend disponiert** wird und sodann der Einlösungswille der Bank vorliegt, kann in diesem Zeitpunkt von einer Einlösung der Lastschrift ausgegangen werden. Die Disposition hat jedoch so rechtzeitig zu erfolgen, dass die Belastung gemäß Nr. 9 Abs. 2 AGB-Banken bis spätestens am zweiten Bankarbeitstag nach der Buchung storniert werden kann.

Die Zahlstelle hat den Zahlungspflichtigen über die Einlösung zu informieren, damit dieser gegebenenfalls die Möglichkeit zum Widerspruch hat. Diese Information bekommt der Zahlungspflichtige über den **Kontoauszug**.

Die Zahlstelle ist auch verpflichtet, den **Zahlungspflichtigen** spätestens mit der **Rückgabe der Lastschrift** hierüber zu **unterrichten**, um ihm die Möglichkeit zu geben,

---

[182] Zur Belastungsbuchung siehe Punkt 1.1.2.1.2.

seine Verbindlichkeit anderweitig zu begleichen. Verletzt die Schuldnerbank ihre Benachrichtigungspflicht schuldhaft und ist dadurch für den Zahlungspflichtigen ein Schaden entstanden, den dieser bei rechtzeitiger Unterrichtung hätte abwenden können, so haftet die Schuldnerbank nach § 280 Abs. 1 BGB.

Beispiel: Bierfreund A kauft sich ein Auto, um regelmäßig nach Andechs fahren zu können. Der Autohaftpflichtversicherung gibt er eine Einzugsermächtigung für die Erstprämie. Die Versicherung weist darauf hin, dass bei nicht fristgerechter Bezahlung der Erstprämie der Versicherungsschutz entfällt (§ 37 Abs. 2 VVG). Da A wegen der Finanzkrise sein gesamtes Geld unter dem Kopfkissen anlegt, lässt seine Hausbank, die Raiffeisenbank Altötting eG (R) die Lastschrift der Autohaftpflichtversicherung über € 1860,00 mangels Deckung zurückgehen, ohne A darüber zu unterrichten. Auf der Fahrt nach Andechs missachtet A an der Waldkreuzung leicht fahrlässig die Vorfahrt des O. Es entsteht ein Schaden von € 10 000,00. Hätte R den A über die Rückgabe informiert, hätte er unter seinem Kopfkissen € 1860,00 hervorgeholt, einbezahlt, überwiesen und damit die Rechtzeitigkeit der Prämienzahlung sichergestellt. So aber zahlt die Versicherung nichts, da das schuldhafte Verhalten von R ihm nach § 278 BGB zugerechnet wird. A hat deshalb nach § 280 Abs. 1 BGB einen Schadenersatzanspruch in Höhe von € 10 000,00 gegen R.

Hat das Konto des Schuldners keine ausreichende Deckung, **gibt** die Schuldnerbank die Lastschrift an die erste Inkassostelle **zurück**. Nach Anlage 1 Nr. 2 zum LSA kann die Schuldnerbank gegenüber der ersten Inkassostelle ein **Rücklastschriftentgelt** in Höhe von bis zu € 3,00 erheben. Dieses Entgelt wird die erste Inkassostelle dem Gläubiger – zusammen mit einem **Entgelt für den eigenen Aufwand**- nach der Inkassovereinbarung in Rechnung stellen.[183] Der Gläubiger kann dann aufgrund der Lastschriftabrede im Valutaverhältnis den Schuldner in Anspruch nehmen, falls seine Lastschrifteinreichung berechtigt war.

Gegenüber dem Schuldner kann die Schuldnerbank **kein zusätzliches Entgelt** verlangen, da die Schuldnerbank als am Valutaverhältnis Unbeteiligte nicht wissen kann, ob die Lastschrift des Gläubigers berechtigt ist und ob überhaupt eine Einzugsermächtigung vorliegt.[184] Das vorstehend erwähnte Entgelt, das die **Gläubigerbank dem Gläubiger** in Rechnung stellt, sowie der **Rückgriff des Gläubigers** beim Schuldner wird **vom BGH jedoch gebilligt**.[185]

---

[183] Im Verhältnis zwischen Gläubigerbank und Gläubiger ist ein Entgelt für den Aufwand der Gläubigerbank mit einer Rücklastschrift zulässig, vgl. *van Gelder* in *Schimansky/Bunte/Lwowski*, Bankrechts-Handbuch, 3. Auflage, § 58, Rn. 19.

[184] Grundlegend: BGH WM 1997, 2298 und 2300; zutreffend und lesenswert *van Gelder* in *Schimansky/Bunte/Lwowski*, Bankrechts-Handbuch, 3. Auflage, § 58, Rn. 106a ff., insbesondere Rn. 106 f.

[185] Vgl. BGH, Urteil vom 8.3. 2005 – XI ZR 154/04, NJW 2005, 1645 = BKR 2005, 241 = WM 2005, 874; dort heißt es im vorletzten Absatz ausdrücklich: *„Die Gläubigerbank kann ihre, das Rücklastschriftentgelt umfassenden Aufwendungen dem Gläubiger aufgrund des mit diesem bestehenden Auftragsverhältnisses in Rechnung stellen … Der Gläubiger seinerseits kann, falls seine Lastschrifteinreichung berechtigt war, den Schuldner auf Ersatz in Anspruch nehmen; anderenfalls trägt er zu Recht die Kosten. Im Valutaverhältnis von Gläubiger und Schuldner hat somit letztlich derjenige die Kosten zu tragen, der in ihrem Vertragsverhältnis die Pflichtverletzung begangen hat."*

Beispiel: Unser Bierfreund aus Altötting (A) bezahlt das Andechser Bier mit einer Lastschrift über € 100,00. Da sein bei der Raiffeisenbank Altötting geführtes Konto kein Guthaben aufweist, gibt seine Bank die Lastschrift mangels Deckung zurück. Die Bayerische Hypo- und Vereinsbank AG belastet das bei ihr geführte Konto der Brauerei Andechs (B) mit dem Lastschriftbetrag von € 100,00 und einem zusätzlichen Entgelt von € 10,50. Darin enthalten ist neben dem von der Raiffeisenbank Altötting als Schuldnerbank gemäß LSA in Rechnung gestellten € 3,00 ein eigenes Entgelt der Bayerischen Hypo- und Vereinsbank AG in Höhe von € 7,50. Diese zusätzlichen € 10,50 kann B dann von A verlangen.

2.2.6 SEPA-Lastschrift

2.2.6.1 Rechtsgrundlagen

Neben der bundesdeutschen Lastschrift gibt es in der EU die SEPA-Lastschrift[186], um die EU-Länder auch im Zahlungsverkehr als Spiegelbild des Warenverkehrs näher zusammenrücken zu lassen. Die EU-Zahlungsdiensterichtlinie[187] schafft erstmals eine „Single Euro Payment Area (SEPA)“ mit einem einheitlichen europäischen Lastschriftverfahren. Diese EU-Richtlinie ist bis zum **31.10. 2009** in bundesdeutsches Recht umzusetzen. Die Anforderungen an die gesetzlichen Regelungen der Lastschrift ergeben sich in erster Linie aus Art. 54 der Richtlinie, der vorsieht, dass neben einer bisher nur möglichen vorherigen **auch** die **nachträgliche Autorisierung** einer Zahlung möglich ist. § 675j BGB-E enthält die entsprechende Autorisierungsregel. Die europäischen Bankenverbände haben bereits versucht, die Anforderungen an ein europäisches Lastschriftverfahren unabhängig von den nationalen gesetzlichen Regelungen umzusetzen und diese im „SEPA Direct Debit Scheme Rulebook“[188] des European Payments Council (EPC) niedergelegt. Damit verhindert das EPC, dass bei der nationalen Umsetzung der EU-Richtlinie wieder Unterschiede auftauchen, die eine einheitliche europaweite Abwicklung von Lastschriften verhindern würden.

2.2.6.2 Struktur der SEPA-Lastschrift

2.2.6.2.1 Ablauf des SEPA-Lastschriftverfahrens

Während es sich beim bundesdeutschen Lastschriftverfahren um ein „Sichtverfahren“ handelt, bei dem die Belastung mit Vorlage der Lastschrift erfolgt, gibt bei der SEPA-Lastschrift der Lastschrifteinreicher ein **konkretes Belastungs- und damit Fälligkeitsdatum** (**Due Date**, künftig abgekürzt mit **„D“**) vor. An diesem Tag hat die Belastung zu erfolgen, weshalb das Fälligkeitsdatum, das Settlement-Datum (zwischenbank-

---

[186] Vgl. dazu auch Rösler/Werner BKR 2009, 1, 5ff. und Werner in den einschlägigen Diskussionsforen.

[187] Richtlinie 2007/64/EG des Europäischen Parlaments und des Rates vom 13.11. 2007 über Zahlungsdienste im Binnenmarkt (Zahlungsdiensterichtlinie), ABl. EU Nr. L 319 S. 1 vom 5.12. 2007.

[188] Abrufbar unter www.ebaportal.info/_Download/2006-00397_Debit_Transfers.pdf.

liches Verrechnungsdatum im Clearingverfahren) und das Belastungsdatum identisch sein müssen.

Wie im derzeitigen Einziehungsermächtigungsverfahren wird der eigentliche Zahlungsvorgang vom Gläubiger angestoßen. Zunächst erteilt der Zahlungspflichtige dem Gläubiger ein **„Mandat"**, bei dem es sich um die Autorisierung zur Belastung des Schuldnerkontos mittels Lastschrift handelt. Der Gläubiger hat den Schuldner **zwei Wochen** vor dem Fälligkeitsdatum **(„D-14") zu unterrichten**, dass er dessen Konto belasten werde, wobei diese Erklärung auch in einer anderen Erklärung, also insbesondere in einer Rechnung enthalten sein darf. Damit der Zahlungspflichtige die Belastung zuordnen kann, muss die Lastschrift mit einer eindeutigen Identifizierung des Zahlungsempfängers versehen sein.

Das **Mandat** geht über die Einziehungsermächtigung hinaus, denn es **ermächtigt gleichzeitig** auch die Bank des Zahlungspflichtigen, dessen **Konto zu belasten**, sodass diese nicht mehr – wie bei der bundesdeutschen Lastschrift – das Konto des Zahlungspflichtigen zunächst ohne dessen Genehmigung belastet.[189] Das in papierhafter oder elektronischer Form zu erstellende Mandat wird in elektronische Datensätze überführt und an die Zahlstelle als Teil der Lastschrifteinreichung übermittelt.

Der Gläubiger hat bei Durchführung der Belastung mit einer SEPA-Lastschrift je nach Art des Geschäftsvorfalls verschiedene Fristen zu beachten:

- Zwei Wochen vor der Belastung des Kontos des Lastschriftschuldners muss der Lastschriftgläubiger diesem, sofern nichts Abweichendes vereinbart wurde, eine Vorabinformation übermitteln („D-14").
- Danach kann der Lastschriftgläubiger bei seiner Bank, der ersten Inkassostelle, die Lastschrift initiieren.
- Sofern es sich um eine **erste** oder **einmalige** Lastschrift handelt, muss sie mindestens fünf Tage vor der Belastung des Schuldners bei der ersten Inkassostelle eingereicht werden („D-5").
- Bei **wiederkehrenden** Lastschriften verkürzt sich diese Frist auf **zwei Tage** („D-2"). Allerdings muss der Einreicher – damit eine Unterscheidung überhaupt möglich wird – die Lastschrift entsprechend als einmalige, erstmalige oder wiederkehrende kennzeichnen.

Die erste Inkassostelle reicht danach die Lastschrift unter Nutzung des Clearing & Settlement Mechanismus an die bezogene Bank weiter. Dabei muss sichergestellt werden, dass die Lastschriftdateien für die Belastungsbuchung innerhalb der oben dargestellten Fristen von fünf oder zwei Tagen beim bezogenen Institut eingehen.

Innerhalb der Vorlauffristen kann das bezogene Institut versuchen, bei seinem Kunden eine Vorabgenehmigung einzuholen, also einen Verzicht auf die sogleich darzustellende Möglichkeit der Lastschriftrückgabe. Die Belastung erfolgt aber in jedem Fall an dem in der Lastschrift vorgegebenen Tag D. Das Regelwerk zu den SEPA-Lastschriften („SEPA Direct Debit Scheme Rulebook"[190]) sieht die Möglichkeit für Kunden vor, sein Konto gegen SEPA-Lastschriften sperren zu lassen.

---

[189] Vgl. zur vom BGH vertretenen Genehmigungstheorie oben Punkt 1.2.5.2.2.

[190] Abrufbar unter www.ebaportal.info/_Download/2006-00397_Debit_Transfers.pdf.

2.2.6.2.2 Lastschriftrückgabe

Die Rückgabe von Lastschriften ist aus verschiedenen Gründen möglich und wird über das SEPA-Rulebook („Exception Handling – Rückgabe der Lastschrift") abgewickelt:

- Technische Gründe,
- Mangelnde technische Fähigkeit des bezogenen Instituts, Lastschriften entgegen zu nehmen,
- Widerspruch des Lastschriftschuldners innerhalb von **acht Wochen**, ohne dass eine Angabe von Gründen erforderlich ist, auch wenn durch das „Mandat" seine Bank berechtigt worden ist, das Konto zu belasten (dem entsprechend § 675x Abs. 1, Abs. 2, Abs. 4 S. 1 und Abs. 5 BGB-E).
- Sofern der Lastschriftschuldner nachweisen kann, dass der **Einzug zu Unrecht** erfolgt ist, kann eine Belastung während eines Zeitraums von bis zu **13 Monaten** zurückgegeben werden (dem entsprechend § 676b Abs. 2 BGB-E).

Insgesamt sind sieben Rückgabeprozesse („R-Transaktionen") vorgesehen.

Vor der zwischenbanklichen Verrechnung als Nettoergebnis von ein- und ausgehenden Zahlungen („Settlement") gibt es folgende Rückgabeprozesse („Reject"):

- Technische Gründe,
- Rückruf durch den Lastschrifteinreicher („Revocation"), sofern der Rückruf vor der Annahme durch die erste Inkassostelle erfolgt,
- „Request for Cancellation", wenn der Rückruf durch die 1. Inkassostelle erfolgt, bevor die Lastschrift in den Clearing & Settlement Mechanismus überführt worden ist,
- Widerspruch des Lastschriftschuldners („Refusal").

Nach Settlement kommen folgende Rückgabegründe in Betracht:

- Rückgabe durch das bezogene Institut („Return"),
- Rückgabe der Lastschrift durch den Lastschriftschuldner nach Kontobelastung („Refund"), entsprechend dem derzeitigen Widerspruch,
- Rückgabe durch den Lastschrifteinreicher nach Akzeptanz durch die erste Inkassostelle („Reversal"), jedoch spätestens innerhalb von zwei Tagen nach Settlement, sofern die erste Inkassostelle ein Reversal-Verfahren anbietet, wozu sie nicht verpflichtet ist.

2.2.6.3 Umsetzung der SEPA-Lastschrift in deutsches Recht

Entsprechend Art. 54 Abs. 1, 2 und 4, Art. 55 Abs. 1 der EU-Zahlungsdiensterichtlinie[191] kann der Zahlungspflichtige nach § 675j Abs. 1 S. 1 BGB-E die Zahlung auch nachträglich **genehmigen**, sofern dies vereinbart wurde. Die Zustimmung kann er zudem stillschweigend und konkludent erklären (§ 675j Abs. 1 S. 2 BGB-E), je nachdem,

---

[191] Richtlinie 2007/64/EG des Europäischen Parlaments und des Rates vom 13.11. 2007 über Zahlungsdienste im Binnenmarkt (Zahlungsdiensterichtlinie), ABl. EU Nr. L 319 S. 1 vom 5.12. 2007.

was die Parteien vereinbart haben. Die Genehmigung hat – wie bei der „normalen" Lastschrift – zur Folge, dass eine Lastschriftrückgabe nicht mehr zulässig ist.

Aus § 675p Abs. 2 S. 1 BGB-E folgt, dass nach Gutschrift beim Zahlungsempfänger ein **Widerruf nur** noch **bis zum Ende des Geschäftstags vor dem vereinbarten Fälligkeitstag** zulässig ist. Auf das Einzugsermächtigungsverfahren ist die Vorschrift nicht anwendbar, da in der Erteilung einer Einziehungsermächtigung kein Zahlungsauftrag der zahlenden Schuldners an seinen Zahlungsdienstleister liegt. In diesem Fall ist der Widerruf nach wie vor erst mit Genehmigung der Belastung durch den Schuldner ausgeschlossen. Hat der Lastschriftschuldner die SEPA-Lastschrift dagegen nicht veranlasst, so kann er trotz der Widerrufsfrist nach § 675p Abs. 2 S. 1 BGB-E noch 13 Monate nach der Belastung Einwendungen und Ansprüche geltend machen (§ 676b Abs. 2 S. 1 BGB-E).

Hat der Zahlungspflichtige seine Autorisierung **ohne genaue Betragsangabe** erteilt und **übersteigt** der konkrete Zahlungsbetrag die **Erwartungen seines bisherigen Ausgabeverhaltens**, die Bedingungen seines Rahmenvertrages und die jeweiligen Umstände des Einzelfalls, so kommt ein Erstattungsanspruch nach § 675x BGB-E in Betracht, der gem. § 675x Abs. 4 BGB-E **acht Wochen** ab dem Zeitpunkt der Belastung ausgeschlossen ist. Erfasst wird davon in erster Linie – aber nicht nur – die Lastschriftabrede, die sich auf wiederholte regelmäßige Zahlungen bezieht. Für die Lastschrift gibt es dann die Besonderheit, dass Lastschriftschuldner und sein Zahlungsdienstleister einen weitergehenden Erstattungsanspruch gem. § 675x Abs. 2 BGB-E vereinbaren können, wovon in den zukünftigen Bedingungen über die Teilnahme am Lastschriftverkehr auch ausdrücklich Gebrauch gemacht werden soll. Deshalb sollen voraussichtlich die bisherigen Regelungen in Nr. 7 Abs. 3 AGB-Banken über die Genehmigung von Einziehungsermächtigungslastschriften in die Lastschriftbedingungen übertragen werden. Ein Erstattungsanspruch gem. § 675x Abs. 5 BGB-E ist aber ausgeschlossen, wenn der Zahlungspflichtige die Autorisierung durch ein SEPA-Mandat gegenüber seinem Zahlungsdienstleister erklärt hat.

2.2.6.4 Überführung der Einzugsermächtigung nach dem bundesdeutschen Lastschriftverfahren in ein SEPA-Mandat

Der **Gesetzgeber** hat es **abgelehnt**, die bisherige Einzugsermächtigung in ein SEPA-Mandat umzuwidmen. Da zwischen dem SEPA-Mandat und der Einzugsermächtigung erhebliche Unterschiede (insbesondere: Ermächtigung an den Zahlungsempfänger zum Einzug der Forderung **und** Weisung an den Zahlungsdienstleister, die SEPA-Lastschrift einzulösen; verschiedene Widerrufsfristen) bestehen, kann eine Einzugsermächtigung **nicht** in ein SEPA-Mandat **umgedeutet** werden. Unter diesen Bedingungen wird es ein langjähriges Nebeneinander von Lastschrift und SEPA-Lastschrift geben, da sich kaum ein Zahlungsempfänger die Mühe machen wird, für seine bisher mitunter mühsam erhaltenen Einzugsermächtigungen nunmehr ein SEPA-Mandat ausdrücklich zu vereinbaren.

2.3 ec-Karte[192]/Girokarte

2.3.1 Überblick

Über 93 Millionen ec-Karten[193] gibt es in der Bundesrepublik Deutschland. Die ec-Karte ist damit am weitesten verbreitet und wird mit großem Abstand am häufigsten genutzt. Wesentliche Funktionen der ec-Karte sind das **bargeldlose Bezahlen** und das **Abheben von Bargeld** am Geldautomaten unter dem Namen und Piktogramm von electronic cash.

Abbildung 2-3-1: Piktogramm „ec"

electronic cash ist das Debitkarten-System des Zentralen Kreditausschusses (ZKA), in dem alle kreditwirtschaftlichen Spitzenverbände Deutschlands, namentlich die Privatbanken, die Volks- und Raiffeisenbanken, die Sparkassen und die öffentlichen Banken, zusammengeschlossen sind. Im Wege der Schaffung eines einheitlichen europäischen Zahlungsverkehrsraumes (SEPA) soll das Piktogramm electronic cash nach einer Übergangsphase durch die ebenfalls schon auf der ec-Karte abgedruckten Zeichen „electronic cash Pin Pad" und/oder „girocard" ersetzt werden.

Abbildung 2-3-1: Piktogramm „girocard"

An den Funktionen der ec-Karte/Girokarte ändert sich dadurch nichts. Die internationale Funktionalität deutscher ec-Karten wird durch ein so genanntes Co-Branding mit Maestro sichergestellt. Diese ec-Karten sind an dem zusätzlichen Maestro-Logo auf der Karte zu erkennen. Der verfügte Geldbetrag wird bei der **ec-Karte** – im Gegensatz zur Kreditkarte – **sofort auf dem Konto belastet**. Die ec-Karte ist somit eine **Debitkarte** (lat. debitum = das [sofort] Geschuldete, die Schuld) und keine Kreditkarte. In der Gestaltung der ec-Karten sind die einzelnen Banken innerhalb der technischen Normen frei.

---

[192] Nach Abschaffung des eurocheque-Systems lautet die zutreffende Bezeichnung jetzt electronic cash-Karte, abgekürzt ec-Karte.

[193] Im Jahr 2005 gab es in der Bundesrepublik Deutschland über 91 Mio ec-Karten; entnommen aus der Statistik der Bank für gegenseitigen Zahlungsverkehr, abrufbar unter „www.bis.org/publ/cpss75p2.pdf", Tabelle 10, cards with a debit function.

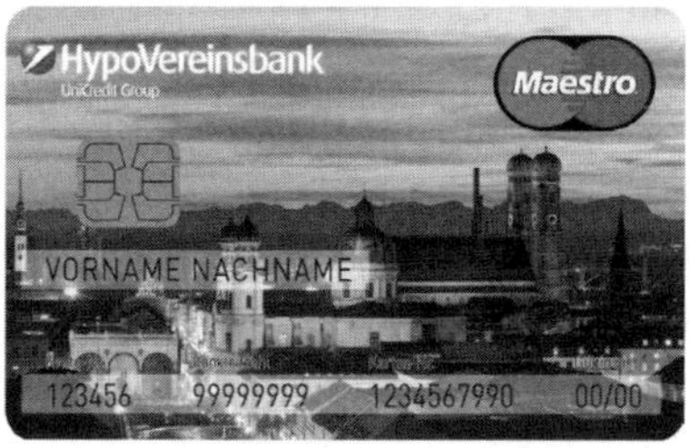

*Abbildung 2-3-1: ec-Karte**

2.3.2 Allgemeines

Die Rechtsnatur der ec-Karte[194] ist umstritten, hat aber für die Praxis keine Relevanz.[195] Um eine ec-Karte zu erhalten, muss der Bankkunde einen **ec-Karten-Service-Vertrag** mit den **Allgemeinen Geschäftsbedingungen für den ec-/Mestro-Service**[196] abschließen. Dieser ist ein entgeltlicher Geschäftsbesorgungsvertrag in Form eines auf die Geschäftsbesorgung gerichteten Dienstvertrages. In diesem Vertrag kann der **Verfügungsrahmen** (Tageslimit/Wochenlimit) für die ec-Karte vereinbart werden. Im Rahmen der **Geschäftsbesorgung** ist die kartenausgebende Bank nach §§ 670, 675 Abs. 1, 676h S. 1 BGB berechtigt, den **Ersatz ihrer Aufwendungen**, also die beim Einsatz der ec-Karte verauslagten Geldbeträge, zu **verlangen**.

Die ec-Karte ist personengebunden und kann **nur an natürliche Personen** ausgegeben werden. Bei Missbrauch kann die ausgebende Bank den ec-Karten-Service-Vertrag kündigen und die in ihrem Eigentum stehende ec-Karte zurück verlangen. Strafrechtlich ist die ec-Karte als Zahlungskarte durch § 152a StGB geschützt.

2.3.3 Sorgfaltspflichten

Der ec-Karteninhaber hat die in den Bedingungen für den ec-/Maestro-Service enthaltenen Sorgfaltspflichten und Obliegenheiten zu beachten.

2.3.3.1 Aufbewahrungspflicht

Die in Literatur und Rechtsprechung[197] allgemein anerkannte Geschäftsbedingung für die **sorgfältige Aufbewahrung** der Karte (Abschnitt II Nr. 6.2 der Bedingungen für den ec-/Maestro-Service[198]) lautet:

---

[194] Ausführlich zur ec-Karte: *Werner* in *Gößmann/Hellner/Schröter/Steuer/Weber (Hrsg.)*, Bankrecht und Bankpraxis, Stand 08.05, Rn. 6/1300 ff.

[195] *Werner* in *Gößmann/Hellner/Schröter/Steuer/Weber (Hrsg.)*, Bankrecht und Bankpraxis, Stand 08.05, Rn. 6/1311.

[196] Abgedruckt bei *Werner* in *Gößmann/Hellner/Schröter/Steuer/Weber (Hrsg.)*, Bankrecht und Bankpraxis, Stand 04.06, Rn. 6/1763a.

[197] *Werner* in *Gößmann/Hellner/Schröter/Steuer/Weber (Hrsg.)*, Bankrecht und Bankpraxis, Stand 08.05, Rn. 6/1391.

[198] Abgedruckt bei *Werner* in *Gößmann/Hellner/Schröter/Steuer/Weber (Hrsg.)*, Bankrecht und Bankpraxis, Stand 04.06, Rn. 6/1763a.

* Mit freundlicher Genehmigung der Bayerischen Hypo- und Vereinsbank AG.

> **„6.2. Sorgfältige Aufbewahrung der Karte**
>
> Die Karte ist mit besonderer Sorgfalt aufzubewahren, um zu verhindern, dass sie abhanden kommt oder missbräuchlich verwendet wird. Sie darf insbesondere nicht unbeaufsichtigt im Kraftfahrzeug aufbewahrt werden, da sie (z.B. im Rahmen des Maestro-Systems) missbräuchlich eingesetzt werden kann. Darüber hinaus kann jeder, der im Besitz der Karte ist, den in der GeldKarte gespeicherten Betrag verbrauchen."

Der Kunde ist also zu einer besonderen Sorgfalt bei der Aufbewahrung verpflichtet, um einen **unbefugten Zugriff Dritter zu vermeiden**. Die ec-Karte ist **an der – in der jeweiligen Einzelsituation – sichersten Stelle aufzubewahren**. Es ist also immer im Einzelfall zu prüfen, ob die ec-Karte an der sichersten Stelle war. Kann dies nicht bejaht werden, hat der ec-Karteninhaber die besondere Sorgfaltspflicht verletzt. Als Regelbeispiel ist in den Bedingungen die mit am häufigsten vorkommende Schadensursache genannt, die unbeaufsichtigte Aufbewahrung der Karte im Auto. Als weitere Beispiele für eine Sorgfaltspflichtverletzung können unverschlossene Aufbewahrung im zugänglichen Büro oder die offene (Hand-) Tasche beim Einkauf aufgezählt werden. Wegen der üblichen Nutzung kann aber nicht verlangt werden, dass die ec-Karte immer in einem Safe aufbewahrt werden muss, denn dann könnte sie im Zahlungsverkehr faktisch nicht eingesetzt werden. Der übliche Einsatz beim Einkauf oder im Urlaub zieht die Grenze zu einer übertriebenen Sorgfaltspflichtanforderung.

Die besonders sorgfältige Aufbewahrungspflicht ist kombiniert mit der Verpflichtung, die **ec-Karte und persönliche Geheimzahl (PIN) nicht zusammen aufzubewahren** (Abschnitt II Nr. 6.3 der Bedingungen für den ec-/Maestro-Service[199]). Nur wenn der Täter die Karte und zudem die persönliche Geheimzahl hat, kann er die ec-Karte am Geldautomaten oder an der Kasse/amPoint of Sale (POS) nutzen. Genau dies soll aber verhindert werden.

> **„6.3 Geheimhaltung der persönlichen Geheimzahl (PIN)**
>
> Der Karteninhaber hat dafür Sorge zu tragen, dass keine andere Person Kenntnis von der persönlichen Geheimzahl erlangt. Die Geheimzahl darf insbesondere nicht auf der Karte vermerkt oder in anderer Weise zusammen mit dieser aufbewahrt werden. Denn jede Person, die die persönliche Geheimzahl kennt und in den Besitz der Karte kommt, hat die Möglichkeit, zulasten des auf der Karte angegebenen Kontos Verfügungen zu tätigen (zum Beispiel Geld am Geldautomaten abzuheben)."

Wegen des Verbotes der gemeinsamen Aufbewahrung stellt die Aufbewahrung der ec-Karte und der PIN in der Brieftasche, in der Handtasche oder in einer Schublade zu Hause eine **grob fahrlässige Pflichtverletzung** dar. Dann nützt auch die Tarnung einer PIN als Telefonnummer nichts, da auch ein Täter dies leicht durchschaut.

Im **neuen Recht** regelt § 675l S. 1 BGB-E bereits gesetzlich den **besonders sorgfältigen Umgang mit der PIN**. Danach ist der ec-Karteninhaber verpflichtet, unmittelbar

---

[199] Abgedruckt bei *Werner* in *Gößmann/Hellner/Schröter/Steuer/Weber (Hrsg.)*, Bankrecht und Bankpraxis, Stand 04.06, Rn. 6/1763a.

nach Erhalt des Zahlungsauthentifizierungsinstruments alle zumutbaren Vorkehrungen zu treffen, um die personalisierten Sicherheitsmerkmale vor unbefugtem Zugriff zu schützen. Eines der personalisierten Sicherheitsmerkmale ist neben der TAN oder dem Passwort die PIN.

2.3.3.2 Anzeigepflicht

Bei einem Verlust der Karte oder bei missbräuchlichen Verfügungen hat der ec-Karteninhaber **Unterrichtungs- und Anzeigepflichten** nach Nr. 6.4 der Bedingungen für den ec-/Maestro-Service[200], um zu verhindern, dass ein weiterer Schaden entsteht:

> **„6.4 Unterrichtungs- und Anzeigepflichten**
>
> Stellt der Karteninhaber den Verlust seiner Karte oder missbräuchliche Verfügungen mit seiner Karte fest, so ist die Bank, und zwar möglichst die kontoführende Stelle, unverzüglich zu benachrichtigen. Den Verlust der Karte kann der Karteninhaber auch gegenüber dem Zentralen Sperrannahmedienst anzeigen. In diesem Fall ist eine Kartensperre nur möglich, wenn der Name der Bank – möglichst mit Bankleitzahl – und die Kontonummer angegeben werden. Der Zentrale Sperrannahmedienst sperrt alle für das betreffende Konto ausgegebenen Karten für eine weitere Nutzung an Geldautomaten und automatisierten Kassen. Eine Sperrung von unternehmensbezogenen Zusatzanwendungen kommt nur gegenüber dem Unternehmen in Betracht, das die Zusatzanwendung in den Chip der Karte eingespeichert hat und ist nur dann möglich, wenn das Unternehmen die Möglichkeit zur Sperrung einer Zusatzanwendung vorsieht. Zur Beschränkung der Sperre auf die abhanden gekommene Karte muss sich der Kontoinhaber mit seiner Bank, möglichst mit der kontoführenden Stelle, in Verbindung setzen.
>
> Wird die Karte missbräuchlich verwendet, ist unverzüglich Anzeige bei der Polizei zu erstatten."

Bei missbräuchlicher Verwendung ist also zusätzlich unverzüglich eine **Anzeige bei der Polizei** zu erstatten. Damit sollen falsche Verlustmeldungen vermieden und die Strafverfolgungsbehörden die Möglichkeit haben, diese Kriminalität wirksam zu verfolgen. Ein Verlust oder sonstiges Abhandenkommen führt noch nicht zu einer Anzeigenverpflichtung, da dies noch nicht zwingend zu einem Schaden führen muss, insbesondere dann, wenn die Karte nur derzeit unauffindbar verlegt wurde. Spätestens dann, wenn der ec-Karteninhaber vom Missbrauch durch eine Buchung auf seinem Konto Kenntnis erhält, entsteht die Verpflichtung zur Anzeige. Mit der Anzeigepflicht bei der Polizei soll auch ein tatsächlicher oder angeblicher Missbrauch durch Familienangehörige vermieden werden.

Kommt der ec-Karteninhaber seiner Anzeigeerstattungspflicht nicht nach, so ist die Bank berechtigt, die Erstattung des durch den angeblichen oder tatsächlichen Missbrauch entstandenen Schadens zu verweigern, da dadurch für die Bank die Aufklärung des Missbrauchs und die daraus folgende Geltendmachung von Erstattungsansprüchen

---

[200] Abgedruckt bei *Werner* in *Gößmann/Hellner/Schröter/Steuer/Weber (Hrsg.)*, Bankrecht und Bankpraxis, Stand 04.06, Rn. 6/1763a.

erschwert würde. Hinsichtlich der Anzeigeverpflichtung ist der ec-Karteninhaber vorleistungspflichtig, er kann also von der Bank erst Schadensausgleich verlangen, wenn die Anzeige vor der Polizei erstattet wurde.

Auch nach dem **neuen Recht** (§ 675l S. 2 BGB-E) ist der ec-Karteninhaber verpflichtet, dem Zahlungsdienstleister oder einer von ihm benannten Stelle den Verlust, den Diebstahl, die missbräuchliche Verwendung oder die sonstige nicht autorisierte Nutzung eines Zahlungsauthentifizierungsinstruments **unverzüglich anzuzeigen**, nachdem er hiervon Kenntnis erlangt hat. Daneben kann der Zahlungsdienstleister seinem Kunden im Rahmen der §§ 305 ff BGB und §§ 675c ff BGB-E weitere Pflichten auferlegen, insbesondere den Kunden verpflichten, vor der Polizei Anzeige zu erstatten.

2.3.4 Haftung für Schäden

Die Haftung für Schäden ist in Abschnitt III Nr. 1.4 der Bedingungen für den ec-/Maestro-Service[201] geregelt:

> **„1.4 Haftung für Schäden durch missbräuchliche Verwendung der Karte an Geld-automaten und automatisierten Kassen**
> Die Bank haftet für die Erfüllung ihrer Verpflichtungen aus dem Kartenvertrag.
>
> Sobald der Bank oder dem Zentralen Sperrannahmedienst der Verlust der Karte angezeigt wurde, übernimmt die Bank alle danach durch Verfügungen an Geldautomaten und automatisierten Kassen entstehenden Schäden.
>
> Sie übernimmt auch die bis zum Eingang der Verlustanzeige entstehenden Schäden, wenn der Karteninhaber die ihm nach diesen Bedingungen obliegenden Pflichten erfüllt hat.[202]
>
> Hat der Karteninhaber durch ein schuldhaftes Verhalten zur Entstehung des Schadens beigetragen, bestimmt sich nach den Grundsätzen des Mitverschuldens, in welchem Umfang Bank und Kontoinhaber den Schaden zu tragen haben.
>
> Hat der Karteninhaber seine Pflichten lediglich leicht fahrlässig verletzt, so stellt die Bank den Kontoinhaber von seiner Verpflichtung, einen Teil des Schadens zu übernehmen, in jedem Fall in Höhe von 90% des Gesamtschadens frei.
>
> Hat die Bank ihre Verpflichtungen erfüllt und der Karteninhaber seine Pflichten grob fahrlässig verletzt, trägt der Kontoinhaber den entstandenen Schaden in vollem Umfang. Grobe Fahrlässigkeit des Karteninhabers kann insbesondere dann vorliegen, wenn

---

[201] Abgedruckt bei *Werner* in *Gößmann/Hellner/Schröter/Steuer/Weber (Hrsg.)*, Bankrecht und Bankpraxis, Stand 04.06, Rn. 6/1763a.

[202] Im Gegensatz hierzu bestimmen die Bedingungen für den ec-/Maestro-Service der Sparkassen, abgedruckt bei *Werner* in *Gößmann/Hellner/Schröter/Steuer/Weber (Hrsg.)*, Bankrecht und Bankpraxis, Stand 04.06, Rn. 6/1815: *„Die Sparkasse/Landesbank übernimmt auch die vom Kontoinhaber zu tragenden Schäden, die vor der Verlustanzeige entstanden sind, sofern der Karteninhaber keine Sorgfalts- und Mitwirkungspflichten (vgl. Abschnitt II, Nr. 6.2, 6.3, 6.4 grob fahrlässig verletzt hat.“.*

- er den Kartenverlust der Bank oder dem zentralen Sperrannahmedienst schuldhaft nicht unverzüglich mitgeteilt hat,
- die persönliche Geheimzahl auf der Karte vermerkt oder zusammen mit der Karte verwahrt war (zum Beispiel im Originalbrief, in dem sie dem Karteninhaber mitgeteilt wurde),
- die persönliche Geheimzahl einer anderen Person mitgeteilt und der Missbrauch dadurch verursacht wurde.

Die Haftung für Schäden, die innerhalb des Zeitraums, für den der Verfügungsrahmen gilt, verursacht werden, beschränkt sich jeweils auf den mitgeteilten Verfügungsrahmen."

Erfüllt der Kunde seine Verpflichtungen aus dem ec-Karten-Service-Vertrag, so übernimmt bei garantierten Zahlungen, also allen Zahlungen unter Verwendung der PIN, die kartenausgebende Bank die Haftung für alle auf den Missbrauch zurückzuführenden Schäden. Im Falle des kundenseitigen **Mitverschuldens** richtet sich die Schadensverteilung nach den Grundsätzen des § 254 BGB, wobei in Abweichung vom gesetzlichen Leitbild bei **leicht fahrlässigem Verhalten** die Bank in jedem Fall 90% übernimmt, der Kunde also nicht mehr als 10% des entstandenen Schadens zu tragen hat, und zwar unabhängig davon, ob er aufgrund seines Mitverschuldens mit einer höheren oder niedrigeren Quote zu beteiligen wäre. Handelt der **Kunde grob fahrlässig** und hat das kartenemittierende Institut seine Verpflichtungen erfüllt, trägt der Kontoinhaber den eingetretenen Schaden **alleine**. Ansatzweise ist versucht worden, in den ec-Bedingungen den Sorgfaltsmaßstab sowie die Fälle des Mitverschuldens zu regeln. **Grobe Fahrlässigkeit** liegt vor, wenn die im Verkehr erforderliche Sorgfalt in ungewöhnlich hohem Maße verletzt wurde, wenn also ganz naheliegende Überlegungen nicht angestellt oder beiseite geschoben wurden und somit dasjenige unbeachtet geblieben ist, was sich im gegebenen Fall jedem aufgedrängt hätte. Jedenfalls grob fahrlässig sind die in Abschnitt III Nr. 1.4 aufgeführten Regelbeispiele, die Nichtanzeige des Kartenverlusts, das Vermerken der PIN auf der Karte oder die gemeinsame Aufbewahrung mit ihr sowie die Mitteilung oder Zugänglichmachung der Geheimzahl an einen Dritten. Da die Bedingungen für den ec-/Maestro-Service Allgemeine Geschäftsbedingungen sind, müssen die darin enthaltenen Haftungsregelungen das dem BGB zu Grunde liegende Verschuldensprinzip beachten, was hier erfüllt ist.

Nach Abschnitt III Nr. 1.4 der ec-Bedingungen der Sparkassen gibt es keine Sonderregelungen für leichte Fahrlässigkeit. Die Sparkasse übernimmt alle aufgrund leichter Fahrlässigkeit vor der Verlustanzeige entstandenen Schäden.

2.3.5 Aufwendungsersatzanspruch

Nach Abschnitt II Nr. 2 Abs. 2 der Bedingungen für den ec-/Maestro-Service, §§ 670, 675 Abs. 1, 676h S. 1 BGB hat die Bank einen **Aufwendungsersatzanspruch** gegen den Kunden, wenn sie die Erstattung des am Geldautomaten oder an einer automatischen Kasse abverfügten Geldbetrages verlangt. Die kartenausgebende Bank trägt dem Kunden gegenüber die **Beweislast** dafür, dass er den Betrag erhalten hat. Aufgrund der hohen Sicherheitsvorkehrungen gilt jedoch zugunsten der Bank der **Anscheinsbeweis**, dass es zur Abhebung gekommen ist, wenn sie darlegen kann, dass die Verfügung an einem Geldautomaten oder einer automatisierten Kasse mit der ec-Karte des Kunden unter Einsatz der PIN erfolgt ist. Es ist dann **Sache des Kunden,** einen Sachverhalt darzulegen und zu beweisen, der den Anschein einer ordnungsgemäßen Verfügung erschüttert.

Bei Verwendung einer entwendeten ec-Karte unter Einsatz der richtigen Geheimzahl müssen nach der Entscheidung des Bundesgerichtshofs vom 5.10. 2004[203] unter Verweis auf den Beweis des ersten Anscheins die beiden sicherheitsrelevanten Medien, die ec-Karte und die Geheimzahl, vertragswidrig zusammen aufbewahrt worden sein. Auch unter größtmöglichem finanziellen und technischen Aufwand ist es **nicht möglich, mathematisch die Geheimzahl** aus den in den Karten enthaltenen Daten ohne den zur Verschlüsselung erforderlichen Institutsschlüssel **zu ermitteln**. Damit ist die technische Sicherheit die entscheidende Voraussetzung für die Anwendung der Grundsätze zum Anscheinsbeweis. Die technischen Innovationen im Computerbereich gefährden diese grundlegende Voraussetzung. Deshalb sind die Sicherheitssysteme ständig weiterzuentwickeln, um auszuschließen, dass es mit einem vernünftigen finanziellen oder technischen Aufwand möglich wird, diese zu überwinden. Das theoretisch mögliche „Ausspähen" der Geheimzahl oder abstrakt behauptete Attacken von Bankmitarbeitern insbesondere in Rechenzentren hat der BGH nicht zur Erschütterung des Anscheinsbeweises ausreichen lassen, sondern konkrete Anhaltspunkte für ihr Vorliegen im Einzelfall gefordert. In einem Gerichtsverfahren ist der Vortrag theoretischer Möglichkeiten, die Systemsicherheit zu überwinden, nicht ausreichend. Es sind **konkrete Anhaltspunkte** darzulegen, dass eine entsprechende Angriffsmöglichkeit aus tatsächlichen Gründen in Betracht gezogen werden muss. Beim Ausspähen muss der Täter in einem nahen zeitlichen oder räumlichen Zusammenhang mit dem letzten Einsatz der ec-Karte an einem Geldautomaten oder einem electronic-cash-Terminal die Karte an sich bringen und sofort die ec-Karte nutzen, um einer ec-Kartensperre zuvorzukommen. Ansonsten kommt nur eine dem Karteninhaber nahe stehende Person in Betracht, die nach dem Ausspähen die Karte an sich nimmt und missbräuchlich verwendet. Darauf haben sich dann die polizeilichen Ermittlungen zu richten.

Um es dem Karteninhaber zu ermöglichen, Stellung zu den von ihm angenommenen Sicherheitslücken nehmen zu können, hat der Bundesgerichtshof[204] unter Verweis auf die Erklärungspflicht gemäß § 138 Abs. 2 ZPO die Verpflichtung des kartenausgebenden Kreditinstituts begründet, die getroffenen Sicherheitsvorkehrungen in „zumutbarem Umfange" darzulegen, ohne mit einer Schwachstellenanalyse Kriminellen auch Anhaltspunkte für einen Angriff auf das System zu geben.

Derzeit errechnet sich die vierstellige Geheimzahl für jeden Verbandsbereich und für jeden Kunden gesondert im so genannten DES-Verfahren. Der Ausdruck der Geheimzahl erfolgt in einem Hochsicherheitsbereich auf einem besonders gesicherten, undurchsichtigen PIN-Brief, den niemand ohne erkennbare Beschädigung öffnen kann. Namhafte Banken ermöglichen es dem Kunden, die Geheimzahl individuell abzuändern.

---

203 BGH, Urteil vom 5.10. 2004 – XI ZR 210/03, BKR 2004, 493 = WM 2004, 2309 = NJW 2004, 3623 = ZIP 2004, 2226.

204 BGH, Urteil vom 5.10. 2004 – XI ZR 210/03, BKR 2004, 493 = WM 2004, 2309 = NJW 2004, 3623 = ZIP 2004, 2226.

Damit sind alle theoretisch in Betracht kommenden Sachverhaltskonstellationen zur Ermittlung der PIN auszuschließen. Da nach Ansicht des BGH zudem die Anforderungen an den Verbraucher hinsichtlich der von ihm einzuhaltenden Sorgfaltspflichten zumutbar sind, ist der **Anscheinsbeweis** geeignet, die Annahme eines bestimmten Verhaltens des Karteninhabers zu begründen, das eine bestimmte Verschuldensform belegt. Der **zeitnahe Einsatz** der Karte nach dem Abhandenkommen **unter Verwendung der richtigen PIN** begründet die Annahme, dass der Karteninhaber die Geheimzahl zusammen mit der Karte aufbewahrt oder auf dieser notiert hat. Dieser prima facie angenommene Sachverhalt belegt ein grob fahrlässiges Verhalten des Karteninhabers. Die Bank hat nach Abschnitt II Nr. 2 Abs. 2 der Bedingungen für den ec-/Maestro-Service, §§ 670, 675 Abs. 1, 676h S. 1 BGB einen Aufwendungsersatzanspruch gegen den Kunden.

2.3.6 Haftung nach neuem Recht

2.3.6.1 Überblick

Nunmehr sind die Pflichten des Karteninhabers in § 675l BGB-E und die Pflichten des Zahlungsdienstleisters (insbesondere die Pflichten bei der Versendung) in § 675m BGB-E gesetzlich geregelt. Nach § 675c BGB-E, § 670 BGB und im Umkehrschluss aus § 675u BGB-E hat der Zahlungsdienstleister nur einen **Anspruch auf Erstattung seiner Aufwendungen**, wenn eine durch den Zahlungsdienstnutzer **autorisierte Zahlung** vorliegt. Liegt dagegen eine nicht autorisierte Zahlung, insbesondere eine unbefugt durch einen Dritten veranlasste Zahlung vor, hat grundsätzlich der Zahlungsdienstleister dem Zahler den Zahlungsbetrag nach § 675 BGB-E zu erstatten, sofern der Zahler dadurch belastet wurde. Allerdings kann der Zahlungsdienstleister einen Schadensersatzanspruch gegen den Zahlungsdienstnutzer haben, der **verschuldensunabhängig** in der Höhe auf **€ 150,00** begrenzt ist (§ 675v Abs. 1 BGB-E) und bei vorsätzlicher oder grob fahrlässiger Verletzung der vertraglichen oder gesetzlichen Pflichten (§ 675l BGB-E) den gesamten Schaden umfasst (§ 675v Abs. 2 BGB-E). Dies **entspricht** bis auf den verschuldensunabhängigen Anspruch in Höhe vom € 150,00 der **bisherigen Rechtslage**[205].

2.3.6.2 Ohne Autorisierung keine Kontobelastung (§ 675u BGB-E)

Ohne autorisierte Zahlung hat der Zahlungsdienstleister keinen Aufwendungsersatzanspruch gegen seinen Kunden. § 675u BGB-E gibt eine Selbstverständlichkeit deklaratorisch wieder. Wurde das Konto des Zahlers dennoch belastet, hat dieser gegen seinen Zahlungsdienstleister jetzt einen in § 675u BGB-E normierten Erstattungsanspruch. Bei kontobezogenen Zahlungen führt der Erstattungsanspruch zur Kontoberichtigung.[206] Die Regelung des § 675u BGB-E ist abschließend. Ansprüche des Zahlungsdienstnutzers, die auf dieselben Rechtsfolgen gerichtet sind, wie etwas aus ungerechtfertigter Bereicherung, bestehen daneben nicht (§ 675z S. 1 BGB-E).

---

205 Weiterführend Rösler/Werner, BKR 2009, 1, 9

206 Zur Kontoberichtigung siehe oben Punkt 1.1.2.1.3.

2.3.6.3 Haftung des Bankkunden (§ 675v BGB-E)

Um für den Bankkunden einen **Anreiz** zu geben, Verlust, Diebstahl oder missbräuchliche Verwendung der ec-Karte **zu verhindern** oder durch eine sofortige Anzeige so schnell wie möglich das Risiko nicht autorisierter Zahlungen **zu verringern**, haftet der Zahler trotz fehlender Autorisierung auch ohne Verschulden bei Verlust und Diebstahl bis zu einem Schadensbetrag in Höhe von € 150,00 (§ 675v Abs. 1, S. 1 BGB-E). Bei einer sonstigen missbräuchlichen Verwendung, also bei einem Missbrauch ohne Verlust oder Diebstahl der ec-Karte, trifft den Bankkunden eine Haftung nur, wenn er seiner Sorgfaltspflicht, das Zahlungsauthentifizierungsinstrument sicher aufzubewahren nicht nachgekommen ist (§ 675v Abs. 1, S. 2 BGB-E). Es kommt hier also im Gegensatz zu Verlust und Diebstahl ein Verschuldenselement hinzu. Nach der Verlust- oder Missbrauchsanzeige ist der Zahler nicht mehr zum Schadensersatz verpflichtet (§ 675v Abs. 3 BGB-E).

Dagegen ist der Zahler zum Ersatz des gesamten Schadens nach § 675v Abs. 2, Var. 1 BGB-E verpflichtet, wenn er den nicht autorisierten Zahlungsvorgang in **betrügerischer Absicht** ermöglicht. Nach § 675v Abs. 2, Var. 2 BGB-E muss der Bankkunde ebenfalls für den gesamten Schaden aufkommen, wenn er vorsätzlich oder grob fahrlässig zumindest eine Pflicht nach § 675l BGB-E (insbesondere die sorgfältige Aufbewahrung) oder eine vertraglich vereinbarte Bedingung verletzt hat.

Auch im neuen Recht ist der Nachweis der **Authentifizierung** in § 675w BGB-E von entscheidender Bedeutung. Dieser weist große Ähnlichkeiten mit dem von der Rechtsprechung entwickelten Anscheinsbeweis beim Einsatz elektronischer Zahlungsverfahren auf.[207] Nach § 675w S. 1 BGB-E hat der Zahlungsdienstleister nachzuweisen, dass eine **Authentifizierung erfolgt** ist und der **Zahlungsvorgang technisch einwandfrei abgelaufen** ist. Authentifizierung ist nach der Legaldefinition von § 675w S. 2 BGB-E die formalisierte Überprüfung, ob die für die Ausführung des Zahlungsvorgangs vereinbarten Besitz- und Wissenskomponenten, also Besitz der ec-Karte und Eingabe der richtigen PIN, vorgelegen haben. Der Nachweis dieser Überprüfung soll **widerlegbar** sein, um entweder die fehlende Autorisierung des Zahlungsvorgangs, eine Sorgfaltspflichtverletzung oder ein betrügerisches Handeln des Zahlungsdienstnutzers nachzuweisen. § 675w S. 3 BGB-E soll verhindern, dass ohne Ansehung des Einzelfalls allein die Aufzeichnung über den Einsatz der ec-Karte mit der PIN ausreicht, um den Aufwendungsersatzanspruch oder einen Schadensersatzanspruch für den Zahlungsdienstleister zu begründen. Ebenso wie bei der Entscheidung des Bundesgerichtshofs zum Anscheinsbeweis[208] soll der Zahlungsdienstnutzer die **Möglichkeit** haben, mit einem substantiierten und glaubhaften Vorgang über den Geschehensablauf darzulegen, dass ein Diebstahl oder eine missbräuchliche Verwendung der ec-Karte vorgelegen hat und wie der Dritte Zugang zu den personalisierten Sicherheitsmerkmalen bekommen haben kann. Die Einzelfallwürdigung, ob die Voraussetzungen für einen Anscheinsbeweis vorliegen und ob gegebenenfalls der Vortrag des ec-Karteninhabers den Anschein einer Autorisierung oder Sorgfaltspflichtverletzung erschüttert, obliegt dann dem zuständigen Gericht.[209]

---

[207] Rösler/Werner, BKR 2009, 1, 9

[208] BGH, Urteil vom 5.10. 2004 – XI ZR 210/03, BKR 2004, 493 = WM 2004, 2309 = NJW 2004, 3623, ZIP 2004, 2226.

[209] BT-Drucks. 16/11643, S. 184

Die neue Gesetzeslage spiegelt die bisherigen höchstrichterliche Entscheidungslage für ec-Kartenmissbräuche mittels Eingabe einer PIN wieder und bringt **keine grundlegende Änderung** mit sich.[210]

2.3.7 Funktionen der ec-Karte

2.3.7.1 Abheben von Geld am Geldausgabeautomaten

In der Bundesrepublik Deutschland gibt es über 53 000 Geldautomaten unter dem Namen und Piktogramm von electronic cash, an denen der ec-Karteninhaber nach Eingabe seiner Geheimzahl Geld abheben kann. Dieses **Auszahlungsverlangen** ist eine **girovertragliche Weisung** (§§ 665 S. 1, 675 Abs. 1, 676f BGB).[211] Bei einem Guthaben auf dem mit der ec-Karte angesprochenen Konto macht der Kunde durch das Auszahlungsverlangen seinen girovertraglichen Anspruch aus der Gutschrift[212] geltend. Hat das Konto einen Kontokorrentrahmen, kann der Kunde auch ein Darlehen abrufen (§ 488 Abs. 1 S. 1 BGB). Mit der Ausgabe des verlangten Geldbetrages erfolgt die Erfüllung. Verlangt der ec-Karteninhaber die Auszahlung bei einer anderen Bank, so hat diese einen Aufwendungsersatzanspruch (§§ 670, 675 Abs. 1 BGB) gegen die kontoführende und kartenausgebende Bank.

2.3.7.2 Bezahlen an automatisierten Kassen/POS

Beispiel: Unser Bierfreund aus Altötting (A) hat „a paar Maß'n" Andechser Doppelbock Dunkel im Klostergasthof Andechs getrunken, aber kein (Bar-) Geld dabei. Er steckt seine ec-Karte in die automatisierte Kasse, gibt seine Geheimzahl (PIN) ein, an die er sich noch erinnern kann, und bestätigt den zu zahlenden Betrag mit einem Tastendruck.

2.3.7.2.1 Verfahrensablauf

An automatisierten Kassen mit dem Namen und Piktogramm von electronic cash kann der Kunde mit der ec-Karte **unter Eingabe seiner Geheimzahl (PIN)** bargeldlos bezahlen (POS = Point of Sale). Diese Daten gibt die automatisierte Kasse (POS-Terminal) über den Rechner des Netzbetreibers an den Autorisierungsrechner der kartenausgebenden Bank weiter. Die **kartenausgebende Bank prüft** dann online mit ihrem Autorisierungsrechner, ob der Verfügungsrahmen eingehalten und eine Kartensperre vorliegt. Ist alles in Ordnung, wird die Zahlung freigegeben. Dieser gesamte Autorisierungsvorgang erfolgt in wenigen Sekunden. Mit der Autorisierung belastet die kartenausgebende Bank das entsprechende Konto des ec-Karteninhabers. Durch das sogenannte Clearing (direkt durch Datenfernübertragung oder über die Bank des Gläubigers im Wege des Lastschriftverfahrens) **erstattet** die kartenausgebende Bank dem Gläubiger den an der automatisierten Kasse ausgewiesenen Geldbetrag aufgrund einer **Garantieverpflichtung** und trägt somit das wirtschaftliche Risiko. Die kartenaus-

---

[210] BT-Drucks. 16/11643, S. 185

[211] Siehe oben Punkt 1.1.1.2.

[212] Siehe oben Punkt 1.1.2.1.3.

gebende Bank muss jetzt zusehen, ob sie ihrerseits das Geld von ihrem Kunden wieder zurückbekommt, was auch zutreffend ist, da sie den entsprechenden Geldbetrag geprüft und dann autorisiert hat. Die europäischen Banken organisieren unter dem Namen und Piktogramm von Maestro ein europäisches POS-Verfahren. Zugangsmedien zu den POS-Systemen sind neben der ec-Karte auch Kreditkarten.

Die **Rechtsgrundlage** für das deutsche POS-Verfahren ist die von den Spitzenverbänden der deutschen Kreditwirtschaft abgeschlossene „Vereinbarung über ein institutsübergreifendes System zur bargeldlosen Zahlung an automatisierten Kassen (electronic-cash-System)".[213] Neben der Absprache, ein institutsübergreifendes System zur bargeldlosen Zahlung an automatisierten Kassen mit den dazugehörenden technisch-organisatorischen Einzelheiten aufzubauen und zu betreiben, enthält diese Vereinbarung die Verpflichtung, mit den einzelnen Systembeteiligten die entsprechenden Regelwerke zu vereinbaren. Für die Betreiber der automatisierten ec-Kassen gelten die „Händlerbedingungen – Bedingungen für die Teilnahme am electronic-cash-System der deutschen Kreditwirtschaft"[214], für die Netzbetreiber der „Netzbetreibervertrag – Vertrag über die Zulassung als Netzbetreiber im electronic-cash-System der deutschen Kreditwirtschaft"[215] und für die ec-Karteninhaber die „Bedingungen für den ec-/Maestro-Service"[216].

2.3.7.2.2 *Rechtsverhältnis zwischen Bank und Zahlungsgläubiger*

In Nr. 5 der „Händlerbedingungen – Bedingungen für die Teilnahme am electronic-cash-System der deutschen Kreditwirtschaft"[217] geben die kartenausgebenden Institute **mit** der Nachricht über die positive **Autorisierung** die **Erklärung** ab, die Forderung in Höhe des am POS-Terminals autorisierten Betrages zu **begleichen**, sofern der Umsatz innerhalb von **acht Tagen** einem Inkassoinstitut in Deutschland zum Einzug eingereicht wird. Maestro-Umsätze müssen bei den kartenausgebenden Instituten im Ausland innerhalb von zwölf Tagen vorliegen. Die Nachricht über die positive Autorisierung ist eine selbständige **Garantieerklärung** der kartenausgebenden Bank. Es handelt sich hierbei um ein **abstraktes Schuldversprechen** nach § 780 S. 1 BGB. Wegen § 350 HGB findet das **Schriftformerfordernis** des § 780 S. 1 BGB für die Banken **keine Anwendung**. Als Ersatz für die Bargeldzahlung erfüllt die kartenausgebende Bank primär den Zahlungsanspruch des Gläubigers gegenüber dem ec-Karteninhaber. Mit der Bezahlung an den Gläubiger entsteht unmittelbar für die kartenausgebende Bank ein Aufwendungsersatzanspruch nach §§ 670, 675 Abs. 1, 676f BGB gegenüber dem Karteninhaber. Da das POS-System die Barzahlung ersetzen soll, sind

---

[213] Abgedruckt bei *Werner* in *Göβmann/Hellner/Schröter/Steuer/Weber (Hrsg.)*, Bankrecht und Bankpraxis, Stand 04.06, Rn. 6/1526 ff.

[214] Abgedruckt bei *Werner* in *Göβmann/Hellner/Schröter/Steuer/Weber (Hrsg.)*, Bankrecht und Bankpraxis, Stand 04.06, Rn. 6/1566 ff.

[215] Abgedruckt bei *Werner* in *Göβmann/Hellner/Schröter/Steuer/Weber (Hrsg.)*, Bankrecht und Bankpraxis, Stand 04.06, Rn. 6/1544 ff.

[216] Abgedruckt bei *Werner* in *Göβmann/Hellner/Schröter/Steuer/Weber (Hrsg.)*, Bankrecht und Bankpraxis, Stand 04.06, Rn. 6/1763a ff.

[217] Abgedruckt bei *Werner* in *Göβmann/Hellner/Schröter/Steuer/Weber (Hrsg.)*, Bankrecht und Bankpraxis, Stand 04.06, Rn. 6/1566 ff.

in den Händlerbedingungen keine Rückbelastungsvorbehalte geregelt. Vertragsstörungen sind deshalb ausschließlich im Verhältnis zwischen Gläubiger und Karteninhaber abzuwickeln.

Der am POS-System beteiligte Gläubiger muss die Zahlung des ec-Karteninhabers zu Barzahlungspreisen und -bedingungen annehmen. Der ec-Karteninhaber hat einen unmittelbaren **drittbegünstigenden Anspruch** (Nr. 2, S. 1 Händlerbedingungen, § 328 BGB), ohne Aufschlag mit der ec-Karte zu bezahlen. Verlangt der Händler einen höheren Preis als bei Barzahlung, so kann der ec-Karteninhaber die Differenz nach § 812 Abs. 1 S. 1, 1.Var. zurückverlangen.

Bis zu einem Umsatz von € 25,56 zahlt der Gläubiger über den Netzbetreiber an die kartenausgebenden Banken ein Entgelt in Höhe von € 0,08 und bei einem Umsatz von über € 25,56 ein Entgelt in Höhe von 0,3% des Umsatzes. Bei einer Umsatzrendite[218] von ca. 3% im deutschen Einzelhandel[219], ist dies immerhin ein Zehntel der Rendite.

> **Beispiel:** Unser Bierfreund aus Altötting (A) zahlt für seine fünf Maß Andechser Doppelbock Dunkel € 28,00. Dem Klostergasthof Andechs bleiben nach Abzug des Entgelts nur € 27,92, da es bei Zahlung mit ec-Karte keinen Aufschlag geben darf.

Hier **ändert** sich zum 31.10. 2009 die **Rechtslage**. In Zukunft darf der Zahlungsempfänger von seinem Kunden ein zusätzliches Entgelt verlangen, wenn er ein bestimmtes Zahlungsauthenifizierungsinstrument (definiert in § 1 Abs. 5 Zahlungsdiensteaufsichtsgesetz-E, insbesondere Kreditkarte mit Unterschrift oder PIN, ec-Karte mit PIN, nicht aber ec-Karte ohne PIN im ELV-Verfahren[220], da das elektronische Lastschriftverfahren ein reines Zahlungsverfahren ist) benutzt. Nach § 675f Abs. 5 BGB-E darf dieses Recht des Zahlungsempfängers **nicht** durch einen Zahlungsdienstrahmenvertrag zwischen dem Zahlungsempfänger und seinem Zahlungsdienstleister **ausgeschlossen** werden, wie dies vor dem 31.10. 2009 der Fall ist.

> **Beispiel 1:** Unser Bierfreund aus Altötting (A) will am 7.11. 2009 die € 28,00 für seine fünf Maß Andechser Doppelbock Dunkel mit der ec-Karte unter Verwendung der PIN bezahlen. Der Klostergasthof Andechs (G) kann für die bei ihm anfallenden Kosten und für den höheren Verwaltungsaufwand bei der Abwicklung ein zusätzliches Entgelt von € 2,00 verlangen, wenn G vor Auslösung des Zahlungsvorgangs A darüber informiert hat.

> **Beispiel 2:** Statt der ec-Karte legt unser Bierfreund aus Altötting (A) nun eine American Express Kreditkarte vor. Schorsch, der Mann an der Kasse bei G, lacht A aus und verlangt wegen der hohen Transaktionskosten für diese Kreditkarte ein Aufgeld von € 5,60.[221] A überlegt es sich dann anders, zahlt in bar und kauft sich für die ersparten € 5,60 die sechste Maß.

---

[218] Jahresergebnis vor Gewinnsteuern in Verhältnis zum Umsatz

[219] Unter www.bundesbank.de/download/statistik/stat_sonder/statso6_2005_2006.pdf, neuere statistische Zahlen sind noch nicht vorhanden.

[220] Zum ELV-Verfahren siehe unten Punkt 2.3.7.3.

[221] Süddeutsche Zeitung, Würmtal SZ vom 16./17.5. 2009, Seite 1, „Immer flüssig im Bräustüberl".

Bislang haben die Barzahler wegen des vertraglichen Aufschlagverbotes diese hohen Transaktionskosten mitbezahlt. Dem setzt nun § 675f Abs. 5 BGB-E ein Ende.

Weiter haben die Händlerbedingungen einen technischen Anhang, in dem die zugelassenen Karten, die allgemeinen Anforderungen an die Terminals, der Ablauf von electronic-cash-Transaktionen, die Beschreibung der Kundenschnittstelle, die Sicherheitsanforderungen und die Nutzung des electronic-cash-Piktogramms sowie des Maestro-Logos geregelt sind.

2.3.7.2.3 Rechtsverhältnis zwischen Bank und Netzbetreiber

Der „Netzbetreibervertrag – Vertrag über die Zulassung als Netzbetreiber im electronic-cash-System der deutschen Kreditwirtschaft“[222] regelt das Rechtsverhältnis zwischen den Kreditinstituten und den Netzbetreibern. Der **Netzbetreiber** transportiert die an den automatisierten Kassen der Gläubiger gewonnenen Daten zum kartenausgebenden Kreditinstitut oder dessen Autorisierungszentrale sowie die Autorisierungsantwort von dem kartenausgebenden Kreditinstitut oder dessen Autorisierungszentrale wieder zum Gläubiger zurück. Zudem verpflichtet sich der Netzbetreiber, das Inkasso der autorisierten Kassenumsätze dadurch zu unterstützen, dass er die aus diesen Umsätzen erstellten Dateien dem Gläubiger zur Einreichung bei seiner Bank zur Verfügung stellt, die Einreichung im Auftrag des Gläubigers selbst vornimmt oder dem Gläubiger die Forderungen gegen die Karteninhaber abkauft. Im Interesse der Sicherheit des Systems für Verbraucher, Unternehmen und Kreditwirtschaft wird der Netzbetreiber vom Zentralen Kreditausschuss als Zusammenschluss der kreditwirtschaftlichen Spitzenverbände zum System zugelassen. Voraussetzung dafür ist die notwendige Zuverlässigkeit, ein Betreibernetz aufzubauen und als Netzbetreiber zu fungieren, sowie eine Überprüfung durch einen Sachverständigen, ob das Netz den Sicherheitsanforderungen genügt. Ist der Netzbetreiber als Beteiligter des electronic-cash-Systems zugelassen, so muss er Verträge mit den einzelnen Zahlungsgläubigern schließen, die die electronic-cash-Dateien über sein Netz verarbeiten wollen.

2.3.7.2.4 Rechtsverhältnis zwischen der Bank und dem ec-Karteninhaber

Das Rechtsverhältnis zwischen der Bank und dem ec-Karteninhaber ergibt sich auch hier aus den Bedingungen für den ec-/Maestro-Service.

2.3.7.3 Elektronisches Lastschriftverfahren (ELV) und POZ-Verfahren

Im Gegensatz zum POS-System, bei dem die Bezahlung mit ec-Karte und Geheimzahl erfolgt, sodass die kartenausgebende Bank aufgrund einer Garantie bezahlt, werden im ELV (Elektronisches Lastschriftverfahren) auf elektronischem Weg **Lastschriften** erzeugt, die über die Bank des Zahlungsempfängers zum Einzug weitergeleitet werden. Die Zahlung erfolgt ohne Eingabe der PIN mit Unterschrift des Kunden auf dem Zahlungsbeleg. Da es sich um ein Lastschriftverfahren handelt, hat der kartenannehmende Gläubiger das Zahlungsrisiko.

---

[222] Abgedruckt bei *Werner* in *Gößmann/Hellner/Schröter/Steuer/Weber (Hrsg.)*, Bankrecht und Bankpraxis, Stand 04.06, Rn. 6/1544 ff.

Im Rahmen des **POZ-Verfahrens** wurde bei der kartenausgebenden Bank abgefragt, ob die ec-Karte in der Sperrdatei gelistet ist. Das Entgelt für die Abfrage in der Sperrdatei betrug € 0,05, ohne dass eine Mehrwertsteuer für dieses Bankgeschäft hinzukommt. Trotzdem war die Nachfrage so gering, dass der Zentrale Kreditausschuss das POZ-Verfahren zum 31.12. 2006 **abgeschafft** hat.

Seitdem führen die Netzbetreiber unter dem Namen **ELVextra** die Sperrdatei und nehmen dafür € 0,05 plus 19% Mehrwertsteuer. Beim normalen ELV werden von der ec-Karte lediglich die Kontendaten übernommen und als Lastschrift eingereicht, ohne dass eine Sperrdateiabfrage durchgeführt wird.

2.3.7.4 Geldkarte

Die ec-Karte kann zusätzlich mit der Funktion Geldkarte[223] ausgestattet werden. Die Geldkarte (in der Schreibweise des Piktogramms: GeldKarte) ist eine **elektronische Geldbörse**.

Abbildung 2-3-7-4: Piktogramm „GeldKarte"

Die Geldkarte besteht aus einem in der Karte sichtbar integrierten goldenen Mikrochip, der vorab mit einem Betrag von **höchstens € 200,00** aufgeladen werden kann. Somit ist die Geldkarte eine „vorausbezahlte Geldbörse". Sie ist überwiegend für **Kleinstbetragszahlungen** (z.B. Bus, Bahn, Automaten) konzipiert und soll eine einfache, rationelle und kostengünstige Zahlung ermöglichen. Diesen Ladebetrag schreibt die kartenausgebende Bank sofort einem Geldkartenverrechnungskonto gut. Aus dem Geschäftsbesorgungsverhältnis mit dem Karteninhaber steht der Bank ein Anspruch auf Vorschuss nach §§ 669, 675 Abs. 1 BGB zu, da diese damit rechnen muss, jederzeit von den im Geldkartensystem angeschlossenen Gläubigern in Anspruch genommen zu werden. Die Zahlung erfolgt ohne PIN oder Unterschrift an speziell ausgerüsteten Terminals. Der in die Karte eingeladene Betrag wird entsprechend heruntergeladen, wodurch sich der Kartenbetrag reduziert. Die Akzeptanzstelle ist nicht verpflichtet, den Karteninhaber auf Verfügungsberechtigung zu überprüfen. Der Gläubiger reicht die aus den einzelnen Geldkarten-Transaktionen gesammelten Umsätze bei seinem Kreditinstitut oder einer von dieser benannten Evidenzstelle zur Prüfung ein. Die Evidenzstelle bereitet die erforderlichen Daten für die Einleitung des Zahlungsvorgangs auf und leitet die Umsätze zur Belastung der Börsenverrechnungskonten der kartenausgebenden Institute und zur Erkennung der Händlerkonten an die entsprechenden Institute weiter. Die Verrechnung erfolgt ausschließlich in Summen je Händler- und Börsenverrech-

---

[223] Ausführlich dazu *Werner* in *Gößmann/Hellner/Schröter/Steuer/Weber (Hrsg.)*, Bankrecht und Bankpraxis, Stand 04.06, Rn. 6/1660 ff.

nungskonto. Der Gläubiger erhält also die GeldKarten-Umsätze in einer Summe, während die einzelnen Börsenverrechnungskonten jeweils nur mit einer Summe belastet werden. Die kartenausgebende Bank **garantiert** dem Gläubiger die getätigten Umsätze. Dies ist ein **abstraktes Schuldversprechen** der Bank nach § 780 S. 1 BGB, für das nach § 350 HGB **keine Schriftform** erforderlich ist. Ebenso wie beim Bargeld übernimmt die kartenausgebende Bank keine Haftung für den Verlust des auf der Geldkarte geladenen Geldbetrages (vgl. Abschnitt III., Nr. 2.5 der Bedingungen für den ec-/Maestro-Service), da jeder (unrechtmäßige) Besitzer den auf der Geldkarte gespeicherten Geldbetrag ohne Einsatz der Geheimnummer verbrauchen kann. Diese Haftungsregelung bestätigt § 675i Abs. 3 BGB-E, der für die Geldkarte mit einem Wert von höchstens € 200,00 die Anwendung der Haftungsregelungen nach § 675u und § 675v BGB-E ausschließt.

2.3.7.5 Weitere Funktionen

Die ausgebende Bank kann individuell weitere Funktionen mit der ec-Karte verknüpfen. Üblich ist, mit der ec-Karte seine Kontoauszüge am Kontoauszugsdrucker ausdrucken lassen zu können. Die Bedienung von Selbstbedienungs-Terminals ist meist an eine ec-Karte gebunden. Auch der Zugang zum Schließfach kann elektronisch mit der ec-Karte geregelt werden.

3 Darlehensvertrag

3.1 Grundstruktur

3.1.1 Zustandekommen

Wie jeder schuldrechtliche Vertrag kommt ein Darlehensvertrag durch zwei übereinstimmende Willenserklärungen zu Stande. Nur wenn es sich um einen Verbraucherdarlehensvertrag (§ 491 BGB) handelt, ist nach § 492 Abs. 1 S. 1 BGB die Schriftform einzuhalten[224], ansonsten ist der Darlehensvertrag **formfrei**. Der Darlehensgeber ist verpflichtet, dem Darlehensgeber den **Geldbetrag** in der vereinbarten Höhe **zur Verfügung zu stellen** (§ 488 Abs. 1 S. 1 BGB). Der Darlehensnehmer hat **bei Fälligkeit das Darlehen zurückzuzahlen** und falls nicht ein zinsloses Darlehen vereinbart ist, den geschuldeten **Zins zu bezahlen** (§ 488 Abs. 1 S. 2 BGB). § 488 BGB regelt das Gelddarlehen, wie dies sich aus der ausdrücklichen gesetzlichen Zuweisung des § 607 Abs. 2 BGB ergibt, während das in der Bankpraxis nicht relevante **Sachdarlehen** in § 607 BGB geregelt ist. Umgangssprachlich ist zwar die Rede von **„Geld leihen"**; dies ist aber juristisch unzutreffend. Dem Leiher ist aber nach § 598 BGB nur der Gebrauch der Sache, nicht aber der Verbrauch der Sache gestattet. Es findet keine Eigentumsübertragung der geliehenen Sache statt. Der Entleiher muss dieselbe Sache wieder zurückzugeben (§ 604 BGB).

3.1.2 Typische Arten von Darlehensverträgen

Die Bankpraxis unterscheidet Darlehen nach der Art der Einräumung und Rückzahlung her in Kontokorrentkredite, Annuitäten-, Fest- und Tilgungsdarlehen sowie Avalkredite.

3.1.2.1 Kontokorrentkredite

Die Bank stellt den **Kontokorrentkredit** über ein Kontokorrentkonto zur Verfügung.[225] Das Kontokorrentkonto, das vor allem dazu dient, den regelmäßigen Zahlungsverkehr abzuwickeln, kann bis zur Höhe der eingeräumten Kreditlinie beansprucht werden. Der Kontokorrentkredit ist also durch eine **variable Ausnutzung** gekennzeichnet. Die während der vereinbarten Rechnungsperiode (bei Unternehmen meist: ein Monat, bei Verbrauchern wegen § 493 Abs. 1 S. 1 BGB: Quartal) angefallenen Sollzinsen werden mit dem Rechnungsabschluss in das Kontokorrent eingestellt.

---

224 Vgl. Ausführungen zum Verbraucherdarlehen unten Punkt 3.2.

225 Zum Kontokorrentverhältnis siehe oben Punkt 1.1.2.

Eine Unterform des Kontokorrentkredits ist der an Verbraucher mit regelmäßigem Gehalts- oder Renteneingang gewährte **Dispositionskredit** (in der Bankpraxis kurz „Dispo" genannt; in der Sprache des Gesetzes: Überziehungskredit, vgl. § 493 Abs. 1 BGB, bzw. künftig: eingeräumte Überziehungsmöglichkeit, § 504 BGB-E).[226]

Wenn die Bank einen Kontoinhaber, ohne dass ein Kontokorrentkredit besteht, oder über eine eingeräumte Kontokorrentlinie hinaus das Konto überziehen lässt, spricht man von einer **geduldeten Kontoüberziehung** (für Verbraucher geregelt in § 493 Abs. 2 BGB, bzw. § 505 BGB-E[227]). Auch bei der geduldeten Kontoüberziehung handelt es sich um eine Kreditgewährung, die stillschweigend vereinbart wird, indem beispielsweise die Bank einen Überweisungsauftrag des Kontoinhabers ausführt, obwohl kein ausreichendes Guthaben vorhanden ist. Die Bank muss die Überziehung nicht dulden; tut sie es, kommt ein Kontokorrentkreditvertrag zu Stande, der nur dann zur Rückzahlung fällig ist, wenn sie die Überziehung fällig stellt, also die Rückzahlung verlangt.

3.1.2.2 Annuitäten-, Fest- und Tilgungsdarlehen

Darlehen werden regelmäßig durch **einmalige Auszahlung der Darlehenssumme** gewährt. Die Zinsen werden in regelmäßigen Abständen (meist monatlich) bezahlt; die Tilgung erfolgt entweder ebenfalls in Raten **(Annuitätendarlehen)** oder ohne regelmäßige Tilgung in einer einmaligen Summe zum Ende der Laufzeit **(Festdarlehen = endfälliges Darlehen)**. Bei einem Festdarlehen, das am Ende der Laufzeit in einem Einmalbetrag getilgt werden soll, kann (muss aber nicht) ein Tilgungsersatzinstrument vorgesehen sein, also beispielsweise eine Lebensversicherung, die regelmäßig bespart und als **Tilgungsersatz** an die Bank abgetreten wird; aus der Lebensversicherungssumme erfolgt sodann, soweit diese ausreicht, die Rückzahlung des Darlehens.

Bei einem **Tilgungsdarlehen** (= Abzahlungsdarlehen) ist mit dem Darlehensnehmer über eine feste Laufzeit eine gleich bleibende Tilgungdsleistung (z.B. 1% p.a.) vereinbart. Da mit jeder Tilgung der zu verzinsende Darlehensbetrag abnimmt, verringern sich die Zinsen und damit die Raten insgesamt.

Der häufigste Fall eines Ratenkredits ist ein **Annuitätendarlehen**, bei dem Zinssatz und anfänglicher Tilgungsssatz sowie die Ratenhöhe fest vereinbart sind. Die Rate wird als **Annuität** bezeichnet, weil sie im Gegensatz zu der Rate bei einem Tilgungsdarlehen gleich bleibend hoch ist. Jede Rate setzt sich aus einem Zinsanteil und einem Tilgungsanteil zusammen, wobei der Zinsanteil mit jeder Ratenzahlung niedriger und der Tilgungsanteil mit jeder Ratenzahlung höher wird.

Beispiel: Die Bayerische Hypo- und Vereinsbank AG (B) gewährt der Klosterbrauerei Andechs GmbH (A) ein Annuitätendarlehen über € 100 000,00 mit einer fünfjährigen Laufzeit. Die Auszahlung erfolgt am 1.6. 2009. Die anfängliche Tilgung beträgt 1% p.a. zuzüglich ersparter Zinsen. Der Zinssatz beträgt 6% p.a. Dies ergibt

---

[226] Zu den Sonderregelungen für Dispositionskredite an Verbraucher siehe unten Punkt 3.2.14.2.

[227] Zur geduldeten Überziehung siehe Punkt 3.2.14.2.2.

eine Anfangsrate per 30.6. 2009 von € 583,33, die sich aus € 83,33 Tilgungsanteil (€ 100 000 × 1/100 : 12 Monate) und € 500,00 Zinsanteil (€ 100 000 × 6/100 : 12 Monate) zusammensetzt. Da die Rate bei einem Annuitätendarlehen gleich hoch bleibt, muss die A auch per 31.7. 2009 € 583,33 zahlen. Da die A mit der ersten Rate 83,33 € getilgt hat, ist der Zinsanteil der zweiten Rate per 31.7. 2009 niedriger; es ist nur noch ein Darlehensbetrag von € 99 916,67 (€ 100 000 – € 83,33) mit 6% p.a. zu verzinsen. Dies ergibt einen Zinsanteil von € 499,58 (€ 99 916,67 × 6/100 : 12 Monate) und einen Tilgungsanteil von € 83,75 (€ 583,33 – € 499,58); dies entspricht einem Tilgungssatz von 1,005% p.a. (€ 83,75 × 12 Monate[228] : € 100 000). Somit erhöht sich der Tilgungssatz mit jeder Ratenzahlung um die ersparten Zinsen und dementsprechend der in der Rate enthaltene Tilgungsanteil.

Diese Vereinbarung gilt bis 31.5. 2014 (fünf Jahre Laufzeit). Die Tilgung der dann noch offenen Restschuld hängt von den vertraglichen Vereinbarungen ab. Entweder ist die Restschuld am Ende der Laufzeit zurück zu zahlen; dann handelt es sich um eine sog. **echte Abschnittsfinanzierung**, denn der Darlehensnehmer muss nach dem ersten Finanzierungsabschnitt das Darlehen aus Eigenmitteln zurückführen oder ein neues Darlehen bei der gleichen oder einer anderen Bank aufnehmen. Oder die Bank ist nach dem Darlehensvertrag verpflichtet, dem Darlehensnehmer ein sog. **Konditionenanpassungsangebot** zu unterbreiten und das Darlehen fortzuführen; dann handelt es sich um eine sog. **unechte Abschnittsfinanzierung**, bei der das Kapitalnutzungsrecht bis zur vollständigen Tilgung gewährt ist, und nur die Zinsen für den ersten Finanzierungsabschnitt fest vereinbart sind und für die weiteren Finanzierungsabschnitte neu vereinbart werden müssen.[229]

Ist ein Verbraucherdarlehen durch eine Grundschuld gesichert und zu üblichen Konditionen gewährt, spricht man von einem **Immobiliendarlehen** (§ 492 Abs. 1a S. 2 BGB).[230]

3.1.2.3 Avalkredit

Neben Kontokorrentkrediten und Ratenkrediten werden in der Bankpraxis auch häufig sogenannte **Avalkredite** gewährt. Dabei handelt es sich nicht um Kredite, die in Form eines Geldbetrags zur Verfügung gestellt werden, sondern die Bank erklärt sich bereit, im Auftrag ihres Kunden gegenüber dessen Kunden die Haftung zu übernehmen, indem sie Bürgschaften (Avale) herauslegt.[231] Avalkredite werden teilweise auch mit Kontokorrentkrediten kombiniert; die Bank gewährt also einen Kontokorrentkredit, der wahlweise als Kontokorrentkredit oder als Avalkredit ausgenutzt werden kann.

---

228 Da der Tilgungssatz aufs Jahr gerechnet angegeben wird (p.a.), muss die Monatsrate aufs Jahr umgerechnet werden.

229 Zu den Besonderheiten bei Ablauf einer Festzinsvereinbarung oder bei Ablauf der Darlehenslaufzeit bei Verbraucherdarlehen siehe unten Punkt 3.2.10.

230 Das Immobiliendarlehen an Verbraucher ist in § 492 Abs. 1a S. 2 BGB definiert; zum Immobiliendarlehen siehe ausführlich unten Punkt 3.2.14.

231 Einzelheiten zum Avalkredit siehe unten Punkt 3.3.

3.1.3 Laufzeit von Darlehensverträgen und Zinsvereinbarung

Alle Arten von Darlehensverträgen können entweder **befristet oder unbefristet** eingeräumt werden. Ein befristet eingeräumtes Darlehen ist zum Ablauf der Befristung zurück zu zahlen (vgl. § 488 Abs. 1 S. 2 BGB), ein unbefristet eingeräumtes Darlehen ist nur nach einer Kündigung zur Rückzahlung fällig (§ 488 Abs. 3 S. 1 BGB, Nr. 18 Abs. 1 AGB-Banken). Während der Laufzeit des Darlehensvertrags, bzw. bis zur Kündigung schuldet der Darlehensnehmer die vertraglich vereinbarten Zinsen.

3.1.4 Feste Zinsen und das Prinzip der laufzeitkongruenten Refinanzierung

Die Zinsen können entweder **fest oder variabel („bis auf weiteres" = „b.a.w.")** vereinbart werden. Ein fester Zinssatz ist während des Zinsbindungszeitraums unveränderlich. Ein variabler Zinssatz kann von der Bank in Abhängigkeit eines Referenzzinssatzes (z.B. Euribor; Zinssatz, zu dem sich Banken untereinander („Interbankenzinssatz") Gelddarlehen geben) den Marktgegebenheiten angepasst werden.

Die deutschen Verbraucher („Häuslebauer") legen bei der Eigenheimfinanzierung größten Wert auf ein langfristig kalkulierbares Zinsrisiko und auf eine langfristig kalkulierbare Zinshöhe. Über 90% dieser grundschuldlich gesicherten Darlehen werden deshalb mi einem Festzins zwischen fünf und zehn Jahre vereinbart. Auch in der gewerblichen Finanzierung gibt der feste Zinssatz Sicherheit vor einem Zinsänderungsrisiko. Dagegen haben fast alle Verbraucher in den USA variabel finanziert, die amerikanischen Banken haben sich an diesem (Glücks-) Spiel beteiligt, sich auf einen immer funktionierenden Kapitalmarkt verlassen und über ihre angelsächsischen Freunde in London das deutsche Pfandbriefsystem bekämpft, indem sie beispielsweise die Vorfälligkeitsentschädigung in Frage gestellt haben. Die USA haben dies teuer bezahlt und die gesamte Welt in eine Finanzkrise gestürzt, die sich mittlerweile zu einer schweren Wirtschaftskrise ausweitet. Auslöser der Finanzkrise war in den den USA die variable Immobilienfinanzierung von oft sehr teuer erworbenen Immobilien. Als der variable Zinssatz (und der Ölpreis) stieg, konnten viele US-Verbraucher ihre Zinsen nicht mehr bezahlen und Millionen von Immobilien standen letztendlich zum Verkauf und zur Verwertung. Dies führte zu einem dramatischen Einbruch der Immobilienpreise. Hätten die US-Verbraucher aber mit einem festen Zinssatz von beispielsweise zehn Jahren finanziert, hätte die Erhöhung der variablen Zinsen zunächst kaum eine Auswirkung, konkret allenfalls bei Zinsanpassungen nach Ablauf der zehnjährigen Zinsbindung, gezeigt.

Diese, im Interesse des Verbrauchers stehende langfristige Festlegung der Zinshöhe setzt ein beiderseitiges Festhalten am Vertrag voraus: Ansonsten würde der Darlehensgeber bei steigenden Zinsen aussteigen, schließlich könnte er dann anderweitig mehr verdienen, während der Darlehensnehmer bei fallenden Zinsen Vertragsabschlussreue hat, da er dann zu einem günstigeren Zinssatz finanzieren und damit Geld sparen könnte. Da sich die darlehensgebende Bank bei Anlegern durch Pfandbriefe laufzeit- und konditionenkongruent refinanziert, müsste sie mangels Kündigungsmöglichkeit gegenüber den Anlegern bei sinkendem Zinsniveau den Anlegern selbst weiterhin hohe Zinsen bezahlen. Sie könnte aber dann im Darlehensgeschäft nur niedrigere Zinsen erwirtschaften. Deshalb müsste dieses Modell der langfristigen Festfinanzierung scheitern. Eine langjährige Darlehensfestverzinsung kann dann schlichtweg nicht mehr angeboten werden. Dadurch entfällt auch die dem Verbraucher als Darlehensnehmer so wichtige sichere Kalkulationsgrundlage für einen langjährigen Zinsbindungszeitraum.[232]

Beispiel: Die Klosterbrauerei Andechs GmbH (A) schließt in der Niedrigzinsphase mit der Bayerischen Hypo- und Vereinsbank AG (B) einen Darlehensvertrag in Höhe von € 1 000 000,00 ab. A zahlt dafür einen Sollzins in Höhe von 4% p.a., der auf 10 Jahre fest ist.

Während das Vorgängerinstitut der B, die von König Ludwig I. 1835 gegründete Bayerische Hypotheken- und Wechsel-Bank AG, bis ins Jahr 1875 das Notenprivileg hatte und deshalb selbst Geld drucken konnte, muss B jetzt für die Refinanzierung des Darlehens über € 1 000 000,00 einen Anleger finden, der mit B ebenfalls einen Darlehensvertrag für 10 Jahre mit einem festen Zinssatz, aber zu geringeren Konditionen abschließt. Zu diesem Einstandszinssatz kalkuliert die Bank die Risiko- und Verwaltungskosten (Personal- und Sachkosten) sowie einen Gewinn hinzu. Der Anleger soll von B dementsprechend 3% p.a. Zins bekommen. A bezahlt also 4% p.a. Zinsen an B, wovon B an den Anleger 3% p.a. weiterleitet.

Ändert sich das Zinsniveau nach unten, so hat A ein wirtschaftliches Interesse, aus dem Darlehensvertrag mit B aussteigen zu können. Würde dies der Gesetzgeber generell oder ohne entsprechende Entschädigung ermöglichen, so müsste B an den Anleger weiterhin die vertraglich vereinbarten 3% p.a. bezahlen, während B von A aufgrund des gesunkenen Zinsniveaus vielleicht nur noch einen Sollzinssatz von 2% p.a. bekommt. Dies führt auf Dauer und bei einer Vielzahl von Fällen zu einer Insolvenz der Bank. **Steigt** dagegen **das Zinsniveau**, so hat der Anleger ein wirtschaftliches Interesse, aus seinem Darlehensvertrag mit B aussteigen zu können. Während dann B von A weiterhin nur 4% p.a. bekommt, müsste B an den Anleger möglicherweise 5% bezahlen. Auch dies führt bei B zwangsläufig zur Insolvenz. Unabhängig davon, ob sich das Zinsniveau nach oben oder unten bewegt, wäre B immer einem Insolvenzrisiko ausgesetzt, wenn es für deren Vertragspartner eine Ausstiegsmöglichkeit gäbe. Deshalb müssen **beide Verträge grundsätzlich unkündbar** bleiben, da ansonsten eine vorausschauende Bank einen Darlehensvertrag mit festem Zinssatz für einen bestimmten Zeitraum nicht mehr anbieten könnte. Genau die Darlehensverträge mit Festzinsvereinbarung werden aber von über 90% der bundesdeutschen Darlehensnehmer nachgefragt und sind gegenüber am Kapitalmarkt zinsgesicherten Geschäften für den Verbraucher wesentlich preisgünstiger. Dieses System der laufzeitkongruenten Refinanzierung ist unabhängig von den Wettgeschäften[233] auf den in der Finanzkrise zusammengebrochenen Finanzmärkten und somit ein Eckpfeiler für die Stabilität.

Das Erfordernis der Planungssicherheit für langfristige Darlehensverträge mit festem Zinssatz und der damit verbundenen **laufzeitkongruenten Refinanzierung[234] spiegelt sich im gesetzlich geregelten Kündigungsrecht**, insbesondere in § 489 und § 490 BGB, wieder.

---

[232] Deshalb muss die beiderseitige Vertragstreue durch ein entsprechendes Kündigungsrecht und mit der Vorfälligkeitsentschädigung abgesichert werden, vgl. dazu *Krepold* BKR 2009, 28.

[233] Vgl. Krepold, BKR 2009, 28, 29.

3.1.5 Kündigung von Darlehensverträgen und Vorfälligkeitsentschädigung

3.1.5.1 Übersicht

Das allgemeine (ohne die Besonderheiten des Verbraucherdarlehens[235]) gesetzliche Kündigungsrecht von Gelddarlehen ist in den §§ 488 bis 490 BGB geregelt. Die Systematik verdeutlicht folgende Übersicht:

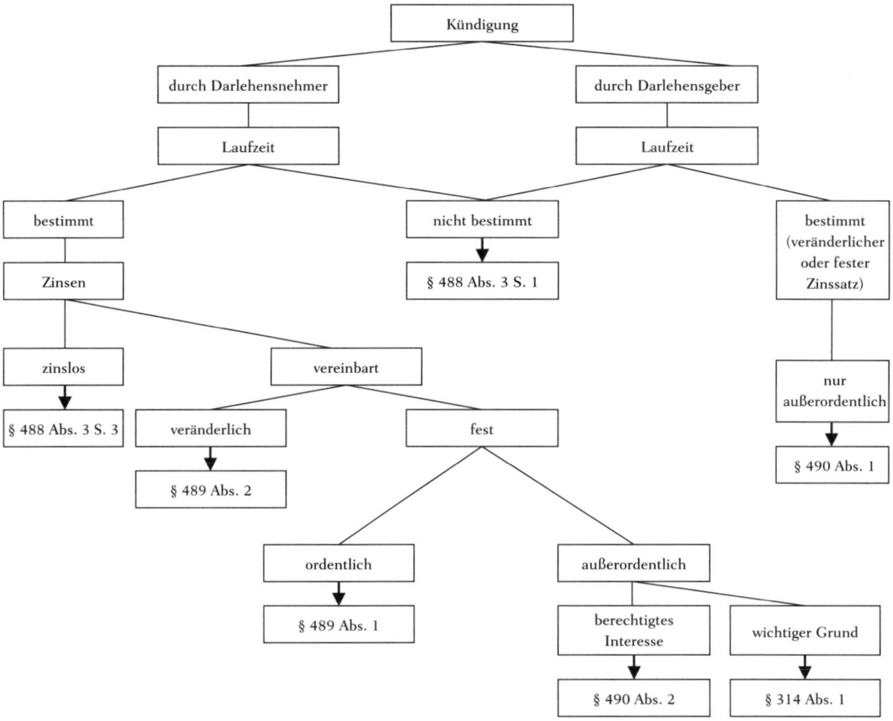

Abbildung 3-1-5-1: Übersicht über das allgemeine gesetzliche Kündigungsrecht von Darlehensverträgen

Das **neue Kündigungsrecht**, das nach der EU-Verbraucherkreditrichtlinie vom 23.4. 2008[236] bis zum 12.5. 2010 in bundesdeutsches Recht[237] umzusetzen ist, stellt **keine umfassende Neuerung** dar, sondern schreibt das bisherige Kündigungsrecht in seinen Grundzügen fort.

---

[234] Laufzeitkongruente Refinanzierung bedeutet, dass die Bank sich die Mittel für das ausgereichte Darlehen ihrerseits am Geld- und Kapitalmarkt beschafft (= Refinanzierung), und zwar für exakt den Zeitraum, den sie das Darlehen gewährt (= laufzeitkongruent); Näheres am Ende von Punkt 3.1.4.

[235] Zur Kündigung von Verbraucherdarlehen siehe unten Punkt 3.2.12.

[236] Richtlinie 2008/48/EG des Europäischen Parlaments und des Rates vom 23.4. 2008 über Verbraucherkreditverträge (Verbraucherkreditrichtlinie), ABl. EU Nr. L 133 S. 66 vom 23.4. 2008.

3.1.5.2 Unbefristete Darlehen

Darlehen ohne bestimmten Rückzahlungstermin (§ 488 Abs. 3 BGB für die Kündigung durch den Darlehensnehmer und die Kündigung durch die Bank) sind nach dem Gesetz **ordentlich** mit einer Frist von 3 Monaten **kündbar**. Nr. 18 Abs. 1 AGB-Banken[238] verkürzt die gesetzlich vorgesehene Kündigungsfrist für den Darlehensnehmer, so dass der Darlehensnehmer unbefristet gewährte Darlehen jederzeit ohne Einhaltung einer Kündigungsfrist kündigen kann, wobei die Bank auf die berechtigten Belange des Kunden Rücksicht zu nehmen hat. Nr. 19 Abs. 2 AGB-Banken[239] verkürzt auch die Kündigungsfrist der Bank, so dass die Bank unbefristet gewährte Darlehen ohne Einhaltung einer Kündigungsfrist kündigen kann.

Eine **Kündigung zur Unzeit** ist rechtswidrig und führt zu einem verschuldensunabhängigen Schadensersatzanspruch nach § 627 Abs. 2 S. 2, § 671 Abs. 2 S. 2, § 675 Abs. 1, 2. Halbsatz, § 723 Abs. 2 S. 2 BGB analog. Eine Kündigung zur Unzeit kann insbesondere dann vorliegen, wenn der Darlehensnehmer – ohne von sich aus dazu einen Anlass gegeben zu haben – von der Kündigung so überrascht wird, dass es ihm nicht gelingen kann, sich den Rückzahlungsbetrag vor Fälligkeit des Darlehensrückzahlungsanspruches von dritter Seite zu besorgen oder die Bank über ausreichende Sicherheiten verfügt und dem Kunden aus der Kündigung ein Schaden droht.

3.1.5.3 Befristete Darlehen

Darlehen mit festem Rückzahlungstermin kann die Bank, unabhängig davon, ob feste oder variable Zinsen vereinbart sind, nur aus wichtigem Grund kündigen (§ 490 Abs. 1 BGB).[240]

Der **Darlehensnehmer** hingegen kann **Darlehen mit veränderlichem Zinssatz** (§ 489 Abs. 2 BGB), auch wenn eine Laufzeit für das Darlehen bestimmt ist, jederzeit unter Einhaltung einer Frist von drei Monaten kündigen.

Außerdem kann der **Darlehensnehmer** bei einer **fest vereinbarten Laufzeit und einer Sollzinsbindung** für eine bestimmte Zeit **ordentlich** unter den Voraussetzungen des **§ 489 Abs. 1 BGB** und **außerordentlich** bei einem **berechtigten Interesse** unter den Voraussetzungen des **§ 490 Abs. 2 BGB** und **aus wichtigem Grund** nach **§ 314 Abs. 1 BGB kündigen**.

---

[237] Vgl. Gesetzentwurf der Bundesregierung vom 21. 1. 2009, BT-Drucks. 16/11643.

[238] Nr. 18 Abs. 1 AGB-Banken (Kündigungsrechte des Kunden) lautet: *„Der Kunde kann die gesamte Geschäftsbeziehung oder einzelne Geschäftsbeziehungen (zum Beispiel den Scheckvertrag), für die weder eine Laufzeit noch eine abweichende Kündigungsregelung vereinbart ist, jederzeit ohne Einhaltung einer Kündigungsfrist kündigen."*

[239] Nr. 19 Abs. 2 AGB-Banken (Kündigung unbefristeter Kredite) lautet: *„Kredite und Kreditzusagen, für die weder eine Laufzeit noch eine abweichende Kündigungsregelung vereinbart ist, kann die Bank jederzeit ohne Einhaltung einer Kündigungsfrist kündigen. Die Bank wird bei der Ausübung dieses Kündigungsrechts auf die berechtigten Belange des Kunden Rücksicht nehmen."*

[240] Siehe unten Punkt 3.1.3.3.

3.1.5.4 Kündigung durch den Darlehensnehmer

3.1.5.4.1 Ordentliche Kündigung bei einem festen Zinssatz (§ 489 Abs. 1, Abs. 3 BGB)

Aus der **laufzeitkongruenten Refinanzierung**[241] ergibt sich zwingend, dass der Darlehensnehmer bei einer festen Darlehenslaufzeit und einem für einen bestimmten Zeitraum **fest vereinbarten Sollzinssatz** (jetzt neu in § 489 Abs. 5 BGB-E definiert als gebundener Sollzinssatz) **nur eingeschränkt** unter den Voraussetzungen des § 489 BGB **kündigen** kann. Dafür kommen **drei Möglichkeiten** in Betracht:

- Der **Sollzinsbindungszeitraum endet** (vgl. § 489 Abs. 1 Nr. 1 BGB und § 489 Abs. 1 Nr. 1 BGB-E). Bei der laufzeitkongruenten Refinanzierung endet auch die Anlagelaufzeit.
- Der Darlehensnehmer ist **Verbraucher** und sein Darlehen ist **nicht mit einem Grundpfandrecht** gesichert (vgl. § 489 Abs. 1 Nr. 2 BGB und § 503 Abs. 1 BGB-E, der die Anwendung von § 502 BGB-E bei Immobiliendarlehen ausschließt).[242] Damit soll den Kleindarlehensnehmern eine vorzeitige Rückzahlungsmöglichkeit eröffnet werden. Mangels Liquidität bei diesen oft bonitätsschwachen Darlehensnehmern kommt es meist nur bei der Umschuldung zu einer anderen Bank oder der Erhöhung des Darlehensbetrags während der Laufzeit, die die meisten Banken im Wege der Umschuldung vornehmen, zu vorzeitigen Darlehensrückzahlungen.
- Seit dem vollständigen Empfang des Darlehens sind bereits **10 Jahre vergangen** (vgl. § 489 Abs. 1 Nr. 3 BGB und § 489 Abs. 1 Nr. 2 BGB-E). Um nach dieser langen Zeit dem Darlehensnehmer eine Anpassungsmöglichkeit an seine tatsächlichen finanziellen Gegebenheiten zu ermöglichen und eine Flexibilisierung eintreten zu lassen, kann der Darlehensnehmer kündigen.

Mit **Ablauf der Kündigungsfrist** ist das **Darlehen zur Rückzahlung fällig** und dem Darlehensgeber ist üblicherweise die Möglichkeit eröffnet, die Sicherheit(en) zu verwerten. Um diesen für den kündigenden Darlehensnehmer **gefährlichen Zustand** zu vermeiden und den Missbrauch des § 489 BGB zur Erlangung des meist günstigeren Verzugszinssatzes zu vermeiden, **gilt** nach § 489 Abs. 3 BGB **die Kündigung als nicht erfolgt**, wenn der Darlehensnehmer den geschuldeten Betrag nicht binnen **zwei Wochen** nach Wirksamkeit der Kündigung zurückbezahlt.

Diese ordentliche Kündigungsmöglichkeit des Darlehensnehmers kann **nicht vertraglich erschwert oder ausgeschlossen** werden (§ 489 Abs. 4 S. 1 BGB). Kann der Darlehensnehmer ordentlich kündigen, hat der Darlehensgeber keine gesicherte Zinserwartung und damit auch keinen Anspruch auf Vorfälligkeitsentschädigung.

---

[241] Vgl. Punkt 3.1.4.

[242] Einzelheiten zu diesem besonderen Kündigungsrecht von Verbrauchern unten Punkt 3.2.12.

3.1.5.4.2 Außerordentliche Kündigung bei einem festen Zinssatz (§ 490 Abs. 2 BGB)

Um das System der laufzeitkongruenten Refinanzierung nicht zu gefährden, kann ein Darlehensnehmer nur ausnahmsweise seinen Darlehensvertrag mit einer Festzinsvereinbarung **außerordentlich kündigen**, wenn seine **berechtigten Interessen** dies gebieten (§ 490 Abs. 2 S. 1 BGB). Nach § 490 Abs. 2 S. 2 BGB liegt ein solches Interesse insbesondere vor, wenn der Darlehensnehmer ein **Bedürfnis nach einer anderweitigen Verwertung** der zur Sicherung des Darlehens beliehenen Sache hat. Der Gesetzgeber hat damit die Rechtsprechung des XI. Zivilsenats des BGH[243] normiert. Eine außerordentliche Kündigung durch den Darlehensnehmer nach § 490 Abs. 2 S. 1 und 2 BGB ist dann zulässig, wenn das Festhalten am Darlehensvertrag den Verkauf oder die sonstige Verwertung des Grundpfandobjektes faktisch unmöglich machen würde und dies einen „Eingriff in die wirtschaftliche Handlungsfreiheit" des Kreditnehmers zur Folge hätte[244].

Da § 489 Abs. 1 BGB festverzinsliche Darlehen wegen ihrer laufzeit- und zinskongruenten Refinanzierung vor einer vorzeitigen Kündigung durch den Darlehensnehmer schützt,[245] kann die Bank die vorzeitige Rücknahme der Darlehensvaluta vom Ausgleich ihrer Nachteile abhängig machen, die ihr durch die vorzeitige Darlehensablösung entstehen. Die kreditgebende Bank ist im Ergebnis wirtschaftlich so zu stellen, wie sie stünde, wenn der Darlehensvertrag für den vereinbarten Festzinszeitraum fortgeführt und die Zinsen bezahlt worden wären. Die Bank erhält gem. § 490 Abs. 2 S. 3 BGB den Ersatz des Erfüllungsinteresses in Form einer **Vorfälligkeitsentschädigung**[246], also den Ersatz des Schadens, der dem Darlehensgeber aus der vorzeitigen Kündigung des Darlehens mit noch laufender Zinsbindungsfrist entsteht.

Begrifflich streng von der Vorfälligkeitsentschädigung zu trennen ist das Vorfälligkeitsentgelt.[247] **Vorfälligkeitsentgelt** können die Vertragparteien wie einen Preis bis zur Grenze des § 138 BGB (Sittenwidrigkeit) oder des § 315 BGB frei aushandeln[248], wenn der Kunde – ohne einen Kündigungsgrund und damit ohne einen Anspruch auf vorzeitige Rückzahlung zu haben – das Darlehen vorzeitig zurückbezahlen will.

Hat dagegen der Darlehensnehmer ein Kündigungsrecht aus wichtigem Grund nach § 314 Abs. 1 BGB (z. B. wenn die Bank massiv und wiederholt das Bankgeheimnis verletzt), so hat der Darlehensgeber keine gesicherte Zinserwartung.

---

[243] NJW 1997, 2875 = WM 1997, 1747 = ZIP 1997, 1641; BGH NJW 1997, 1878 = WM 1997, 1799 = ZIP 1997, 1646; BGH, Urteil vom 6. 5. 2003 – XI ZR 226/02, NJW 2003, 2230 = WM 2003, 1261 = BKR 2003, 542.

[244] Ausführlich dazu *Bruchner/Krepold* in *Schimansky/Bunte/Lwowski (Hrsg)*, Bankrechts-Handbuch, 3. Auflage 2007, § 79, Rn. 31.

[245] BT-Drucks 10/4741, S. 20.

[246] Vgl BGH NJW 1997, 2875 und 2878.

[247] Ausführlich dazu *Bruchner/Krepold* in *Schimansky/Bunte/Lwowski (Hrsg)*, Bankrechts-Handbuch, 3. Auflage 2007, § 79, Rn. 34.

[248] BGH, Urteil vom 6. 5. 2003 – XI ZR 226/02, NJW 2003, 2230 = WM 2003, 1261 = BKR 2003, 542.

3.1.5.5 Berechnung der Vorfälligkeitsentschädigung

3.1.5.5.1 Gesicherte Zinserwartung des Darlehensgebers

Der Darlehensgeber kann im Rahmen der Vorfälligkeitsentschädigung nur einen Ausgleich der Nachteile verlangen, der durch die vorzeitige Rückzahlung des Darlehens entsteht. Im Ergebnis ist der Darlehensgeber so zu stellen, wie wenn das Darlehen für den ursprünglich vereinbarten Festschreibungszeitraum vertretungsgemäß fortgeführt worden wäre.[249] Nur die **gesicherte Zinserwartung** des Darlehensgebers wird dabei geschützt.

3.1.5.5.2 Aktiv-Passiv-Vergleichsmethode und Aktiv-Aktiv-Berechnungsmethode im Überblick

Im Falle der außerordentlichen Kündigung nach § 490 Abs. 2 S. 1 und 2 BGB ist die Vorfälligkeitsentschädigung nicht wie Vorfälligkeitsentgelt frei aushandelbar, sondern die Bank hat sich bei der Bemessung der Vorfälligkeitsentschädigung an schadensersatzrechtlichen Grundsätzen zu orientieren. Die Vorfälligkeitsentschädigung kann alternativ nach verschiedenen Methoden – und zwar nach **Aktiv-Aktiv-Berechnungsmethode** (Berechnung aufgrund einer hypothetischen Darlehensneuausreichung), oder der in der Praxis fast ausschließlich angewandten **Aktiv-Passiv-Vergleichsmethode** (laufzeitkongruente Wiederanlage in sicheren Kapitalmarkttiteln aufgrund der in § 4 Abs. 2 S. 2 PfandBG verankerten Ersatzdeckung in Pfandbriefen; zu Grunde zu legen ist der Wiederanlagezinssatz nach der Statistik der Deutschen Bundesbank[250]) ermittelt werden. In der richtungsweisenden Entscheidung vom 7. 11. 2000[251] hat sich der Bundesgerichtshof die grundlegenden rechtlichen und finanzmathematischen Überlegungen von *Rösler/Wimmer*[252] zu Eigen gemacht, finanzmathematischen Sachverstand gezeigt und das **Zahlungsstrom-Modell** (Cashflow-Methode) als Berechnungsgrundlage für die Aktiv-Passiv-Methode und die Aktiv-Aktiv-Methode festgestellt.[253] Zunächst wird nach dem Zahlungsstrom-Modell (Cashflow-Modell) der vertraglich vereinbarte Zins- und Tilgungsplan Ausgangspunkt der alles entscheidenden Frage:

Welcher Betrag muss zum Zeitpunkt der vorzeitigen Ablösung in Kapitalmarkttiteln angelegt (Aktiv-Passiv-Methode) oder hypothetisch als Darlehen neu ausgereicht (Aktiv-Aktiv-Methode) **werden, um zu allen nach dem Tilgungsplan vorgesehenen Zeitpunkten genau die vertraglich geschuldeten Zins- und Tilgungsleistungen zu erhalten?**

---

[249] *Rösler/Wimmer/Lang,* Vorzeitige Beendigung von Darlehensverträgen, S. 126 mwN.

[250] BGH, Urteil vom 30.11. 2004 – XI ZR 285/03, NJW 2005, 751 = ZIP 2005, 293 = WM 2005, 322.

[251] BGH, Urteil vom 7.11. 2000 – XI ZR 27/00, NJW 2001, 509, 510 = WM 2001, 20, 22 = ZIP 2001, 20, 23.

[252] *Rösler/Wimmer,* Zahlungsverpflichtungen und Zahlungsströme bei vorzeitiger Beendigung von Darlehensverhältnissen – Eine kombiniert juristisch-betriebswirtschaftliche Analyse –, WM 2000, 164.

[253] BGH, Urteil vom 7.11. 2000 – XI ZR 27/00, NJW 2001, 509, 510 = WM 2001, 20, 22 = ZIP 2001, 20, 23.

3.1.5.5.3 Aktiv-Passiv-Vergleichsmethode im Zahlungsstrommodell

In der Gesamtschau[254] errechnet sich die Vorfälligkeitsentschädigung nach der höchstrichterlichen Rechtssprechung bei Anwendung der in der Bankpraxis üblichen **Aktiv-Passiv-Vergleichsmethode im Zahlungsstrommodell** durch einen Vergleich des im **Darlehensvertrag** vereinbarten Zins- und Tilgungsplans **mit der Wiederanlage nach Pfandbriefrenditen**. Dazu muss für jede einzelne nach dem Zins- und Tilgungsplan vorgegebene Fälligkeit berechnet werden, welcher Betrag mit der Wiederanlagepfandbriefrendite für die entsprechenden Laufzeit angelegt werden muss, um den im Zins- und Tilgungsplan ausgewiesenen Betrag zum jeweiligen Fälligkeitszeitpunkt zu erhalten. Die entsprechende vereinfachte Rechenformel lautet:

$$K_n = K_0\left(1+\frac{p}{100}\right)^n$$

k_n = zum vertraglichen Fälligkeitszeitpunkt geschuldeter Geldbetrag
k_0 = in Pfandbriefen „anzulegender" Geldbetrag
p = Zinsfuß: Zinsen pro Jahr für ein Kapital von € 100,00
i = Zinssatz als Dezimalzahl p.a. (Beispiel: 0,03 p.a.)
q = Zinsfaktor: $q = 1 + \frac{p}{100} = 1 + i$
n = Zeit in Jahre

Die Rechenformel ist nach dem gesuchten „anzulegenden" Geldbetrag aufzulösen:

$$K_0 = \frac{K_n}{\left(1+\frac{p}{100}\right)^n} = \frac{K_n}{(1+i)^n} = \frac{K_n}{q^n}$$

Beispiel: Welchen Geldbetrag muss ich heute bei einem Anlagezinssatz von 3% p.a. anlegen, um in genau zwei Jahren € 106 090,00 zu erhalten?

$$k_0 = \frac{€\ 106\ 090}{(1+0{,}03)^2} = \frac{€\ 106\ 090}{1{,}0609} = €\ 100\ 000$$

Kontrollrechnung: Nach einem Jahr ergibt der Anlagebetrag von € 100 000,00 bei einer Verzinsung von 3% p.a. € 103 000,00. Werden diese € 103 000,00 im zweiten Jahr nochmals mit 3% p.a. verzinst, haben wir als Ergebnis € 106 090,00.[255]

Weiter ist zu beachten, dass das **Risiko** eines Darlehensausfalls durch die vorzeitige Rückzahlung nicht mehr vorhanden ist. Deshalb muss sich die darlehensgebende Bank nach der herrschenden Meinung[256] dieses ersparte Risiko in Höhe von 0,014% bis 0,1% des Darlehensnennbetrages anrechnen lassen. Zudem hat die Bank wegen der vorzeitigen Rückzahlung des Darlehens keine **Verwaltungskosten** mehr. Berücksichtigt man, dass Girokonten mit einer Vielzahl von Buchungen für € 60,00 im Jahr geführt werden, während bei einem laufenden Darlehen nur noch die monatlichen Raten durch Lastschrift oder Dauerauftrag zu bezahlen sind, so erscheint nach einer richterlichen Schätzung gem. § 287 ZPO eine Ersparnis von € 30,00 bis € 60,00 angemessen. Die Bank

[254] Ausführlich dazu *Bruchner/Krepold* in *Schimansky/Bunte/Lwowski (Hrsg)*, Bankrechts-Handbuch, 3. Auflage 2007, § 79, Rn. 39 ff.
[255] Rechenweg: € 103 000 × (1+0,03) = € 106 909.
[256] A.A. Krepold, BKR 2009, 28.

hat aber nicht nur eine Ersparnis wegen der vorzeitigen Rückzahlung, sondern auch einen Aufwand, weil sie die Vorfälligkeit berechnen muss. Unter Berücksichtigung des Personalaufwands und der vorzuhaltenden EDV-Programme ist ein **Bearbeitungsentgelt** von € 250,00 bis € 500,00 angemessen (§ 287 ZPO). Der Gewinn für die Bank und die Schwankung des Zinsniveaus ist bereits in der Differenz zwischen dem vertraglich vereinbarten Sollzinssatz (Zins- und Tilgungsplan) und dem Passivzinssatz für die Anlage in Pfandbriefen enthalten. Zusammenfassend ergibt sich für die Berechnung der Vorfälligkeitsentschädigung:

\+ **Vergleich** des im **Darlehensvertrag** vereinbarten Zins- und Tilgungsplans **mit der Wiederanlage nach Pfandbriefrenditen,** Disagio und Abzinsung im Zahlungsstrommodell bereits enthalten;

Rechenformel: $K_n = K_0\left(1+\frac{p}{100}\right)^n$

k_n = zum vertraglichen Fälligkeitszeitpunkt geschuldeter Geldbetrag
k_0 = in Pfandbriefen „anzulegender“ Geldbetrag
p = Zinsfuß: Zinsen pro Jahr für ein Kapital von € 100,00
i = Zinssatz als Dezimalzahl p.a. (Beispiel: 0,03 p.a.)
q = Zinsfaktor: $q = 1 + \frac{p}{100} = 1 + i$
n = Zeit in Jahre

Rechenformel aufgelöst nach dem gesuchten „anzulegenden“ Geldbetrag:

$$K_0 = \frac{K_n}{\left(1+\frac{p}{100}\right)^n} = \frac{K_n}{(1+i)^n} = \frac{K_n}{q^n}$$

– **abzüglich** entfallendes Risiko, geschätzt nach § 287 ZPO:
0,014% p.a. bis 0,1% p.a.[257]

– **abzüglich** ersparte Verwaltungskosten, geschätzt nach § 287 ZPO:
€ 30,00 bis € 60,00 p.a.[258]

\+ **plus** Bearbeitungsentgelt, geschätzt nach § 287 ZPO:
pauschal € 250,00 bis € 500,00[259]

= **zu zahlender Betrag einschließlich der Vorfälligkeitsentschädigung**

Beispiel: Nettodarlehensbetrag € 100 000,00; mit Grundschuld gesichert; 3,18% p.a. Sollzinsen, fest bis 18.12. 2009; keine Tilgung; zum 18.12. 2009 noch fällige Gesamtforderung der G in Höhe von € 103 180,00 (Nettodarlehensbetrag € 100 000,00 zuzüglich der vertragsgemäß am 18.12. 2009 jährlich fälligen Zinsen in Höhe von € 3180,00); 1,89% p.a. Pfandbriefrendite für 1 Jahr;

[257] 0,014%-0,05 p.a. gem. BGH, Urteil vom 7.11. 2000 – XI ZR 27/00, NJW 2001, 509, 510 = WM 2001, 20, 22 = ZIP 2001, 20, 23; 0,014% p.a. gem. OLG Schleswig, WM 1998, 861, 863; 0,06% p.a. gem. OLG Hamm, WM 1998, 1811; 0,1% p.a. OLG Hamm, WM 1998, 1812; 0,06% p.a. gem. OLG Köln, WM 1999, 1661.

[258] *Rösler/Wimmer/Lang,* Vorzeitige Beendigung von Darlehensverhältnissen, S. 141.

[259] BGH NJW 1997, 2878 = WM 1997, 1799 = ZIP 1997, 1646, 1648.

Berechnung:

Vergleich des im **Darlehensvertrag** vereinbarten Zins- und Tilgungsplans **mit der Wiederanlage nach Pfandbriefrenditen**

Rechenformel: $K_n = K_0\left(1+\frac{p}{100}\right)^n$

k_n = zum vertraglichen Fälligkeitszeitpunkt geschuldeter Geldbetrag = € 103 180,00
k_0 = „anzulegender“ Geldbetrag
p = Zinsfuß: Zinsen pro Jahr für ein Kapital von € 100,00 = € 1,89
i = Zinssatz als Dezimalzahl p.a. = 0,0189
q = Zinsfaktor: $q = 1 + \frac{p}{100} = 1 + i = 1{,}0189$
n = Zeit in Jahre = 1

Rechenformel aufgelöst nach dem gesuchten „anzulegenden“ Geldbetrag:

$$K_0 = \frac{K_n}{\left(1+\frac{p}{100}\right)^n} = \frac{K_n}{(1+i)^n} = \frac{K_n}{q^n}$$

$$k_0 = \frac{€\ 103\ 180{,}00}{(1+0{,}0189)^1}$$

$$k_0 = \frac{103\ 180{,}00}{1{,}0189}$$ **€ 101 266,07**

Es müssen am 18.12. 2008 € 101 266,07 zu einem Zinssatz von 1,89% angelegt werden, um ein Jahr später am 18.12. 2009 die im Zins- und Tilgungsplan vereinbarten € 103 160,00 zu erhalten.

abzüglich entfallendes Risiko: 0,014% p.a. bis 0,1% p.a.:	**€ 14,– bis € 100,–**
abzüglich ersparte Verwaltungskosten:	**€ 30,– bis € 60,–**
plus Bearbeitungsentgelt	**€ 250,– bis € 500,–**
zu zahlender Betrag (einschließlich der Vorfälligkeitsentschädigung)	**€ 101 356,07 bis € 101 722,07**

Am 18.12. 2008 sind je nach Schätzung des Gerichts (§ 287 ZPO) zwischen € 101 356,07 und € 101 722,07 zu bezahlen. Die Vorfälligkeitsentschädigung beträgt ohne Berücksichtigung des Bearbeitungsentgeltes und unter Abzug des Nettodarlehensbetrages von € 100 000,00 zwischen € 1222,07 und 1106,07.

In der Praxis besteht der nachzubildende **Zahlungsstrom** aus einer **Vielzahl von nachzubildenden Ratenzahlungen und der am Ende der Laufzeit zu erbringenden Restschuld**, wobei abhängig von der jeweiligen Restlaufzeit der nachzubildenden Zahlungen ein unterschiedlicher Wiederanlagezins zu erzielen ist. Für jede einzelne nachzubildende Zahlung ist eine Berechnung nach dem vorstehend aufgezeigten Schema vorzunehmen und entsprechend **aufzuaddieren**. Erst von der so gebildeten Summe dürfen das entfallende Risiko und die ersparten Verwaltungskosten in Abzug gebraucht und das Bearbeitungsentgelt hinzuaddiert werden.

Für nicht grundpfandrechtlich gesicherte Darlehen wird die Vorfälligkeitsentschädigung künftig auf 1 % des vorzeitig zurückgezahlten Betrags bei Restlaufzeiten von weniger als einem Jahr, bzw. 0,5 % des vorzeitig zurückgezahlten Betrags bei Restlaufzeiten von einem Jahr und länger **begrenzt** werden (§ 502 Abs. 1 S. 2 BGB-E; gilt nicht für Immobiliendarlehen nach § 503 Abs. 1 BGB-E).[260]

3.1.5.6 Kündigung durch den Darlehensgeber

3.1.5.6.1 Überblick

Ist eine **Laufzeit für das Darlehen bestimmt**, kann der Darlehensgeber den Darlehensvertrag **nicht ordentlich kündigen**. Dies gilt unabhängig davon, ob ein veränderlicher oder fester Sollzinssatz vereinbart ist. Bei einem veränderlichen Zinssatz kann der Darlehensgeber diesen bei steigendem Zinsniveau erhöhen, bei einer Festzinsvereinbarung ist dies nicht möglich und bei einer laufzeitkongruenten Refinanzierung auch nicht nötig. Der Darlehensnehmer hat hier deshalb Sicherheit vor einem Zinsänderungsrisiko.

Dem Darlehensgeber ist bei einer vereinbarten bestimmten Laufzeit nur das **außerordentliche Kündigungsrecht** nach § 490 Abs. 1 BGB eröffnet.

3.1.5.6.2 Außerordentliche Kündigung nach § 490 Abs. 1 BGB

Die Voraussetzungen für die fristlose Kündigung sind nach § 490 Abs. 1 BGB[261]:

- **Darlehensvertrag**, gleich welcher Art, unabhängig davon, ob feste oder variable Zinsen vereinbart sind;
- tatsächlicher oder drohender **Eintritt einer wesentlichen Verschlechterung** in den Vermögensverhältnissen des Darlehensnehmers oder in der Werthaltigkeit einer für das Darlehen gestellten Sicherheit und eine dadurch
- **gefährdete Rückerstattung des Darlehens** unter Berücksichtigung der Sicherheitsverwertung

Maßgeblicher Zeitpunkt für die Gefahr ist die vertragliche Fälligkeit des Darlehensrückzahlungsanspruchs. Die Gefahr besteht darin, dass der Rückzahlungsanspruch nicht oder nur zum Teil erfüllt werden kann und trotz Verwertung der Sicherheit das Darlehen ausfallgefährdet ist.

Die tatsächliche oder drohende Verschlechterung der Vermögensverhältnisse oder der Werthaltigkeit der Sicherheiten ist durch einen **Vermögens-/Werthaltigkeitsvergleich zwischen dem Zeitpunkt des Darlehensvertragsabschlusses und dem Kündigungszeitpunkt** festzustellen.

Indizien für eine Verschlechterung der Vermögensverhältnisse sind insbesondere der Antrag auf Eröffnung des Insolvenzverfahrens, die Abgabe der eidesstattlichen Versicherung, erfolglose anderweitige Zwangsvollstreckungsmaßnahmen, mehrere rückständige Darlehensraten, fehlende Liquidität, laufende (nicht einmalige) Verluste, oder allumfassend eine Verschlechterung der Vermögens-, Finanz- und Ertragslage. Bei der

---

[260] Siehe auch Punkt 3.2.12.1.

[261] Bei Verbraucherdarlehen sind weitere Voraussetzungen zu erfüllen, zu den Besonderheiten vgl. Punkt 3.2.12.2.

Überprüfung der Werthaltigkeit der Sicherheiten kommt es nicht auf die Nominalbeträge in der Sicherheitenbestellung an (z.B. Grundschuld über € 1 000 000,00), sondern auf den tatsächlichen oder drohenden Wertverlust des grundpfandrechtlich belasteten Grundstücks.

Beispiel: Das von der Bayerischen Hypo- und Vereinsbank AG (B) mit € 1 000 000,00 finanzierte und mit einer Grundschuld von nominal € 1 000 000,00 belastete Mietshaus in Garmisch-Partenkirchen kann wegen eines geplanten Straßen- und Tunnelprojekts durch das Bergmassiv Kramer im Rahmen der Alpinen Skiweltmeisterschaft immer weniger vermietet werden. Drei der zehn Wohnungen stehen schon leer. Heute hat ein weiterer Mieter gekündigt. Die ortsansässigen Makler bewerten das Miethaus nur noch mit € 500 000,00. Weitere Sicherheiten sind nicht vorhanden. B kann außerordentlich kündigen.

Die **Verschlechterung** muss noch nicht eingetreten sein, es genügt, dass sie **mit einiger Wahrscheinlichkeit zu befürchten ist** (vgl. § 490 Abs. 1: „einzutreten droht").

Beispiel: Die darlehensnehmende Andechser Gastronomie GmbH (A) verliert in erster Instanz den Rechtsstreit mit dem Kloster Andechs, wonach es ihr erstens untersagt ist, die Marke „Andechs" weiter zu führen und sie zweitens verurteilt wird einen hohen Schadensersatz zu bezahlen[262], der zwangsläufig in die Insolvenz führen würde. Die darlehensgebende Bayerische Hypo- und Vereinsbank AG (B) muss nicht abwarten, ob dieses Urteil auch in den nächsten Instanzen Bestand hat, sondern kann sofort außerordentlich kündigen.

3.1.5.6.3 Außerordentliche Kündigung nach Nr. 19 Abs. 3 AGB-Banken

Die üblicherweise in jedem Darlehen vereinbarten AGB-Banken verschärfen mit Nr. 19 Abs. 3 das gesetzliche außerordentliche Kündigungsrecht nach § 490 Abs. 1 BGB. In Nr. 19 Abs. 3 ABG-Banken ist geregelt:

> **„Kündigung aus wichtigem Grund ohne Einhaltung einer Kündigungsfrist**
>
> Eine fristlose Kündigung der gesamten Geschäftsverbindung oder einzelner Geschäftsbeziehungen ist zulässig, wenn ein wichtiger Grund vorliegt, der der Bank, auch unter Berücksichtigung der berechtigten Belange des Kunden, deren Fortsetzung unzumutbar werden läßt. Ein solcher Grund liegt insbesondere vor,
>
> - wenn der Kunde unrichtige Angaben über seine Vermögensverhältnisse gemacht hat, die für die Entscheidung der Bank über eine Kreditgewährung oder über andere mit Risiken für die Bank verbundene Geschäfte (zum Beispiel Aushändigung einer Zahlungskarte) von erheblicher Bedeutung waren, oder
> - wenn eine wesentliche Verschlechterung der Vermögensverhältnisse des Kunden oder der Werthaltigkeit einer Sicherheit eintritt oder einzutreten droht und dadurch die Rückzahlung des Darlehens oder die Erfüllung einer sonstigen Verbindlichkeit gegenüber der Bank – auch unter Verwertung einer hierfür bestehenden Sicherheit – gefährdet ist, oder

---

[262] OLG München, Urteil vom 15.2. 2007 – 29 U 3166/06, WRP 2007, 560 = MarkenR 2007, 163

> - wenn der Kunde seiner Verpflichtung zur Bestellung oder Verstärkung von Sicherheiten nach Nr. 13 Abs. 2 dieser Geschäftsbedingungen oder aufgrund einer sonstigen Vereinbarung nicht innerhalb der von der Bank gesetzten angemessenen Frist nachkommt.
>
> Besteht der wichtige Grund in der Verletzung einer vertraglichen Pflicht, ist die Kündigung erst nach erfolglosem Ablauf einer zur Abhilfe bestimmten angemessenen Frist oder nach erfolgloser Abmahnung zulässig, es sei denn, dies ist wegen der Besonderheiten des Einzelfalles (§ 323 Abs. 2 und 3 BGB des Bürgerlichen Gesetzbuches) entbehrlich."

Ein wichtiger Grund nach dem allgemeinen Grundsatz in Satz 1 ist gegeben, wenn es der Bank unter Berücksichtigung aller Umstände des Einzelfalls und nach einer Abwägung der Interessen der Bank und des Kunden unzumutbar ist, die Geschäftsbeziehung bis zu deren vereinbarten Beendigung oder bis zum Ablauf der Kündigungsfrist fortzusetzen.

Satz 2 listet eine nicht abschließende Aufzählung („insbesondere") von Beispielen auf:

- Beispiel 1:
  Die vertrauensvolle Beziehung bei einem Darlehensvertrag erfordert **richtige Angaben** des darlehensnehmenden Kunden zu seiner finanziellen Situation. Kommt der Kunde hier seiner Verpflichtung, über alle erkennbar für die Darlehensentscheidung erheblichen Tatsachen vollständig aufzuklären, nicht nach, hat die Bank ein Recht zur außerordentlichen Kündigung. Der Kunde muss die Bank insbesondere über anderweitig bestehende Zahlungsverpflichtungen in voller Höhe informieren. Auch Informationen über seine Zahlungsmoral gehören zu den entscheidungserheblichen Angaben. Kann der Kunde bereits fällige Forderungen anderer Gläubiger nicht erfüllen, so hat er darauf hinzuweisen. **Unterlässt** der Kunde pflichtwidrig die vollständige Aufklärung, steht dies einer unrichtigen Angabe gleich.[263]
- Beispiel 2:
  Der in der Gefährdung der Darlehensrückzahlung liegende Kündigungsgrund des § 490 Abs. 1 BGB wird hier um die Gefährdung der **„Erfüllung einer sonstigen Verbindlichkeit"** erweitert. Darunter fallen alle Zahlungsverpflichtungen gegenüber der Bank, insbesondere auch Zinsen.
- Beispiel 3:
  Die Bank kann die **Bestellung und Verstärkung von Sicherheiten** verlangen. Die Verpflichtung auf Sicherheitenbestellung oder -verstärkung kann ausdrücklich im Darlehensvertrag vereinbart sein oder ergibt sich bei einer Veränderung des Darlehensrisikos aus Nr. 13 Abs. 2 AGB-Banken:

> „Veränderungen des Risikos
>
> Hat die Bank bei der Entstehung von Ansprüchen gegen den Kunden zunächst ganz oder teilweise davon abgesehen, die Bestellung oder Verstärkung von Sicherheiten zu verlangen, kann sie auch später noch eine Besicherung fordern. Voraus-

---

[263] Ausführlich *Bunte* in *Schimansky/Bunte/Lwowski*, Bankrechts-Handbuch, 3. Auflage 2007, § 24, Rn. 30 ff.

setzung hierfür ist jedoch, dass Umstände eintreten oder bekannt werden, die eine erhöhte Risikobewertung der Ansprüche gegen den Kunden rechtfertigen. Dies kann insbesondere der Fall sein, wenn

- sich die wirtschaftlichen Verhältnisse des Kunden nachteilig verändert haben oder sich zu verändern drohen, oder
- sich die vorhandenen Sicherheiten wertmäßig verschlechtert haben oder zu verschlechtern drohen.

Der Besicherungsanspruch der Bank besteht nicht, wenn ausdrücklich vereinbart ist, dass der Kunde keine oder ausschließlich im Einzelnen benannte Sicherheiten zu bestellen hat. Bei Verbraucherdarlehensverträgen besteht ein Anspruch auf die Bestellung oder Verstärkung von Sicherheiten nur, soweit die Sicherheiten im Kreditvertrag angegeben sind; wenn der Nettokreditbetrag € 50 000,00 übersteigt, besteht der Anspruch auf Bestellung oder Verstärkung auch dann, wenn der Kreditvertrag keine oder keine abschließenden Angaben über Sicherheiten enthält."

Durch das **willkürliche Verlangen weiterer Sicherheiten** kann die Bank demnach keinen wichtigen Grund zur Kündigung herbeiführen.

3.1.5.7 Rechtsfolgen

Die Kündigung beendet den Darlehensvertrag für die Zukunft. Sie dient dazu, die **Fälligkeit** des Rückzahlungsanspruchs herbeizuführen und dadurch den Leistungszeitpunkt festzulegen. Die Kündigung ist eine einseitige empfangsbedürftige Willenserklärung, muss also dem Erklärungsempfänger **zugehen** (§ 130 Abs. 1 S. 1 BGB). Die Kündigungserklärung bedarf keiner Form, kann also mündlich ergehen, sollte aber schon aus Beweisgründen schriftlich erfolgen.

Nach Nr. 19 Abs. 5 AGB-Banken[264] hat die Bank dem Darlehensnehmer grundsätzlich eine **angemessene Rückzahlungsfrist** einzuräumen.

Da mit der Kündigung das Darlehen nur fällig ist, müssen zur Begründung des **Verzugs** die weiteren Voraussetzungen erfüllt sein. Insbesondere ist grundsätzlich zu mahnen (§ 286 Abs. 1 S. 1 BGB), wobei die Mahnung mit der Kündigungserklärung verbunden werden kann und in der eingeräumten Rückzahlungsfrist „steckt".

Beispiel: Die darlehensgebende Bayerische Hypo- und Vereinsbank AG (B) kündigt der Andechser Gastronomie GmbH (A) am 4.5. 2009 außerordentlich, da A seit einem Jahr die jeweils zum 1. eines Monats fälligen Zinsen nicht bezahlt. B räumt eine Frist zur Rückzahlung bis zum 11.5. 2009 ein. A kommt mit der Rückzahlung des Darlehens mit Ablauf des 11.5. 2009 in Verzug, weil B die Rückzahlung bis zum 11.5. 2009 verlangt und damit angemahnt hat. Mit den Zinsen ist A dagegen bereits in Verzug, da die Leistungszeit nach dem Kalender bestimmt ist (§ 286 Abs. 2 Nr. 1 BGB).

---

[264] Nr. 19 Abs. 5 AGB-Banken (Abwicklung nach einer Kündigung) lautet: *Im Falle einer Kündigung ohne Kündigungsfrist wird die Bank dem Kunden für die Abwicklung (insbesondere für die Rückzahlung eines Kredits) eine angemessene Frist einräumen, soweit nicht eine sofortige Erledigung erforderlich ist (zum Beispiel bei der Kündigung des Scheckvertrages die Rückgabe der Scheckvordrucke).*

Darüber hinaus hat die Bank auch bei einer durch sie erklärten außerordentlichen Kündigung einen Anspruch auf **Vorfälligkeitsentschädigung**. Die Bank hat aufgrund des Darlehensvertrages eine gesicherte Zinserwartung. Da der Darlehensnehmer den Kündigungsgrund gesetzt und zu verantworten hat, muss er für den Schaden nach § 280 Abs. 1 BGB aufkommen.

3.2 Verbraucherdarlehensvertrag

Für Verbraucherdarlehensverträge gelten zahlreiche besondere Vorschriften, die zunächst im Verbraucherkreditgesetz (VerbrKrG) geregelt waren, das auf die Verbraucherkreditrichtlinie der EG vom 22.6. 1986 zurückging und am 1.1. 1991 in Kraft trat. Die Verbraucherdarlehensvorschriften gelten somit nur für Verbraucherdarlehen, die **ab dem 1.1. 1991** zu Stande gekommen sind.

Die Regelungen des Verbraucherkreditgesetzes sind mit dem am 1.1. 2002 in Kraft getretenen Schuldrechtsmodernisierungsgesetz inhaltlich nahezu unverändert in das BGB integriert worden und finden sich seitdem als **Sonderregelungen zum Verbraucherdarlehensvertrag in §§ 491 ff. BGB**. Durch die Umsetzung der neuen Verbraucherkreditlinie 2008/48/EG, ABL 2008 Nr L 133/66, in deutsches Recht steht eine umfangreiche Änderung der Verbraucherdarlehensvorschriften bevor. Da das deutsche Umsetzungsgesetz zum 11.06. 2010 in Kraft tritt, werden nachstehend neben der aktuellen Rechtslage auch deren Änderungen aufgrund des Regierungsentwurfs vom 21.1. 2009[265] geschildert.

3.2.1 Begriff des Verbraucherdarlehens

Das Verbraucherdarlehen ist in § 491 Abs. 1 BGB legal definiert; die Definition bleibt auch nach neuem Verbraucherdarlehensrecht unverändert. Es handelt sich danach um einen entgeltlichen Darlehensvertrag, der zwischen einem **Unternehmer** (vgl. § 14 BGB) **als Darlehensgeber und einem Verbraucher als Darlehensnehmer** abgeschlossen wird.

Verbraucher ist nach § 13 BGB jede **natürliche Person**, die ein Rechtsgeschäft zu einem Zweck abschließt, der **weder ihrer gewerblichen noch ihrer selbständigen beruflichen Tätigkeit zugeordnet** werden kann.

Auch eine aus mehreren natürlichen Personen zusammengeschlossene **Gesellschaft bürgerlichen Rechts kann**, obwohl sie ständiger Rechtsprechung als (beschränkt) rechtsfähig anerkannt wird[266], nach Auffassung des **BGH Verbraucher** sein.[267] Denn

---

[265] BT DrS 16/11643, zu finden unter www.bundestag.de; im Folgenden abgekürzt mit dem Vermerk „-E" hinter dem jeweiligen Gesetz, z.B. BGB-E, EGBGB-E, usw.

[266] Die Rechtsfähigkeit der GbR wurde mit der grundlegenden Entscheidung des BGH, Urteil vom 29.1. 2001 – II ZR 331/01, NJW 2001, 1056 = WM 2001, 408 = ZIP 2001, 330, anerkannt.

[267] BGH, Urteil vom 23.10. 2001 – XI ZR 63/01, NJW 2002, 368 = WM 2001, 2379 = ZIP 2001, 224 = BKR 2002, 26.

an der Schutzwürdigkeit des Verbrauchers ändert sich nichts, nur weil er einen Zweck gemeinsam mit anderen verfolgt. Ob eine GbR im Einzelfall Verbraucher ist, richtet sich danach, ob sie nur das GbR-Vermögen verwaltet (also private Vermögensverwaltung betreibt), oder ob sie eine gewerbliche oder selbständig berufliche Tätigkeit ausübt. Um die private von der berufsmäßigen Vermögensverwaltung abzugrenzen, kommt es auf den Umfang der mit ihr verbundenen Geschäfte an: Erfordern diese einen planmäßigen Geschäftsbetrieb, wie etwa die Unterhaltung eines Büros oder einer Organisation, so liegt eine gewerbliche Betätigung vor.[268] Nicht entscheidend ist die Höhe der verwalteten Werte oder der Kreditbetrag. Bei der Vermietung von Immobilien ist also nicht deren Größe entscheidend, sondern **Umfang, Komplexität und Anzahl der damit verbundenen Vorgänge**.

Beispiel: Eine GbR vermietet ein Drei-Familienhaus in bester Lage am Rande des Englischen Gartens in München. Da nur ein einziges – wenn auch sehr wertvolles – Objekt an wenige Personen vermietet wird, handelt es sich um private Vermögensverwaltung; die GbR ist Verbraucher.

Nach der Legaldefinition des § 13 BGB sind **Existenzgründer** keine Verbraucher, sondern Unternehmer. Trotz ihrer Unternehmereigenschaft werden Existenzgründer jedoch beim Abschluss von Darlehensverträgen durch das Verbraucherdarlehensrecht geschützt, indem sie Verbrauchern gleichgestellt werden: Nach § 507 BGB gelten die §§ 491–506 BGB ausdrücklich auch für natürliche Personen, die sich ein Darlehen für die Aufnahme einer gewerblichen oder selbständigen beruflichen Tätigkeit gewähren lassen, jedoch nur, wenn der Nettodarlehensbetrag[269] € 50 000,00 nicht übersteigt. Gleiches gilt nach § 512 BGB-E; allerdings gelten die Verbraucherdarlehensvorschriften künftig für alle Darlehen an Existenzgründer bis zu einem Nettodarlehensbetrag von € 75 000,00.

Geschäftsführer einer GmbH sind, auch wenn sie geschäftsführende Allein- oder Mehrheitsgesellschafter sind, nach ständiger Rechtsprechung des BGH Verbraucher.[270]

Für den **Schuldbeitritt** eines Verbrauchers zu einem Darlehen gelten die Formvorschriften entsprechend, weil der Verbraucher, der einem Darlehen als weiterer Gesamtschuldner beitritt, genauso schutzwürdig ist wie der Darlehensnehmer selbst. Dabei ist unerheblich, ob der Darlehensvertrag, dem der Verbraucher beitritt, ein Verbraucherdarlehen ist, wesentlich ist allein, dass der Beitretende zum Zeitpunkt seines Schuldbeitritts Verbraucher ist.[271]

---

[268] Vgl. BGH, Urteil vom 23.10. 2001 – XI ZR 63/01, NJW 2002, 368 = WM 2001, 2379 = ZIP 2001, 224 = BKR 2002, 26 mwN.

[269] Zum Nettodarlehensbetrag siehe Punkt 3.2.4.

[270] Der BGH hat an seiner ständigen Rechtsprechung trotz der in der Literatur zahlreich geäußerten Kritik festgehalten, vgl. zuletzt BGH, Urteil vom 24.7. 2007 – XI ZR 208/06, WM 2007, 1833 = ZIP 2007, 1850 = BKR 2007, 458.

[271] BGH, Urteil vom 5.6. 1996 – VIII ZR 151/95, NJW 1996, 2156 = WM 1996, 1258 = ZIP 1996, 1209.

3.2.2 Anwendungsausschlüsse und Sonderregelungen

§ 491 Abs. 2 BGB bestimmt, auf welche Verträge die Verbraucherdarlehensvorschriften **insgesamt keine Anwendung** finden, z. B. Verbraucherdarlehen, bei denen der Nettodarlehensbetrag € 200,00 nicht übersteigt, Darlehen des Arbeitgebers an seinen Arbeitnehmer zu Zinsen unterhalb marktüblicher Zinsen und Förderdarlehen aus öffentlichem Interesse.

Daneben sind in **§ 491 Abs. 3 BGB** Verbraucherdarlehensverträge genannt, auf die die Sondervorschriften für Verbraucherdarlehen **nur teilweise Anwendung** finden, z. B. in ein gerichtliches Protokoll aufgenommene oder notariell beurkundete Darlehen oder Darlehen zur Finanzierung des Erwerbs von Wertpapieren (letztgenannte Ausnahmeregelung findet sich mit Inkrafttreten des neuen Verbraucherdarlehensrechts in § 358 Abs. 6 BGB-E). Zudem gibt es ein paar „verstreute" Sonderregelungen für **Immobiliendarlehen** (z. B. § 492 Abs. 1a BGB, § 497 Abs. 4 BGB; künftig zusammengefasst in § 503 BGB-E) und für **Überziehungskredite** (§ 493 BGB, § 495 Abs. 2 BGB, künftig zusammengefasst in §§ 504, 505 BGB-E). Diese Sonderformen sind in Punkt 3.2.14 erläutert.

3.2.3 Vorvertragliche Informationspflichten nach neuem Recht

Mit § 491a BGB-E werden **künftig** vorvertragliche Informationspflichten des Darlehensgebers eingeführt. Worüber der Darlehensgeber informieren muss, ist in Art. 247 §§ 1 bis 5 EGBGB-E aufgeführt. Die Unterrichtung muss durch Verwendung der Europäischen **Standardinformation für Verbraucherkredite** erfolgen, vgl. Art. 247 § 2 Abs. 1 EGBGB-E, es sei denn, es handelt sich um eine Rückzahlungsvereinbarung iSd. § 495 Abs. 3 Nr. 1 BGB-E, ein Immobiliendarlehen iSd. § 503 BGB-E oder eine eingeräumte Überziehung iSd. § 504 BGB-E. Das Standard-Merkblatt findet sich in Anlage 3; es umfasst drei DIN A4-Seiten mit 1. Angaben zum Kreditgeber, 2. Beschreibung der wesentlichen Merkmale des Kredits, 3. Kreditkosten, 4. „andere wichtige rechtliche Aspekte" wie das Widerrufsrecht und das Recht zur vorzeitigen Rückzahlung und ggf. 5. zusätzliche Informationen beim Fernabsatz von Finanzdienstleistungen. Dabei umfassen die Ziffern 2. und 3. weitgehend diejenigen Angaben, die auch im Verbraucherdarlehensvertrag selbst zu machen sind (z. B. Nettodarlehensbetrag, effektiver Jahreszins, Gesamtbetrag).

Banken werden also künftig dem Verbraucher, der an einem Kredit interessiert ist, ein umfangreiches Merkblatt ausfüllen müssen. Ob diese zusätzliche Informationsflut wirklich dem Verbraucherschutz dient, kann bezweifelt werden, zumal der Verbraucher nach § 491a Abs. 2 BGB-E außerdem einen **Entwurf des Verbraucherdarlehensvertrags** verlangen kann. Diese Frage ist jedoch müßig, da die vorvertraglichen Informationspflichten durch die Verbraucherkreditrichtlinie vorgegeben sind.

Über diese eher formalen Anforderungen hinaus führt § 491a Abs. 3 BGB-E die Pflicht für den Darlehensgeber ein, dem **Darlehensnehmer „angemessene Erläuterungen zu geben**, damit der Darlehensnehmer in die Lage versetzt wird, zu beurteilen, ob der Vertrag dem von ihm verfolgten Zweck und seinen Vermögensverhältnissen gerecht wird. Hierzu sind gegebenenfalls die vorvertraglichen Informationen gemäß Absatz 1, die

Hauptmerkmale der vom Darlehensgeber angebotenen Verträge sowie ihre vertragstypischen Auswirkungen auf den Darlehensnehmer, einschließlich der Folgen bei Zahlungsverzug, zu erläutern." Die Bank muss dem Darlehensnehmer also den Vertrag, dessen Bedingungen sowie die **finanziellen Belastungen** verständlich machen, damit dieser selbst beurteilen kann, ob der Darlehensvertrag „für ihn passt" und ob er sich das Darlehen „leisten" kann. Da „erläutern" weniger ist als „beraten", muss die Bank dem Darlehensnehmer nicht empfehlen, welches der „beste" Darlehensvertrag für seine Zwecke ist. Zudem ist die Bank auch künftig **nicht verpflichtet, zu überprüfen, ob der vom Darlehensnehmer verfolgte Zweck sinnvoll ist.**[272]

> **Beispiel:** Ein allein verdienender Familienvater mit drei Kindern, dessen Familie mit seinem Gehalt gerade eben so „über die Runden kommt", möchte den Ratenkredit bei seiner Bank von aktuell € 10 000,00 auf € 17 500,00 aufstocken. Er möchte mit sich ein neues Familienauto für 10 000 € kaufen. Zwar hat er ein fahrtüchtiges Fahrzeug mit einem Zeitwert von ca. € 4000,00. Dieses will er (trotz des höheren Zeitwerts) verschrotten lassen, um die Abwrackprämie von € 2500,00 zu erhalten. Mit dem zusätzlichen Kreditbetrag von € 7500,00 und der Abwrackprämie von € 2500,00 finanziert er das neue Familienauto.

Die Bank muss den Kunden zwar darüber aufklären, welche zusätzlichen Kosten dadurch auf ihn zukommen und was bei einer Kündigung passiert. Sie muss ihm jedoch **nicht von der Kreditaufstockung zum wirtschaftlich sinnlosen Zweck**, ein neues Fahrzeug zu erwerben, obwohl ein Fahrzeug vorhanden ist, **abraten**. Denn dies wäre eine Beratung des Kunden, die gerade nicht geschuldet ist.

Entgegen der Wünsche der Verbraucherschutzverbände gibt es auch künftig **keine Pflicht** der Bank zur sog. **„verantwortungsvollen Kreditvergabe"**. Die Bank ist also weiterhin zivilrechtlich gegenüber dem Darlehensnehmer nicht verpflichtet, zu prüfen, ob sich der Darlehensnehmer das Darlehen leisten kann. Es besteht **nur eine aufsichtsrechtliche Pflicht** zur Kreditwürdigkeitsprüfung vor der Kreditausreichung oder einer erheblichen Erhöhung des Nettodarlehensbetrags, vgl. § 18 Abs. 2 KWG-E.

3.2.4 Überblick über Pflichtangaben und Sanktionen

In **§ 492 BGB** sind bestimmte Formerfordernisse für Verbraucherdarlehen vorgesehen, nämlich **Schriftform** und gewisse **Pflichtangaben**. **§ 494 BGB regelt die Folgen**, wenn § 492 BGB nicht eingehalten wird. Meist führt das Fehlen einer Pflichtangabe zur **Nichtigkeit** des Darlehens, die allerdings **durch Auszahlung geheilt** werden kann. Trotz Heilung des Darlehensvertrags führt das Fehlen gewisser Pflichtangaben jedoch zum Eintritt von **Sanktionen**; der Darlehensgeber soll also einen Nachteil davon tragen, wenn er bestimmte, besonders wichtige Mindestangaben nicht in den Vertrag aufnimmt.

Diese Regelungssystematik behält auch der Regierungsentwurf bei. Allerdings werden die Angabepflichten bei Verbraucherdarlehen erweitert und außerdem aus dem BGB ausgelagert in Art. 247 §§ 6 bis 13 EGBGB-E, vgl. § 491 Abs. 2 BGB-E. Leider wurde

---

[272] So ausdrücklich die Gesetzesbegründung, BT-Drucks. 16/11643, S. 119.

dadurch keine Übersichtlichkeit geschaffen, zumal Art. 247 § 6 EGBGB-E, der die Pflichtangaben enthält, in weiten Teilen auf die in Art. 247 § 3 EGBGB-E geregelten vorvertraglichen Informationspflichten verweist.

3.2.4.1 Pflichtangaben mit Sanktion trotz Heilung

Nachfolgend eine Übersicht über die Pflichtangaben nach bisherigem und neuem Recht, deren Fehlen zur Nichtigkeit des Darlehens führt, und die eine Sanktion für den Darlehensgeber nach sich ziehen, auch wenn die Nichtigkeit des Darlehens geheilt wird:

Pflichtangabe § 492 Abs. 1 BGB (§ 492 Abs. 2 BGB-E i.V.m. Art. 247 §§ 6 bis 13 EGBGB-E)	**Sanktion für fehlende Pflichtangabe** § 494 Abs. 2 S. 2 bis S. 6 BGB (§ 494 Abs. 2 S. 2, Abs. 3 bis Abs. 6 EGBGB-E)
Schriftform, § 492 Abs. 1 BGB vgl. Punkt 3.2.5.	**Abhängig davon, ob und welche Pflichtangabe im Einzelfall fehlt**, vgl. Punkt 3.2.8.5.
Gesamtbetrag, § 492 Abs. 1 S. 5 Nr. 2 BGB Art. 247 § 6 Abs. 1 Nr. 1, § 3 Abs. 1 Nr. 8 EGBGB-E, vgl. Punkt 3.2.6.1. **Ausnahme für Immobiliendarlehen:** § 492 Abs. 1a BGB Art. 247 § 9 Abs. 1 S. 1 EGBGB-E, vgl. Punkt 3.2.14.1.	**Zinssatzermäßigung auf gesetzlichen Zins**, § 494 Abs. 2 S. 2 BGB vgl. Punkt 3.2.8.1.
Zinssatz = Sollzinssatz[273] § 492 Abs. 1 S. 5 Nr. 4 BGB (Art. 247 § 6 Abs. 1 Nr. 1, § 3 Abs. 1 Nr. 5 EGBGB-E)	**Zinssatzermäßigung auf gesetzlichen Zins**, § 494 Abs. 2 S. 2 BGB vgl. Punkt 3.2.8.1.
Sonstige Kosten, z. B. Bearbeitungsentgelt. Vermittlungskosten; zu Versicherungkosten vgl. Punkt 3.2.6.3. § 492 Abs. 1 S. 5 Nr. 4 BGB (Art. 247 § 6 Abs. 1 Nr. 1, § 3 Abs. 1 Nr. 10 EGBGB-E)	**An Kreditgeber zu zahlende Kosten nicht geschuldet, bei an Dritte zu zahlenden, nicht angegebenen Kosten keine Sanktion**, § 494 Abs. 2 S. 3 BGB (§ 494 Abs. 4 S. 1 BGB-E), vgl. Punkt 3.2.8.3.
Effektiver Jahreszins, § 492 Abs. 1 S. 5 Nr. 5 BGB (Art. 247 § 6 Abs. 1 Nr. 1, § 3 Abs. 1 Nr. 3 EGBGB-E) vgl. Punkt 3.2.6.2.	**Fehlende Angabe: Zinssatzermäßigung auf gesetzlichen Zins**, § 494 Abs. 2 S. 2 BGB (§ 494 Abs. 2 S. 2 iVm. Abs. 3 BGB-E) **Zu niedrige Angabe: entsprechende Zinssatzermäßigung**, § 494 Abs. 3 BGB/BGB-E vgl. Punkt 3.2.8.1. und 3.2.8.2.
Zinsanpassungsklausel bei variablen Darlehen, § 492 Abs. 1 S. 5 Nr. 5 BGB (Art. 247 § 6 Abs. 1 Nr. 1, § 3 Abs. 4 EGBGB-E)	**Zinserhöhung zum Nachteil des Verbrauchers nicht zulässig**, § 494 Abs. 2 S. 5 BGB (§ 494 Abs. 4 S. 2 BGB-E) vgl. Punkt 3.2.8.1.

[273] Gemeint ist der Nominalzinssatz, mit dem das Darlehen verzinst wird; der Sollzinssatz wird künftig in § 489 Abs. 5 BGB-E legal definiert. Der bisher als „fester Zinssatz" bezeichnete Nominalzins wird künftig „gebundener Sollzinssatz" heißen.

Pflichtangabe § 492 Abs. 1 BGB (§ 492 Abs. 2 BGB-E i.V.m. Art. 247 §§ 6 bis 13 EGBGB-E)	**Sanktion für fehlende Pflichtangabe** § 494 Abs. 2 S. 2 bis S. 6 BGB (§ 494 Abs. 2 S. 2, Abs. 3 bis Abs. 6 EGBGB-E)
Zu bestellende Sicherheiten § 492 Abs. 1 S. 5 Nr. 7 BGB[274] (Art. 247 § 7 Nr. 2 EGBGB-E) **Bei schon bestellten Sicherheiten genügt Hinweis auf ihr Fortbestehen.**[275]	**Nicht genannte Sicherheiten können nicht gefordert werden, wenn Nettodarlehensbetrag max. € 50 000,00 (neu: € 75 000,00); kein Bereicherungsanspruch bei bereits bestellten Sicherheiten**, § 494 Abs. 2 S. 6 BGB (§ 494 Abs. 6 S. 2, 3 BGB-E) vgl. Punkt 3.2.8.4.
Nur nach neuem Recht: Vertragslaufzeit, Art. 247 § 6 Abs. 1 Nr. 1, § 3 Abs. 1 Nr. 6 EGBGB-E	**Darlehensnehmer ist jederzeit zur Kündigung ohne Vorfälligkeitsentschädigung berechtigt**, §§ 494 Abs. 6 S. 1, 502 Abs. 2 Nr. 2 BGB-E
Nur nach neuem Recht: Angabe des einzuhaltenden Verfahrens bei der Kündigung des Vertrags, Art. 247 § 6 Abs. 1 Nr. 5 EGBGB-E	**Darlehensnehmer ist jederzeit zur Kündigung ohne Vorfälligkeitsentschädigung berechtigt** §§ 494 Abs. 6 S. 1, 502 Abs. 2 Nr. 2 BGB-E
Nur nach neuem Recht: Berechnungsmethode für eine Vorfälligkeitsentschädigung, Art. 247 § 7 Nr. 3 EGBGB-E	**Darlehensgeber kann keine Vorfälligkeitsentschädigung verlangen** § 502 Abs. 2 Nr. 2 BGB-E
Nur nach neuem Recht: Verzugszinssatz und die Art und Weise seiner etwaigen Anpassung sowie ggf. anfallende Verzugskosten, Art. 247 § 6 Abs. 1 Nr. 1, § 3 Abs. 1 Nr. 11 EGBGB-E	**Verzugszinsen können nicht erhöht werden, wenn die Art und Weise ihrer Anpassung nicht angegeben ist** § 494 Abs. 4 S. 2 BGB-E

Tabelle 3-2-4-1 Pflichtangaben und Sanktionen

Zusätzlich werden nach neuem Recht der Hinweis auf **Bestehen oder Nichtbestehen eines Widerrufsrechts** nach Art. 247 § 6 Abs. 1 Nr. 1 i.V.m. § 3 Abs. 1 Nr. 13 EGBBG-E und nach Art. 247 § 6 Abs. 2 EGBGB-E **weitere Angaben zum Widerrufsrecht** zur Pflichtangabe, deren Fehlen zur Nichtigkeit des Darlehens führt. Sind die Angaben nicht ordnungsgemäß, führt das zur **unbefristeten Widerrufsmöglichkeit** für den Darlehensnehmer.[276]

3.2.4.2 Pflichtangaben ohne Sanktion im Fall der Heilung

Pflichtangaben, deren Fehlen zwar zur Nichtigkeit des Darlehensvertrags führt, deren **Fehlen** im Fall der Heilung jedoch **folgenlos** bleibt, sind die Folgenden:

---

[274] Sind zu bestellende Sicherheiten nicht angegeben, führt dies weder nach aktuellem noch nach neuem Recht zur Nichtigkeit des Darlehensvertrags. Trotzdem konnten nicht angegebene Sicherheiten nicht gefordert werden. Vgl. hierzu unten Punkt 3.2.8.5.

[275] So die Begründung des Regierungsentwurfs zu § 4 VerbrKrG, BT-Drucks. 11/5462, S. 20.

[276] Zum Widerrufsrecht nach neuem Verbraucherdarlehensrecht siehe Punkt 3.2.9.3.

- **Nettodarlehensbetrag, ggf. die Höchstgrenze des Darlehens**, § 492 Abs. 2 Nr. 1 BGB; der Nettodarlehensbetrag ist in § 491 Abs. 2 Nr. 1 als der auszuzahlende Darlehensbetrag legal definiert; bei variabel ausnutzbaren Kontokorrentkrediten ist die Höchstgrenze anzugeben. Nach Art. 247 § 6 Abs. 1 Nr. 1, § 3 Abs. 1 Nr. 4 EGBGB-E ist nur der **Nettodarlehensbetrag** anzugeben, der allerdings neu in Art. 247 § 3 Abs. 2 S. 2 EGBGB-E als der Höchstbetrag, auf den der Darlehensnehmer aufgrund des Darlehensvertrags Anspruch hat, definiert ist. Damit ist nun mit dem Begriff Nettodarlehensbetrag sogleich auch die Höchstgrenze bei Kontokorrentkrediten umfasst und bedarf keiner gesonderten Erwähnung mehr.
- **Art und Weise der Rückzahlung oder Regelung der Vertragsbeendigung**, § 492 Abs. 1 S. 5 Nr. 3 BGB. Nach neuem Recht ist diese Angabe nicht mehr vorgesehen; stattdessen sind die Vertragslaufzeit und das Verfahren bei Kündigung des Vertrags anzugeben. Fehlen die Angaben zur Vertragslaufzeit und zur Kündigung, sind künftig Sanktionen vorgesehen.[277]
- **Kosten für Restschuld- und sonstige Versicherungen**, insbesondere als Tilgungsersatz dienende Lebensversicherung, § 492 Abs. 1 S. 5 Nr. 6 BGB. Die explizite Pflicht, Versicherungskosten anzugeben, entfällt mit dem neuen Verbraucherdarlehensrecht.[278]

Mit dem **neuen Verbraucherdarlehensrecht** werden über die vorgenannten Angaben hinaus **weitere Angabepflichten** eingeführt, die zwar die **Nichtigkeit** des Darlehensvertrags, im Falle dessen Heilung jedoch **keine Sanktion** nach sich ziehen; dabei handelt es sich gemäß § 492 Abs. 2 BGB-E um:

- **Name und Anschrift des Darlehensgebers**, Art. 247 § 6 Abs. 1 Nr. 1, § 3 Abs. 1 Nr. 1 EGBGB-E und **Name und Anschrift des Darlehensnehmers**, Art. 247 § 6 Abs. 1 Nr. 2 EGBGB-E
- **Art des Darlehens** (z.B. Ratenkredit, Kontokorrentkredit), Art. 247 § 6 Abs. 1 Nr. 1, § 3 Abs. 1 Nr. 2 EGBGB-E
- **Betrag, Zahl und Fälligkeit der einzelnen Teilzahlungen**, Art. 247 § 6 Abs. 1 Nr. 1, § 3 Abs. 1 Nr. 7 EGBGB-E
- **Auszahlungsbedingungen**, Art. 247 § 6 Abs. 1 Nr. 1, § 3 Abs. 1 Nr. 9 EGBGB-E
- **Warnhinweis zu den Folgen ausbleibender Zahlungen**, Art. 247 § 6 Abs. 1 Nr. 1, § 3 Abs. 1 Nr. 12 EGBGB-E
- **Recht des Darlehensnehmers, das Darlehen vorzeitig zurückzuzahlen**, Art. 247 § 6 Abs. 1 Nr. 1, § 3 Abs. 1 Nr. 14 RegE-EGBG,
- **Aufsichtsbehörde,** Art. 247 § 6 Abs. 1 Nr. 3 EGBGB-E,
- **Hinweis auf Anspruch des Darlehensnehmers auf Tilgungsplan**, Art. 247 § 6 Abs. 1 Nr. 4 EGBGB-E; dieser Anspruch ist in § 492 Abs. 3 S. 2 BGB-E i.V.m. Art. 247 § 14 EGBGB-E geregelt.
- **Sämtliche weitere Vertragsbedingungen**, Art. 247 § 6 Abs. 1 Nr. 6 EGBGB-E

---

[277] Siehe oben Tabelle 3-2-4-1.

[278] Im Einzelnen zur Angabe von Versicherungskosten siehe Punkt 3.2.6.3; dazu dass deren fehlende Angabe sanktionslos bleibt, siehe Punkt 3.2.8.3.

3.2.4.3 Pflichtangaben, deren Fehlen keine Nichtigkeit nach sich zieht

Während das bisherige Verbraucherdarlehensrecht nur Pflichtangaben kennt, deren Fehlen zur Nichtigkeit des Darlehens, bzw. zu einer Sanktion führt, sieht das **neue Verbraucherdarlehensrecht weitere Pflichtangaben** vor, deren Fehlen allerdings **nicht die Nichtigkeit des Darlehensvertrags und auch keine Sanktion nach sich zieht**, weil sie in § 494 Abs. 2 BGB-E nicht genannt sind:

- Hinweis auf etwaige vom Darlehensnehmer zu tragende **Notarkosten**, Art. 247 § 7 Nr. 1 EGBGB-E,
- **Versicherungen**, Art. 247 § 7 Nr. 2 EGBGB-E[279],
- Zugang des Darlehensnehmers zu einem **außergerichtlichen Beschwerde- und Rechtsbehelfsverfahren** und ggf. die Voraussetzungen für diesen Zugang, Art. 247 § 7 Nr. 4 EGBGB-E

3.2.5 Schriftformerfordernis

Verbraucherdarlehensverträge müssen **schriftlich** abgeschlossen werden, § 492 Abs. 1 S. 1 BGB. Der Schriftform ist (abweichend von § 126 BGB) genügt, wenn die Erklärungen von Darlehensnehmer und Darlehensgeber getrennt voneinander sind; zudem bedarf die Erklärung des Darlehensgebers keiner Unterzeichnung, wenn sie mithilfe einer automatischen Einrichtung erstellt wird (§ 492 Abs. 1 S. 3, 4 BGB). Ebenfalls abweichend von § 126 BGB ist die **elektronische Form** ausdrücklich ausgeschlossen, § 492 Abs. 1 S. 2 i.V.m. § 126 Abs. 3 BGB. § 491 Abs. 1 S. 2 entfällt mit In-Kraft-Treten des neuen Verbraucherdarlehensrechts, so dass künftig Darlehensverträge auch in elektronischer Form möglich sind.

Zusätzlich muss die vom Darlehensnehmer zu unterzeichnende Erklärung die **Pflichtangaben** gemäß § 492 Abs. 1 S. 5 BGB (§ 492 Abs. 2 BGB-E i.V.m. Art. 247 §§ 6 bis 13 EGBGB-E) enthalten. Wegen des damit verfolgten Zwecks, den Darlehensnehmer über die Konditionen des Vertrags zu informieren, reicht eine **Blankounterschrift** des Darlehensnehmers unter die nicht mit den Pflichtangaben versehene Vertragsurkunde **nicht** aus.[280]

Der Schriftform ist **nicht genügt**, wenn der Bank die vom Darlehensnehmer unterzeichnete Erklärung nur **per Fax** vorliegt. Denn es reicht nicht, wenn die Erklärung in der erforderlichen Form abgegeben wird; nach § 130 BGB wird die Erklärung erst mit ihrem Zugang wirksam. Dementsprechend muss eine formbedürftige Erklärung der anderen Seite in der erforderlichen Form zugehen. Eine (Fax-)Kopie genügt demnach nicht.[281]

---

[279] Zusätzlich sieht Art. 247 § 7 Nr. 2 EGBGB-E die Angabe von Sicherheiten vor. Sind zu bestellende Sicherheiten nicht angegeben, führt das zwar nicht zur Nichtigkeit des Darlehensvertrags, zieht aber dennoch die Sanktion nach sich, dass die nicht angegebenen Sicherheiten nicht gefordert werden können, vgl. § 494 Abs. 6 S. 2 BGB-E, siehe hierzu die Übersicht unter Punkt 3.2.4.1 und näheres unter Punkt 3.2.8.4.

[280] BGH, Urteil vom 25.4. 2006 – XI ZR 106/05, NJW 2006, 1955 = WM 2006, 1067/1070 = ZIP 2006, 1084 = BKR 2006, 333.

[281] BGH, Urteil vom 30.7. 1997 – VIII ZR 244/96, NJW 1997, 3169 = WM 2007, 2000 = ZIP 1997, 1694.

Trotz Schriftformerfordernis ist es grundsätzlich möglich, dass der Verbraucher gemäß § 151 BGB **konkludent auf den Zugang der Annahmeerklärung der Bank verzichtet**. Dies hat der BGH zum **Schuldbeitritt** eines Verbrauchers zu einem Darlehensvertrag entschieden; im zu entscheidenden Fall hatte die Bank dem Verbraucher gegenüber nicht ausdrücklich die Annahme des Schuldbeitritts erklärt.[282]

Liegt jedoch kein Verzicht auf das Zugangserfordernis vor, verlangt das Schriftformerfordernis, dass dem Verbraucher die Annahmeerklärung der Bank im Original zugeht, wie der BGH für eine **Konditionenanpassungsvereinbarung** entschieden hat.[283] Ein Verzicht auf das Zugangserfordernis lag nach den vom BGH nicht weiter thematisierten Feststellungen des Berufungsgerichts nicht vor. Mit diesem Urteil ist auch die bis dato streitige Frage, dass auch für Konditionenanpassungsvereinbarungen das **Schriftformerfordernis** gilt, geklärt.

Beispiel: Die Bank sandte den Darlehensnehmern ein Vertragsformular zu, welches die Darlehensnehmer unterzeichnet an die Bank zurück sandten. Die Bank nahm den Darlehensvertrag erst viele Monate später an und sandte ihn auch erst dann an die Darlehensnehmer zurück.

Der BGH[284] entschied, dass in der verspäteten Annahme ein neues Angebot der Bank lag, das die Darlehensnehmer konkludent durch die entsprechende Ratenzahlung angenommen hatten. Die **konkludente Annahmeerklärung der Darlehensnehmer** erfüllt jedoch **nicht** das **Schriftformerfordernis**.

Das Schriftformerfordernis verlangt also den **wechselseitigen Zugang der schriftlichen Erklärungen bei der jeweils anderen Partei**, also nicht nur den Zugang der vom Darlehensnehmer unterzeichneten Erklärung im Original, sondern auch den Zugang der von der Bank unterzeichneten (Annahme-) Erklärung beim Darlehensnehmer. Von einem **Verzicht** auf den Zugang der Annahmeerklärung der Bank beim Darlehensnehmer kann bei einem Schuldbeitritt häufig ausgegangen werden, sonst nur je nach den Umständen des Einzelfalls.

Im Ergebnis bleiben Verstöße gegen das Schriftformerfordernis für die Bank **regelmäßig folgenlos**, denn im Normalfall tritt durch Auszahlung des Darlehens Heilung ein.[285] Eine Sanktion ist vom Gesetzgeber nicht vorgesehen, so dass es vom Einzelfall abhängt, ob die fehlende Schriftform zur mangelnden Information über eine Pflichtangabe geführt hat.[286]

3.2.6 Einzelheiten zu ausgewählten Pflichtangaben

Die Pflichtangaben sind in § 492 Abs. 1 S. 5 Nr. 1–7 BGB aufgezählt. Mit Umsetzung der Verbraucherkreditrichtlinie wird das BGB nur noch in § 492 Abs. 2 BGB-E auf

---

[282] Vgl. BGH, Urteil vom 27.4. 2004 – IX ZR 49/03, WM 2004, 1381 = ZIP 2004, 1303 (zu § 4 VerbrKrG).

[283] Vgl. BGH, Urteil vom 6.12. 2005 – XI ZR 139/05, NJW 2006, 681 = WM 2006, 217 = ZIP 2006, 224.

[284] BGH, Urteil vom 18.12. 2007 – XI ZR 324/06, WM 2008, 967 = ZIP 2008, 962.

[285] Vgl. zur Heilung Punkt 3.2.7.

[286] Dann gilt die für das Fehlen dieser Pflichtangabe vorgesehene Sanktion, vgl. Punkt 3.2.8.5.

Art. 247 §§ 6 bis 13 EGBGB-E verweisen, die die Pflichtangaben enthalten, wobei Art. 247 § 6 Abs. 1 Nr. 1 EGBGB-E auf weitere Pflichtangaben gemäß § 3 Abs. 1 Nr. 1–14 EGBGB-E verweist.[287]

3.2.6.1 Gesamtbetrag aller vom Darlehensnehmer zu leistenden Zahlungen

Wichtig ist zunächst: Bei **Immobiliendarlehensverträgen** ist gemäß § 492 Abs. 1a BGB **kein** Gesamtbetrag anzugeben.[288] Diese Ausnahme bleibt auch nach neuem Recht bestehen, denn Art. 247 § 9 Abs. 1 S. 1 EGBGB-E, der die Mitteilungspflichten bei Immobiliendarlehen regelt, verweist nicht auf § 3 Abs. 1 Nr. 8, der den Gesamtbetrag vorsieht.

Die Gesamtbetragsangabe ist also regelmäßig nur bei Verbraucherdarlehen erforderlich, für die keine Grundschuld als Sicherheit vereinbart ist. Dann muss der Darlehensvertrag nach § 492 Abs. 1 S. 5 Nr. 2 BGB den **Gesamtbetrag aller vom Darlehensnehmer zur Tilgung des Darlehens sowie zur Zahlung der Zinsen und sonstigen Kosten zu entrichtenden Teilzahlungen** angeben.

Bei der sogenannten **unechten Abschnittsfinanzierung** muss der Gesamtbetrag **aller** vom Verbraucher **während der Gesamtlaufzeit** des Darlehens zu leistenden Zahlungen angegeben werden. Eine unechte Abschnittsfinanzierung liegt vor, wenn die Zinsvereinbarung einen kürzeren Zeitraum umfasst als die Gesamtlaufzeit des Darlehens.

> **Beispiel:** Herr Sparsteuer hat einen Darlehensvertrag zum Erwerb eines Anteils an einem geschlossenen Immobilienfonds abgeschlossen. Der Darlehensvertrag sieht eine Tilgung durch Lebensversicherung im Jahr 2014 vor. Eine Festzinsvereinbarung wurde nur bis zum Jahr 2004 geschlossen. Der Darlehensvertrag räumt Herrn Sparsteuer ein Kapitalnutzungsrecht bis zum Jahr 2014 ein, die Zinsvereinbarung gilt jedoch nur für einen kürzeren Zeitraum, nämlich nur für den ersten Finanzierungsabschnitt. Anders als bei der echten Abschnittsfinanzierung ist das Darlehen mit Ablauf der Zinsvereinbarung nicht zurück zu zahlen, sondern es ist eine neue Zinsvereinbarung zu treffen.

Diese unechte Abschnittsfinanzierung gehört zu den in § 492 Abs. 1 S. 5 Nr. 2 HS 2 BGB erwähnten, in Teilzahlungen zu tilgenden **Darlehen mit veränderlichen Bedingungen**, sodass der Gesamtbetrag auf der Grundlage der bei Abschluss des Vertrags geltenden Konditionen anzugeben ist.[289] Es handelt sich dabei um einen **fiktiven Gesamtbetrag**. Dieser wird ermittelt, indem zu sämtlichen Kosten des Vertrags die während der Gesamtlaufzeit auf Basis des Nominalzinssatzes zu leistenden Annuitätenraten (Zins

---

[287] Art. 247 § 3 EGBGB-E enthält die vorvertraglichen Informationspflichten, Art. 247 § 6 EGBGB-E die wesentlichen vertraglichen Informationspflichten, wobei im Darlehensvertrag einige Informationspflichten den vorvertraglichen Informationspflichten entsprechen, was durch eine schwer lesbare Verweisungstechnik umgesetzt wurde.

[288] Zu Immobiliendarlehen siehe unter Punkt 3.2.14.1.

[289] So ausdrücklich BGH, Urteil vom 8.6. 2004 – XI ZR 150/03, NJW 2004, 2820 = WM 2004, 1542 = ZIP 2004, 1445; zuletzt BGH, Urteil vom 19.2. 2008 – XI ZR 23/07, WM 2008, 681 = ZIP 2008, 826.

und Tilgung) addiert werden, wobei die Annuitätenrate auf Basis der für den ersten Finanzierungsabschnitt vereinbarten Konditionen zu errechnen ist.[290]

Beispiel: Für den ersten Finanzierungsabschnitt bis 2004 ist ein Zinssatz von 6% p.a. vereinbart. Für die Berechnung des Gesamtbetrags ist zu unterstellen, dass der Zinssatz von 6% p.a. auch für die Restlaufzeit des Darlehens bis 2014 gilt, und auf dieser Basis der Gesamtbetrag zu berechnen.

Bezieht sich der **Gesamtbetrag nur auf den ersten Finanzierungsabschnitt**, handelt es sich auch nicht nur um eine folgenlose falsche Gesamtbetragsangabe[291], sondern die **Gesamtbetragsangabe fehlt** (bzw. die Angabe ist dem vollständigen Fehlen des Gesamtbetrags gleichzustellen), weil bewusst nur eine Teilbelastung für den ersten Finanzierungsabschnitt angegeben wird.[292]

Auch nach neuem Recht ist der **Gesamtbetrag** anzugeben (vgl. § 492 Abs. 2 BGB-E i.V.m. Art. 247 § 6 Abs. 1 Nr. 1, § 3 Abs. 1 Nr. 8 EGBGB-E). Der Gesamtbetrag ist nun in Art. 247 § 3 Abs. 2 S. 1 als **Summe aus Nettodarlehensbetrag und Gesamtkosten** definiert. Art. 247 § 3 Abs. 2 S. 3 EGBGB-E verweist für die **Berechnung der Gesamtkosten** auf § 6 PAngV. In **§ 6 Abs. 3 PAngV** sind die Gesamtkosten legal definiert als die vom Kreditnehmer zu entrichtenden **Zinsen und alle sonstigen Kosten** einschließlich etwaiger Vermittlungskosten, die der Kreditnehmer im Zusammenhang mit dem Kreditvertrag zu entrichten hat und die dem Kreditgeber bekannt sind. Bestimmte in § 6 Abs. 3 Nr. 1 bis 5 PAngV aufgezählte Kosten gehören hingegen nicht zu den Gesamtkosten.

Für den Fall der **unechten Abschnittsfinanzierung** gilt das gleiche, wie für die bisherige Rechtslage ausgeführt: für die **Berechnung der Gesamtkosten ist der für den ersten Finanzierungsabschnitt geltende Zinssatz für die gesamte Laufzeit zu unterstellen**. Dies ergibt sich nach neuem Recht aus dem Gesetz: Die Gesamtkosten sind nach § 6 PAngV zu berechnen, vgl. § 3 Abs. 2 S. 3 EGBGB-E, und nach dem unveränderten Abs. 4 von § 6 PAngV (der bisher nur für den Effektivzins galt, nun auch für die Gesamtkosten) ist anzunehmen, dass der Zinssatz in der ursprünglichen Höhe für die Gesamtlaufzeit fest bleibt.

3.2.6.2 Effektiver Jahreszins, bzw. anfänglicher effektiver Jahreszins; Zinsanpassung

Nach § 492 Abs. 1 S. 5 Nr. 5 BGB ist der **effektive Jahreszins** im Darlehensvertrag anzugeben. Der effektive Jahreszins ist in § 492 Abs. 2 BGB legal definiert. Es handelt sich um die in einem Prozentsatz des Nettodarlehensbetrags[293] anzugebende Gesamtbelastung pro Jahr, wobei sich die Berechnung nach § 6 der Preisangabenverordnung richtet.

Ist eine Änderung des Zinssatzes oder anderer preisbestimmender Faktoren vorbehalten, wie es insbesondere bei einem variablen Zinssatz („bis auf weiteres", „b.a.w.") der

---

[290] Vgl. *Peters* in *Schimansky/Bunte/Lwowski*, Bankrechts-Handbuch, 3. Auflage, § 81, Rn. 186 ff.

[291] Vgl. dazu Punkt 3.2.8.

[292] BGH, Urteil vom 9.5. 2006 – XI ZR 119/05, WM 2006, 1243 = ZIP 2006, 1238.

[293] Nettodarlehensbetrag = auszuzahlender Darlehensbetrag, siehe oben unter Punkt 3.2.4.2.

Fall ist, ist der **anfängliche effektive Jahreszins** anzugeben. Zusätzlich ist anzugeben, **unter welchen Voraussetzungen preisbestimmende Faktoren geändert** werden können und auf welchen Zeitraum Belastungen, die sich aus einer nicht vollständigen Auszahlung oder aus einem Zuschlag zu dem Darlehen ergeben, verrechnet werden, vgl. § 492 Abs. 1 S. 5 Nr. 5 Halbsatz 2 BGB.

§ 6 Abs. 3 Nr. 1 bis 5 PAngV nennt ausdrücklich bestimmte **Kosten**, die **nicht** in die Berechnung einzubeziehen sind, nämlich: Kosten, die der Darlehensnehmer bei Nichterfüllung seiner darlehensvertraglichen Verpflichtungen zu tragen hat (z.B. Mahngebühren, Verzugszinsen), Kosten, die vom Darlehensnehmer unabhängig davon zu tragen sind, ob es sich um ein finanziertes oder ein bar bezahltes Geschäft handelt, Überweisungs- und Kontoführungskosten, Kosten für Versicherungen und Kosten für Sicherheiten.

Hingegen sind in die Berechnung – neben dem Nominalzins – folgende Positionen **einzubeziehen**: Disagio, Bearbeitungsentgelt, Provisionen und sonstige Vermittlungskosten (§ 6 Abs. 3 PAngV).

Daneben sind in die Berechnung des effektiven Jahreszinses die Kosten einer **Restschuldversicherung** einzubeziehen, die die Rückzahlung an die Bank bei Tod, Invalidität, Krankheit oder Arbeitslosigkeit des Darlehensnehmers bezwecken und die die **Bank als Voraussetzung für die Kreditgewährung vorschreibt**, § 6 Abs. 3 Nr. 5 Halbsatz 2 PAngV. Voraussetzung ist also, dass die Bank die Gewährung des Darlehens vom Abschluss der Restschuldversicherung abhängig macht, sie zur Auflage macht.[294]

Insbesondere bei Immobilienfinanzierungen sind häufig **Lebensversicherungen** als Tilgungsersatz an die Bank abgetreten. Die Kapitallebensversicherung ist jedoch keine der PAngV unterfallende Versicherung, denn sie dient der Ansparung von Kapital, welches im Erlebensfall zur Tilgung des aufgenommenen Darlehens dienen soll, so dass sie **nicht in den effektiven Jahreszins einzurechnen** ist.[295]

Das **neue Recht** sieht den **anfänglichen effektiven Jahreszins nicht mehr** vor; Art. 247 § 6 Abs. 1 Nr. 1 i.V.m. § 3 Abs. 1 Nr. 3 EGBGB-E sieht jetzt nur noch die Angabe des effektiven Jahreszinses vor. Auch die bisher in § 6 Abs. 1 S. 2 Halbsatz 2 und § 6 Abs. 1 S. 2 PAngV enthaltenen Vorschriften zum anfänglichen effektiven Jahreszins werden gestrichen. Allerdings handelt es sich hier nur um eine Änderung von Begrifflichkeiten; weiterhin wird nach § 6 Abs. 4 PAngV für die Berechnung des effektiven Jahreszinses davon ausgegangen, dass der Zinssatz (so die a.F.), bzw. der Sollzinssatz (so die n.F.) für die gesamte Kreditlaufzeit gleich bleiben, auch wenn der Zinssatz nach Ablauf eines Finanzierungsabschnitts geändert werden kann. Der bisher bei unechten Abschnittsfinanzierungen als „anfänglicher effektiver Jahreszins" bezeichnete Zinssatz heißt also nun, wie sonst auch, „effektiver Jahreszins".

Die bisher in § 492 Abs. 1 S. 5 Nr. 5 Halbsatz 2 BGB enthaltene **Pflicht zur Angabe, unter welchen Voraussetzungen der Zinssatz geändert** werden kann, wird nach neuem Recht in Art. 247 § 6 Abs. 1 Nr. 1 i.V.m. § 3 Abs. 4 EGBGB-E enthalten sein.

---

[294] Vgl. zur hM *Peters* in *Schimansky/Bunte/Lwowski*, Bankrechts-Handbuch, 3. Auflage, § 81, Rn. 227; die neue Gesetzgebung ändert daran nichts, vgl. § 6 Abs. 3 Nr. 4 PAngV-E.

[295] BGH, Urteil vom 18.1.2005 – XI ZR 17/04, NJW 2005, 339 = WM 2005, 415 = ZIP 2005, 339 mwN.

In den effektiven Jahreszins sind die **Gesamtkosten des Kredits** einzubeziehen, wobei die Gesamtkosten in § 6 Abs. 3 PAngV-E legaldefiniert sind. Es handelt sich dabei um die vom Kreditnehmer zu entrichtenden Zinsen und alle sonstigen Kosten einschließlich etwaiger Vermittlungskosten, die der Kreditnehmer im Zusammenhang mit dem Kreditvertrag zu entrichten hat und die dem Kreditgeber bekannt sind. Gewisse, in Nr. 1 bis Nr. 5 aufgelistete Kosten sind nicht mit einzubeziehen. Letztlich hat sich an der Systematik der Berechnung des effektiven Jahreszinses nicht viel geändert.

3.2.6.3 Kosten einer Restschuldversicherung oder sonstigen Versicherung

Nach § 492 Abs. 1 S. 5 Nr. 6 BGB muss der Darlehensvertrag die Kosten einer **Restschuld- oder sonstigen Versicherung**, die **im Zusammenhang mit dem Verbraucherdarlehensvertrag abgeschlossen** wird, angeben. Unter die anzugebenden Kosten fallen vor allem Prämien, aber auch gesondert in Rechnung gestellte Gebühren und Provisionen.

Dabei muss die Bank diese nur angeben, wenn sie ihr **bekannt** sind – was insbesondere dann der Fall ist, wenn die Bank die Versicherung selbst vermittelt hat; sind ihr diese Angaben unbekannt, reicht es, wenn sie die für den Versicherungsschutz maßgeblichen Umstände beschreibt. Versicherungen, die der Darlehensnehmer **bereits abgeschlossen** hat und nun für das Darlehen einsetzt, sind nicht anzugeben.

Die Kosten für diejenigen Versicherungen, deren Kosten bereits in den effektiven Jahreszins mit einzuberechnen sind[296], sind nicht gesondert auszuweisen.[297] Anders ist es bei der **Restschuldversicherung:** Sie ist zwar bereits in den effektiven Jahreszins mit einzubeziehen, wenn das Darlehen von ihrem Abschluss abhängt.[298] Dennoch sind die Kosten für die Restschuldversicherung nach dem ausdrücklichen Gesetzeswortlaut gesondert anzugeben. Dies gilt auch dann, wenn sie nicht zwingende Auflage für das Darlehen ist, denn für die Angabepflicht nach § 492 Abs. 1 S. 5 Nr. 6 BGB reicht es, dass die Versicherung im Zusammenhang mit dem Darlehen abgeschlossen wird.

Die Kosten für **Kapitallebensversicherungen**, die als Tilgungsersatz an die Bank abgetreten werden, sind nicht in den effektiven Jahreszins einzurechnen. Sie sind allerdings gemäß § 492 Abs. 1 S. 5 Nr. 6 BGB gesondert anzugeben. Gleiches gilt für Lebensversicherungen, die nicht als Tilgungsersatz, sondern nur als Zusatzsicherheit an die Bank abgetreten werden, denn auch diese werden im Zusammenhang mit dem Darlehensvertrag abgeschlossen.

Nach **neuem Verbraucherdarlehensrecht** ist die **Pflicht, die Kosten für Versicherungen gesondert anzugeben, entfallen: Versicherungen**, die der Darlehensgeber verlangt, sind zwar nach Art. 247 § 7 Nr. 2 BGB-E anzugeben, allerdings nicht der

---

296 S. Punkt 3.2.6.2.

297 Vgl. *Münchner Kommentar/Ulmer*, 4. Auflage, § 492, Rn. 69, mwN, unter Verweis auf die Begründung des Regierungsentwurfs zu § 4 VerbrKrG, BT-Drucks. 11/5462, S. 19, die die Pflicht zur gesonderten Angabe von Versicherungskosten darauf gestützt hat, dass diese nicht in die Berechnung des effektiven Jahreszinses einfließen.

298 S. Punkt 3.2.6.2.

Höhe nach; zudem bleibt das Fehlen dieser Angabe folgenlos.[299] Nach § 492 Abs. 2 BGB-E i.V.m. Art. 247 § 6 Abs. 1 Nr. 1, § 3 Abs. 1 Nr. 10 EGBGB-E sind zwar **alle sonstigen Kosten** anzugeben. Hierunter fallen nach der Gesetzesbegründung **nicht** die Kosten, die aufgrund eines separaten Vertrags geltend gemacht werden.[300] Die Kosten für Versicherungen, die zwingend zur Voraussetzung des Darlehens gemacht werden, sind zwar Bestandteil der **Gesamtkosten**, die wiederum in den **Gesamtbetrag und den effektiven Zinssatz** einfließen (Art. 247 § 3 Abs. 1 Nr. 8, Abs. 2 EGBGB-E, § 6 Abs. 3 Nr. 4 PAngV-E).[301] Aber auch hieraus ergibt sich keine Pflicht, die Kosten für Versicherungen gesondert auszuweisen.

3.2.7 Nichtigkeit des Darlehensvertrags und Heilung durch Empfang

Wenn die **Schriftform nicht eingehalten** wird, ist der **Darlehensvertrag nichtig**; gleiches gilt, wenn die **Angaben nach § 492 Abs. 1 S. 5 Nr. 1–6 BGB fehlen**, § 494 Abs. 1 BGB. Nur die fehlende Angabe der zu bestellenden Sicherheiten (§ 492 Abs. 1 S. 5 Nr. 7 BGB) zieht nicht die Nichtigkeit des gesamten Darlehensvertrags nach sich.

Der Darlehensvertrag wird nach § 494 Abs. 2 S. 1 BGB **geheilt**, wenn der Darlehensnehmer das **Darlehen empfängt oder in Anspruch nimmt**. Dabei gilt die erstgenannte Variante für das Darlehen mit bestimmter Laufzeit, das von der Bank ausgezahlt und vom Darlehensnehmer empfangen wird; die zweitgenannte für den Kontokorrentkredit, den der Darlehensnehmer selbst in Anspruch nimmt. Der Vertrag wird mit dem vereinbarten Inhalt gültig, allerdings mit den in § 494 Abs. 2 S. 2 bis 6 BGB für das Fehlen von Pflichtangaben bestimmten **Sanktionen**.[302]

Ob die **fehlende Schriftform geheilt** werden kann, war zunächst streitig. Denn § 494 Abs. 2 BGB ist insoweit unklar, als § 492 Abs. 2 S. 1 auf Abs. 1 und damit nicht nur auf die fehlenden Pflichtangaben, sondern auch auf die fehlende Schriftform verweist, die folgenden Sätze jedoch nur Sanktionen für die fehlenden Pflichtangaben vorsehen. Der BGH hat mit seinem Urteil vom 6.12. 2005 entsprechend der schon bis dahin herrschenden Meinung entschieden, dass auch eine **Verletzung des Schriftformerfordernisses insgesamt durch Empfang, bzw. Inanspruchnahme des Darlehens geheilt** wird.[303]

Ein Darlehen ist empfangen, wenn der Darlehensgegenstand **aus dem Vermögen des Darlehensnehmers ausgeschieden und dem Vermögen des Darlehensnehmers in der vereinbarten Form endgültig zugeführt** wurde.[304] Der Normalfall liegt vor bei einer Auszahlung des Darlehens an den Darlehensnehmer, z.B. auf dessen laufendes Konto.

---

[299] S. Punkt 3.2.4.3.

[300] BT-Drucksache 16/11643, S. 202.

[301] Zum Gesamtbetrag siehe Punkt 3.2.6.1 und zum effektiven Jahreszins Punkt 3.2.6.2.

[302] Vgl. zu den Sanktionen die Übersicht unter Punkt 3.2.4.1 und im Einzelnen unter Punkt 3.2.8.

[303] BGH, Urteil vom 6.12. 2005 – XI ZR 139/05, NJW 2006, 224 = WM 2006, 217 = ZIP 2006, 224 (zur gleich lautenden Vorgängervorschrift § 6 VerbrKrG).

[304] BGH, Urteil vom 7.3. 1985 – III ZR 211/83, WM 1985, 653 = ZIP 1985, 596.

Bei einer Zahlung an Dritte nimmt der Darlehensnehmer das Darlehen in Empfang, wenn der Darlehensgeber es **vereinbarungsgemäß an einen Dritten ausgezahlt** hat, vgl. § 362 Abs. 2 i.V.m. § 185 BGB.[305]

Beispiel: Die Bank zahlt das Darlehen direkt an den Verkäufer der Immobilie aus; auch hier hat der Darlehensnehmer das Darlehen empfangen.

An der dargestellten Rechtslage ändert sich durch das **neue Verbraucherdarlehensrecht** nichts: Wie bisher, ist der Darlehensvertrag gemäß § 494 Abs. 1 BGB-E nichtig, wenn eine der – nunmehr ungleich zahlreicheren – Pflichtangaben gemäß Art. 247 § 6 und §§ 9 bis 13 EGBGB-E fehlt. Ebenfalls wie bisher wird der Darlehensvertrag gültig, soweit der Darlehensnehmer das Darlehen empfängt oder in Anspruch nimmt, § 494 Abs. 2 S. 1 BGB bleibt unverändert.

3.2.8 Sanktionen trotz Heilung

Bereits unter Ziffer 3.2.4 wurde dargestellt, bei welchen Pflichtangaben deren Fehlen eine Sanktion nach sich zieht, bzw. bei welchen Pflichtangaben das Fehlen sanktionslos bleibt. **Fehlen mehrere Pflichtangaben**, ist die Rechtsfolge für jede einzelne fehlende Angabe gesondert festzustellen, sodass sich die Sanktionen kumulieren können. **Falsche** Pflichtangaben ziehen grundsätzlich – mit Ausnahme des falsch angegebenen effektiven Jahreszinses – keine Sanktion nach sich. Allerdings sei darauf hingewiesen, dass der BGH[306] davon ausgeht, dass die **Gesamtbetragsangabe** fehlt, wenn sich der Gesamtbetrag bei einer unechten Abschnittsfinanzierung nur auf den ersten Finanzierungsabschnitt bezieht (obwohl es sich dabei eigentlich um eine falsche und nicht um eine fehlende Angabe handelt).

3.2.8.1 Zinssatzermäßigung bei Fehlen von Zins, Effektivzins oder Gesamtbetrag

Nach § 494 Abs. 2 S. 2 BGB ermäßigt sich der Zinssatz, wenn der **Nominalzins, der (anfängliche) effektive Jahreszins oder der Gesamtbetrag** nicht angegeben sind. Der Zinssatz **ermäßigt** sich auf den **gesetzlichen Zinssatz**, § 494 Abs. 2 S. 2 BGB, der nach § 246 BGB **4%** beträgt.

Nach § 494 Abs. 2 S. 4 BGB sind die vom Verbraucher zu leistenden **Ratenzahlungen** auf Basis des gesetzlichen Zinssatzes **neu zu berechnen**. Diese Neuberechnung hat auch für die Vergangenheit zu erfolgen.[307] Die Verjährung dieses Neuberechnungsanspruchs beginnt frühestens mit der Beendigung des Darlehens, weil es sich um eine Dauernebenpflicht aus dem Darlehensverhältnis handelt.[308]

---

305 BGH, Urteil vom 12.11. 2002 – XI ZR 47/01, NJW 2003, 422 = WM 2002, 2501 = ZIP 2003, 64 = BKR 2003, 106 mwN; nur dann, wenn der Dritte als verlängerter Arm des Darlehensgebers, also nicht im überwiegenden Interesse des Darlehensnehmers tätig ist, führt die Auszahlung an den Dritten nicht zur Heilung.

306 Vgl. BGH, Urteil vom 9.5. 2006 – XI ZR 119/05, WM 2006, 1243 = ZIP 2006, 1238.

307 BGH, Urteil vom 23.10. 2001 – XI ZR 63/01, NJW 2002, 368 = WM 2001, 2379 = ZIP 2001, 2228 = BKR 2002, 368.

308 So BGH, Urteil vom 20.1. 2009 – XI ZR 487/07, WM 2009, 542 = ZIP 2009, 559; anders zu beurteilen ist die Verjährung des Rückerstattungsanspruchs, dazu sogleich.

Nicht erforderlich ist es, dass die Bank die Ratenzahlungen in ihre jeweiligen **Zins- und Tilgungsanteile aufschlüsselt**.[309] Wenn der Darlehensnehmer die in der Vergangenheit überzahlten Zinsen feststellen will, muss er diese selbst errechnen; die Bank ist nicht zu Hilfe verpflichtet, indem sie die neuen Raten in Zins- und Tilgungsanteile aufschlüsselt.

Auch nach dem **neuen Verbraucherdarlehensrecht** ermäßigt sich der Zinssatz auf den gesetzlichen Zinssatz von 4%, wenn der **Sollzinssatz** (entspricht dem bisherigen Nominalzins), **der effektive Jahreszins oder der Gesamtbetrag** fehlt, vgl. § 494 Abs. 2 S. 2 BGB-E. Der bisher in § 494 Abs. 2 S. 4 BGB vorgesehene Anspruch auf Neuberechnung der Ratenzahlungen ist nun in § 494 Abs. 5 BGB-E vorgesehen.

Hat der Darlehensnehmer – wie regelmäßig bei fehlgeschlagenen Immobilienkapitalanlagen – über Jahre hinweg höhere Zinsen bezahlt, hat er gemäß § 812 Abs. 1 S. 1, 1. Var. BGB einen **Anspruch auf Rückzahlung zu viel bezahlter Zinsen**. Bei einer **unechten Abschnittsfinanzierung** erstreckt sich der Rückerstattungsanspruch auf die **gesamte Darlehenslaufzeit** und nicht nur auf den letzten Zinsfestschreibungszeitraum.[310]

Der Rückerstattungsanspruch unterliegt seit 1.1. 2002 der regelmäßigen **Verjährungsfrist von drei Jahren** gemäß § 195 BGB.[311] Die Verjährung **beginnt** mit dem Schluss des Jahres, in dem der Rückerstattungsanspruch **entstanden** ist, § 199 Abs. 1 Nr. 1 BGB, also **mit jeder einzelnen ungerechtfertigten Zinszahlung**. Zusätzlich muss der Gläubiger die anspruchsbegründenden Tatsachen und die Person des Schuldners **kennen**, bzw. grob fahrlässig nicht kennen, § 199 Abs. 1 Nr. 2 BGB. Die anspruchsbegründenden **Tatsachen** – Zahlung, fehlende Gesamtbetragsangabe und Empfang des Darlehens – ebenso wie die Person des Schuldners – **kennt** der Darlehensnehmer bereits im Zeitpunkt der einzelnen Ratenzahlung. Der Darlehensnehmer muss nicht wissen, *dass* er ohne Rechtsgrund geleistet hat, denn das ist bereits die rechtliche Schlussfolgerung aus den vorgenannten Tatsachen. Für den Verjährungsbeginn ist die **Kenntnis der Rechtslage gerade nicht erforderlich**; auf eine zutreffende rechtliche Würdigung kommt es, wie der BGH bereits in mehreren Urteilen entschieden hat, nicht an.[312]

Übungsfall: Im Darlehensvertrag von 1995 ist der Gesamtbetrag nur für den ersten Finanzierungsabschnitt, nicht für die gesamte Laufzeit angegeben. Die vertraglich vereinbarten Zinsen von 7% ermäßigen sich daher auf 4%. Kann der Darlehensnehmer am 3.4. 2009 Neuberechnung der Ratenzahlungen und die überzahlten Zinsen herausverlangen?

Lösung: Die Bank muss dem Anspruch auf Neuberechnung der Raten nachkommen, denn das Darlehensverhältnis ist noch nicht beendet, so dass die Verjährung noch nicht begonnen hat. Allerdings muss sie die Raten nicht in Zins- und Tilgungsanteile aufschlüsseln. Der Darlehensnehmer muss also ggf. selbst berechnen, wie hoch sein Rück-

---

309 BGH, Urteil vom 9.5. 2006 – XI ZR 119/05, WM 2006, 1243 = ZIP 2006, 1238.

310 BGH, Urteil vom 14.9. 2004 – XI ZR 11/04, WM 2004, 2306 = ZIP 2004, 2180.

311 Für bis zum 31.12. 2001 entstandene Rückerstattungsansprüche galt die vierjährige Verjährungsfrist nach § 197 BGB a.F. Nach dem Überleitungsrecht sind die Ansprüche auf Rückerstattung von bis zum 31.12. 2001 bezahlten Zinsen spätestens zum 31.12. 2004 verjährt, vgl. Art. 229 § 6 Abs. 4 EGBGB.

312 Vgl. BGH, Urteil vom 20.1. 2009 – XI ZR 504/07, WM 2009, 506 = ZIP 2009, 507 zur Verjährung des Zinserstattungsanspruchs.

erstattungsanspruch ist. Hinsichtlich des bis einschließlich 31.12. 2005 in den Ratenzahlungen enthaltenen, ohne Rechtsgrund gezahlten Zinsanteils kann sich die Bank auf die Einrede der Verjährung berufen; sie muss also nur die über einen Zinssatz von 4% hinaus gehenden Zahlungen seit 1.1. 2006 herausgeben.

3.2.8.2 Zinssatzermäßigung bei zu niedrig angegebenem Effektivzinssatz

Ist der effektive Jahreszins zu niedrig angegeben, **vermindert sich der Nominalzins um den Prozentsatz, um den der effektive Jahreszins zu niedrig angegeben ist**, vgl. § 494 Abs. 3 BGB. Vom BGH noch nicht entschieden ist, ob die Ermäßigung in der absoluten **Differenz**, also den Prozentpunkten, besteht, oder ob eine **prozentuale Kürzung** vorzunehmen ist. Die herrschende Meinung in der Literatur geht unzutreffend von einer Kürzung um die entsprechenden Prozentpunkte aus.[313]

> **Beispiel:** Der richtig berechnete effektiver Jahreszins beträgt 8%, angegeben sind 7%; dies führt nach der herrschenden Meinung zu einer Ermäßigung des vertraglich vereinbarten Nominalzinses um 1%-Punkt von 5% auf 4%.

Der Wortlaut des § 494 Abs. 3 BGB ebenso wie der des § 6 Abs. 3 VerbrKrG spricht jedoch für eine **verhältnismäßige (prozentuale) Kürzung**, denn es heißt, dass sich der Zinssatz um den entsprechenden „Prozent**satz**“ ermäßigt. Prozentsatz bedeutet „Vomhundertsatz“ und damit eine verhältnismäßige Kürzung. Hätte der Gesetzgeber eine Ermäßigung um die absolute Differenz gewollt, hätte er eine Ermäßigung um die Prozent**punkte** anordnen müssen, um die der effektive Jahreszins zu niedrig angegeben ist. Davon, dass dem Gesetzgeber der mathematische Unterschied zwischen Prozentsatz und Prozentpunkt bekannt war, kann angesichts der korrekten Formulierung zu den Verzugszinsen, die als Aufschlag von 5, bzw. 8, bzw. 2,5 Prozent**punkten** auf den Basiszinssatz (§ 288 Abs. 1, Abs. 2, § 497 Abs. 1 S. 2 BGB) geregelt sind, ausgegangen werden. Entsprechend dem Wortlaut besteht die Zinssatzermäßigung gemäß § 494 Abs. 3 BGB, bzw. § 6 Abs. 3 VerbrKrG also in einer **verhältnismäßigen Kürzung des Nominalzinses.**[314]

> **Beispiel:** Bei obigen Beispiel würde dies eine Zinssatzermäßigung auf 7/8 (richtiger Effektivzins: 7%, angegeben: 8%) bedeuten. Das heißt: 5% × 7 : 8 = 4,375%. Der Nominalzins beträgt also 4,375% und nicht, wie oben angegeben, 4%.

In jedem Fall bildet der **gesetzliche Zinssatz** auch bei der Kürzung wegen falscher Angabe die **Untergrenze**. Denn eine schärfere Sanktion als bei der fehlenden Effektivzinsangabe ist auch bei der falschen Effektivzinsangabe nicht veranlasst.[315]

Sollte der **Effektivzins zu hoch** ausgewiesen sein, bleibt das **folgenlos**. Denn von einem zu hohen Ausweis des Effektivzinses hatte der Darlehensnehmer keinen Nachteil – er hat sich trotz des hohen Effektivzinses für das Darlehen entschieden, und die Berechnung der zu zahlenden Zinsen erfolgt allein aufgrund des Nominalzinssatzes.

---

313 *Kessal-Wulf* in *Prütting/Wegen/Weinreich*, BGB-Kommentar, 2. Auflage, § 494, Rn. 11; *Staudinger/Kessal-Wulf*, Neubearb. 2004, § 494, Rn. 36; *MünchnerKommentar/Ulmer*, 4. Auflage, § 494, Rn. 37.

314 Für verhältnismäßige Kürzung auch *Palandt/Putzo*, BGB, 68. Auflage, § 494, Rn. 12.

315 Vgl. *Peters* in *Schimansky/Bunte/Lwowski*, Bankrechts-Handbuch, § 81, Rn. 393.

Auch an dieser Sanktion ändert sich durch die neue Gesetzgebung nichts. Die Formulierung des § 494 Abs. 3 BGB bleibt unverändert enthalten; nur das Wort Zinssatz wird ohne inhaltliche Änderung durch die neue Formulierung „Sollzinssatz“ ersetzt.

3.2.8.3 Keine Pflicht zur Zahlung nicht angegebener Kosten

Nicht angegebene **Kosten** sind nach § 494 Abs. 2 S. 3 BGB nicht geschuldet. Diese Sanktion bezieht sich auf die nach § 492 Abs. 1 S. 5 Nr. 4 BGB anzugebenden sonstigen Kosten wie ein Bearbeitungsentgelt und auf die nach § 492 Abs. 1 S. 5 Nr. 6 BGB anzugebenden Versicherungskosten.

Hat der Darlehensnehmer nicht geschuldete Kosten bereits bezahlt, besteht nach § 812 Abs. 1 S. 1 Alt. 1 BGB ein entsprechender **Herausgabeanspruch**. Dieser verjährte bis 31.12. 2001 in der regelmäßigen Verjährungsfrist von 30 Jahren, seit 1.1. 2002 in der regelmäßigen Verjährungsfrist von drei Jahren. Die Verjährungsfrist beginnt auch nach neuem Verjährungsrecht mit der rechtsgrundlosen Zahlung, unabhängig davon, ob der Darlehensnehmer wusste, dass er zur Zahlung nicht verpflichtet war. Wurden die Kosten bis zum 31.12. 2001 bezahlt, ist der Rückerstattungsanspruch zum 31.12. 2004 (Art. 229 § 6 Abs. 4 EGBGB) verjährt.[316]

Für **nicht angegebene Kosten, die an Dritte zu zahlen sind** (z.B. Vermittlungskosten) und **nicht angegebene Versicherungskosten**, die per se an die Versicherungsgesellschaft und damit an einen Dritten zu zahlen sind, gibt es hingegen **keine Sanktion**:

Das Verhältnis zwischen Darlehensnehmer und Drittem bleibt von den Vorschriften des Verbraucherdarlehensrecht unberührt. Somit bleibt der Darlehensnehmer im Verhältnis zum Dritten weiterhin zur Zahlung verpflichtet; im Verhältnis zur Bank gilt aber, dass die nicht angegebenen Versicherungskosten nicht geschuldet sind. Die bislang herrschende Meinung ging davon aus, dass ein **Erstattungsanspruch** des Darlehensnehmers gegen die Bank hinsichtlich bereits bezahlter Versicherungskosten und ein **Freistellungsanspruch** hinsichtlich künftig zu leistender Versicherungskosten bestehe.

Für den weitaus häufigsten Fall, nämlich die fehlende Angabe von Versicherungskosten für eine als **Tilgungsersatz dienende Lebensversicherung**, hat der **BGH einen Freistellungsanspruch jedoch verneint**.[317] Denn dies würde zu dem widersinnigen Ergebnis führen, dass die Bank den ausgereichten Kredit mithilfe der von ihr anzusparenden Lebensversicherung selbst tilgen müsste. Damit bleibt es **für die Bank folgenlos**, wenn sie Kosten einer als Tilgungsersatz abgetretenen Lebensversicherung nicht angibt, vorausgesetzt, der Darlehensvertrag wird durch Inanspruchnahme oder Empfang des Darlehens geheilt.

Die vorgenannte Begründung, mit der der BGH den Anspruch verneint, lässt sich zwar auf **andere, nicht angegebene Kosten** nicht übertragen: Denn wenn die Bank den Darlehensnehmer von anderen Kosten freizustellen hat, führt das nicht dazu, dass sie selbst den Kredit tilgen muss. Allerdings lässt der von der herrschenden Meinung angenommene Erstattungs- und Freistellungsanspruch nach Ansicht des BGH „jede rechts-

---

[316] Vgl. zur Verjährung auch die vorstehenden Ausführungen unter Punkt 3.2.8.1 zur Herausgabe von Zinsen, die aufgrund der Zinssatzermäßigung zu viel bezahlt wurden.

[317] BGH, Urteil vom 18.1. 2005 – XI ZR 17/04, NJW 2005, 985 = WM 2005, 415 = ZIP 2005, 339.

dogmatische **Begründung … vermissen**". Deshalb bleibt auch die Nichtangabe von **sonstigen, an Dritte zu zahlenden Kosten** wie insbesondere die Vermittlungsprovision **folgenlos**. Dies ist auch sachgerecht. Denn zum einen wurde der Verbraucher über die ihn treffenden Kosten aus dem mit dem Dritten geschlossenen Vertrag informiert. Zum anderen hat der Verbraucher für die an Dritte zu zahlende Kosten der Verbraucher die Leistung erhalten (z. B. Vermittlung der finanzierten Kapitalanlage), bzw. erhält er diese nicht, ist die Leistungsstörung nach den Regelungen des mit dem Dritten geschlossenen Vertrags auszugleichen.

Die Sanktion, dass nicht angegebene Kosten nicht zu zahlen sind, ist in § 494 Abs. 4 S. 1 BGB-E enthalten. Die Formulierung ist identisch mit der bisherigen, so dass die vorstehenden Ausführungen auch nach neuem Recht gelten.

3.2.8.4 Kein Anspruch auf Bestellung von Sicherheiten

Fehlt die Angabe von Sicherheiten, ist **nicht der gesamte Darlehensvertrag nichtig**, denn § 494 Abs. 1 BGB nennt als Nichtigkeitsgründe nur das Fehlen von Angaben nach § 492 Abs. 1 S. 5 Nr. 1 bis Nr. 6 BGB. Rechtsfolge ist nur, dass nach § 494 Abs. 2 S. 6 BGB eine **nicht angegebene Sicherheit nicht verlangt** werden, es sei denn der Nettodarlehensbetrag[318] übersteigt € 50 000,00, bzw. nach § 494 Abs. 6 S. 3 BGB-E: € 75 000,00.

Hat der Darlehensnehmer die **Sicherheit bereits bestellt**, kann der Darlehensnehmer sie **nicht zurückfordern**.[319] Die Verbraucherdarlehensvorschriften fordern, dass dem Verbraucher bei Abschluss des Darlehens die Gesamtbelastung vor Augen geführt wird. Diese kennt der Darlehensnehmer jedoch, wenn er – obwohl die Sicherheit im Darlehensvertrag nicht genannt ist – später die Sicherheit bestellt. Schließlich wird der Darlehensnehmer im Sicherungszweck auf die zu sichernden Darlehensverbindlichkeiten hingewiesen. Zudem trägt die bestellte Sicherheit unabhängig von der Benennung im Darlehensvertrag den Rechtsgrund in sich. Bei der Sanktion handelt es sich also um eine **dauernde Einrede**, die es dem Verbraucher ermöglicht, die Bestellung einer Sicherheit zu verweigern; nicht aber, eine trotz dieser Einrede freiwillig bestellte Sicherheit zurück zu fordern.

Auch nach **neuem Verbraucherdarlehensrecht** ist der Darlehensvertrag nicht nichtig, wenn zu bestellende Sicherheiten nicht angegeben sind. Die Pflicht, zu bestellende Sicherheiten anzugeben, ist in Art. 247 § 7 Nr. 2 EGBGB-E geregelt; § 492 Abs. 2 BGB-E verweist auf Art. 247 §§ 6 bis 13 EGBGB-E und damit auch auf Art. 247 § 7 BGB-E. Die Nichtigkeit des Darlehensvertrags tritt hingegen nur ein, wenn Angaben nach Art. 247 § 6 und 9 bis 13 EGBGB-E fehlen, vgl. § 494 Abs. 1 BGB-E – auf Art. 247 § 7 EGBGB-E wird also gerade nicht verwiesen.

Die Sanktion, dass nicht angegebene Sicherheiten nicht verlangt werden können, ist neu in § 494 Abs. 6 S. 2 BGB-E geregelt; das gilt allerdings nicht, wenn der Nettodarlehensbetrag € 75 000,00 übersteigt, vgl. § 494 Abs. 6 S. 3 BGB-E.

---

[318] Nettodarlehensbetrag = auszuzahlender Darlehensbetrag, siehe Punkt 3.2.4.2.

[319] Vgl. BGH, Urteil 22. 7. 2008 – XI ZR 389/07, NJW 2008, 2108 = WM 2008, 1679 = ZIP 2008, 1669.

3.2.8.5 Sanktion bei fehlender Schriftform

Bei fehlender Schriftform **hängt es vom Einzelfall ab, ob und welche** der in § 494 Abs. 2 S. 2–6 BGB vorgesehenen Sanktionen eingreifen:

Fehlen aufgrund des Formverstoßes erforderliche Pflichtangaben, tritt deren **jeweilige Sanktion** ein. Fehlen sämtliche Pflichtangaben, wie beispielsweise bei einem rein mündlichen Vertragsschluss, weil die Erklärung des Verbrauchers ohne Unterschrift oder nicht in einer einheitlichen Urkunde abgegeben wurde, greifen alle Sanktionen kumulativ ein. Ist jedoch der Verbraucher **ausreichend informiert und gewarnt** worden, wie es beispielsweise der Fall ist, wenn seine Erklärung formgerecht war und ihm nur die Annahmeerklärung der Bank nicht formgerecht zugegangen ist, bleibt dieser Verstoß gegen das Schriftformerfordernis **folgenlos**, wenn Heilung eingetreten ist.[320]

An dieser Rechtslage ändert sich durch die neue Gesetzgebung nichts.

3.2.9 Widerrufsrecht bei Verbraucherdarlehen

Das Widerrufsrecht für Verbraucherdarlehen ist heute in **§ 495 BGB** geregelt, der auf **§ 355 BGB** verweist. § 355 BGB enthält eine einheitliche Regelung für alle verbraucherschützenden Widerrufsrechte. So verweist z. B. auch § 312 BGB für den Widerruf von Haustürgeschäften auf § 355 BGB.

Das Widerrufsrecht wurde in der Vergangenheit mehrfach geändert. Die wichtigste Änderung ist, dass mit dem **OLG-Vertretungsänderungsgesetz vom 23.7. 2002** ein **Widerrufsrecht auch für alle Immobiliendarlehen**[321] eingeführt wurde, das für Haustürgeschäfte ab 1.8. 2002 und für sonstige Immobiliendarlehen ab dem 1.11. 2002 gilt. Für vorher abgeschlossene Immobiliendarlehen gab es kein Widerrufsrecht (§ 491 Abs. 3 Nr. 1 BGB a.F., bzw. § 3 Abs. 2 Nr. 2 VerbrKrG a.F.).

> **Beispiel:** Ein Vertrag aus dem Jahre 1995 über ein Immobiliendarlehen enthält keine Widerrufsbelehrung. Der Darlehensnehmer kann das Darlehen nicht widerrufen, weil es zum Zeitpunkt des Vertragsschlusses noch kein Widerrufsrecht bei Immobiliendarlehen gab.

Im Folgenden wird nur die Rechtslage für die **Zeit ab 1.11. 2002** dargestellt.[322] Seitdem gilt das Widerrufsrecht für alle Verbraucherdarlehen mit **Ausnahme** folgender Darlehen:

- **notariell beurkundete oder in ein gerichtliches Protokoll aufgenommene Darlehen** (§ 491 Abs. 3 Nr. 1 BGB, bzw. neu nur für notariell beurkundete Darlehen gemäß § 495 Abs. 3 Nr. 2 BGB-E),

---

320 BGH, Urteil vom 6.12. 2005 – XI ZR 139/05, NJW 2006, 681 = WM 2006, 217 = ZIP 2006, 224.

321 Zum Immobiliendarlehen im Einzelnen unter Punkt 3.2.14.1.

322 Bei vor dem 1.11. 2002 zustande gekommenen Darlehensverträgen ist die zum damaligen Zeitpunkt geltende Rechtslage zu ermitteln. Hierfür wird auf *Peters* in *Schimansky/Bunte/Lwowski*, Bankrechts-Handbuch, 3. Auflage, § 81, Rn. 395 ff. verwiesen.

- **Überziehungskredite**[323] (§ 495 Abs. 2 BGB, bzw. §§ 504 Abs. 2, 505 Abs. 4 BGB-E)
- und neu mit Ausnahme bestimmter **Umschuldungsdarlehen**[324] (§ 495 Abs. 3 Nr. 1 BGB-E).

3.2.9.1 Widerrufsbelehrung und Widerrufsfrist

Die Widerrufsfrist beträgt **zwei Wochen** (§§ 495 Abs. 1, 355 Abs. 1 S. 2 BGB). Sie beginnt erst, wenn der Verbraucher zutreffend und formgerecht über sein Widerrufsrecht belehrt wurde. Die **Widerrufsbelehrung** muss **folgende Inhalte** aufweisen[325]:

- Belehrung über das Recht zum Widerruf innerhalb von zwei Wochen
- Belehrung über die Folgen des Widerrufs
- Ausdrücklichen Hinweis auf den Fristbeginn
- Ausdrücklichen Hinweis darauf, dass die Frist durch rechtzeitiges Absenden der Widerrufserklärung gewahrt wird
- Name und Anschrift desjenigen, dem gegenüber der Widerruf zu erklären ist
- Belehrung über die erforderliche Textform des Widerrufs inklusive des Hinweises, dass der Widerruf nicht begründet werden muss.

Das Justizministerium ist gemäß Art. 245 EGBGB ermächtigt, durch Rechtsverordnung den Inhalt und die Gestaltung der Widerrufsbelehrung festzulegen. Es hat von dieser Ermächtigung mit der **BGB-Informationspflichten-Verordnung** (BGB-InfoV), dort § 14, Gebrauch gemacht. Allerdings kritisiert die herrschende Meinung diese Muster-Widerrufsbelehrung, weil sie nicht mit den gesetzlichen Anforderungen übereinstimmen soll, was die Frage aufwirft, ob der Gesetzgeber den Banken bei der Widerrufsbelehrung nicht zu viel auferlegt.[326]

Vor Inkrafttreten des OLG-Vertretungsänderungsgesetzes musste die Widerrufsbelehrung vom Verbraucher gesondert unterschrieben werden (§ 355 Abs. 2 S. 2 BGB a. F.); dieses Erfordernis ist für ab dem 1.8. 2002 abgeschlossene Haustürgeschäfte und für ab dem 1.11. 2002 abgeschlossene sonstigen Verbraucherdarlehen aufgehoben worden. Es ist nun also **keine gesonderte Unterschrift des Verbrauchers unter der Widerrufsbelehrung erforderlich**.[327] Dennoch wird diese in der Bankpraxis häufig verlangt, um den Beginn der Widerrufsfrist rechtssicher nachweisen zu können.

Da ein Verbraucherdarlehensvertrag gemäß § 492 Abs. 1 BGB schriftlich abzuschließen ist, setzt der Beginn der Widerrufsfrist zusätzlich voraus, dass dem Verbraucher eine **Vertragsurkunde**, der schriftliche Antrag des Verbrauchers oder eine Abschrift der Vertragsurkunde oder des Antrags **zur Verfügung gestellt wird**, vgl. § 355 Abs. 2 BGB.

---

[323] Zu Überziehungskrediten im Einzelnen unter Punkt 3.2.14.2.

[324] Zu Umschuldungsdarlehen siehe Punkt 3.2.14.3.

[325] Vgl. *Peters* in *Schimansky/Bunte/Lwowski*, Bankrechts-Handbuch, 3. Auflage, § 81, Rn. 469 ff.

[326] So *Peters* in *Schimansky/Bunte/Lwowski*, Bankrechts-Handbuch, 3. Auflage, § 81, Rn. 477.

[327] Vgl. *Peters* in *Schimansky/Bunte/Lwowski*, Bankrechts-Handbuch, 3. Auflage, § 81, Rn. 482 ff.

Fehlt die Widerrufsbelehrung oder ist sie nicht ordnungsgemäß, wird die Widerrufsfrist nicht in Gang gesetzt. Allerdings kann die Bank diesen Mangel durch eine **nachträgliche Widerrufsbelehrung** heilen. Dann beträgt die Widerrufsfrist indes nicht zwei Wochen, sondern **einen Monat** (§ 355 Abs. 2 S. 2 BGB).

3.2.9.2 Widerrufserklärung und Rückzahlungspflicht

Der Widerruf muss nach § 355 Abs. 1 S. 2 BGB in **Textform** erklärt werden. Die Textform ist in § 126b BGB geregelt. Dafür genügt insbesondere auch ein Fax oder eine E-Mail, sogar ohne elektronische Signatur. Nach allgemeinen Grundsätzen muss der Verbraucher das Wort „Widerruf" nicht verwenden; es genügt, wenn zum Ausdruck kommt, dass er an seiner Erklärung nicht mehr festhalten will.

Wenn der Verbraucher seine Erklärung widerruft, ist er nicht mehr daran gebunden, vgl. § 355 Abs. 1 S. 1 BGB. Das bedeutet, dass **der bis dahin schwebend unwirksame Vertrag unwirksam** wird. Lässt der Verbraucher die Widerrufsfrist verstreichen, wird der bis dahin schwebend unwirksame Vertrag endgültig wirksam.

Der Widerruf hat zur Folge, dass sich das Darlehensverhältnis in ein **Rückgewährschuldverhältnis** umwandelt. Der Verbraucher ist verpflichtet, das **Darlehen**, soweit er es bereits erhalten hat, **zurück zu zahlen**, § 357 Abs. 1 S. 1 iVm. § 346 Abs. 1 BGB. Zudem hat er nach § 346 Abs. 1, Abs. 2 BGB Wertersatz für die gezogenen Nutzungen zu leisten. Er muss also der Bank den Wert der Kapitalnutzung ersetzen, sprich Zinsen leisten. Nach der **Vermutung** des § 346 Abs. 2 S. 2 BGB hat er der Bank den **vertraglich vereinbarten Zinssatz zu zahlen**. Allerdings kann der Verbraucher nachweisen, dass der Wert der Kapitalnutzung niedriger als der Vertragszins ist; hierzu könnte er sich gegebenenfalls auf einen niedrigeren marktüblichen Zins gemäß EWU-Zinsstatistik berufen.[328]

3.2.9.3 Rechtslage nach Umsetzung der Verbraucherkreditrichtlinie

Zusammen mit dem Gesetz zur Umsetzung der Verbraucherkreditrichtlinie werden auch die **Vorschriften über das Widerrufsrecht neu geordnet**. So wird § 355 BGB etwas umgestaltet; insbesondere wird die bisher in § 355 Abs. 2 S. 1 BGB enthaltene Widerrufsbelehrung künftig in § 355 Abs. 3 S. 1 i.V.m. § 360 BGB-E viel ausführlicher geregelt. § 360 Abs. 3 S. 1 BGB-E sieht dabei vor, dass die Widerrufsbelehrung ordnungsgemäß ist, wenn das Muster der Anlage 1 zum EGBGB-E verwendet wird. Das heißt, die bisher nur in einer Verordnung, der BGB-InfoV, enthaltenen **Muster-Widerrufsbelehrungen enthalten Gesetzesrang**, so dass für den Unternehmer mehr Rechtssicherheit geschaffen wird.

---

[328] Die EWU-Zinsstatistik ist auf der Homepage der Deutschen Bundesbank zu finden: http://www.bundesbank.de/meldewesen/mw_bankenstatistik_ewustatistik.php. Sie beinhaltet aufgrund statistischer Erhebungen die durchschnittlichen Zinssätze für Raten- und Wohnungsbaukredite, die ab Juni 2003 gewährt wurden. Für bis Juni 2003 ausgereichte Darlehen gab es die Bundesbankstatistik, die ebenfalls durchschnittliche Zinssätze auswies (allerdings nach einer anderen Erfassungsmethodik). Die Bundesbankstatistik ist ebenfalls auf der Homepage der Deutschen Bundesbank zu finden.

Banken können davon allerdings **nicht profitieren**, denn **für Verbraucherdarlehen** gibt es weiterhin **keine Muster-Widerrufsbelehrung**: Bei Verbraucherdarlehen wird nämlich die **Widerrufsbelehrung** gemäß § 495 Abs. 2 Nr. 1 BGB-E **durch die nach Art. 247 § 6 Abs. 2 EGBGB-E erforderliche Pflichtangabe ersetzt**. Nach dieser Vorschrift muss der Verbraucherdarlehensvertrag Angaben zur Widerrufsfrist und anderen Umständen für die Erklärung des Widerrufs enthalten sowie einen Hinweis darauf, dass der Darlehensnehmer verpflichtet ist, ein bereits ausbezahltes Darlehen zurückzuzahlen. Dabei ist der pro Tag zu zahlende Zinsbetrag anzugeben. Die Information über das Widerrufsrecht ist also künftig Bestandteil des Darlehensvertrags; eine separate Widerrufsbelehrung ist demnach nicht mehr erforderlich. Ein Muster für diese Pflichtangabe ist leider im Regierungsentwurf nicht vorgesehen.

Fehlt die Pflichtangabe, ist der **Darlehensvertrag nichtig**, denn nach § 494 Abs. 1 BGB-E führt insbesondere das Fehlen von in Art. 247 § 6 EGBGB-E vorgesehenen Angaben zur Nichtigkeit. Durch **Empfang des Darlehens tritt Heilung** ein, § 494 Abs. 2 S. 1 BGB-E. Eine Sanktion ist in § 494 BGB-E nicht vorgesehen. Enthält der Verbraucherdarlehensvertrag allerdings **keine Information über das Widerrufsrecht**, wie es Art. 247 § 6 Abs. 2 EGBGB-E vorsieht, **beginnt die Widerrufsfrist** nach § 355 Abs. 3 S. 1 BGB-E **nicht zu laufen**. Denn § 355 BGB-E ist nach § 495 Abs. 2 Nr. 1 BGB-E mit der Maßgabe anzuwenden, dass an die Stelle der Widerrufsbelehrung die Pflichtangabe tritt. Wenn also der Beginn der Widerrufsfrist nach § 355 Abs. 3 S. 1 BGB-E eine Widerrufsbelehrung voraussetzt, heißt das bei Verbraucherdarlehen gemäß § 495 Abs. 2 Nr. 1 BGB-E, dass der **Beginn der Widerrufsfrist die Pflichtangabe voraussetzt**.

Zudem **beginnt** die Widerrufsfrist bei Verbraucherdarlehen **nicht vor Vertragsschluss**, vgl. § 495 Abs. 2 Nr. 2 BGB-E. Zusätzlich muss der Darlehensnehmer, wie bisher, eine **schriftliche Information über den Inhalt des Vertrags** erhalten, also beispielsweise eine Kopie des Darlehensvertrags, vgl. § 355 Abs. 3 S. 2 BGB-E, der inhaltlich dem bisherigen § 355 Abs. 2 S. 2 BGB entspricht. Die Widerrufsfrist beträgt **14 Tage**, vgl. § 355 Abs. 2 S. 1 Halbsatz 1 BGB-E, und entspricht daher den bisherigen zwei Wochen. Auch im Übrigen (Textform des Widerrufs, Umwandlung in Rückgewährschuldverhältnis) bleibt es bei den bisherigen Regelungen.

3.2.10 Unterrichtungspflichten während des Darlehensverhältnisses

Durch das Risikobegrenzungsgesetz wurde § 492a BGB neu eingeführt. Das Risikobegrenzungsgesetz wurden im Frühsommer 2008 einige Gesetze um Vorschriften ergänzt, die einen verbesserten Schutz des Darlehensnehmers begründen sollten, wenn der Darlehensgeber die Darlehensforderung verkauft. Ob dies mit den neuen Vorschriften gelungen ist, kann dahingestellt bleiben.[329] Jedenfalls muss die Bank seit Inkrafttreten der das BGB ändernden Vorschriften am 19.8. 2008 den Darlehensnehmer **spätestens drei Monate vor Ablauf der Zinsbindungsfrist** (§ 492a Abs. 1 BGB) **oder drei Monate vor Ablauf der für ein Darlehen bestimmten Zeit** (§ 492a Abs. 2 BGB) darüber **informieren, ob und zu welchen Konditionen sie bereit ist, das Darlehensverhält-**

[329] Zum Risikobegrenzungsgesetz siehe auch oben Punkt 1.7.3.

nis fortzusetzen. Diese neue Vorschrift gilt für alle Darlehen, auch für vor dem 19.8. 2008 abgeschlossene Darlehen, wenn die Zinsbindung oder die Befristung ab dem 19.8. 2008 abläuft. Die Bank muss allerdings nur unverbindlich die allgemein bei ihr geltenden Konditionen mitteilen.[330]

Beispiel 1: Die Bank hat einem Verbraucher im April 2008 einen bis 30.4. 2009 befristeten Kontokorrentkredit zur Verfügung gestellt. Die Bank muss den Kunden also spätestens am 31.1. 2009 darüber informieren, ob sie zur Fortführung des Kontokorrentkredits bereit ist. Ist sie dies, muss sie dem Kunden bereits alle Pflichtangaben eines etwaigen neuen Kontokorrentkredits nach § 492 Abs. 1 S. 5 BGB (unverbindlich) mitteilen.

Beispiel 2: Die Bank hat dem Verbraucher im April 1999 ein Immobiliendarlehen mit einer Laufzeit von 30 Jahren gewährt. Die Festzinsvereinbarung läuft bis 30.4. 2009. Nach den vertraglichen Vereinbarungen ist die Bank verpflichtet, dem Darlehensnehmer spätestens einen Monat vor Ablauf des Zinsbindungszeitraums ein neues – verbindliches – Konditionenangebot zu unterbreiten. Die vertragliche Regelung sieht also, wie bei der unechten Abschnittsfinanzierung üblich, eine Pflicht der Bank zur Fortsetzung des Darlehensverhältnisses vor, sowie die Pflicht, ein neues Konditionenangebot zu unterbreiten. Aufgrund der gesetzlichen Neuregelung ist die Bank darüber hinaus verpflichtet, bereits drei Monate vorher mitzuteilen, ob sie zu einer neuen Zinsbindungsabrede bereit ist und – unverbindlich – den Zinssatz mitteilen.

Die Bank hat nun zwei Möglichkeiten: Entweder sie unterrichtet drei Monate vor Ablauf des Zinsbindungszeitraums (also im Januar 2009), dass sie zu einer neuen Zinsbindungsabrede bereit ist (hierzu ist sie aufgrund des Vertrags ja verpflichtet) und teilt – unverbindlich – einen Zinssatz mit. Damit genügt sie der gesetzlichen Verpflichtung. Einen Monat vor Ablauf des Zinsbindungszeitraums, also im März 2009, muss sie zusätzlich ein verbindliches Konditionenanpassungsangebot unterbreiten, um ihrer vertraglichen Verpflichtung zu genügen. Oder die Bank unterbreitet das verbindliche Konditionenanpassungsangebot, zu dem sie vertraglich verpflichtet ist, bereits drei Monate vor Ablauf des Zinsbindungszeitraums (also im Januar 2009), um auch der gesetzlichen Informationspflicht Genüge zu tun.

Zweck dieser Vorschrift ist, den **Verbraucher frühzeitig zu informieren**, damit er ausreichend **Zeit für eine eventuelle Ablösung des Darlehens** hat. Der Gesetzgeber hat allerdings bei der Einführung von § 492a BGB nicht bedacht, dass Banken ohnehin aufgrund vertraglicher Vereinbarung verpflichtet sind, ein Konditionenanpassungsangebot vor Ablauf des Zinsbindungszeitraums zu unterbreiten, sodass es der Neuregelung nicht bedurft hätte.

Verletzt die Bank die Unterrichtungspflicht, macht sie sich **schadensersatzpflichtig**. Allerdings ist kaum denkbar, dass dem Verbraucher, der nicht oder nicht rechtzeitig unterrichtet wurde, ein ersatzfähiger Schaden entsteht.

Tritt eine Bank die Forderung aus einem Darlehen ab oder wechselt der Darlehensgeber beispielsweise aufgrund einer gesellschaftsrechtlichen Umwandlung, ist der Darle-

---

[330] So ausdrücklich die Begründung zum Risikobegrenzungsgesetz BT-Drucks 16/9821, S. 20.

hensnehmer über die **Kontaktdaten des neuen Darlehensgebers** zu informieren, § 496 Abs. 2 BGB.

Die vorgenannten Unterrichtungspflichten finden sich nach **neuem Recht**, inhaltlich unverändert, in § 493 Abs. 1, Abs. 2 und Abs. 4 BGB-E. Zudem führt § 493 Abs. 3 BGB-E eine **neue Unterrichtungspflicht** ein, nämlich über die **Anpassung des Sollzinssatzes** (also des Nominalzinses) bei Darlehen mit veränderlichem Sollzins. Die Information muss nach Art. 247 § 15 EGBGB-E insbesondere den neuen Sollzinssatz sowie Höhe, Zahl und Fälligkeit der neu zu leistenden Teilzahlungen angeben.

Schließlich führt § 492 Abs. 3 S. 2 BGB-E bei Darlehen mit einer festen Laufzeit einen Anspruch des Darlehensnehmers ein, jederzeit – solange der Darlehensvertrag besteht (vgl. Art. 247 § 14 Abs. 3 S. 2 EGBGB-E) – einen **Tilgungsplan** zu verlangen. Der Tilgungsplan muss nach Art. 247 § 14 EGBGB-E angeben, welche Zahlungen in welchen Zeitabständen zu leisten sind und welche Bedingungen für diese Zahlungen gelten. Zudem sind die Ratenzahlungen auf Tilgung, Zinsen und Kosten aufzuschlüsseln.

3.2.11 Verzugszinsen und Teilzahlungen bei Verbraucherdarlehen

Auch für den Fall des Zahlungsverzugs und der Kündigung gibt es Sonderregelungen für Verbraucherdarlehen:

Die **Verzugszinsen** für Verbraucherdarlehen betragen nach § 497 Abs. 1 S. 1 iVm. § 288 Abs. 1 BGB **5%-Punkte über dem Basiszinssatz**. Für **Immobiliendarlehen** betragen die Verzugszinsen allerdings nur **2,5%-Punkte über dem Basiszinssatz**, § 497 Abs. 1 S. 2 BGB. Von der in § 497 Abs. 1 S. 3 BGB vorgesehenen Möglichkeit für den Darlehensgeber, einen höheren Verzugsschaden nachzuweisen, oder für den Darlehensnehmer, einen niedrigeren Verzugsschaden nachzuweisen, dürfte in der Praxis kaum Gebrauch gemacht werden.

Nach § 367 Abs. 1 BGB kann der Gläubiger **Teilzahlungen** des Schuldners zurückweisen. Nimmt er sie an, sind sie zunächst auf die Kosten, sodann auf die Zinsen und schließlich auf die Hauptforderung zu verrechnen. Abweichend davon bestimmt § 497 Abs. 3 S. 1 BGB, dass Teilzahlungen des Verbrauchers an den Darlehensgeber in der Reihenfolge **Kosten – Hauptforderung – Zinsen** zu verrechnen sind. Diese Verrechnung ist für den Darlehensnehmer günstiger, weil die verzinsliche Hauptforderung schneller zurückgeführt wird und damit weniger Verzugszinsen anfallen.

Die in § 497 Abs. 3 S. 1 BGB geregelte abweichende Tilgungsreihenfolge gilt **nicht für Immobiliendarlehen**, vgl. § 497 Abs. 5 BGB. Für Immobiliendarlehen bleibt es also bei der Verrechnungsreihenfolge gemäß § 367 BGB: Kosten – Zinsen – Hauptforderung.

Die Tilgungsreihenfolge Kosten – Hauptforderung – Zinsen bei Verbraucherdarlehen führt allerdings dazu, dass sich die Zinsschuld über Jahre hinweg aufhäuft und somit Verjährung droht. Dies würde den Darlehensgeber zur Titulierung oder anderweitigen Hemmung der Verjährung zwingen, was zusätzliche Kosten für den Verbraucher verursachen würde. Um einer Titulierung allein zur Verjährungshemmung entgegen zu wirken, hat der Gesetzgeber daher eine **Verjährungshemmung** bei Verbraucherdarlehen vorgesehen: Nach § 497 Abs. 3 S. 3 BGB ist die Verjährung des Anspruchs auf Rückzahlung des Darlehens (der Hauptforderung) und auf Zahlung der Zinsen innerhalb von 10 Jahren ab Entstehung des Anspruchs gehemmt. Diese Regelung gilt unabhängig davon, ob der Verbraucher Teilzahlungen leistet, und sie gilt nach dem ausdrücklichen Wortlaut vor allem auch für die Hauptforderung aus einem Verbraucherdarlehen und nicht nur für die Zinsen.

Das Vorstehende gilt auch nach Umsetzung der Verbraucherkreditrichtlinie in deutsches Recht. § 497 BGB bleibt nach dem Regierungsentwurf weitgehend unverändert erhalten. Die bisher in § 497 BGB enthaltenen Sonderregelungen für Immobiliendarlehen finden sich – inhaltlich unverändert – in § 503 Abs. 1 und Abs. 2 BGB-E wieder.

3.2.12 Kündigung von Verbraucherdarlehen und Vorfälligkeitsentschädigung

Während der Verbraucher mehr Kündigungsrechte hat, hat die Bank bei einem Verbraucherdarlehen strengere Kündigungsvoraussetzungen zu beachten.

3.2.12.1 Kündigung und vorzeitige Rückzahlung durch den Darlehensnehmer

Das Kündigungsrecht des Darlehensnehmers ist, wie oben ausgeführt, unterschiedlich ausgestaltet, je nachdem, ob es sich um ein Darlehen mit festem Zins (§ 489 Abs. 1 BGB) oder um ein Darlehen mit veränderlichem Zins (§ 489 Abs. 2 BGB) handelt.[331] Darlehen **mit veränderlichem Zinssatz** sind jederzeit unter Einhaltung einer Kündigungsfrist von drei Monaten kündbar; dies gilt genauso für Verbraucher. Darlehen mit veränderlichem Zins sind insbesondere unbefristet eingeräumte Dispositionskredite, für die regelmäßig ein bis auf weiteres vereinbarter – also veränderlicher – Zinssatz gilt.

Darlehen mit festem Zins sind nur in den in § 489 Abs. 1 Nr. 1 bis Nr. 3 BGB geregelten Fällen kündbar. Hier räumt **§ 489 Abs. 1 Nr. 2 BGB** dem Verbraucher ein besonderes Kündigungsrecht ein: Der Verbraucher kann ein **nicht durch ein Grundpfandrecht gesichertes Darlehen**[332] **nach Ablauf von sechs Monaten** nach dem vollständigen Empfang unter Einhaltung einer **Kündigungsfrist von drei Monaten kündigen**. Die Bank hat keinen Anspruch auf Vorfälligkeitsentschädigung.

> **Beispiel:** Heiner hat im August 2008 einen Ratenkredit mit einem festen Zins von 8% und einer Laufzeit von sieben Jahren abgeschlossen. Der Kredit wurde am 19.8. 2008 ausgezahlt. Heiner kann den Kredit ab dem 19.2. 2009 kündigen, und zwar mit einer Kündigungsfrist von drei Monaten. Der früheste Kündigungstermin ist also der 19.5. 2009; zu diesem Zeitpunkt kann Heiner den Kredit ohne Vorfälligkeitsentschädigung zurückzahlen.

Das neue Verbraucherdarlehensrecht regelt in § 489 BGB-E nur noch die allgemeinen Kündigungsrechte. Die bisher in **§ 489 Abs. 1 Nr. 2 BGB** enthaltene Sonderregelung für Verbraucher **entfällt ersatzlos**. Vielmehr sind die besonderen Kündigungsrechte des Verbrauchers künftig in § 500 BGB-E zusammengefasst. Künftig wird für die Kün-

---

[331] Siehe oben Punkt 3.1.5.1 und 3.1.5.2 sowie Abb. 3-1-5-1.

[332] Für Immobiliendarlehen gilt dieses Kündigungsrecht also nicht; hier gibt es nur das Sonderkündigungsrecht gegen Vorfälligkeitsentschädigung nach § 490 Abs. 2 BGB, das für Verbraucher und Nichtverbraucher gleichermaßen gilt; s. dazu oben Punkt 3.1.5.4.2.

digungsrechte des Verbrauchers nicht mehr danach unterschieden, ob ein fester oder variabler Zinssatz vereinbart ist, sondern danach, ob es eine feste Laufzeit gibt:

Der Verbraucher kann einen **unbefristeten Darlehensvertrag** (z. B. einen Dispositionskredit) **jederzeit fristlos kündigen**, § 500 Abs. 1 S. 1 BGB-E. Die Bank kann zwar mit dem Darlehensnehmer vertraglich eine andere Kündigungsfrist vereinbaren, allerdings maximal eine Frist von einen Monat, § 500 Abs. 1 S. 2 BGB-E.

Zudem kann der Verbraucher auch einen **befristeten Darlehensvertrag jederzeit vorzeitig zurückzahlen, allerdings nur mit Vorfälligkeitsentschädigung**, vgl. § 500 Abs. 2 BGB-E i.V.m. § 502 Abs. 1 BGB-E. Das Recht des Verbrauchers, ein Verbraucherdarlehen mit Festzinsvereinbarung (das üblicherweise auch eine feste Laufzeit hatte) mit einer dreimonatigen Kündigungsfrist ohne Vorfälligkeitsentschädigung zu kündigen, ist entfallen; dies bedeutet eine gewisse Schlechterstellung des Verbrauchers.

> **Beispiel:** In obigem Beispiel bedeutet das, dass Heiner den im August 2008 ausbezahlten Ratenkredit jederzeit vorzeitig zurückzahlen kann, allerdings Vorfälligkeitsentschädigung für die Restlaufzeit zahlen muss. So könnte er z. B. am 19. 2. 2009 den Kredit vollständig zurückzahlen, müsste dann aber die der Bank für die Restlaufzeit von sechseinhalb Jahren entgehenden Zinsen (abgezinst) als Schadensersatz zahlen.

Die **Vorfälligkeitsentschädigung** ist nach den Grundsätzen der BGH-Rechtsprechung als Schadensersatz zu berechnen (vgl. § 502 Abs. 1 S. 1 BGB-E und oben Punkt 3.1.5.5.). Allerdings sieht das Gesetz in § 502 Abs. 1 S. 2 BGB-E **zusätzlich zwei Obergrenzen** vor:

Die Vorfälligkeitsentschädigung darf maximal betragen: **1 % des vorzeitig zurück gezahlten Betrags** bei Restlaufzeiten von einem Jahr und länger, **bzw. 0,5 %** des vorzeitig zurück gezahlten Betrags bei Restlaufzeiten von weniger als einem Jahr.

Zusätzlich darf die Vorfälligkeitsentschädigung den Betrag der Sollzinsen, die der Darlehensnehmer in der Restlaufzeit zu leisten gehabt hätte, nicht übersteigen.

Die Bank muss also sowohl die Vorfälligkeitsentschädigung nach BGH-Rechtsprechung berechnen, als auch die gesetzlichen Obergrenzen, und darf nur den niedrigeren Betrag in Rechnung stellen. Diese Regelung gilt allerdings **nicht für Immobiliendarlehen**, § 503 Abs. 1 BGB-E.

3.2.12.2 Kündigung durch die Bank

Die Kündigungsrechte der Bank sind auch davon abhängig, ob es sich um einen befristeten oder unbefristeten Kredit handelt. **Unbefristete Kredite** können jederzeit mit einer Kündigungsfrist von 3 Monaten gekündigt werden, § 488 Abs. 3 S. 1, S. 2 BGB. Allerdings sehen die Banken in ihren **AGB** (z. B. Nr. 19 Abs. 2 AGB-Banken) vor, dass unbefristete Kredite **jederzeit fristlos** von der Bank gekündigt werden können. Diese vereinbarte jederzeitige fristlose Kündbarkeit gilt auch für unbefristete Kredite an Verbraucher, z. B. Dispositionskreditlinien.

Die Kündigungsrechte der Bank sind also **nur bei befristeten Krediten an Verbraucher eingeschränkt**. Zwar kann die Bank befristete Kredite ohnehin nur aus wichtigem Grund kündigen, vgl. § 490 Abs. 1 BGB, Nr. 19 Abs. 3 AGB-Banken. Der wichtigste Fall der Kündigung aus wichtigem Grund ist der **Zahlungsverzug**. Die Kündigung von

Verbraucherdarlehen durch die Bank wegen Zahlungsverzugs ist eingeschränkt: § 498 Abs. 1 BGB verlangt für die Kündigung zum Einen den Verzug in bestimmter Höhe **(sog. qualifizierter Verzug)**, zum Anderen eine **erfolglose Mahnung mit Kündigungsandrohung**.

Der **qualifizierte Verzug** ist in § 498 Abs. 1 S. 1 Nr. 1 BGB geregelt: Der Darlehensnehmer muss mindestens **mit zwei aufeinander folgenden Teilzahlungen** ganz oder teilweise in Verzug sein. Zusätzlich muss er in bestimmter Höhe in Verzug sein, wobei die Höhe abhängig ist von der Laufzeit des Darlehens: Bei Darlehen mit einer Laufzeit von bis zu drei Jahren muss der Darlehensnehmer mit mindestens **10% des Darlehensnennbetrags** in Verzug sein. Bei Darlehen mit einer Laufzeit von über drei Jahren ist nur ein Verzug in Höhe von **5% des Darlehensnennbetrags** erforderlich. Der Darlehensnennbetrag ist der gesamte kreditierte Betrag, also der Nettodarlehensbetrag iSd. § 491 Abs. 2 Nr. 1 BGB und mitkreditierte Einmalkosten wie z. B. das Bearbeitungsentgelt. Bei **Immobiliendarlehen** bedarf es schließlich eines Verzugs mit zwei aufeinander folgenden Teilzahlungen in Höhe von **2,5%**, vgl. § 498 Abs. 3 BGB.

Zusätzlich ist eine **Kündigungsandrohung** iSd. § 498 Abs. 1 S. 1 Nr. 2 BGB erforderlich. Der Darlehensgeber muss dem Darlehensnehmer erfolglos eine zweiwöchige Frist zur Zahlung des rückständigen Betrags setzen. Dabei muss er den Darlehensnehmer darauf hinweisen, dass er bei Nichtzahlung innerhalb der Frist die gesamte Restschuld verlangen wird.

Zum Zeitpunkt der Kündigungsandrohung muss bereits der qualifizierte Verzug nach § 498 Abs. 1 S. 1 Nr. 1 BGB vorliegen. Leistet der Darlehensnehmer nach der Kündigungsandrohung eine Teilzahlung, so dass der rückständige Betrag bei Fristablauf unter den erforderlichen Rückstand sinkt, kann der Darlehensgeber trotzdem kündigen. Nur ein vollständiger Ausgleich des rückständigen Betrags verhindert die Kündigung.[333]

Damit kommt der Kündigungsandrohung erhebliche Bedeutung zu. Fordert der Darlehensgeber in der Kündigungsandrohung zu viel, beispielsweise weil er ein nicht rechtmäßiges Mahnentgelt vom Darlehensnehmer fordert, wird die **Kündigungsandrohung unwirksam**.[334] Bei einer unwirksamen Kündigungsandrohung ist auch die darauf gestützte Kündigung unwirksam.

Zusätzlich sieht § 498 Abs. 1 S. 2 BGB vor, dass der Darlehensgeber dem Darlehensnehmer spätestens mit der Kündigungsandrohung ein **Gespräch über die Möglichkeit einer einverständlichen Regelung anbieten soll**. Da es sich nach dem Wortlaut nur um eine „Sollvorschrift" handelt, bleibt deren Verletzung folgenlos.[335]

Das **neue Verbraucherdarlehensrecht** erweitert nicht nur die Kündigungsrechte des Darlehensnehmers, sondern schränkt auch die Kündigungsmöglichkeiten der Bank ein:

Künftig können Banken mit Verbrauchern nicht mehr vereinbaren, dass **unbefristete Verbraucherdarlehen** jederzeit fristlos gekündigt werden können; Nr. 19 Abs. 2 der AGB-Banken wird also für Verbraucher neu gefasst werden müssen. Denn nach § 500 Abs. 1 BGB-E muss die **vereinbarte Kündigungsfrist mindestens zwei Monate** betra-

---

[333] Vgl. BGH, Urteil vom 26. 1. 2005 – VIII ZR 90/04, WM 2005, 459 = ZIP 2005, 406.

[334] BGH, Urteil vom 26. 1. 2005 – VIII ZR 90/04, WM 2005, 459 = ZIP 2005, 406.

[335] Vgl. *Jungmann* in *Schimansky/Bunte/Lwowski*, Bankrechts-Handbuch, 3. Auflage, § 81, Rn. 727.

gen. Dispositionskredite an Verbraucher werden also künftig nicht mehr fristlos, sondern nur mit einer Frist von zwei Monaten gekündigt werden können, sofern diese Kündigungsfrist vereinbart ist – anderenfalls gilt die gesetzliche Frist von drei Monaten nach § 488 Abs. 3 S. 2 BGB.

Für **Darlehen mit fester Laufzeit**, insbesondere den typischen Ratenkredit, wird die Kündigungsregelung wegen Zahlungsverzugs in § 498 Abs. 1 BGB-E klarer gefasst, bleibt aber inhaltlich unverändert erhalten.

Die **Sonderregelungen für Immobiliendarlehen** finden sich in § 503 Abs. 3 BGB-E.

3.2.13 Besonderheiten bei verbundenen Geschäften

Das verbundene Geschäft ist in § 358 BGB geregelt. Von einem verbundenen Geschäft spricht man, wenn ein Darlehen ganz oder teilweise **der Finanzierung eines anderen Vertrags**, z.B. eines Kaufvertrags, **dient** und beide Verträge eine **wirtschaftliche Einheit** bilden, vgl. § 358 Abs. 3 S. 1 BGB. Eine wirtschaftliche Einheit liegt insbesondere dann vor, wenn der **Unternehmer selbst die Gegenleistung des Verbrauchers** finanziert (§ 358 Abs. 3 S. 2 Alt. 1 BGB).

> **Beispiel:** Ein Autohändler bietet an, den Erwerb eines Neuwagens zu finanzieren. Der Autohändler ist Verkäufer und Darlehensgeber zugleich. Kaufvertrag und Darlehensvertrag sind eine wirtschaftliche Einheit und damit ein verbundenes Geschäft.

Ebenso liegt eine wirtschaftliche Einheit vor, wenn ein **Dritter das Darlehen ausreicht**, mit dem der andere Vertrag finanziert wird, wenn sich der Darlehensgeber bei der Vorbereitung oder dem Abschluss des Verbraucherdarlehensvertrags der Mitwirkung des Unternehmers bedient (§ 358 Abs. 3 S. 2 Alt. 2 BGB).

> **Beispiel:** Der Autohändler arbeitet ständig mit der Bank Günstige-Kredite zusammen. Der Abschluss des Darlehensvertrags, der mit der Bank Günstige-Kredite zu Stande kommt, wird durch den für den Autohändler tätigen Verkäufer abgewickelt. Auch hier bilden der Kaufvertrag mit dem Autohändler und der Darlehensvertrag mit der Bank Günstige-Kredite eine wirtschaftliche Einheit und damit ein verbundenes Geschäft.

Wird ein **Grundstückserwerb finanziert**, sind die Voraussetzungen für die Annahme eines verbundenen Geschäfts strenger, vgl. § 358 Abs. 3 S. 3 BGB.

Wenn ein verbundenes Geschäft vorliegt, bewirkt der **Widerruf** des anderen Vertrags, z.B. des Kaufvertrags, dass der Verbraucher nicht mehr an den Darlehensvertrag gebunden ist, vgl. § 358 Abs. 1 BGB. Ebenso bewirkt der Widerruf des Verbraucherdarlehens, dass der Verbraucher auch an den verbundenen Vertrag, z.B. den Kaufvertrag, nicht mehr gebunden ist, vgl. § 358 Abs. 2 BGB. Dementsprechend ist auch eine Ergänzung der Widerrufsbelehrung erforderlich; nach § 358 Abs. 5 BGB muss die **Widerrufsbelehrung** bei einem verbundenen Geschäft auf die Wirkung eines Widerrufs auf das jeweilige andere Geschäft hinweisen.

Zudem gibt es nach § 359 BGB beim verbundenen Geschäft einen sogenannten **Einwendungsdurchgriff**. Der Verbraucher kann die Rückzahlung des Darlehens wegen Einwendungen aus dem verbundenen Vertrag verweigern.

Beispiel: Der Autohändler hat dem Käufer wahrheitswidrig vorgespiegelt, dass das verkaufte Auto den nach den neuen Vorschriften nötigen Abgasfilter hätte. Der Käufer kann den Kaufvertrag wegen arglistiger Täuschung anfechten. Er kann auch gegenüber der Bank Günstige-Kredite die Rückzahlung verweigern.

§ 359 BGB regelt nicht die **Rückabwicklung der Verträge**; dementsprechend gibt es hier viele Unklarheiten insbesondere bei der dogmatischen Begründung. Die herrschende Meinung geht davon aus, dass der Verbraucher vom Darlehensgeber bereits geleistete Raten zurück fordern kann. Eine Anzahlung, die der Darlehensgeber an den Händler geleistet hat, kann der Darlehensnehmer entweder vom Händler zurückverlangen, dann muss er diesem die Sache übergeben; oder von der Bank, dann muss er dieser die Sache übergeben.[336]

Die Regelungen des verbundenen Geschäfts bleiben vom neuen Recht unverändert.

3.2.14 Sonderformen von Verbraucherdarlehen

3.2.14.1 Immobiliendarlehensverträge

Immobiliendarlehensverträge sind in § 492 Abs. 1a S. 2 BGB[337] **legal definiert**. Die Legaldefinition wird – inhaltlich unverändert – künftig in § 503 Abs. 1 BGB-E enthalten sind. Danach liegt ein Immobiliendarlehensvertrag vor, wenn das Darlehen

- von der **Sicherung durch ein Grundpfandrecht abhängig** gemacht wird (oder von einer solchen Sicherung gemäß § 7 Abs. 3 bis 5 Bausparkassengesetz abgesehen wird), und
- zu **Bedingungen** gewährt wird, die **für grundpfandrechtlich abgesicherte Darlehensverträge und deren Zwischenfinanzierung üblich** sind; da das Gesetz ausdrücklich auch die Zwischenfinanzierung erwähnt, ist auch für die Zwischenfinanzierung eines Immobiliendarlehens keine Gesamtbetragsangabe erforderlich.

Es reicht also, wenn im Darlehensvertrag die **schuldrechtliche Verpflichtung** enthalten ist, eine Grundschuld zu bestellen; es ist nicht erforderlich, dass die Grundschuld auch wirklich bestellt wird. Ebenso reicht die Neuvalutierung einer bereits bestellten Grundschuld.

Für die Frage, ob ein Darlehen zu für grundpfandrechtlich gesicherte Darlehen üblichen Bedingungen gewährt wurde, kommt es – neben der **langen Laufzeit** – „entscheidend auf die **Zinshöhe** und die sonstigen Kreditkonditionen" an.[338] Dabei muss der Zinssatz in jedem Fall einen gewissen Abstand zum üblichen Zinssatz für – regelmäßig ungesicherte – Konsumentenkredite wahren, denn es ist „üblich", dass der **Zinssatz für Immobiliendarlehen geringer ist als der Zinssatz für Konsumentenkredite**.

---

[336] Wegen der Einzelheiten bei der Rückabwicklung siehe *Lwowski/Münscher* in *Schimansky/Bunte/Lwowski*, Bankrechts-Handbuch, 3. Auflage, § 81, Rn. 590 ff.

[337] vormals § 491 Abs. 3 Nr. 1 BGB a.F., bzw. § 3 Abs. 2 Nr. 2 VerbrKrG.

[338] Ständige Rechtsprechung seit BGH, Urteil vom 18.4. 2000 – XI ZR 193/99, NJW 2000, 2352 = WM 2000, 1245 = ZIP 2000, 1245.

Doch auch unterhalb dieser absoluten Obergrenze muss geklärt werden, ob der Zinssatz „üblich" ist. Hierfür wurde von der Rechtsprechung als erster Anhaltspunkt bisher regelmäßig die **Zinsstatistik der Deutschen Bundesbank** herangezogen.[339] Die Deutsche Bundesbank hat seit Juni 1967 bis Juni 2003 die Sollzinsen in Deutschland erhoben und auf Basis der erhobenen Daten einen Durchschnittszinssatz und eine Unter- und Obergrenze der Streubreite ermittelt und ausgewiesen. Liegt der konkret vereinbarte Zinssatz innerhalb der von der Deutschen Bundesbank ausgewiesenen **Streubreite**, so kann kein Zweifel an dessen „Üblichkeit" bestehen.

Doch auch wenn der konkret vereinbarte **Zinssatz oberhalb der Streubreite** liegt, kann das Darlehen zu üblichen Bedingungen gemäß § 491 Abs. 1a BGB gewährt sein. Denn die Bundesbank-Statistik berücksichtigt nur erstrangig gesicherte Realkredite für Wohngrundstücke, die unter Einhaltung der Beleihungsgrenzen bei einer Tilgung von 1% p.a. zu Laufzeiten von fünf oder zehn Jahren gewährt werden. Dementsprechend hat der BGH entschieden, dass der **Bundesbank-Statistik für Darlehen, die diese Kriterien nicht erfüllen, nur geringe Aussagekraft** zukomme.[340] Ein Zinsaufschlag ist aufgrund des höheren Risikos für die Bank insbesondere dann gerechtfertigt, wenn eine Vollfinanzierung, möglicherweise noch unter Einschluss der Erwerbsnebenkosten, vorliegt, oder die Tilgung ausgesetzt wird; beides ist bei Immobilienkapitalanlagen der Steuerersparnis wegen regelmäßig der Fall.[341]

Für Zeiträume **ab Juli 2003** erhebt die Deutsche Bundesbank **keine Streubreite** mehr. Denn die bisherige „Erhebung über Soll- und Habenzinssätze" wurde ab Januar 2003 durch den **„deutschen Beitrag zur EWU-Zinsstatistik"** abgelöst (für einen Übergangszeitraum von Januar bis Juli 2003 wurden Daten nach beiden Erhebungsmethoden erhoben), die nur noch einen **Durchschnittszinssatz** erhebt, und zwar nach einer völlig anderen Methode als bisher. Die bisherige Rechtsprechung, die bis zur Obergrenze der Streubreite keine Probleme mit der Üblichkeit des Zinses sah, und auch bei „geringfügigen" Überschreitungen der Obergrenze noch die Üblichkeit annahm, kann nicht einfach auf die neue Situation übertragen werden. Dafür dürfte der Durchschnittszinssatz für Konsumentenkredite an Interesse gewinnen, weil es für ein Immobiliendarlehen üblich ist, dass der Zinssatz **unterhalb des von der Bundesbank erhobenen Durchschnittszinssatzes für Konsumentenkredite** liegt. Wie hoch der Abstand sein muss, hängt wesentlich vom im Einzelfall bestehenden Risiko der Finanzierung ab. Angesichts der langen Laufzeit von Immobiliendarlehen wird es jedoch noch lange dauern, bis die Rechtspraxis auf die neue Statistik zurückgreifen oder sich einen anderen Anhaltspunkt suchen muss.[342]

---

[339] BGH, Urteil vom 22.6. 1999 – XI ZR 316/98, WM 1999, 1555; BGH, Urteil vom 18.3. 2003 – XI ZR 422/01, NJW 2003, 2093 = ZIP 2003, 894 = BKR 2003, 421. Die Zinsstatistik findet sich unter www.bundesbank.de unter den Stichworten Statistik, Zinsen, Renditen, Zeitreihen, Bundesbank-Zinsstatistik (Juni 1967 bis Juni 2003), Sollzinsen der Banken (MFIs) in Deutschland, Hypothekarkredite auf Wohngrundstücke.

[340] BGH, Urteil vom 18.3. 2003 – XI ZR 422/01, NJW 2003, 2093 = ZIP 2003, 894 = BKR 2003, 421.

[341] Wird ein Immobilienkauf finanziert, und die Immobilie vermietet, kann der Darlehensnehmer die Darlehenszinsen als Werbungskosten von seinen Einnahmen aus Vermietung absetzen; deshalb ist er an der höheren Zinsbelastung bei Tilgungsaussetzung interessiert.

[342] Soweit ersichtlich, wurden bisher in der Literatur zur Frage, wann Immobiliendarlehen gemäß § 492 Abs. 1a BGB angesichts der Änderung der Zinsstatistik „üblich" sind, noch keine Lö-

Für Immobiliendarlehensverträge gibt es nach aktueller Rechtslage folgende **Sonderregelungen** gegenüber sonstigen Verbraucherdarlehen:

- Der Vertrag muss **keinen Gesamtbetrag** angeben, § 492 Abs. 1a S. 1 BGB.
- Der Immobiliendarlehensvertrag muss einen deutlich gestalteten **Hinweis** darauf enthalten, dass der Darlehensgeber Forderungen aus dem Darlehensvertrag ohne Zustimmung des Darlehensnehmers **abtreten** und das Darlehensverhältnis auf einen Dritten **übertragen** kann, soweit nicht die Abtretung im Vertrag ausgeschlossen ist oder der Darlehensnehmer der Übertragung zustimmen muss, § 492 Abs. 1a S. 3 BGB. Diese Vorschrift wurde durch das am 19.8. 2008 in Kraft getretene Risikobegrenzungsgesetz eingeführt.
- Der **Verzugszinssatz** beträgt 2,5%-Punkte über dem Basiszinssatz, vgl. § 497 Abs. 1 S. 2 BGB.
- **Teilzahlungen** werden nach § 367 Abs. 1 BGB in der Reihenfolge Kosten, Zinsen, Hauptforderung verrechnet, vgl. § 497 Abs. 4 i.V.m. Abs. 3 S. 1 BGB.
- Eine **Kündigung** des Immobiliendarlehens setzt einen Verzug mit mindestens zwei aufeinander folgenden Raten in Höhe von 2,5% des Darlehensnennbetrags voraus, vgl. § 498 Abs. 3 BGB. Diese Sonderregelung wurde ebenfalls durch das Risikobegrenzungsgesetz eingeführt; sie gilt daher **nur für Immobiliendarlehen**, die **ab dem 19.8. 2008** (In-Kraft-Treten des Risikobegrenzungsgesetzes) vereinbart wurden. Für früher zu Stande gekommene Immobiliendarlehen gibt es keine gesetzliche Kündigungsregelung, d.h. hier gelten die vertraglichen Vereinbarungen.

Nach dem **neuen Verbraucherdarlehensrecht** wird es ebenfalls Sonderregelungen geben:

- Für die nach neuem Verbraucherdarlehensrecht erforderliche **vorvertragliche Information** ist nicht der gesamte Katalog der Pflichtangaben zwingend, vgl. Art. 247 § 9 Abs. 1 S. 2 EGBGB-E. Dementsprechend gibt es hierfür ein gesondertes Muster, nämlich das **Europäische Standardisierte Merkblatt** gemäß Muster in Anlage 5, vgl. Art. 247 § 2 Abs. 2 S. 2 EGBGB-E. Verwendet der Darlehensgeber dieses Merkblatt, gelten auch bei Immobiliendarlehensverträgen seine vorvertraglichen Informationspflichten nach § 491a Abs. 1 BGB-E als erfüllt, vgl. Art. 247 § 2 Abs. 3 S. 1 EGBGB-E.
- Künftig muss der **Hinweis auf die Abtretbarkeit, bzw. Übertragbarkeit** des Darlehens nicht mehr im Darlehensvertrag, sondern in der **vorvertraglichen Information** enthalten sein, vgl. Art. 247 § 9 S. 2 EGBGB-E.
- Genauso wie bei der vorvertraglichen Information sind auch im Vertrag über Immobiliendarlehen **weniger Pflichtangaben** vorgesehen, vgl. § 492 Abs. 2 BGB-E i.V.m. Art. 247 § 9 Abs. 1 S. 1 EGBGB-E. Insbesondere ist auch weiterhin kein Gesamtbetrag anzugeben. Bei einem Immobiliendarlehen sind künftig folgende Angaben im Vertrag zwingend: Name und Anschrift des Darlehensgebers, Art des Darlehens, effektiver Jahreszins, Nettodarlehensbetrag, Sollzinssatz, Vertragslaufzeit, Betrag,

---

sungsansätze diskutiert. Rechtsprechung zur neuen EWU-Zinsstatistik, die Darlehensverträge betreffen müsste, die ab Juni 2003 abgeschlossen worden sind, existiert – soweit ersichtlich – auch noch nicht.

Zahl und Fälligkeit der einzelnen Teilzahlungen (Art. 247 § 3 Nr. 1–7 EGBGB-E), alle sonstigen Kosten (Nr. 10), das Bestehen oder Nichtbestehen eines Widerrufsrechts (Nr. 13, vgl. auch Art. 247 § 9 Abs. 1 S. 3 i.V.m. § 6 Abs. 2 EGBGB-E), ggf. Zinsanpassungsregelung (Art. 247 § 3 Abs. 4 EGBGB-E). Darüber hinaus sind Kosten für etwaige Zusatzleistungen, z.B. zwingende Kontoführung bei der darlehensgebenden Bank, anzugeben, Art. 247 § 8 Abs. 1 EGBGB-E. Insbesondere ist bei Immobiliendarlehen mit **Tilgungsersatz** in den vorvertraglichen Informationen und im Darlehensvertrag darauf hinweisen, dass die **Tilgung nicht gewährleistet** ist, Art. 247 § 8 Abs. 2 EGBGB-E.

Beispiel: Der Darlehensnehmer nimmt ein Immobiliendarlehen in Höhe von € 100 000,00 für eine vermietete Eigentumswohnung auf. Das Darlehen wird tilgungsfrei gestellt, dafür zahlt er in eine Lebensversicherung ein. Die Lebensversicherung wird in zwölf Jahren fällig; zu diesem Zeitpunkt ist auch das Darlehen zurück zu zahlen. Die Lebensversicherungsgesellschaft rechnet mit einer Versicherungsleistung von € 105 000,00. Darin enthalten ist eine geschätzte Überschussbeteiligung (§ 153 VVG), deren Höhe nicht garantiert ist (vgl. auch § 154 VVG). Es ist also nicht gewährleistet, dass das Darlehen wirklich durch die Versicherungsleistung getilgt werden kann, weil die Leistung wegen schlechter Ertragslage z.B. nur € 90 000,00 beträgt. Auf dieses Risiko muss die Bank hinweisen.

- Die Sonderregelungen für **Teilzahlungen** (§ 503 Abs. 1 BGB-E), **Verzugszinssatz** (§ 503 Abs. 2 BGB-E)[343] und **Kündigung** (§ 503 Abs. 3 BGB-E)[344] bleiben unverändert erhalten, sind nun aber in § 503 BGB-E zusammen gefasst.
- Die Begrenzung der **Vorfälligkeitsentschädigung** auf 1%, bzw. 0,5% des vorzeitig zurück bezahlten Betrags nach § 502 BGB-E[345] gilt nicht für Immobiliendarlehen, vgl. § 503 Abs. 1 S. 1 BGB-E, so dass für Immobiliendarlehen weiterhin die Vorfälligkeitsentschädigung nach den Grundsätzen der BGH-Rechtsprechung berechnet werden kann. Auch ist es – jedenfalls bei entsprechender vertraglicher Vereinbarung – zulässig, Vorfälligkeitsentschädigung zu verlangen, wenn ein Immobiliendarlehen vor Ablauf der Zinsbindungsfrist durch eine als Tilgungsersatz dienende Lebensversicherung zurück geführt wird, denn auch der Ausschluss der Vorfälligkeitsentschädigung nach § 502 Abs. 2 Nr. 1 BGB-E gilt für Immobiliendarlehen nicht.

3.2.14.2 Überziehungskredite

Für Überziehungskredite gibt es zwei wesentliche Sonderregelungen:

- Statt der Angabepflichten nach § 492 BGB gibt es **spezifische Informationspflichten gemäß § 493 BGB**; das Schriftformerfordernis gilt auch nicht.
- Bei einem Überziehungskredit, den der Verbraucher jederzeit ohne Einhaltung einer Kündigungsfrist und ohne zusätzliche Kosten zurückzahlen kann, gibt es kein **Widerrufsrecht**, § 495 Abs. 2 BGB.

---

[343] Siehe oben Punkt 3.2.11.

[344] Siehe oben Punkt 3.2.12.1.

[345] Siehe oben Punkt 3.2.12.1.

Die Sonderregelungen gelten für beide Formen des Überziehungskredits, nämlich:

- den in § 493 Abs. 1 BGB geregelten, vertraglich im Voraus vereinbarten Kredit (**Dispositionskredit**, in der Bankpraxis kurz „Dispo" genannt[346]),
- und die in § 493 Abs. 2 BGB geregelten **geduldeten Kontoüberziehung**.

Dabei ist der Zinssatz für Kontoüberziehungen (Überziehungszins) regelmäßig höher als der Zinssatz für den Dispositionskredit; beide gelten regelmäßig bis auf weiteres und sind jeweils aus dem Preis- und Leistungsverzeichnis der Bank ersichtlich.

3.2.14.2.1 Vertraglich vereinbarter Überziehungskredit

Beispiel: Ein Kunde verdient € 1500,00 netto monatlich. Die Bank hat dem Kunden entsprechend der Bankusancen einen Dispo in Höhe des dreifachen Monatsgehalts eingeräumt, also € 4500,00. Wenn der Kunde sein Konto bis zu einem Sollsaldo von € 4500,00 überzieht, beansprucht er seinen Dispositionskredit. Der Anwendungsbereich des § 493 Abs. 1 BGB ist eröffnet.

Die Privilegierung gemäß **§ 493 Abs. 1 BGB** setzt voraus, dass es sich um ein **laufendes Konto** handelt, also laufend Zahlungseingänge (z. B. Lohn und Gehalt, Rente, Arbeitslosengeld II, Mieteinnahmen) und Zahlungsausgänge verbucht werden. Die Bank darf dem Verbraucher **außer den Zinsen keine weiteren Kosten** in Rechnung stellen, und die Zinsen dürfen **nicht in kürzeren Perioden als quartalsweise** belastet werden.

Wenn diese Voraussetzungen erfüllt sind, gelten nicht die strengen Formerfordernisse nach § 492 BGB für den Dispositionskredit, sondern die **spezifischen Informationspflichten** des § 493 Abs. 1 BGB, und zwar **vor Inanspruchnahme des Kredits, nach der ersten Inanspruchnahme und bei Änderungen während der Inanspruchnahme:**

Vor Inanspruchnahme des Kredits – also regelmäßig mit der Gewährung des Kredits – muss die Bank den Verbraucher informieren über

- die Höchstgrenze des Darlehens,
- den zum Zeitpunkt der Unterrichtung geltenden Jahreszins,
- die Bedingungen, unter denen der Zinssatz geändert werden kann und
- die Regelung der Vertragsbeendigung (§ 493 Abs. 1 S. 2 BGB).

Für diese Information ist keine besondere Form vorgesehen, so dass sogar eine mündliche Erläuterung oder der Verweis auf das Preis- und Leistungsverzeichnis ausreichen würde.

Wenn der Verbraucher den Dispositionskredit **erstmals in Anspruch genommen** hat (also der Kontostand erstmals ins Soll geraten ist), hat die Bank die **Vertragsbedingungen erneut zu bestätigen**, § 493 Abs. 1 S. 3 BGB. Für diese Information ist Textform (§ 126b BGB) vorgeschrieben, wobei die Mitteilung auf dem Kontoauszug ausreicht, § 493 Abs. 1 S. 5 BGB. Nach herrschender Meinung kann die in der in § 493 Abs. 1 S. 5 BGB vorgesehene Bestätigung bereits nach Einräumung des Dispositionskredits

---

[346] Beim Dispositionskredit handelt es sich um einen Kontokorrentkredit, der an Verbraucher gewährt wird, also nicht zu gewerblichen Zwecken.

erfolgen und muss dann bei der ersten Ausnutzung nicht erneut erfolgen, d.h. die einmalige Information in Textform oder auf einem Kontoauszug reicht.[347] Eine neue Bestätigung ist – und dies ergibt sich bereits aus dem Wortlaut des § 493 Abs. 1 S. 3 BGB – nicht erforderlich, wenn der Dispositionskredit nach Ausgleich der ersten Inanspruchnahme erneut in Anspruch genommen wird.

Wenn sich der Jahreszins während der Inanspruchnahme des Dispositionskredits ändert, muss die Bank **über den geänderten Zinssatz informieren**, wobei auch hier Textform, bzw. eine Mitteilung auf dem Kontoauszug vorgeschrieben ist, § 493 Abs. 1 S. 4, 5 BGB.

3.2.14.2.2 Geduldete Kontoüberziehung

Die **geduldete Kontoüberziehung** ist eine eigenständige Form der Kreditgewährung. Der Verbraucher hat keinen Anspruch darauf, sein Konto über sein Guthaben oder einen eingeräumten Kredit hinaus beanspruchen zu können.

> **Beispiel:** Der Kunde hat ein Konto ohne Dispositionskredit und verfügt über das Konto, so dass dieses ins Soll gerät. Oder: Der Kunde hat einen Dispositionskredit von € 4500,00 und verfügt über sein Konto, so dass ein Sollsaldo über den eingeräumten Dispositionskredit hinaus entsteht, z.B. € 5000,00.

Wenn die Bank diese Überziehung zulässt, spricht man von einer geduldeten Kontoüberziehung. Auch einer geduldete Kontoüberziehung liegt eine vertragliche Vereinbarung zu Grunde: Der **Verbraucher beauftragt** z.B. die Bank, Bargeld über sein Guthaben oder eine eingeräumte Kreditlinie hinaus auszuzahlen oder eine entsprechende Überweisung zu tätigen. Darin liegt ein Angebot auf Abschluss eines Verbraucherdarlehensvertrags, das die **Bank konkludent annimmt**, indem sie den Auftrag durchführt und damit die Überziehung des Kontos duldet.

Duldet die Bank die Kontoüberziehung über einen Zeitraum von **drei Monaten** und übersteigt die Kontoüberziehung den Betrag von € **200,00** (nach § 492 Abs. 2 Nr. 1 BGB finden die Verbraucherdarlehensvorschriften und damit auch § 493 BGB keine Anwendung auf Darlehen mit einem Nettodarlehensbetrag von bis zu € 200,00), treffen die Bank die **spezifischen Informationspflichten des § 493 Abs. 2 BGB**. Die Bank muss den Verbraucher über den Jahreszins, die Kosten und etwaige Änderungen informieren, wobei auch diese Information in Form eines Ausdrucks auf einem Kontoauszug erfolgen kann.

3.2.14.2.3 Rechtslage nach neuem Verbraucherdarlehensrecht

Auch das neue Recht sieht Sonderregelungen für Überziehungskredite vor. Der vertraglich vereinbarte Überziehungskredit heißt nun **„eingeräumte Überziehungsmöglichkeit“** und ist in § 504 BGB-E geregelt, die **„geduldete Überziehung“** ist in § 505 BGB-E geregelt. Es bleibt bei den bisherigen Sonderregelungen, insbesondere gibt es auch weiterhin **kein Widerrufsrecht**, vgl. § 504 Abs. 2 S. 1 BGB-E für die eingeräumte Überziehung, wenn die Laufzeit höchstens 3 Monate beträgt oder der Darlehensgeber jederzeit kündigen kann, sowie § 505 Abs. 4 BGB-E für die geduldete Überziehung.

---

[347] *Jungmann* in *Schimansky/Bunte/Lwowski*, Bankrechts-Handbuch, 3. Auflage, § 81, Rn. 76.

Zur eingeräumten Überziehungsmöglichkeit:

Auch bei der eingeräumten Überziehung gibt es nun **vorvertragliche Informationspflichten**, die durch Verwendung der **Europäischen Verbraucherkreditinformation** gemäß dem Muster in Anlage 4 erfüllt werden, vgl. Art. 247 § 2 Abs. 2 S. 1 EGBGB-E. Die Inhalte sind in Art. 247 § 10 Abs. 1 Nr. 1 EGBGB-E geregelt.

Der **Vertrag**, mit dem die Überziehungsmöglichkeit eingeräumt wird, muss nach Art. 247 § 10 Abs. 1 Nr. 2 EGBGB-E **folgende Angaben** enthalten: Name und Anschrift des Darlehensgebers, Art des Darlehens, Nettodarlehensbetrag, Sollzinssatz und evtl. Zinsanpassungsregelung, Vertragslaufzeit, Auszahlungsbedingungen, alle sonstigen Kosten, Name und Anschrift des Darlehensnehmers, Kündigungsverfahren, Hinweis auf die jederzeitige Kündigungsmöglichkeit des Darlehensnehmers. Der **effektive Jahreszins** muss nicht angegeben werden, wenn außer den Sollzinsen keine weiteren Kosten verlangt werden und die Sollzinsen nicht in kürzeren Zeiträumen als 3 Monate fällig werden, vgl. Art. 247 § 10 Abs. 3 EGBGB-E (sonst allerdings schon). Es bleibt dabei, dass **kein Schriftformerfordernis** besteht, wenn außer den Sollzinsen keine weiteren laufenden Kosten vereinbart sind, die Sollzinsen nicht in kürzeren Zeiträumen als 3 Monate fällig werden und der Darlehensgeber dem Darlehensnehmer den Vertragsinhalt spätestens unverzüglich nach Vertragsabschluss in Textform mitteilt, § 504 Abs. 2 S. 2 BGB-E. Für die Textform reicht insbesondere eine Mitteilung auf dem Kontoauszugsdrucker.

Wie bisher auch, muss der Darlehensgeber den Darlehensnehmer **in regelmäßigen Abständen informieren**; diese Angabepflichten sind in Art. 247 § 16 EGBGB-E geregelt.

Zur geduldeten Überziehung:

Wenn die Bank mit dem Verbraucher **für eine geduldete Überziehung ein Entgelt vereinbart**, was regelmäßig mit dem höheren Überziehungszinssatz der Fall ist, muss sie dem Verbraucher **Folgendes in Textform** mitteilen: den Sollzinssatz, die Bedingungen für seine Anwendung und, soweit vorhanden, Indizes oder Referenzzinssätze, auf die sich der Sollzinssatz bezieht, sämtliche Kosten, die ab dem Zeitpunkt der Überziehung anfallen, und die Bedingungen, unter denen die Kosten angepasst werden, vgl. § 505 Abs. 1 BGB-E i.V.m. Art. 247 § 17 Abs. 1 EGBGB-E. Diese Angaben muss sie zudem **in regelmäßigen Abständen wiederholen**.

Überzieht der Verbraucher dann sein Konto **„erheblich“**, muss die Bank ihm **unverzüglich mitteilen**, dass und in welcher Höhe eine Überziehung vorliegt, den Sollzinssatz und etwaige Vertragsstrafen, Kosten und Verzugszinsen, vgl. § 505 Abs. 2 BGB-E i.V.m. Art. 247 § 17 Abs. 2 EGBGB-E.

3.2.14.3 Umschuldungsdarlehen

Schließlich sieht das neue Recht Sonderregelungen für Umschuldungsdarlehen vor. Auch hier gibt es erleichterte Angabepflichten sowohl für die vorvertragliche Information als auch den Vertrag selbst, vgl. Art. 247 § 11 Abs. 1 EGBGB-E, und das Widerrufsrecht ist ausgeschlossen, vgl. § 495 Abs. 3 Nr. 1 BGB-E. Allerdings sind die Voraussetzungen für ein Umschuldungsdarlehen in § 495 Abs. 3 Nr. 1 BGB-E derart eng (Darlehensgeber muss zur Kündigung wegen Zahlungsverzugs berechtigt sein, ein Gerichtsverfahren muss vermieden werden und der Gesamtbetrag des Umschuldungsdarlehens muss geringer sein als der des Ursprungsvertrags), dass der Anwendungsbereich kaum je eröffnet sein wird.

3.3 Avalkredit

Als Aval wird die **Bürgschaft** bezeichnet, die die Bank im Auftrag ihres Kunden gegenüber dessen Kunden abgibt. Das **Avalgeschäft**, also die Übernahme von Bürgschaften, Garantien oder anderen Gewährleistungen, gehört zum typischen Bankgeschäft, vgl. § 1 Abs. 1 S. 2 Nr. 8 Kreditwesengesetz (KWG). Bei einem Aval handelt es sich um eine **Eventualverbindlichkeit** der Bank, weil es ungewiss ist, ob die Bank aus dem Aval in Anspruch genommen wird. Indem sich die Bank für ihren Kunden verbürgt, gewährt sie ihrem Kunden einen Kredit. Denn die Bank trägt das Risiko, aus dem Aval in Anspruch genommen zu werden und Zahlung leisten zu müssen; die Erfüllung ihres Rückgriffsanspruchs gegen den Kunden hängt von dessen Bonität ab.

Das Aval ist nichts anderes als eine **Bürgschaft**, bei der eine **Bank Bürge** ist. Ein Aval ist demnach insbesondere **akzessorisch** zur verbürgten Hauptschuld. Insofern kann auf die Ausführungen zur Bürgschaft als Kreditsicherheit unter Ziffer 4.6 verwiesen werden. Nachfolgend werden allerdings ein paar typische Fragen des Avalgeschäft dargestellt.

3.3.1 Rechtsverhältnisse

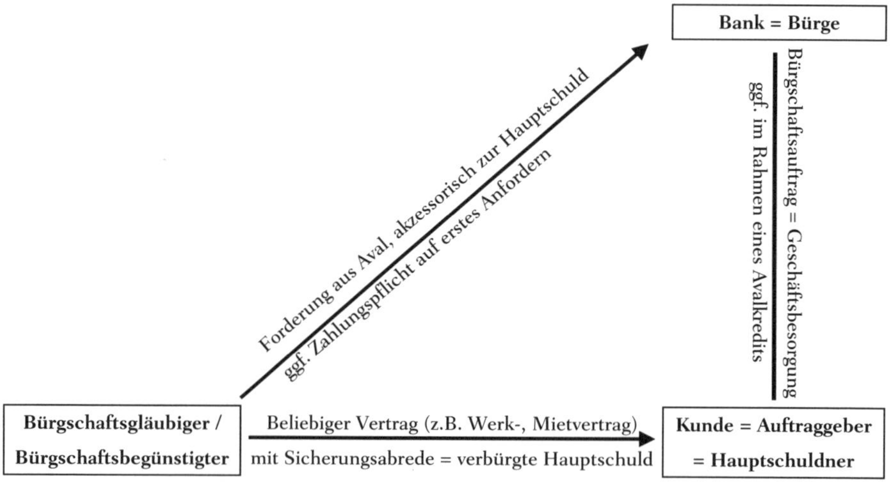

Abbildung 3-3-1: Rechtsverhältnisse bei einem Aval

3.3.1.1 „Hauptschuldverhältnis" mit Sicherungsabrede

Zwischen dem Bankkunden und dessen Vertragspartner, der zugleich Begünstigter des Avals (Bürgschaftsgläubiger) ist, besteht ein Vertragsverhältnis. Dieses bildet die **zu verbürgende Hauptschuld**. In diesem Hauptschuldverhältnis ist eine **Sicherungsabrede** enthalten, wonach eine Partei verpflichtet ist, eine Sicherheit zu stellen.

Beispiele: In einem Mietvertrag über Geschäftsräume ist geregelt, dass der Mieter eine Bürgschaft über einen Betrag von € 50 000,00 als Sicherheit für die Ansprüche des Vermieters aus dem Mietvertrag zu stellen hat (**Mietkautionsbürgschaft**). In einem Werkvertrag über Bauleistungen ist geregelt, dass der Auftragnehmer verpflichtet ist, eine Bürgschaft für die Erfüllung der Bauleistungen zu stellen (**Vertragserfüllungsbürgschaft**) oder eine Bürgschaft für die Gewährleistungsansprüche des Auftraggebers (**Gewährleistungsbürgschaft**). Wenn der Auftraggeber eine Anzahlung an den Auftragnehmer leistet, wird er regelmäßig eine Sicherheit dafür verlangen, dass der Auftragnehmer diese zurückzahlt, sollte er die vertraglich vereinbarte Leistung nicht erbringen (**Anzahlungsbürgschaft**).

Auch im Rahmen von Prozessen kann eine Sicherheitsleistung erforderlich werden, z. B. um aus einem nicht rechtskräftigen Urteil vorläufig zu vollstrecken (vgl. § 709 ZPO) oder wenn der Beklagte die vorläufige Vollstreckung verhindern will (vgl. § 711 ZPO). Diese Sicherheitsleistung wird regelmäßig durch Bankbürgschaft geleistet (vgl. § 108 ZPO), die dann als **Prozessbürgschaft** bezeichnet wird.

3.3.1.2 Avalkredit und/oder Bürgschaftsauftrag

Der Bankkunde beauftragt die Bank zur Übernahme eines Avals, um seine vertragliche oder gesetzliche Pflicht, die **Sicherheitsleistung**, zu erbringen, zu erfüllen. Meist könnte er Sicherheit auch anders, z. B. durch Hinterlegung eines Geldbetrags, erbringen (vgl. § 232 BGB). Damit wäre aber Liquidität gebunden, was bei einem Aval nicht der Fall ist. Allerdings muss der Kunde **Avalprovision** an die Bank zahlen (z. B. 1% des Avalbetrags pro Jahr). Bei dem Bürgschaftsauftrag an die Bank handelt es sich mithin um einen **entgeltlichen Geschäftsbesorgungsvertrag** nach § 675 BGB.

Wenn der Bankkunde häufiger Avale benötigt, ist es üblich, dass er mit seiner Bank einen **Avalkredit** vereinbart. Dabei handelt es sich um eine **Rahmenlinie**, die der Bankkunde durch die Erteilung von Bürgschaftsaufträgen in Anspruch nehmen kann.

Beispiel: Ein Bauunternehmer vereinbart mit seiner Bank einen Avalkredit über € 500 000,00. Damit verpflichtet sich die Bank, dem Kunden mit Avalen bis zu einer Gesamthöhe von € 500 000,00 zur Verfügung zu stehen. Der Kunde beauftragt die Bank mit einem gesonderten Bürgschaftsauftrag zur Übernahme eines Avals und hat aufgrund des Avalkredits regelmäßig einen **Anspruch gegen die Bank, dass diese das Aval heraus legt**.

Ohne Avalkreditvereinbarung entscheidet die Bank nach kreditmäßiger Prüfung, ob sie bereit ist, das Aval im Auftrag des Kunden zu übernehmen. In einem solchen Fall gibt es zwischen Bank und Kunde nur den Avalauftrag.

3.3.1.3 Bürgschaftsvertrag zwischen Bank und Bürgschaftsgläubiger

Aufgrund des ihr erteilten Bürgschaftsauftrags übernimmt die Bank gegenüber dem Bürgschaftsgläubiger, dem Vertragspartner ihres Kunden, eine **Bürgschaft gemäß §§ 765 ff. BGB**. Das Schriftformerfordernis nach § 766 BGB[348] gilt für die Bank als Kaufmann nach § 350 HGB nicht. Somit ist insbesondere auch eine Faxkopie eines Avals wirksam.

---

[348] Zum Schriftformerfordernis bei der Bürgschaft unter Punkt 4.6.2.

Die Bürgschaft wird entweder auf einem von der Bank vorgehaltenen Formular übernommen oder, wenn der Bankkunde dies wünscht, auf einem Formular des Bürgschaftsbegünstigten, weil in der Sicherungsabrede im Hauptschuldverhältnis häufig vereinbart ist, dass eine Sicherheit nach dem **Muster des Sicherheitsberechtigten** zu stellen ist.

Die Bürgschaft ist regelmäßig **selbstschuldnerisch**, d.h. die Bank verzichtet auf die Einrede der Vorausklage (§ 773 Abs. 1 Nr. 1 BGB). Der **Verzicht auf zahlreiche weitere Einreden** kann nach der BGH-Rechtsprechung **unwirksam** sein.[349]

3.3.2 Bürgschaft auf erstes Anfordern

3.3.2.1 Auswirkungen der Zahlungspflicht auf erstes Anfordern

Häufig ist in der Sicherungsabrede im Hauptschuldverhältnis vereinbart, dass eine Bürgschaft auf erstes Anfordern zu stellen ist. Dabei handelt es sich um eine besondere Bürgschaft, mit der der **Gläubiger besonders privilegiert** ist. Wenn der Gläubiger eine Bürgschaft ohne Zahlungspflicht auf erstes Anfordern in Anspruch nehmen will, muss er wegen deren Akzessorietät schlüssig darlegen, dass die Hauptschuld besteht und fällig ist. Handelt es sich um eine Bürgschaft auf erstes Anfordern, entfällt diese Darlegungspflicht. Die Bank als Bürge muss **auf die bloße Zahlungsaufforderung hin Zahlung leisten**.

Es ist schon seit langem geklärt, dass eine von einem Nichtkaufmann übernommene, formularmäßige Bürgschaft auf erstes Anfordern unwirksam ist. Deshalb enthalten Bürgschaften, die als **Kreditsicherheit** dienen, regelmäßig keine Zahlungspflicht auf erstes Anfordern. Die Bürgschaft auf erstes Anfordern ist ein typisches Problem des Avalgeschäfts.

Nur dann, wenn der Gläubiger die **Bürgschaft offensichtlich rechtsmissbräuchlich** in Anspruch nimmt, kann der Bürge die Zahlung verweigern. Allerdings muss der Bürge den offensichtlichen Rechtsmissbrauch **liquide beweisen** können, z.B. weil der Sachverhalt unstreitig ist oder Urkunden vorliegen, um die Zahlung verweigern zu können.

Liegt kein liquide beweisbarer offensichtlicher Rechtsmissbrauch vor, muss der Bürge zahlen und etwaige Einwendungen, die sich aus der Hauptschuld ergeben, im **Rückforderungsprozess** geltend machen. Sowohl der Bank als Bürgen als auch dem Hauptschuldner steht ein Rückforderungsanspruch gegen den Bürgschaftsbegünstigten zu. In jedem Fall trägt der **Bürgschaftsbegünstigte die Darlegungs- und Beweislast** für die Hauptschuld und seinen Bürgschaftsanspruch; die Bürgschaft auf erstes Anfordern kehrt die Darlegungs- und Beweislast also nicht um.

> **Beispiel:** Die Bank hat eine Mietkautionsbürgschaft über € 50 000,00 für einen befristeten Mietvertrag gestellt. Im Bürgschaftstext heißt es: „Die Bank ist zur Zahlung auf erstes Anfordern verpflichtet, wenn der Vermieter sie schriftlich unter Hinweis

---

[349] Vgl. zu den Einreden des Bürgen und dessen Einredeverzicht im Einzelnen unter Punkt 4.6.4.

darauf, dass der Mieter seinen Pflichten aus dem Mietvertrag nicht nachgekommen ist, in Anspruch nimmt." Der Mieter hat den Mietvertrag fristlos gekündigt, weil die Mieträume von Schimmel befallen sind, der seiner Auffassung nach auf bauliche Mängel zurückgeht und vom Vermieter trotz Aufforderung nicht beseitigt wurde. Der Vermieter als Bürgschaftsgläubiger nimmt die Bank schriftlich in Anspruch, weil der Mieter die ausstehenden Mieten für die Restlaufzeit des Mietvertrags nicht geleistet hat, denn nach Auffassung des Vermieters besteht kein Recht des Mieters zur außerordentlichen Kündigung des Mietvertrags, sodass der Mieter zu Schadensersatz verpflichtet ist. Da es sich um eine Bürgschaft auf erstes Anfordern handelt, ist die Bank zur Zahlung verpflichtet, es sei denn, sie könnte liquide beweisen, dass kein Anspruch aus der Bürgschaft besteht. Ein solcher Beweis würde beispielsweise vorliegen, wenn der Mieter die vom Vermieter verlangte Zahlung bereits geleistet hätte und eine Quittung hierfür vorlegen kann – mit Erlöschen der Hauptschuld wäre auch der Anspruch aus der Bürgschaft erloschen. Im Regelfall liegen allerdings keine liquiden Beweismittel vor, sodass die Bank zahlen muss. Die Frage, ob der Mieter zur außerordentlichen Kündigung berechtigt war und damit keinen Schadensersatz leisten muss, oder ob er nicht dazu berechtigt war und Schadensersatz leisten muss, müsste im Rückforderungsprozess geklärt werden.

Mit einer Bürgschaft auf erstes Anfordern wird das **Insolvenzrisiko verschoben**. Denn der Gläubiger erhält sofort liquide Mittel, selbst wenn er möglicherweise keinen Anspruch gegen den Hauptschuldner hat und der Hauptschuldner, bzw. dessen Bank das Nichtbestehen der Hauptschuld nur nicht liquide beweisen kann. Der Hauptschuldner, bzw. seine Bank, die auf den Rückforderungsprozess verwiesen werden, gewähren dem Gläubiger quasi Kredit und tragen damit das Insolvenzrisiko des Gläubigers.

Wenn die Bank im Auftrag ihres Kunden eine Bürgschaft auf erstes Anfordern übernimmt, muss sie **ihren Kunden über diese besonderen Risiken aufklären**.[350]

3.3.2.2 Unwirksamkeit einer Sicherungsabrede auf erstes Anfordern

Der BGH hat entschieden, dass es sowohl **bei Gewährleistungs- als auch Vertragserfüllungsbürgschaften im Baubereich nicht zulässig** ist, in der Sicherungsabrede im Hauptschuldverhältnis eine **Bürgschaft auf erstes Anfordern formularmäßig zu vereinbaren**.[351] Wegen der AGB-rechtlichen Unwirksamkeit der Sicherungsabrede muss der Bauunternehmer **gar keine Bürgschaft stellen**, also auch keine Bürgschaft ohne

---

[350] Vgl. BGH, Urteil vom 10.2. 2000 – IX ZR 397/98, NJW 2000, 1563 = WM 2000, 715 = ZIP 2000, 576 für den Fall, dass der Hauptschuldner die Bank beauftragt hat, eine Bürgschaft (ohne Zahlungspflicht auf erstes Anfordern) zu stellen, die Bank jedoch eine Bürgschaft auf erstes Anfordern gestellt hat. Hier muss die Bank den Kunden über die besonderen Risiken belehren. Aus Vorsichtsgründen ist davon auszugehen, dass die Bank den Kunden auch dann, wenn er sie zur Stellung einer Bürgschaft auf erstes Anfordern beauftragt, über die besonderen Risiken aufklären muss.

[351] Erstmals BGH NJW 1997, 2598 zur Gewährleistungsbürgschaft; BGH, Urteil vom 18.4. 2002 – VII ZR 192/01, NJW 2002, 2388 = WM 2002, 1415 = ZIP 2002, 1198 erstmals zur Vertragserfüllungsbürgschaft.

die Zahlungspflicht auf erstes Anfordern, weil eine ergänzende Vertragsauslegung ausscheidet.[352]

Diese Urteile haben auch Auswirkungen auf die **Bank**, die entsprechend der erst im Nachhinein als unwirksam erkannten Sicherungsabrede auftragsgemäß eine Gewährleistungs- oder Vertragserfüllungsbürgschaft gestellt hat.

Zwar ist die im Verhältnis zwischen Bank und Bürgschaftsgläubiger vereinbarte **Zahlungspflicht auf erstes Anfordern wirksam**, wenn sie im Bürgschaftstext ausdrücklich vorgesehen ist. Denn es handelt sich um einen eigenständigen Vertrag, auf die die Tatsache, dass die Vereinbarung im Hauptschuldverhältnis, eine Bürgschaft auf erstes Anfordern zu stellen, unwirksam ist, keinen Einfluss hat.

Allerdings ist auch die Bürgschaft auf erstes Anfordern **akzessorisch** zur Hauptschuld; insbesondere kann die Bank nach **§ 768 BGB** dem Bürgschaftsgläubiger die Einreden entgegen halten, die dem Hauptschuldner, ihrem Kunden, zustehen. Das heißt, die Bank kann dem Bürgen die **Unwirksamkeit der Sicherungsabrede** entgegen halten – und ist zur Erhebung dieser Einrede nach dem Bürgschaftsauftrag auch verpflichtet. Die Bank kann mit dieser Einrede aber nur dann die Zahlung aus der Bürgschaft auf erstes Anfordern verhindern, wenn sie die Unwirksamkeit der Sicherungsabrede liquide beweisen kann.[353] Das ist beispielsweise der Fall, wenn der Bauvertrag eindeutig formularmäßig ist und eine Pflicht vorsieht, eine Gewährleistungsbürgschaft auf erstes Anfordern zu stellen, was nach ständiger BGH-Rechtsprechung unwirksam ist.

3.3.3 Inanspruchnahme des Avals

Nimmt der Bürgschaftsbegünstigte die Bank aus einer Bürgschaft in Anspruch, ist die Bank insbesondere dann, wenn keine Zahlungspflicht auf erstes Anfordern vorgesehen ist, auf die **Mithilfe ihres Bankkunden, des Hauptschuldners, angewiesen**. Denn nur der Hauptschuldner kann beurteilen, ob und in welcher Höhe Ansprüche des Bürgschaftsbegünstigten bestehen oder ob er Einwendungen oder Einreden geltend machen kann.

> **Beispiel:** Die Bank wird aus einer Gewährleistungsbürgschaft in Anspruch genommen. Nur ihr Kunde, der Auftragnehmer, kann beurteilen, ob tatsächlich Mängel vorliegen, die den Auftragnehmer zur Geltendmachung von Gewährleistungsansprüchen berechtigen.

Die Bank „sitzt also zwischen zwei Stühlen“, weil sie selbst selten beurteilen kann, ob und in welcher Höhe die verbürgte Hauptschuld besteht. Nachdem sie ihren Kunden um Stellungnahme gebeten hat und ggf. eine nochmalige Stellungnahme des Bürgschaftsbegünstigten eingeholt hat, wird sie sich entscheiden müssen, ob sie Zahlung

---

[352] Nur für bis zum 31.12. 2002 geschlossene Bauverträge, die eine Vertragserfüllungsbürgschaft auf erstes Anfordern vorsehen, kommt nach BGH, Urteil vom 4.7. 2002 – VII ZR 502/99, NJW 2002, 3098 = WM 2002, 1876 = ZIP 2002, 1690 eine ergänzende Vertragsauslegung dahingehend in Betracht, dass der Bauunternehmer eine selbstschuldnerische Bürgschaft ohne Zahlungspflicht auf erstes Anfordern schuldet.

[353] Siehe zum Einwand des Bürgen, dass die Sicherungsabrede unwirksam ist, BGH, Urteil vom 10.2. 2000 – IX ZR 397/98, NJW 2000, 1563 = WM 2000, 715 = ZIP 2000, 576.

aus der Bürgschaft leistet oder ob sie sich verklagen lässt. Für den Fall, dass sie keine Zahlung leistet und das Risiko eingeht, dass der Bürgschaftsbegünstigte sie aus der Bürgschaft verklagt, wird sie sich vom Hauptschuldner eine Erklärung einholen, wonach dieser die Bank von den Prozesskosten freistellt. Gegebenfalls wird die Bank hierfür auch Sicherheit verlangen.

3.3.4 Rückgriffsanspruch der Bank

Hat die Bank aus dem Aval Zahlung geleistet, steht ihr ein Rückgriffsanspruch gegen ihren Bankkunden zu, und zwar aus **Auftragsrecht**, §§ 675, 670 BGB. Ihr Kunde, der Auftraggeber des Avals, muss die der Bank entstandenen Aufwendungen ersetzen.

Darüber hinaus geht der **Anspruch des Bürgschaftsbegünstigten gegen den Hauptschuldner** im Wege der **Legalzession** nach § 774 Abs. 1 S. 1 BGB auf den Bürgen über. Dieser Anspruch tritt neben den Rückgriffsanspruch aus Auftragsrecht.

3.3.5 Das Aval in der Insolvenz des Auftraggebers

Wird der Bürgschaftsauftraggeber insolvent, bleibt das von der Bank herausgelegte Aval bestehen. Die Bank kann das Aval nicht kündigen, denn die Zahlungspflicht wurde ja gerade für den Fall übernommen, dass der Hauptschuldner nicht zahlungsfähig ist. Die Bank kann den sich aus dem Aval ergebenden Rückgriffsanspruch gegen den Hauptschuldner als Insolvenzforderung anmelden, auch wenn der Rückgriffsanspruch aufschiebend bedingt ist durch die Inanspruchnahme der Bank aus dem Aval (vgl. § 44 InsO). Allerdings kann die Bank für die Zeit ab Eröffnung des Insolvenzverfahrens keine Avalprovision mehr verlangen, weil der zugrunde liegende Geschäftsbesorgungsvertrag mit dem Insolvenzschuldner nach §§ 116 S. 1, 115 Abs. 1 InsO mit Wirkung für die Zukunft erlischt.[354]

---

[354] BGH, Urteil vom 6.7. 2006 – IX ZR 121/05, WM 2006, 1814; BGH, Urteil vom 18.1. 2007 – IX ZR 202/05, WM 2007, 514.

4 Kreditsicherheiten

Sicherheiten vermindern das Kreditausfallrisiko der Bank. Kann der Kreditnehmer werthaltige Sicherheiten stellen, ist der Zinssatz geringer als bei einem gleichen Kredit ohne Sicherheiten, zumal gesicherte Kredite das Eigenkapital der Bank weniger belasten als ungesicherte Kredite. Häufig erhält der Kreditnehmer nur gegen Sicherheiten Kredit. Wenn der Kreditnehmer insolvent wird, sind die Erlöse aus der Sicherheitenverwertung regelmäßig das Einzige, womit die Bank den Kredit (teilweise) zurückführen kann. Eine wirksame Sicherheitenstellung ist damit für das Kreditgeschäft jeder Bank von elementarer Bedeutung.

4.1 Grundstrukturen; eigene und Drittsicherheit

Die Pflicht, eine Sicherheit zu stellen, wird im Kreditvertrag geregelt. Die Sicherheitenstellung an sich erfolgt in einem Sicherheitenvertrag (z. B. Grundschuldbestellung, Verpfändungserklärung, Abtretungserklärung, Sicherungsübereignungsvertrag).

Die Person, die eine Sicherheit stellt, heißt **Sicherungsgeber**. Die Person, der die Sicherheit bestellt wird – in der Regel die Bank – heißt **Sicherungsnehmer**.

Jede Sicherheit sichert eine oder mehrere Forderungen ab. Dies ist die **gesicherte Forderung**.

Der Sicherungsgeber kann identisch mit dem Kreditnehmer sein – dann handelt es sich um eine **eigene Sicherheit** des Kreditnehmers. Stellt nicht der Kreditnehmer, sondern eine dritte Person eine Sicherheit, handelt es sich um eine sog. **Drittsicherheit**. Eine Bürgschaft ist von ihrer Struktur her immer eine Drittsicherheit; Bürge ist immer jemand anderes als der Kreditnehmer. Alle anderen Sicherheiten jedoch können entweder vom Kreditnehmer selbst oder von einer dritten Person gestellt werden.

Sicherheit und gesicherte Forderung werden durch die sog. **Zweckerklärung** miteinander verbunden. Die Zweckerklärung wird auch bezeichnet als Sicherungsvereinbarung, Zweckbestimmungserklärung oder Zweckvereinbarung; die Begriffe sind miteinander austauschbar und variieren von Bank zu Bank. Die Zweckerklärung wird bei den meisten Sicherheiten in den Vertrag, mit dem die Sicherheit bestellt wird, integriert. Sie kann aber auch in einem gesonderten Vertrag enthalten sein; das ist bei der Grundschuld meist der Fall. Die Zweckerklärung wird **zwischen Bank und Sicherungsgeber** abgeschlossen – bei eigenen Sicherheiten also zwischen Bank und Kreditnehmer (= Sicherungsgeber), bei Drittsicherheiten zwischen Bank und der dritten Person, die die Sicherheit stellt (= Drittsicherungsgeber).

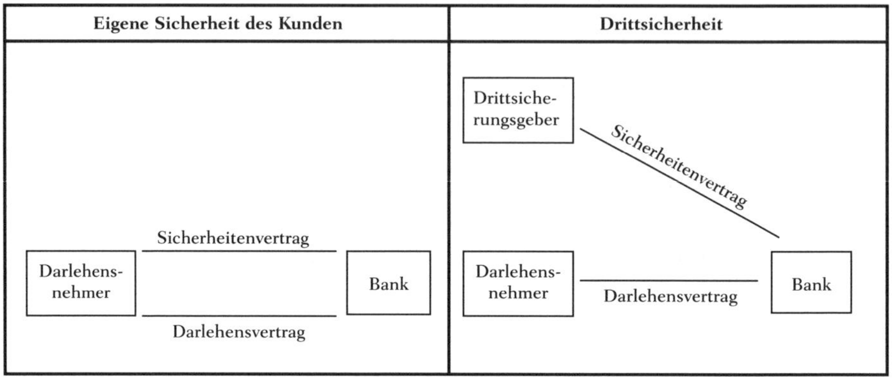

Abbildung 4-1: Eigene Sicherheit und Drittsicherheit

4.1.1 Einteilung der Sicherheiten

Sicherheiten werden nicht nur nach der Person des Sicherungsgebers eingeteilt, sondern auch auf verschiedene andere Arten:

4.1.1.1 Real- und Personalsicherheiten

Teilt man die Sicherheit **nach dem Gegenstand** ein, auf den die Bank zugreifen kann, gibt es **Realsicherheiten** (z. B. Grundschuld, Pfandrecht an beweglichen Sachen), also Sicherheiten an einem bestimmten Gegenstand. Den Realsicherheiten gegenüber stehen **Personalsicherheiten** (z. B. Bürgschaft), die einen schuldrechtlichen Anspruch gegen den Sicherungsgeber begründen und damit von der Bonität des Sicherungsgebers abhängen.

4.1.1.2 Akzessorische und abstrakte Sicherheiten

Stellt man auf die **Verbindung zwischen Sicherheit und gesicherter Forderung** ab, gibt es akzessorische und abstrakte Sicherheiten.

Eine Sicherheit ist **akzessorisch**, wenn sie in ihrem Bestand völlig von der gesicherten Forderung abhängig ist. Wird beispielsweise die gesicherte Forderung erfüllt, erlischt die gesicherte Forderung, und mit ihr erlischt automatisch die akzessorische Sicherheit. Akzessorische Sicherheiten sind insbesondere **Pfandrecht, Hypothek und Bürgschaft**.

Abstrakte Sicherheiten (z. B. Grundschuld, Sicherungsabtretung, Sicherungsübereignung) hingegen sind in ihrem Bestand unabhängig von der durch sie gesicherten Forderung. Das zeigt sich beispielsweise, wenn die **gesicherte Forderung durch Erfüllung erlischt**: Anders als die akzessorische Sicherheit, die automatisch mit erlischt, bleibt die abstrakte Sicherheit in der Hand des Sicherungsnehmers bestehen. Der Sicherungsgeber hat allerdings einen Anspruch auf Rückgewähr der Sicherheit. Dieser **Rückgewähranspruch** folgt aus der Zweckerklärung. Die Zweckerklärung begründet also bei abstrakten Sicherheiten einen **schuldrechtlichen Anspruch**, der das umsetzt, was bei akzessorischen Sicherheiten automatisch kraft Gesetzes passiert. Während eine akzessorische Sicherheit automatisch erlischt, wenn die gesicherte Forderung getilgt wird, bleibt die abstrakte Sicherheit bestehen. Der Sicherungsgeber muss seinen schuldrechtlichen Rückgewähranspruch gegen die Bank durchsetzen, um das gleiche Ergebnis zu erzielen. Erst wenn die Bank die Sicherheit zurückgewährt hat (z.B. eine Grundschuld gelöscht hat), also den Rückgewähranspruch erfüllt hat, hat der Sicherungsgeber den als Sicherheit zur Verfügung gestellten Gegenstand belastungsfrei zurück erhalten.

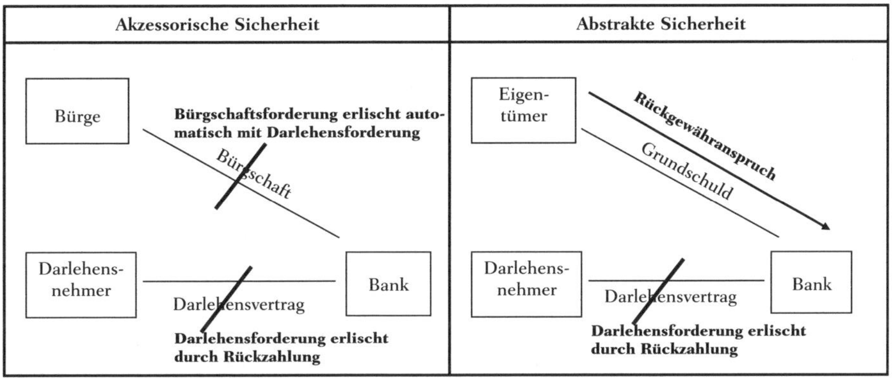

Abbildung 4-1-1-2: Akzessorische und abstrakte Sicherheiten

Die meisten abstrakten Sicherheiten sind **fiduziarisch** – ein Begriff, den man aus dem Sachenrecht kennt. Fiduziarisch bedeutet: **treuhänderisch**. Bei fiduziarischen Sicherheiten räumt der Sicherungsgeber der Bank eine „überschießende Rechtsmacht" ein, d.h. die Bank hat eine treuhänderische Funktion wahrzunehmen und **kann** daher im Außenverhältnis mehr Verfügungen treffen als sie im Innenverhältnis **darf**:

So **kann** die Bank beispielsweise eine Grundschuld jederzeit verwerten, indem sie einen Zwangsversteigerungsantrag stellt. Sie könnte dies sogar, wenn der Kreditnehmer nicht rückständig ist, oder sogar, wenn der Kredit bereits zurückgeführt, die Grundschuld aber noch nicht gelöscht ist. Im Außenverhältnis kann die Grundschuld jederzeit verwertet werden. Das Vollstreckungsgericht prüft nur die formalen Vollstreckungsvoraussetzungen (Titel, Klausel, Zustellung), nicht aber, ob die Bank die Grundschuld verwerten darf.

Das mutet seltsam an, und ist in der Praxis auch nicht so. Denn in der Zweckerklärung ist geregelt, was die Bank im Innenverhältnis, also im Verhältnis zwischen Bank und Sicherungsgeber, **darf**, insbesondere unter welchen Voraussetzungen sie die ihr gestellte Sicherheit verwerten darf. Voraussetzung für die Verwertung einer Sicherheit ist regelmäßig zumindest, dass die Bank eine fällige Forderung gegen den Kreditnehmer hat. Häufig sind auch weitere Voraussetzungen vereinbart, wie Verzug in bestimmter Höhe oder Androhung der Sicherheitenverwertung. Verstößt die Bank gegen diese Zweckerklärung und verwertet die Sicherheit, obwohl die dort geregelten Voraussetzungen nicht erfüllt sind, macht sie sich schadensersatzpflichtig gegenüber dem Sicherungsgeber (also im Innenverhältnis). Der Sicherungsgeber kann sich gegen eine unberechtigte Vollstreckung mit einer Vollstreckungsgegenklage (§ 767 ZPO) wehren. D.h. die Bank wird von der ihr eingeräumten überschießenden Rechtsmacht regelmäßig keinen Gebrauch machen, sondern sich an die ihr in der Zweckerklärung eingeräumten Befugnisse halten. Nichtsdestotrotz setzt die Stellung abstrakter Sicherheiten ein gewisses Vertrauensverhältnis voraus.

4.1.1.3 Typische und atypische Sicherheiten

Die im Bankgeschäft häufigsten Sicherheiten sind: Grundschuld, Bürgschaft, Pfandrecht, Sicherungsabtretung, Sicherungsübereignung. Diese werden in den folgenden Kapiteln gesondert behandelt. Die früher häufigen Hypotheken kommen im Bankgeschäft heutzutage nicht mehr vor. Daneben gibt es noch sog. **atypische Sicherheiten**, nämlich Patronatserklärung, Negativerklärung, Positiverklärung und Darlehensbelassungs- und Rangrücktrittserklärung. Diese sollen hier kurz erläutern werden:

Mit der **Patronatserklärung** übernimmt der Gesellschafter des Kreditnehmers – meist die Muttergesellschaft des Kreditnehmers – die Verpflichtung, den Kreditnehmer so ausreichend mit Kapital auszustatten, dass dieser immer in der Lage ist, seinen Verpflichtungen nachzukommen. Dabei können nur sog. „harte" Patronatserklärungen als Sicherheit angesehen werden; „weiche" Patronatserklärungen beinhalten nur eine moralische, keine rechtlich durchsetzbare Erklärung. Eine Patronatserklärung ist dann „hart", wenn sie einen durchsetzbaren Anspruch der Bank gegen den Patron begründen. Stattet derjenige, der eine harte Patronatserklärung abgegeben hat, den Kreditnehmer nicht mit ausreichend Kapital aus, begründet dies einen Schadensersatzanspruch der Bank gegen den Patron.

Mit einer **Negativerklärung** verpflichtet sich der Schuldner (seltener ein Dritter) gegenüber der Bank, einen konkreten Gegenstand, z. B. ein Grundstück, nicht zu veräußern und nicht zu beleihen. Dadurch soll eine Besserstellung anderer Gläubiger verhindert werden. Zudem soll der konkrete Gegenstand im Schuldnervermögen lastenfrei erhalten bleiben, sodass die Bank im Verwertungsfall darauf zugreifen kann. Eine Negativerklärung ist jedoch keine echte Kreditsicherheit. Denn verletzt der Schuldner seine Pflichten aus der Negativerklärung, ist die Veräußerung oder Beleihung des Gegenstands trotzdem wirksam. Die Bank erwirbt neben dem Darlehensrückzahlungsanspruch nur einen weiteren schuldrechtlichen (Schadensersatz-)Anspruch, der erst durchgesetzt werden muss und von der Bonität des Sicherungsgebers abhängig ist, also in der Krise „nichts bringt".

Wichtig ist: Eine Negativerklärung, in der sich ein Grundstückseigentümer gegenüber dem Gläubiger eines Grundpfandrechts verpflichtet, sein Grundstück nicht zu veräußern oder nicht weiter zu belasten, ist unwirksam (§ 1136 BGB).

Mit einer **Positiverklärung** verpflichtet sich der Schuldner (seltener ein Dritter), der Bank an einem konkreten Gegenstand auf erstes Anfordern eine Sicherheit zu bestellen. Positiverklärungen werden häufig mit Negativerklärungen kombiniert. Verletzt der Schuldner seine Pflicht aus der Positiverklärung, hat die Bank – wie bei Verletzung einer Negativerklärung – einen Schadensersatzanspruch. Auch bei der Positiverklärung handelt es sich somit um keine echte Sicherheit.

Schließlich versuchen sich Banken durch sog. **„financial covenants"** im Rahmen des Kreditvertrags abzusichern. Dabei handelt es sich um bestimmte Auflagen, die der Kreditnehmer während der Laufzeit des Kredits erfüllen muss, beispielsweise die Einhaltung bestimmter wirtschaftlicher Kennzahlen seines Unternehmens, oder dass er die

Beteiligung an einer Tochtergesellschaft nicht veräußern darf. Erfüllt der Schuldner die dort übernommenen Pflichten nicht, so führt dies zu einem Nachbesicherungs- und oder Kündigungsrecht der Bank, das in der Krise allerdings meist „nichts bringt".

4.1.2 Zweckerklärung, insb. Zulässigkeit des weiten Sicherungszwecks

Für jede Sicherheit gibt es eine Sicherungsvereinbarung, also die Vereinbarung, welche Forderungen durch die Sicherheit gesichert werden. Diese Sicherungsvereinbarung wird in der Bankpraxis meist als „Zweckerklärung" bezeichnet. In der Zweckerklärung finden sich zahlreiche Vereinbarungen, wie z. B. die Voraussetzungen, unter denen die Sicherheit verwertet darf, oder wann die Sicherheit erlischt oder zurückgewährt werden muss. Dreh- und Angelpunkt der Zweckerklärung ist jedoch die Vereinbarung des **Sicherungszwecks**, also die Festlegung der Forderungen, die durch die Sicherheit abgesichert werden sollen.

Es ist möglich, nur eine einzige Forderung durch eine Sicherheit abzusichern. Genauso ist es möglich, mehrere konkrete Forderungen durch die Sicherheit abzusichern. Es ist sogar möglich, **künftige**, noch nicht bestehende Forderungen der Bank gegen den Sicherungsgeber abzusichern. Bei letzterem handelt es sich um den sog. **weiten Sicherungszweck** (oder auch: „weite Zweckerklärung"), während die Absicherung einer oder mehrerer **konkret benannter** Forderungen als **enger Sicherungszweck** (oder auch: „enge Zweckerklärung") bezeichnet wird.

> **Beispiel:** Der Kreditnehmer nimmt im Jahr **2006** bei der Bank ein **Immobiliendarlehen** auf, um sich eine eigengenutzte Eigentumswohnung zu kaufen. Er bestellt der Bank eine Grundschuld auf der Eigentumswohnung. Zudem unterzeichnet er eine **enge Zweckerklärung**. In der Zweckerklärung heißt es also, dass die Grundschuld die Forderung der Bank aus dem genau bezeichneten Immobiliendarlehen absichert.
>
> Im Jahr **2009** nimmt der Kreditnehmer bei der gleichen Bank für seine selbständige Tätigkeit einen **Kontokorrentkredit** auf. Für diesen Kontokorrentkredit kann die Bank die **Grundschuld nicht heranziehen**, weil die Grundschuld nach der vom Kreditnehmer unterzeichneten Zweckerklärung nur das Immobiliendarlehen absichert. Wenn der Kreditnehmer also im Jahr 2011 sein Immobiliendarlehen zurückgeführt hat, kann er die Löschung der Grundschuld verlangen, auch wenn der Kontokorrentkredit noch läuft.

Wenn die Bank die Grundschuld, für die sie nur einen engen Sicherungszweck vereinbart hat, auch für den im Jahr 2009 neu aufgenommenen Kontokorrentkredit heranziehen möchte, muss sie die **Zweckerklärung ändern**, also entweder einen Nachtrag zur bestehenden Zweckerklärung hereinnehmen, wonach die Grundschuld Immobiliendarlehen und Kontokorrentkredit absichert oder eine neue Zweckerklärung hereinnehmen. Natürlich ist der Kreditnehmer nur dann zur Unterzeichnung einer neuen, um den Kontokorrentkredit erweiterten Zweckerklärung verpflichtet, wenn dies im Vertrag über den Kontokorrentkredit vereinbart ist, also die Bank bei Ausreichung des Kontokorrentkredits verlangt hat, dass auch dieser durch die Grundschuld abgesichert werden muss.

Anders ist die Situation, wenn der Kreditnehmer bereits im Jahr 2006 anlässlich der Ausreichung des Immobiliendarlehens und der Grundschuldbestellung eine **weite Zweckerklärung** unterzeichnet hätte. Der Standardtext einer weiten Zweckerklärung lautet, dass durch die Sicherheit **„sämtliche bestehenden und künftigen – auch bedingten und befristeten – Ansprüche, die der Bank aus der bankmäßigen Geschäftsverbindung gegen den Sicherungsgeber zustehen"** abgesichert werden. Wie dieser Formulierung zu entnehmen ist, wird der im Jahr 2009 neu vereinbarte **Kontokorrentkredit automatisch durch die Grundschuld gesichert.** Denn im Jahr 2006 war vereinbart worden, dass auch künftige Ansprüche der Bank aus der bankmäßigen Geschäftsverbindung abgesichert werden – und um einen solchen Anspruch handelt es sich bei dem Kontokorrentkredit aus dem Jahr 2009.

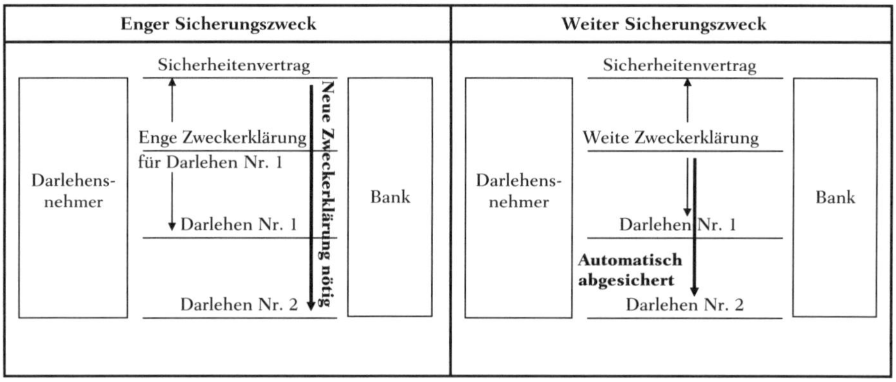

Abbildung 4-1-2: Enger und weiter Sicherungszweck

Der weite Sicherungszweck ist aus Sicht der Bank günstiger, weil sie auf Grund dessen jede ihr bestellte Sicherheit für alle Ansprüche, die sie gegen den Kreditnehmer hat, heranziehen kann, ohne dass weitere Vereinbarungen erforderlich sind. Für den Sicherungsgeber, insbesondere den Drittsicherungsgeber, der nicht mit dem Kreditnehmer identisch ist, birgt der weite Sicherungszweck jedoch Überraschungen. Denn wenn er z. B. eine Grundschuld anlässlich der Ausreichung eines Immobiliendarlehens bestellt, wird er nicht damit rechnen, dass diese Grundschuld auch für künftige Verbindlichkeiten des Kreditnehmers herangezogen werden kann. Dementsprechend hat die Rechtsprechung folgende **Grundsätze für die Zulässigkeit des weiten Sicherungszwecks** entwickelt:

4.1.2.1 Weiter Sicherungszweck bei eigenen Sicherheiten

Keine Bedenken gegen den weiten Sicherungszweck bestehen, wenn der Kreditnehmer selbst Sicherungsgeber ist, es sich also um eine eigene Sicherheit des Kreditnehmers handelt.[355] Denn der Kreditnehmer hat es ja selbst in der Hand, ob und in welcher Höhe er weitere Darlehen bei der Bank aufnimmt. Tut er dies, so muss er damit rechnen, dass die Bank die von ihm gestellte Sicherheit auch für neue Darlehen heranzieht.

4.1.2.2 Unzulässigkeit des weiten Sicherungszwecks bei Drittsicherheiten

Bei **Drittsicherheiten**, also Sicherheiten, die ein anderer als der Kreditnehmer gestellt hat, wird ein weiter Sicherungszweck hingegen als unwirksam angesehen. Der BGH beurteilt eine formularmäßige Ausdehnung des Sicherungszwecks auf alle, auch künftige, Verbindlichkeiten des Kreditnehmers als **überraschend** im Sinne des § 305c Abs. 1 BGB (bzw. § 3 AGBG).[356] Rein theoretisch mag ein weiter Sicherungszweck auch bei einer Drittsicherheit zulässig sein, wenn er in einer **Individualvereinbarung** enthalten ist – in der Bankpraxis ist es jedoch nahezu ausgeschlossen, eine Vereinbarung zu schließen, die keinen AGB-Charakter hat, da schon die Möglichkeit einer weiteren Verwendung die Anwendbarkeit der AGB-Regelungen nach sich zieht.

Da § 305c BGB auch für Unternehmer gilt (vgl. § 310 Abs. 1 S. 1 BGB), ist der weite Sicherungszweck auch dann unwirksam, wenn **Drittsicherungsgeber ein Unternehmer** ist.

Der **Grund** für die BGH-Rechtsprechung ist leicht nachvollziehbar: Der Drittsicherungsgeber weiß bei Hingabe der Sicherheit regelmäßig, für welchen konkreten, aktuell relevanten Kredit er die Sicherheit stellt. Der Drittsicherungsgeber rechnet nicht damit, dass der Kreditnehmer künftig weitere Kredite aufnimmt und er dafür auch haften soll. Er hat auch keinerlei Einfluss darauf, ob und in welcher Höhe der Kreditnehmer künftig weitere Kredite aufnimmt; er erfährt im Zweifel noch nicht einmal etwas davon. Der Kreditnehmer könnte also das Haftungsrisiko des Drittsicherungsgebers ohne dessen Kenntnis erheblich erweitern, ohne dass sich der Drittsicherungsgeber dagegen schützen kann. Deshalb ist der weite Sicherungszweck bei einer Drittsicherheit überraschend und damit unwirksam.

Da sich die Rechtsprechung des BGH bereits in den 1990er-Jahren entwickelte, vereinbaren Banken mit Drittsicherungsgebern regelmäßig nur einen engen Sicherungszweck. In früheren Jahren war es hingegen gängige Praxis, auch mit Drittsicherungsgebern einen weiten Sicherungszweck zu vereinbaren. Deshalb stellt sich die Frage, wie mit derartigen Zweckerklärungen nach heutiger Rechtslage umzugehen ist. Der BGH nimmt eine **ergänzende Vertragsauslegung** dahingehend vor, dass die Sicherheit zumindest den Kredit sichert, der Anlass für die Sicherheitenstellung war – also den sog. **„Anlasskredit"**.[357] Es werden also nur diejenigen Kredite abgesichert, die in zeitlichem

---

[355] Vgl. z.B. BGH, Urteil vom 23.5. 2000 – XI ZR 214/99, NJW 2000, 2675 = WM 2000, 1328 = ZIP 2000, 1202; BGH, Urteil vom 5.4. 2005 – XI ZR 167/04, WM 2005, 1076 = ZIP 2005, 1076 für Grundschulden; BGH, Urteil vom 26.4. 2005 – XI ZR 289/04, WM 2005, 1168 = ZIP 2005, 1021 = BKR 2005, 320 für Sicherungsabtretungen; die Erwägungen des BGH gelten entsprechend für sämtliche Sicherheiten, auch akzessorische Sicherheiten wie das Pfandrecht – zu letzterem vgl. auch den Nichtannahmebeschluss des BGH vom 4.10. 2001 – IX ZR 174/99, WM 2002, 919.

[356] BGH NJW 1992, 896; 1994, 2145; 1995, 2553, jeweils zur Bürgschaft (die immer eine Drittsicherheit ist, da der Bürge immer ein anderer ist als der Kreditnehmer); BGH, Urteil vom 23.5. 2000 – XI ZR 214/99, NJW 2000, 2675 = WM 2000, 1328 = ZIP 2000, 1202 zur Grundschuld.

[357] BGH NJW 1998, 602 zur Bürgschaft.

Zusammenhang mit der Sicherheitenstellung ausgereicht wurden, und die dem Sicherungsgeber zur Zeit der Sicherheitenstellung bekannt waren.

Übungsfall: Der Kreditnehmer hat seit Dezember 1994 ein Immobiliendarlehen. Der Bürge unterzeichnet im Januar 1995 eine Bürgschaft mit weiter Zweckerklärung, also für alle bestehenden und künftigen Ansprüche der Bank gegen den Kreditnehmer aus der bankmäßigen Geschäftsverbindung. Im Juni 1995 – also nach Unterzeichnung der Bürgschaft – gewährte die Bank dem Kreditnehmer einen Kontokorrentkredit über DM 50 000,00. Das Immobiliendarlehen ist seit dem Jahr 2004 zurückgeführt. Im Jahr 2009 wird das Insolvenzverfahren über das Vermögen des Kreditnehmers eröffnet. Die Bank hat eine fällige Forderung aus dem Kontokorrentkredit in Höhe von € 20 000,00 gegen den Kreditnehmer und nimmt wegen dieser Forderung den Bürgen in Anspruch. Was muss die Bank beweisen?

Lösung: Der in der Bürgschaft vereinbarte weite Sicherungszweck für alle derzeitigen und künftigen Ansprüche der Bank gegen den Kreditnehmer ist unwirksam, denn eine Bürgschaft ist immer eine Drittsicherheit, und bei diesen ist ein weiter Sicherungszweck überraschend und damit unwirksam. Das hat allerdings nicht zur Folge, dass die Bürgschaft insgesamt unwirksam ist, sondern sie kann nur für den oder die Anlasskredit(e) herangezogen werden. Dass das Immobiliendarlehen Anlass für die Bürgschaft war, ergibt sich schon aus dem zeitlichen Zusammenhang (Immobiliendarlehen: Dezember 1994; Bürgschaft: Januar 1995). Das Immobiliendarlehen ist jedoch bereits zurückgeführt, sodass sich die Frage stellt, ob auch der Kontokorrentkredit ein Anlasskredit war. Der zeitliche Ablauf spricht nicht unbedingt dafür, dass die im Januar 1995 unterzeichnete Bürgschaft aus Anlass des erst knapp ein halbes Jahr später ausgereichten Kontokorrentkredits gegeben wurde. Dennoch könnte der Kontokorrentkredit durch die Bürgschaft abgesichert sein, wenn die Ausreichung des Kontokorrentkredits bereits im Januar 1995 geplant und dem Bürgen mitgeteilt worden war.

Aus prozessualer Sicht stellt sich allerdings die Frage, ob die Bank dies nachzuweisen kann, denn für die Eigenschaft als Anlasskredit trägt sie nach allgemeinen Regeln die Darlegungs- und Beweislast. Beweismittel könnte beispielsweise das Kreditprotokoll sein, in dem die Kreditentscheidung für die Ausreichung des Kontokorrentkredits dokumentiert ist, sowie die Aussage des Bankmitarbeiters, der mit dem Bürgen damals gesprochen hat und ihn auf den noch auszureichenden Kontokorrentkredit und die Haftung der Bürgschaft hingewiesen hat.

4.1.2.3 Ausnahme: Weiter Sicherungszweck bei Gesellschaftern, Geschäftsführern

Der BGH hat jedoch zwei Ausnahmen anerkannt, bei denen es zulässig ist, auch mit dem Drittsicherungsgeber einen weiten Sicherungszweck zu vereinbaren, nämlich, wenn der Drittsicherungsgeber **Allein- oder Mehrheitsgesellschafter** des Kreditnehmers[358] oder **Geschäftsführer**[359] des Kreditnehmers ist. Denn in beiden Fällen kann der Drittsicherungsgeber mitbestimmen, ob und in welcher Höhe der Kreditnehmer weitere Verbindlichkeiten bei der Bank eingeht, bzw. er kann zumindest die Aufnahme wei-

---

358 BGH NJW 1995, 2553.

359 BGH NJW 1995, 2553; BGH ZIP 1998, 2145.

terer Kredite verhindern. Inwieweit der Drittsicherungsgeber dann tatsächlich in die Aufnahme weiterer Kredite durch „seine" Gesellschaft mit eingebunden ist, ist nicht maßgeblich – entscheidend ist seine allein auf Grund der gesellschaftsrechtlichen Stellung bestehende Einflussnahmemöglichkeit.

4.1.3 Allgemeine Unwirksamkeitsgründe und Einreden bei Sicherheiten

In der Bankpraxis gibt es typische „Fallstricke", die zur Unwirksamkeit einer Sicherheit führen können, bzw. typische Einwendungen, die Sicherheitengeber bringen, um bei Inanspruchnahme der Sicherheit diese zu Fall zu bringen. Diese gilt es zu kennen:

4.1.3.1 Verfügung eines Ehegatten über sein Vermögen im Ganzen

Nach § 1365 BGB bedarf die Verfügung eines Ehegatten über sein Vermögen im Ganzen der **Zustimmung des anderen Ehegatten**.

Diese Verfügungsbeschränkung ist ein scharfes Schwert, denn wenn die danach erforderliche Zustimmung des anderen Ehegatten nicht vorliegt, ist die **Verfügung absolut** (also gegenüber jedermann) **unwirksam**. Gutglaubensschutz gibt es nicht. Obwohl mit der Vorschrift eigentlich der andere Ehegatte (der nicht verfügt) geschützt werden soll, kann sich auch der Ehegatte, der die Sicherheit gestellt hat, darauf berufen, dass die Sicherheit nicht wirksam ist, weil er über sein Vermögen im Ganzen verfügt hat und die Zustimmung des anderen Ehegatten nicht vorliegt. Dies ist die Folge der absoluten, also gegenüber jedermann wirkenden, Unwirksamkeit.

Voraussetzungen des Zustimmungserfordernisses nach § 1365 BGB sind:

§ 1365 BGB gilt nur für Ehegatten, die im gesetzlichen Güterstand der **Zugewinngemeinschaft** leben. Dies ergibt sich aus seiner systematischen Stellung im Recht der Zugewinngemeinschaft. Insbesondere im Falle der Gütertrennung ist § 1365 BGB also nicht anwendbar; bei Gütergemeinschaft ist je nach betroffener Vermögensmasse ohnehin meistens eine gemeinsame Verfügung beider Ehegatten erforderlich.

Die Zustimmung des anderen Ehegatten ist solange erforderlich, bis die Ehe rechtskräftig geschieden ist; die Trennung der Eheleute reicht nicht. **Maßgeblicher Zeitpunkt ist der der Sicherheitenstellung**, d.h. wenn der Sicherungsgeber zum Zeitpunkt der Sicherheitenstellung (noch) verheiratet ist, bedarf es gemäß § 1365 BGB der Zustimmung des Ehegatten, auch wenn diese bereits getrennt leben.

Eine Verfügung über das **Vermögen im Ganzen** im Sinne des § 1365 BGB liegt nicht nur vor, wenn das gesamte Vermögen belastet wird, was in der Praxis ohnehin fast nie der Fall sein wird. In der Praxis werden vielmehr einzelne Vermögensgegenstände (z.B. eine Immobilie oder eine Lebensversicherung) als Sicherheit zur Verfügung gestellt, wobei es gut möglich ist, dass der einzelne Vermögensgegenstand nahezu das einzige Vermögen des Ehegatten ausmacht. Es ist daher schon seit langem geklärt, dass § 1365 BGB auch dann anzuwenden ist, wenn über einen einzelnen Vermögensgegenstand verfügt wird, der das wesentliche Vermögen ausmacht.[360] Dabei wird von einer Grenze von

---

[360] BGH WM 1961, 672.

85%-90% ausgegangen, also § 1365 BGB angewandt, wenn der **belastete Vermögensgegenstand 85%-90% des Gesamtvermögens** des Ehegatten ausmacht.[361]

Beispiel: Der in Zugewinngemeinschaft verheiratete wohlhabende Kunde Dagobert Duck möchte seine freistehende Villa am Starnberger See mit einem Wert von 5 Mio. € als Sicherheit für einen Kredit für Aktienspekulationen in Höhe von 1 Mio. € belasten. Selbst wenn es sich bei der Villa um sein einziges Vermögen handeln würde, liegt in der Grundschuldbestellung keine Verfügung über sein gesamtes Vermögen iSv. § 1365 BGB, da nur 20% des Gegenwerts belastet werden.

Nach herrschender Meinung gibt es zusätzlich ein **subjektives Erfordernis**. Das heißt, der Sicherungsnehmer (Bank) muss wissen, dass es sich bei dem belasteten Vermögensgegenstand um das wesentliche Vermögen des Sicherungsgebers handelt.[362] Dies ist bei einer Bank jedoch regelmäßig der Fall, wenn und weil sie sich die Vermögensverhältnisse des Sicherungsgebers offen legen lässt, insbesondere wenn der Kreditnehmer selbst die Sicherheit stellt.

Wenn die vorstehend genannten Voraussetzungen erfüllt sind, muss der andere Ehegatte der Sicherheitenstellung zustimmen. Die Zustimmung ist **formfrei** möglich, wobei sich aus Beweisgründen die Schriftform empfiehlt. Verweigert der andere Ehegatte die Zustimmung, kann diese durch das Vormundschaftsgericht ersetzt werden, § 1365 Abs. 2 BGB.

4.1.3.2 Sittenwidrigkeit wegen krasser finanzieller Überforderung

Die Sicherheitenstellung kann – wie jedes andere Rechtsgeschäft auch – sittenwidrig sein. Sittenwidrigkeit setzt in objektiver Hinsicht die Schädigung des Schuldners (hier des Sicherungsgebers) voraus, und in subjektiver Hinsicht eine verwerfliche Gesinnung des Schädigers (hier der Bank). Diese weite Generalklausel hat Kontur erhalten durch von der Rechtsprechung entwickelte Fallgruppen, von denen bei Sicherheiten insbesondere die Sittenwidrigkeit wegen krasser finanzieller Überforderung (sowie die Sittenwidrigkeit wegen Übersicherung, dazu sogleich) in Betracht kommen. Die Rechtsprechung zur krassen finanziellen Überforderung wurde für die **Bürgschaft** entwickelt und wird daher dort ausführlich behandelt.[363]

Hintergrund dieser Rechtsprechung ist, dass sich der Bürge nicht aus emotionaler Verbundenheit mit dem Kreditnehmer „bis an sein Lebensende verschulden" soll. Wenn der – mit dem Hauptschuldner emotional verbundene – Bürge unter Berücksichtigung seines Vermögens mit den pfändbaren Einkünften noch nicht einmal die Zinsen der Hauptschuld bezahlen kann, liegt eine krasse finanzielle Überforderung vor und die Bürgschaft ist grundsätzlich wegen Sittenwidrigkeit unwirksam.

Auf **Realsicherheiten** sind die Grundsätze der sittenwidrigen Mithaftung **nicht anwendbar**. Denn der Sicherungsgeber soll, wie ausgeführt, davor geschützt werden, lebenslang eine fremde Schuld zahlen zu müssen, ohne Aussicht darauf, diese jemals zu tilgen. Stellt der Sicherungsgeber jedoch einen Vermögensgegenstand als Sicherheit zur

[361] Vgl. *Palandt/Brudermüller*, BGB, 68. Auflage, § 1365, Rn. 4 mwN.

[362] Siehe dazu *Palandt/Brudermüller*, BGB, 68. Auflage, § 1365, Rn. 9.

[363] Siehe Punkt 4.6.5.

Verfügung, und sei es auch sein einziger und letzter Vermögensgegenstand, geht er nur das Risiko ein, diesen Gegenstand zu verlieren. Seine Haftung beschränkt sich also auf sein als Sicherheit haftendes Vermögen. Darüber hinaus haftet er jedoch nicht. Eine lebenslange Verschuldung tritt nicht ein. Dementsprechend hat der BGH entschieden, dass es **nicht sittenwidrig** ist, wenn jemand auf seinem Eigenheim eine **Grundschuld** bestellt, auch wenn es sich dabei um sein einziges Vermögen handelt und er nur Einkünfte in nicht pfändbarer Höhe hat.[364]

Gleiches muss auch für sonstige Realsicherheiten wie die **Verpfändung, Sicherungsabtretung und Sicherungsübereignung** gelten, denn hier werden jeweils tatsächlich vorhandene Vermögensgegenstände zur Verfügung gestellt und der Sicherungsgeber haftet darüber hinaus nicht.

4.1.3.3 Sittenwidrigkeit der Sicherheitenstellung wegen Übersicherung der Bank

Die Bestellung von Sicherheiten kann auch unter einem anderen Gesichtspunkt sittenwidrig sein, nämlich wegen Übersicherung der Bank. Eine Übersicherung liegt vor, wenn der **Wert der Sicherheiten das Risiko der Bank deutlich übersteigt**, wobei ein **krasses Missverhältnis** vorliegen muss. Dabei sind zwei Varianten zu unterscheiden: Die anfängliche Übersicherung und die nachträgliche Übersicherung, wobei maßgeblicher Zeitpunkt derjenige ist, zu dem die Sicherheit bestellt wird:

Lässt sich die Bank von Anfang an Sicherheiten bestellen, deren Wert die gesicherte Forderung deutlich übersteigt, spricht man von **anfänglicher Übersicherung**.

Steht der Wert der der Bank bestellten Sicherheiten anfänglich in einem realistischen Verhältnis zur Höhe der zu sichernden Forderung und tritt ein Missverhältnis erst später, z. B. durch Tilgung der gesicherten Forderung, ein, handelt es sich um eine **nachträgliche Übersicherung**. Die nachträgliche Übersicherung tritt sozusagen „planmäßig" ein, insbesondere, weil abstrakte Sicherheiten in voller Höhe bestehen bleiben, während die gesicherte Forderung durch Tilgung „abschmilzt", oder weil der Wert der Sicherheit bei gleich bleibender Forderung anwächst (z. B. größerer Bestand im sicherungsübereigneten Warenlager).

> **Beispiel:** Der Darlehensnehmer hat zum Erwerb einer Eigentumswohnung ein Darlehen in Höhe von € 150 000,00 aufgenommen und der Bank eine Grundschuld in Höhe von € 150 000,00 bestellt. Zehn Jahre später beträgt seine Darlehensschuld nur noch € 130 000,00 – im Grundbuch ist jedoch weiterhin die Grundschuld über € 150 000,00 eingetragen. Durch die nach Bestellung der Grundschuld geleistete Tilgung ist die Bank nachträglich übersichert.

4.1.3.3.1 Anfängliche Übersicherung

Rechtsfolge der anfänglichen Übersicherung ist die **Unwirksamkeit sämtlicher bestellter Sicherheiten**. Denn die Bank hat in diesem Fall ihre Sicherungsinteressen über alles gestellt und keinerlei Rücksicht auf den Sicherungsgeber genommen, was die

---

[364] BGH, Urteil vom 19.6. 2002 – IV ZR 168/01, NJW 2002, 1642 = WM 2002, 1642 = ZIP 2002, 1439 = BKR 2002, 671.

Rechtsprechung mit dem Verdikt der Sittenwidrigkeit quittiert. Auch wenn die Bank „den überschießenden Teil der ihr bestellten Sicherheiten" freigeben würde, würde das nicht zur Heilung führen. Liegt eine anfängliche Übersicherung vor, sind sämtliche Sicherheiten unwiederbringlich unwirksam – die Bank hat eine ungesicherte Forderung.[365]

Schwierig ist jedoch die Beurteilung, **wann eine anfängliche Übersicherung vorliegt**, und zwar in zweierlei Hinsicht: Zum einen kann man sich schon trefflich über den Wert der gestellten Sicherheiten streiten. Zum anderen hat die Rechtsprechung keine feste Grenze entwickelt, ab der das Missverhältnis zwischen Sicherheitenwert und gesicherter Forderung zur sittenwidrigen anfänglichen Übersicherung führt.

Maßgeblicher Wert der Sicherheit ist immer der **realisierbare Erlös im Verwertungsfall**, denn für diesen werden die Sicherheiten bestellt. Es gibt einfach zu bewertende Sicherheiten, die mit dem **Nennwert** angesetzt werden können, wie z.B. ein Pfandrecht an Sparguthaben, dessen Wert mit dem aktuellen Sparguthaben identisch ist, oder die Abtretung einer Lebensversicherung, deren aktueller Wert mit dem Rückkaufswert[366] gleichzusetzen ist.

Andere Verwertungserlöse sind schwieriger zu bewerten, weil der Wert von der Marktlage abhängig ist. So ist bei **Grundschulden** der voraussichtliche Erlös in der Zwangsversteigerung anzusetzen. Dabei sind in der Zwangsversteigerung je nach Region Abschläge von über 50% auf den Verkehrswert zu machen; in Regionen mit einer hohen Nachfrage nach Immobilien kann der Verwertungserlös hingegen auch dem Verkehrswert gleichgesetzt werden. Die Bewertung von **Bürgschaften** hängt erheblich von der Bonität des Bürgen ab und kann gegen Null gehen (in der Bankpraxis werden Bürgschaften intern meist mit einem Wert von Null angesetzt).

Am schwierigsten zu bewerten sind die **revolvierenden Kreditsicherheiten** wie die **Globalzession** sämtlicher Forderungen aus Lieferung und Leistung und die **Sicherungsübereignung** eines Warenlagers. Hier ändert sich der Bestand der abgetretenen Forderungen, bzw. der sicherungsübereigneten Gegenstände nahezu täglich. Für die anfängliche Übersicherung kommt es jedenfalls auf den Verwertungserlös an, der für sämtliche im Zeitpunkt der Sicherungsabtretung oder Sicherungsübereignung bestehenden Forderungen oder Gegenstände erzielbar ist. Dabei kann wegen der Probleme bei der Feststellung des Werts und der schwierigen Verwertbarkeit nach herrschender Meinung ein **Abschlag von einem Drittel** auf den Nennwert der abgetretenen Forderungen oder den Schätzwert der sicherungsübereigneten Gegenstände gemacht werden.

Sodann muss der entsprechend vorstehend aufgezeigter Grundsätze ermittelte Wert sämtlicher Sicherheiten mit der Höhe der gesicherten Forderungen verglichen werden. **Orientierungswerte gibt es** – anders als bei der nachträglichen Übersicherung, hierzu sogleich – bei der anfänglichen Übersicherung **nicht**.[367] Ab einem Wert der Sicherhei-

---

[365] *Ganter* in *Schimansky/Bunte/Lwowski,* Bankrechts-Handbuch, 3. Auflage, § 90, Rn. 352b.

[366] Der Rückkaufswert ist der Betrag, den eine Lebensversicherung im Falle der vorzeitigen Auflösung (z.B. durch Kündigung) an den Versicherungsnehmer zahlt, vgl. § 169 VVG.

[367] *Ganter* in *Schimansky/Bunte/Lwowski,* Bankrechts-Handbuch, 3. Auflage, § 90, Rn. 352c, 352d.

ten, der **150%** der gesicherten Forderungen übersteigt, dürfte es, analog zur Rechtsprechung zur nachträglichen Übersicherung, kritisch werden; bei Sicherheiten im Wert von 200% der gesicherten Forderungen wird wohl jedes Gericht eine sittenwidrige anfängliche Übersicherung annehmen.

4.1.3.3.2 Nachträgliche Übersicherung

Bei einer nachträglich eintretenden Übersicherung droht anders als bei der anfänglichen Übersicherung nicht die Unwirksamkeit sämtlicher Sicherheiten. **Rechtsfolge der nachträglichen Übersicherung** ist vielmehr ein **Freigabeanspruch des Sicherungsgebers.** D.h. die Sicherheiten, deren Wert anfänglich in einem realistischen Verhältnis zur gesicherten Forderung stand, wurden wirksam bestellt. Wird die gesicherte Forderung teilweise getilgt, reduzieren sich die akzessorischen Sicherheiten ohnehin entsprechend. Abstrakte Sicherheiten hingegen bleiben in der ursprünglich bestellten Höhe bestehen. Insoweit kann der Sicherungsgeber jedoch Freigabe verlangen.

Allerdings kann sich die **Bank aussuchen, welche Sicherheiten sie freigibt** (Wahlschuld gemäß § 262 BGB)[368]; die Bank kann also z.B. eine schwieriger zu verwertende Sicherheit (z.B. Sicherungsübereignung) freigeben und eine einfach zu verwertende Sicherheit (z.B. Abtretung einer Lebensversicherung) behalten.

Es stellt sich auch hier die bereits bei der anfänglichen Übersicherung thematisierte Frage, mit welchem **Wert** die Sicherheiten anzusetzen sind, wobei es auf den **Erlös im Verwertungsfall** ankommt, der bezogen auf den Zeitpunkt, zu dem der Sicherungsgeber den Freigabeanspruch geltend macht, ermittelt wird. Hinsichtlich der Wertermittlung kann auf die Ausführungen zur anfänglichen Übersicherung verwiesen werden.

Dabei beträgt die **Deckungsgrenze 110% der gesicherten Forderungen**, d.h. es besteht kein Freigabeanspruch, solange der Wert der Sicherheiten nicht mehr als 110% der gesicherten Forderungen beträgt. Ist im Vertrag eine höhere Deckungsgrenze vereinbart, ist diese unwirksam mit der Folge, dass eine Deckungsgrenze von 110% gilt. Dies ergibt sich aus der **Entscheidung des Großen Senats des BGH** vom 27.11. 1997[369], die eine langjährige Diskussion in Rechtsprechung und Literatur beendet hat. Der Zuschlag von 10% wird mit den Verwertungskosten begründet, wobei der Große Senat des BGH ausdrücklich auf die in § 171 InsO festgelegten Feststellungs- und Verwertungspauschalen von 4% und 5% Bezug genommen hat.

Beispiel: Der Bank ist eine Lebensversicherung mit einem aktuellen Rückkaufswert von € 45 500,00 abgetreten. Zusätzlich ist ihr ein Festgeldkonto mit einem Guthaben von € 13 700,00 verpfändet. Der gesamte Sicherungswert beläuft sich also auf € 59 200,00. Die gesicherte Forderung beläuft sich aktuell auf € 45 000,00. Die Bank darf Sicherheiten im Wert von 110% von € 45 000,00 = € 49 500,00 behalten. Sie muss also nur Sicherheiten im Wert von € 9700,00 freigeben, kann also z.B. das Festgeldkonto in entsprechender Höhe freigeben.

---

[368] So BGH, Beschlüsse vom 6.3. 1997, IX ZR 74/95, WM 1997, 750, 754; BGH, Großer Senat, Beschluss vom 27.11. 1997, GSZ 1 und 2/97, NJW 1998, 671; vgl. auch § 1230 BGB.

[369] BGH, Großer Senat, Beschluss vom 27.11. 1997 – GSZ 1 und 2/97, BGH NJW 1998, 671 = WM 1998, 227.

Bei **revolvierenden Globalsicherheiten** (insbesondere: Sicherungsübereignung von Warenlagern oder der Globalzession sämtlicher Forderungen) ist die Möglichkeit einer nachträglichen Übersicherung quasi immanent. Denn es handelt sich um Sicherheiten mit wechselndem („revolvierendem") Bestand und damit wechselndem Wert. Hier besteht ebenfalls ein Freigabeanspruch, **wenn der Wert der Sicherheiten die gesicherten Forderungen nicht nur vorübergehend übersteigt**. Dieser Freigabeanspruch ergibt sich aus dem treuhänderischen Charakter solcher Sicherheiten; er besteht also auch dann, wenn er nicht vertraglich geregelt ist.[370]

Bei revolvierenden Globalsicherheiten ist die **Feststellung des Sicherungswerts**, also des realisierbaren Verwertungserlöses, regelmäßig mit großen Unsicherheiten behaftet. Dann gilt nicht die 110%-ige Deckungsgrenze, sondern eine **150%-Grenze**: Der Große Senat des BGH geht von einer **widerleglichen Vermutung** aus, die er aus §§ 232 ff. BGB ableitet. Danach ist der voraussichtliche Verwertungserlös durch einen **Abschlag von einem Drittel** auf den **Wert, der zum Zeitpunkt des Freigabeverlangens besteht**, zu bestimmen, und zwar wie folgt:

- Bei einer **Globalzession** ist vom **Nennwert der abgetretenen Forderungen** auszugehen. Der voraussichtliche Verwertungserlös und damit der Sicherungswert beträgt 2/3 des Nennwerts. Forderungen, die der Sicherungsnehmer z. B. wegen eines Abtretungsverbots oder der Belastung mit einem branchenüblichen Eigentumsvorbehalt nicht erworben hat, sind nicht zu berücksichtigen.
- Bei der **Sicherungsübereignung eines Warenlagers** ist vom **Schätzwert** auszugehen, der entweder der **Marktpreis** ist, oder, falls ein solcher nicht existiert, der **Einkaufs- oder Herstellungspreis**. Hiervon ist der Abschlag von 1/3 zu machen. Nicht zu berücksichtigen sind Sachen, die der Sicherungsnehmer z. B. wegen eines Eigentumsvorbehalts oder eines (Vermieter-)Pfandrechts nicht verwerten kann.

Der nach vorstehenden Grundsätzen bestimmte voraussichtliche Verwertungserlös der Sicherheit darf nicht mehr als 100% der gesicherten Forderungen betragen, oder anders herum gesagt: Der Nennwert der abgetretenen Forderungen oder der Schätzwert übereigneter Sachen darf nicht mehr als 150% der gesicherten Forderungen betragen. Wird diese Grenze überschritten, besteht ein Freigabeanspruch. Wenn zur Bestimmung des voraussichtlichen Verwertungserlöses der Drittelabschlag gemacht wurde, also **die 150%-Grenze angewandt wird, gilt die Deckungsgrenze von 110% nicht**. Denn die Verwertungskosten von 10% sind in dem Drittelabschlag bereits berücksichtigt. Das bedeutet: Die Deckungsgrenze von 110% gilt, wenn der Wert der Sicherheit ohne große Unsicherheit festgestellt werden kann, die Grenze von 150% gilt, wenn die Wertfeststellung mit großen Unsicherheiten belastet ist, wie bei sicherungsübereigneten Waren und einer Globalzession von Forderungen.

4.1.3.4 Anwendbarkeit der Verbraucherschutzrechte auf Sicherheiten?

Insbesondere wegen des jeweils eingeräumten Widerrufsrechts ist es von grundlegender Bedeutung, ob die verbraucherschützenden Vorschriften für Verbraucherdarlehen, für Haustürgeschäfte und für Fernabsatzgeschäfte auf Sicherheiten anzuwenden sind.

---

[370] BGH, Großer Senat, Beschluss vom 27.11. 1997 – GSZ 1 und 2/97, NJW 1998, 671 = WM 1998, 227.

Denn wenn dies der Fall ist, muss die Bank den Sicherungsgeber über sein Widerrufsrecht belehren und kann erst nach Ablauf der Widerrufsfrist von einer wirksamen Sicherheit ausgehen.

Ein **Verbraucherdarlehen** liegt bei einem entgeltlichen Darlehensvertrag eines Unternehmens an einen Verbraucher vor. Nach dieser Definition ist weder der Schuldbeitritt noch die Bürgschaft ein Verbraucherdarlehen.

Dennoch werden auf Grund des Schutzzwecks des Gesetzes die Vorschriften des Verbraucherdarlehensrechts auch auf den **Schuldbeitritt eines Verbrauchers** analog angewandt (es kommt nur auf die Verbrauchereigenschaft des Beitretenden an, nicht auf die des Kreditnehmers).[371]

Ob das **Verbraucherdarlehensrecht** analog auf die **Bürgschaft** anzuwenden ist, ist noch nicht für jede Konstellation entschieden. Vom BGH entschieden wurde nur der Fall, dass die Bürgschaft einen Kredit absichert, der nicht an einen Verbraucher gewährt wurde – hier soll das Verbraucherdarlehensrecht auf die Bürgschaft keine Anwendung finden.[372] Der EuGH hat die Anwendung der Verbraucherkreditrichtlinie auf Bürgschaften, die ein Verbraucherdarlehen absichern, abgelehnt[373] – der BGH hat diese Konstellation in seiner vorerwähnten Entscheidung offen gelassen.

Ein **Haustürgeschäft** liegt bei einem entgeltlichen Vertrag eines Verbrauchers mit einem Unternehmer vor, der in einer Haustürsituation abgeschlossen wurde (§ 312 BGB). Nach neuerer BGH-Rechtsprechung fällt auch die Bestellung einer Sicherheit (z. B. Bürgschaft oder Bestellung eines Pfandrechts) unter das Haustürwiderrufsrecht.[374] Dabei kommt es nach der neueren BGH-Rechtsprechung nur noch darauf an, dass der **Sicherungsgeber Verbraucher ist und sich in einer Haustürsituation befand**. Unerheblich ist, ob die gesicherte Forderung ein Verbraucherdarlehen ist oder nicht[375], und ob die gesicherte Forderung in einer Haustürsituation zu Stande kam oder nicht.

4.1.3.5 Sicherheitenverwertung trotz Verjährung der gesicherten Forderung?

Die durch das Schuldrechtsmodernisierungsgesetz seit 1. 1. 2002 eingeführte erhebliche Verkürzung der Verjährungsfrist für Darlehensforderungen auf drei Jahre hat dazu geführt, dass man sich in der Bankpraxis immer wieder mit der Verjährungseinrede aus-

---

371 vgl. BGH, Urteil vom 27.6. 2000 – XI ZR 322/98, WM 2000, 1799 = ZIP 2000, 1523.

372 BGH NJW 1998, 1939.

373 EuGH, Urteil vom 23.3. 2000 – C-208/98, NJW 2000, 1323 = WM 2000, 713 = ZIP 2000, 574.

374 Vgl. BGH, Urteil vom 10. 1. 2006 – XI ZR 169/05, NJW 2006, 845 = WM 2006, 377 = ZIP 2006, 363.

375 Der BGH (NJW 1998, 2356 = WM 1998, 1388 = ZIP 1998, 1144) hatte zunächst entsprechend dem Urteil des EuGH (NJW 1998, 1295 = WM 1998, 649 = ZIP 1998, 554) entschieden, dass eine Bürgschaft, die in einer Haustürsituation zur Absicherung eines Darlehens an einen Unternehmer abgegeben wird, nicht als Haustürgeschäft widerrufen werden kann. Diese Rechtsprechung gibt er in dem Urteil vom 10. 1. 2006, XI ZR 169/05, NJW 2006, 845 = WM 2006, 377 = ZIP 2006, 363, auf, so dass es nicht mehr auf die Eigenschaft der zu sichernden Forderung ankommt.

einander setzen muss. Somit stellt sich die Frage, ob Sicherheiten, die für eine Forderung gestellt wurden, die mittlerweile verjährt ist[376], noch verwertet werden können.

Die Antwort darauf gibt **§ 216 BGB**: **Sicherheiten** bleiben bestehen und **können verwertet werden, auch wenn die gesicherte Forderung verjährt ist**. Denn die Verjährung ist ein dauerndes Leistungsverweigerungsrecht und lässt die Ansprüche des Darlehensgebers nicht erlöschen (§ 214 Abs. 1 BGB). Dies gilt allerdings **nicht für verjährte Zinsforderungen**.

Übungsfall: Die Darlehensforderung wurde im Jahr 2005 gekündigt und seitdem mit den gesetzlichen Verzugszinsen verzinst. Zum Neubeginn oder zur Hemmung der Verjährung führende Maßnahmen wurden nicht ergriffen. Somit verjährte die Darlehensforderung mit Ende des Jahres 2008. Für die Darlehensforderung wurde eine Kapitallebensversicherung mit einer Versicherungssumme von € 120 000,00 als Sicherheit an die Bank abgetreten, die am 15.4. 2009 fällig wird. Die Bank erhält die gesamte Versicherungssumme. Die Forderung der Bank beläuft sich zum 15.4. 2009 auf € 100 000,00 Hauptforderung zzgl. € 22 505,95 Verzugszinsen. Der anwaltlich beratene Kreditnehmer erhebt die Einrede der Verjährung. Kann er die € 120 000,00 von der Bank heraus verlangen?

Lösung: Nach § 216 Abs. 2 BGB kann die Bank die Versicherungssumme jedenfalls in Höhe der Hauptforderung, also € 100 000,00 behalten. Für ihren Zinsanspruch in Höhe von € 22 505,95 kann sie den Sicherheitenerlös nicht behalten, denn die Zinsen sind nach § 217 BGB mit der Hauptforderung zum 31.12. 2008 verjährt, und nach § 216 Abs. 3 BGB können Sicherheitenerlöse nicht für verjährte Zinsforderungen behalten werden. Im Ergebnis verhindert die Verjährung der Hauptforderung den Zugriff auf Sicherheiten nicht. Die Verjährung von Zinsforderungen schlägt jedoch auf die Sicherheit durch.

§ 216 Abs. 2 BGB ist auch auf das in der Grundschuldbestellungsurkunde enthaltene **abstrakte Schuldanerkenntnis** anwendbar, d.h. der persönliche Titel darf verwendet werden, auch wenn die gesicherte Darlehensforderung bereits verjährt ist.[377]

§ 216 BGB **gilt nicht für die Bürgschaft**, denn im Bürgschaftsrecht findet sich mit **§ 768 BGB** eine Sonderregelung: Danach kann der Bürge die gleichen Einreden erheben wie der Hauptschuldner. Der **Bürge** kann sich also auf die **Einrede der Verjährung der Hauptschuld** berufen, mit der Folge, dass die Verjährung der verbürgten Hauptschuld dazu führt, dass auch die Bürgschaft einredebehaftet ist.[378]

---

[376] Handelt es sich bei der gesicherten Forderung um ein Verbraucherdarlehen, ist die zehnjährige Verjährungshemmung nach § 497 Abs. 3 S. 3 BGB zu beachten, vgl. hierzu Punkt 2.2.11.

[377] Siehe unten Punkt 4.2.3.2.3.

[378] Zu den Verjährungseinreden des Bürgen vgl. Punkt 4.6.4.2.

4.2 Grundschuld

4.2.1 Wesen der Grundschuld

Die Grundschuld begründet eine **unmittelbare dingliche Haftung des belasteten Grundstücks in Höhe einer bestimmten Geldsumme** (§ 1191 Abs. 1 BGB). Die Gundschuld ist eine **abstrakte dingliche Sicherheit**, setzt also eine persönliche Forderung des Grundschuldgläubigers nicht voraus. Eingetragene Grundschulden können also sehr flexibel als Sicherungsmittel eingesetzt werden, sie können eine oder mehrere, gegenwärtige oder künftige Forderungen des Grundschuldgläubigers absichern. In der Zweckerklärung vereinbaren Sicherungsgeber und Grundschuldgläubiger, welche Forderungen und in welchem Umfang diese durch die Grundschuld gesichert werden.

4.2.2 Erwerb der Grundschuld

4.2.2.1 Einigung und Eintragung (§ 873 Abs. 1 BGB)

Es gibt zwei Arten von Grundschulden, die **Briefgrundschuld** und die **Buchgrundschuld**. Die Grundschuld entsteht nach § 873 Abs. 1 BGB durch **Einigung und Eintragung** im Grundbuch. Bei der **Buchgrundschuld** bedarf es gemäß §§ 873 Abs. 1, 1116 Abs. 2, 1192 Abs. 2 BGB **zusätzlich** noch der **Einigung über den Briefausschluss** sowie die Eintragung dieses Briefausschlusses im Grundbuch.

Die **Einigung** ist ein auf die Belastung eines Grundstücks mit einer Grundschuld gerichteter Vertrag. Dabei muss wegen § 29 GBO nur die Erklärung des Grundstückseigentümers, dessen Eigentum belastet wird (und nicht auch die Erklärung des Grundschuldgläubigers) notariell beglaubigt werden. Sie stellt eine unmittelbare dingliche Rechtsänderung zwischen dem Eigentümer und Sicherungsnehmer dar. Bis zur Eintragung ist diese Einigung grundsätzlich widerrufbar, sofern die Eintragung nicht zuvor bindend geworden und der Eintragungsantrag beim Grundbuchamt eingegangen ist. Die Einigung ist gemäß § 873 Abs. 2 BGB bindend, wenn

- die Erklärungen der Beteiligten notariell beurkundet sind oder
- die Einigungserklärung beider Beteiligtenparteien beim Grundbuchamt eingereicht wurden oder
- der Grundstückseigentümer dem Grundschuldgläubiger eine nach Grundbuchordnung vorschriftsmäßige Eintragungsbewilligung ausgehändigt hat.

Die beiden letzten Möglichkeiten sind in der Praxis die gebräuchlicheren. Vor der Antragsrücknahme schützt sich die Bank regelmäßig durch einen **eigenen Eintragungsantrag** mittels § 15 GBO.

Sollten Verzögerungen die Eintragung der Grundschuld behindern, wird die Darlehensauszahlung von der sogenannten **Notarbestätigung** abhängig gemacht. Die Notarbestätigung ist eine gutachterliche Äußerung des Notars im Sinne des § 24 BNotO und stellt daher nur fest, welche Grundbuchlage gegeben ist, also ob andere Anträge beim Grundbuchamt vorliegen, die der rangrichtigen Eintragung der Grundschuld entgegen stehen. Hieraus ergehen folglich Tatsachen, die eine Eintragung der ausbedungenen Grundschuld als sicher erscheinen lassen oder nicht.

Die **Belastungsvollmacht** ist eine weitere Variante, um die Sicherung einer Immobilienfinanzierung durchzuführen. Der Verkäufer bevollmächtigt den Käufer im notariellen Grundstückskaufvertrag, im Rahmen der Kaufpreisfinanzierung eine Grundschuld zu bestellen. Der Verkäufer selbst wird mit dem Grundstück in der Regel nur in der Höhe des aufgenommenen Geldes, das ihm als Kaufpreis zufließt, haften wollen, wenn er für die Grundschuldbestellung durch den Käufer vertreten wird. Im Regelfall ist im Kaufvertrag bis zur vollständigen Kaufpreiszahlung eine entsprechende **enge Zweckerklärung** enthalten, die so lange gilt, bis der Käufer als Eigentümer im Grundbuch eingetragen ist. Erst wenn der Käufer Eigentümer ist, gilt die zwischen dem Käufer und seiner Bank vereinbarte Zweckerklärung, wonach alle (weite Zweckerklärung) oder bestimmte (enge Zweckerklärung) Ansprüche der Bank gegen den Käufer gesichert werden.

Beispiel: Im Kaufvertrag ist die übliche Regelung enthalten, dass eine vom Käufer (K) bestellte Grundschuld nur für Zahlungen haftet, die dem Verkäufer (V) als Kaufpreis zugeflossen sind. K hat über den gesamten Kaufpreis ein Darlehen bei der Bank B aufgenommen und auf Grund der Belastungsvollmacht eine Grundschuld zu Gunsten der B bestellt. Die B zahlt das Darlehen direkt an V aus. Kurz nach Darlehensauszahlung und noch vor Eintragung des K als Eigentümer im Grundbuch stellt die B, nachdem K schon seine erste Darlehensrate nicht bezahlt hat, fest, dass K gefälschte Einkommensnachweise vorgelegt hat und kündigt das Darlehen fristlos. B verlangt von K Zahlung der Darlehensvaluta und Vorfälligkeitsentschädigung. Der Anspruch auf Zahlung der Darlehensvaluta ist durch die noch im Eigentum des V befindliche Grundschuld gesichert, weil V die Darlehensvaluta als Kaufpreis erhalten hat. Der Anspruch auf Zahlung von Vorfälligkeitsentschädigung ist hingegen nicht durch die Grundschuld gesichert, weil mangels Eigentumserwerb des K noch nicht die zwischen K und B vereinbarte Zweckerklärung gilt, sondern nur die eingeschränkte Zweckerklärung gemäß Kaufvertrag.

4.2.2.2 Abtretung einer Grundschuld

Die Grundschuld kann auch durch **Abtretung** erworben werden.

Die Übertragung einer **Buchgrundschuld** erfolgt durch Einigung zwischen Zedent und Zessionar sowie der Eintragung im Grundbuch (§ 1192, § 1154 Abs. 3, § 873 Abs. 1 BGB), wobei die Einigung auf Grund der Eintragung im Grundbuch notariell beglaubigt sein muss (§ 29 Abs. 1 GBO).

Bei der Abtretung einer **Briefgrundschuld** genügt neben der Einigung die Übergabe des Grundschuldbriefs (§ 1192, § 1117 Abs. 2, § 1154 Abs. 1 Satz 1, §§ 929 ff. BGB). Die Eintragung im Grundbuch ist für die Wirksamkeit nicht erforderlich. Die Abtretungserklärung muss schriftlich erfolgen und alle notwendigen Angaben, wie die Parteien, die Abtretung selbst und die Bezeichnung der Grundschuld enthalten. Die Abtretungserklärung tritt dabei an die Stelle des Grundbucheintrages (§ 1154 Abs. 2 BGB) und ersetzt den öffentlichen Glauben des Grundbuchs (§ 1155 BGB). Wenn die Abtretungserklärung öffentlich beglaubigt ist, ersetzt diese den öffentlichen Glauben des Grundbuchs (§ 1155, § 891 bis § 899 BGB).

Bei einer **Sicherungsgrundschuld** können nach § 1192 Abs. 1a BGB Einreden, die dem Eigentümer auf Grund der Zweckerklärung mit dem bisherigen Grundschuldgläubiger zustehen oder sich aus dem Sicherungsvertrag ergeben, auch gegen den Grundschulderwerber erhoben werden. Diese durch das am 19.8. 2008 in Kraft getretene Risikobegrenzungsgesetz eingeführte Vorschrift ist die Reaktion des Gesetzgebers auf die vorwiegend anglo-amerikanischen Grundschuld- und Darlehenserwerber, die sich stellenweise in rechtswidriger und verwerflicher Weise nicht an die Sicherungsvereinbarungen gehalten haben.

Beispiel: Der Darlehensnehmer D hat bei seiner Bank B ein Immobiliendarlehen über € 300 000,00 EUR, das über eine enge Zweckerklärung mit einer Grundschuld über nominal € 300 000,00 gesichert ist. Zusätzlich hat D bei B einen Dispositionskredit über € 10 000,00. Auf Grund seiner Arbeitslosigkeit kann er die Raten nicht mehr bezahlen; das Darlehen wird gekündigt. Die gekündigte Darlehensvaluta beträgt € 250 000,00; die Forderung aus dem Dispo-Kredit € 10 000,00. B verkauft die gegen D bestehenden Forderungen an A. D gelingt es mit Hilfe von Verwandten, die Forderung aus dem Immobiliendarlehen zurückzuführen. Danach wird er von A auf Zahlung der € 10 000,00 zzgl. Zinsen aus dem Dispokredit in Anspruch genommen; A stellt deshalb Zwangsversteigerungsantrag. Wenn B noch Forderungsinhaber wäre, könnte sich D gegen die Zwangsversteigerung wehren, weil die Zweckerklärung – ein zwischen B und D bestehender schuldrechtlicher Vertrag – der B untersagt, die Grundschuld wegen einer anderen Forderung als der aus dem Immobiliendarlehen in Anspruch zu nehmen. Zwischen A und D gilt dieser Vertrag nicht. § 1192 Abs. 1a BGB bestimmt nun aber, dass D auch A als neuem Forderungsinhaber die Einrede aus der zwischen B und D abgeschlossenen Zweckerklärung entgegen halten kann. Dies war zwar schon vor Einführung der neuen Vorschrift § 1192 Abs. 1a BGB über die Schuldnerschutzvorschrift des § 404 BGB sichergestellt, ist nun aber ausdrücklich geregelt worden.

4.2.2.3 Muster einer Grundschuldbestellungsurkunde

Die Grundschuldbestellungsurkunde mit Übernahme der persönlichen Haftung und mit Unterwerfung unter die sofortige Zwangsvollstreckung kann wie folgt lauten:

4.2.3 Weiterer Inhalt der Grundschuldbestellungsurkunde

4.2.3.1 Dingliche Unterwerfungsklausel

Der dingliche Anspruch aus der Grundschuld auf Vollstreckung in das Grundstück (§ 1192 Abs. 1 i.V.m. § 1147 BGB) wird durch Unterwerfung des Grundstückseigentümers unter die **sofortige Zwangsvollstreckung aus der Grundschuld** ist ohne Klageerhebung nach § 800 ZPO sofort durchsetzbar.

Wird das Recht auf sofortige Vollstreckbarkeit nicht im Grundbuch eingetragen, muss der Anspruch im Urkundenprozess mittels Klage auf Duldung der Zwangsvollstreckung nach § 1147 BGB geltend gemacht werden. Um sich diesen Zeit- und Kostenaufwand zu ersparen, sehen die Banken in ihren Grundschuldbestellungsformularen die Unterwerfung unter die sofortige Zwangsvollstreckung durch den Eigentümer – mit Wirkung auch für künftige Eigentümer – vor.

Veranlassende Stelle:
Darlehens-/Konto-Nr.:

URNr.____________

____

Bestellung einer Grundschuld

mit Übernahme der persönlichen Haftung und mit Unterwerfung unter die sofortige Zwangsvollstreckung

Heute, am ______________________

erschien(en) vor mir, ____ ,

dem unterzeichnenden Notar,

1. Grundschuldbestellung

____

____

____

____

____

-nachstehend: Besteller-

bestellt hiermit unwiderruflich an dem in Nr. 9 näher bezeichneten Grundbesitz für die

Bayerische Hypo- und Vereinsbank Aktiengesellschaft

in München

-nachstehend: Bank-

eine Grundschuld __________________ Brief im Betrage von EUR __________________

Betrag in Worten: ____

Die Grundschuld ist von heute ab mit jährlich 16 vom Hundert zu verzinsen. Die Zinsen sind je am ersten Tag des folgenden Kalenderjahres nachträglich zu entrichten.

Die Grundschuld soll die in Nr. 9 angegebene Rangstelle erhalten. Ist diese Rangstelle nicht sofort erreichbar, soll die Eintragung vorläufig an nächstoffener Rangstelle erfolgen.

Bei Briefgrundschulden ist die Bank vereinbarungsgemäß berechtigt, sich den Grundschuldbrief vom Grundbuchamt aushändigen zu lassen. Für den Fall der Mahnung oder Geltendmachung der Grundschuld verzichtet der Besteller zugleich mit Wirkung gegen den jeweiligen Eigentümer/Erbbauberechtigten auf die Vorlegung des Grundschuldbriefes und, falls die Grundschuld ohne Umschreibung im Grundbuch abgetreten wird, auf die Vorlegung öffentlich beglaubigter Abtretungserklärungen.

2. Dingliche Unterwerfung unter die sofortige Zwangsvollstreckung

Der Besteller unterwirft sich wegen aller Ansprüche aus dieser Grundschuld der sofortigen Zwangsvollstreckung in der Weise, dass die Zwangsvollstreckung aus dieser Urkunde gegen den jeweiligen Eigentümer/Erbbauberechtigten zulässig ist.

3. Eintragungsbewilligung und Eintragungsantrag

Der Besteller bewilligt und beantragt,

die Grundschuld mit Zwangsvollstreckungsunterwerfung für die Bank gemäß Nrn. 1 und 2 dieser Urkunde in das Grundbuch einzutragen.

Der Besteller stimmt mit dem Antrag auf grundbuchamtlichen Vollzug allen zur Beschaffung der in Nr. 9 angegebenen Rangstelle erforderlichen Löschungen oder Rangänderungen zu, beantragt deren grundbuchamtlichen Vollzug und ermächtigt den beurkundenden Notar unwiderruflich, diese Urkunde zum getrennten Vollzug einzelner Anträge beim Grundbuchamt vorzulegen.

4. Weitere Anträge an das Grundbuchamt

Der Besteller beantragt:

a) der Bank nach Eintragung der Grundschuld eine unbeglaubigte Grundbuchblattabschrift auf seine Kosten zu übersenden.

b) im Falle der Erteilung eines Grundschuldbriefes der Bank den Grundschuldbrief zu übersenden.

5. Übernahme der persönlichen Haftung und Unterwerfung unter die sofortige Zwangsvollstreckung*)

übernimmt/übernehmen die persönliche Haftung für die Zahlung eines Geldbetrages, dessen Höhe der vereinbarten Grundschuld (Kapital und Zinsen) entspricht. Der Anspruch aus der persönlichen Haftung ist fällig. Mehrere Schuldner haften als Gesamtschuldner. Jeder einzelne unterwirft sich wegen dieser Haftung der sofortigen Zwangsvollstreckung aus dieser Urkunde in sein gesamtes Vermögen. Die Bank kann die persönliche Haftung auch schon vor der Eintragung der Grundschuld und ohne vorherige Zwangsvollstreckung in den belasteten Grundbesitz geltend machen.

*) Hier sind ausschließlich die Namen aller persönlichen Schuldner der durch die Grundschuld zu sichernden Kredite und Darlehen einzusetzen. Ein nicht als Kreditnehmer haftender Besteller der Grundschuld ist nicht aufzuführen.

6. Sonstige Bestimmungen

a) Der Besteller ist mit jeder späteren Umwandlung eines Buchrechts in ein Briefrecht oder eines Briefrechts in ein Buchrecht einverstanden und bevollmächtigt die Bank, die Eintragung der Umwandlung in das Grundbuch zu bewilligen und zu beantragen.

b) Falls der belastete Grundbesitz (Nr. 9) aus mehreren Pfandobjekten besteht und die Eintragung der Grundschuld nicht an allen Pfandobjekten zugleich, d. h. an demselben Tag erfolgt, erklärt der Besteller: Die Grundschuld soll in diesem Fall an denjenigen Pfandobjekten, an denen sie jeweils eingetragen wird, bereits mit der Eintragung unabhängig vom weiteren Vollzug der Urkunde entstehen.

7. Zustimmung des Ehegatten bzw. Lebenspartners gemäß LPartG

stimmt den in dieser Urkunde abgegebenen Erklärungen des Bestellers zu.

8. Schlußbestimmungen

Von der gegenwärtigen Urkunde ist der Bank unverzüglich nach Beurkundung eine vollstreckbare Ausfertigung, ohne dass es des Nachweises der Fälligkeit der Grundschuld bedarf, und eine einfache Abschrift zu erteilen. Der Besteller erhält eine einfache Abschrift.

Der Besteller beauftragt hiermit den Notar, von dieser Urkunde zugunsten der Bank Gebrauch zu machen und erteilt dem Notar Vollmacht zum Empfang von Zustellungen und Erklärungen aller Art, die mit der Begründung dieser Grundschuld in unmittelbarem Zusammenhang stehen.

Der Besteller übernimmt sämtliche Kosten für diese Urkunde und für ihren Vollzug.

9. Belasteter Grundbesitz und Rangbestimmung

*Abbildung 4-2-2-3 Muster einer Grundschuldbestellungsurkunde**

* Mit freundlicher Genehmigung der Bayerischen Hypo- und Vereinsbank AG.

Trotz § 1193 Abs. 2 BGB, wonach die nach dem 19.8. 2008 bestellten Grundschulden (Art. 229, § 18 Abs. 3 EGBGB) erst nach der Kündigung mit einer sechsmonatigen Kündigungsfrist fällig ist und dies für eine Grundschuld zur Sicherung einer Geldschuld nicht abweichend geregelt werden kann, und der damit zum Zeitpunkt der Bestellung noch nicht nach § 1193 Abs. 1 fälligen Grundschuld, kann der Notar die **dingliche Unterwerfungserklärung schon bei der Grundschuldbestellung beurkunden**. Ansonsten wäre nämlich der Grundschuldgläubiger in der finanziellen Krise auf die (oft nicht mehr vorhandene) Einsicht des Sicherungsgebers angewiesen und müsste ansonsten auf Duldung nach § 1147 BGB klagen, was nicht nur Geld, sondern auch Zeit kostet. Würde der Grundschuldgläubiger trotz fehlender Kündigung (§ 1193 Abs. 1 Satz 1 BGB) oder vor Ablauf der sechsmonatigen Kündigungsfrist (§ 1193 Abs. 1 Satz 3 BGB) vollstrecken, könnte der Eigentümer mit Erfolg Vollstreckungsgegenklage (§ 767 ZPO) erheben.

Auch aus AGB-rechtlicher Sicht ist die vorgedruckte dingliche Unterwerfungsklausel zulässig. Die im Rahmen der Beurkundung zwingend durchzuführende notarielle Belehrung und die drucktechnisch hervorhebende Darstellung einer solchen Unterwerfungsklausel in Mustervordrucken schließt Überraschungseffekte nach § 305c BGB aus. Die Unterwerfungserklärung ist auch keine unangemessene Benachteiligung nach § 307 Abs. 1 BGB. In § 794 Abs. 1 Nr. 5 ZPO ist ausdrücklich vorgesehen, sich in notariellen Urkunden der sofortigen Zwangsvollstreckung unterwerfen zu können. Schon ein Abweichen vom gesetzlichen Leitbild liegt damit nicht vor. Verwertet die Bank die Grundschuld unberechtigt, so haftet sie zudem nach **§ 717 Abs. 2 Satz 1 ZPO** verschuldensunbahängig auf Schadensersatz. Außerdem eröffnet sich dem Sicherungsgeber insbesondere durch die Vollstreckungsabwehrklage (§ 767 ZPO) die Möglichkeit, sich gegen die unberechtigte Verwertung der Grundschuld zu wehren.[379]

Da die Unterwerfung unter die sofortige Zwangsvollstreckung gem. § 794 Abs. 1 Nr. 5 ZPO zu **beurkunden** ist, während die öffentliche Beglaubigung für die Bestellung der Grundschuld ausreicht und kostengünstiger ist[380], kommt es in der Praxis vor, sich nur wegen eines **Teilbetrages** der sofortigen Zwangsvollstreckung zu unterwerfen. Damit kann der Sicherheitengeber Kosten sparen, und dem Sicherheitsbedürfnis der Bank ist Genüge getan, da mit der Vollstreckung begonnen und gleichzeitig auf die Duldung der Zwangsvollstreckung hinsichtlich des nicht vollstreckbar erklärten Grundschuldteilbetrags nach § 1147 BGB geklagt werden kann.

Der Notar kann trotz § 1193 Abs. 2 BGB schon eine **vollstreckbare Ausfertigung der Grundschuldurkunde** erteilen, nur der Grundschuldgläubiger darf nicht vor der Fälligkeit der Grundschuld, sondern erst nach Kündigung und Ablauf der Kündigungsfrist (§ 1193 Abs. 1 BGB) vollstrecken.[381]

---

[379] H.M., vgl. BGH WM 1989, 228 = NJW 1987, 904 = ZIP 1987, 439; zumindest keine AGB-Kontrolle im Klauselerinnerungsverfahren BGH, Beschluss vom 16.4. 2009 – VII ZB 62/08, ZIP 2009, 855 = WM 2009, 846; a.A. Schimansky, WM 2008, 1049.

[380] Gem. § 45 KostO wird ein Viertel des vollen Gebühr, höchestens jedoch € 130,– zuzüglich Nebenkosten und Mehrwertsteuer erhoben. Gerade bei den üblicherweise hohen Grundschuldsummen stellt dies ein wichtiges Einsparpotential dar.

[381] Einzelheiten siehe unten Punkt 4.2.6.

4.2.3.2 Persönliche Haftungsunterwerfung

4.2.3.2.1 Identität von Darlehensnehmer und Sicherungsgeber

Sind Darlehensnehmer und Sicherungsgeber **identisch**, unterwirft sich der Grundschuldbesteller zugleich **mit seinem gesamten persönlichen Vermögen** der sofortigen Zwangsvollsteckung (§ 794 Abs. 1 Nr. 5 ZPO). Dies führt im Rahmen einer Beurkundung zu keinen Mehrkosten, und die Bank hat neben der dinglichen Grundschuldsicherheit auch noch einen persönlichen Titel. Die persönliche Haftungsunterwerfung ist ein **Schuldversprechen nach § 780 BGB**. Dabei übernimmt der Sicherungsgeber die persönliche Haftung für die Zahlung eines Geldbetrages (meist in Höhe der des Grundschuldbetrages und der Zinsen). Diese persönliche Haftung ist vom Entstehen, Bestand und Erlöschen der Grundschuld unabhängig.

Die Bank kann damit **in das weitere Vermögen des Schuldners vollstrecken**, also beispielsweise Forderungen pfänden (z. B. den Anspruch auf Arbeitsentgelt), ohne vorher mit einem mühsamen und langwierigen Gerichtsverfahren ihre Darlehensforderung titulieren zu müssen. Auch für die persönliche Haftungsunterwerfung gilt die **Zweckbestimmungserklärung**, so dass diese nur nach Maßgabe der Zweckbestimmungserklärung verwendet werden darf.

Da der Darlehensnehmer und Sicherheitengeber bereits für die Zahlungsverpflichtungen aus dem Darlehensvertrag unmittelbar mit seinem gesamten Vermögen haftet, ist die persönliche Haftungsunterwerfung nach ständiger Rechtsprechung des Bundesgerichtshofes wegen der jahrzehntelangen Praxis **keine überraschende Klausel** (§ 305c Abs. 1 BGB), und auch **keine unangemessenen Benachteiligung** (§ 307 Abs. 2 BGB) **oder verbotene Beweislastumkehr** (§ 309 Nr. 12b BGB).[382]

Die persönliche Haftungsunterwerfung ist im Verhältnis zur Grundschuld nur haftungsverstärkend, nicht aber haftungserweiternd, d. h. das Geld kann nur einmal verlangt werden.

> **Beispiel:** Der Darlehensnehmer D hat seiner Bank B zur Sicherung eines Darlehens über € 100 000,00 eine Grundschuld mit persönlicher Haftungsunterwerfung in Höhe von € 100 000,00 bestellt. Die B versteigert das Grundstück und erzielt dabei einen Erlös von € 60 000,00. Damit ist der dingliche Titel in Höhe von € 60 000,00 verbraucht. Dieser Titelverbrauch wirkt auch auf den in der Grundschuldbestellungsurkunde enthaltenen persönlichen Titel. Die B kann also maximal einen Betrag von € 40 000,00 aus dem persönlichen Titel in das sonstige Vermögen des D vollstrecken.

4.2.3.2.2 Nichtidentität von Darlehensnehmer und Sicherungsgeber

Sind Darlehensnehmer und Sicherungsgeber **nicht identisch**, so haftet der Sicherheitengeber aus dem Darlehensvertrag nicht persönlich.

Es ist eine **unangemessene Benachteiligung** im Sinne von § 307 Abs. 2 Nr. 1 BGB, einen zur Bestellung einer Grundschuld bereiten Dritten (außerdem noch formularmä-

---

[382] BGH, Urteil vom 22.11. 2005 – XI ZR 226/04, WM 2006, 87 = ZIP 2006, 119 = BKR 2006, 13.

ßig) zum persönlichen Mitschuldner auf Grund eines abstrakten Schuldversprechens zu machen, auch wenn das Schuldversprechen betragsmäßig auf den Betrag der dinglichen Sicherheit begrenzt ist. Der wesentliche Grundgedanke der gesetzlichen Regelung der Grundschuld besteht darin, dem Grundpfandgläubiger ohne unmittelbare Abhängigkeit von der gesicherten Forderung eine dingliche Haftung zu verschaffen. Übernimmt der Sicherungsgeber, der mit dem Kreditnehmer nicht identisch ist, die Sicherung des Kredits durch die Bestellung einer Grundschuld, so haftet er **dinglich beschränkt auf das belastete Grundeigentum**. Will die Bank davon abweichend die persönliche Haftung des Sicherungsgebers mit seinem gesamten Vermögen verschafft sie sich über die Grundschuldbestellung hinaus eine zusätzliche Sicherung. Darin liegt eine den Grundgedanken der Grundschuldregelung zuwiderlaufende unangemessene Haftungserweiterung, die nach § 9 Abs. 2 Nr. 1 AGBG unwirksam ist.[383]

Beispiel: Opa Hans bestellt als Sicherheit für ein Darlehen, das sein Enkel Dominik bei der Bank B aufnimmt, eine Grundschuld auf ihrer vermieteten Eigentumswohnung. Er rechnet damit, dass die B die Eigentumswohnung versteigern kann, nicht aber, dass die B auch auf sein sonstiges Vermögen (z.B. ihre Renteneinkünfte oder ihre eigengenutzte Wohnung) zugreifen kann. Deshalb wäre eine persönliche Haftungsunterwerfung durch einen Drittsicherungsgeber überraschend und unwirksam.

Der Sicherungsgeber kann sich aber in einer weiteren, separaten Urkunde der persönlichen Haftung unterwerfen.

4.2.3.2.3 Verjährung

Mit der Einführung des Schuldrechtsmodernisierungsgesetzes verjährt seit Ende 2004 eine **Darlehensforderung** grundsätzlich in **drei Jahren** zum Schluss eines Jahres (§ 195 i.V.m. § 199 Abs. 1 BGB), während ein **vollstreckbares abstraktes Schuldanerkenntnis** nach § 197 Abs. 1 Nr. 4, § 794 Abs. 1 Nr. 5 ZPO erst in **dreißig Jahren** verjährt. Die Verjährung ist ein dauerndes Leistungsverweigerungsrecht (§ 214 BGB) und lässt die Ansprüche des Darlehensgebers nicht erlöschen. Aus der Grundschuld selbst ist deshalb die Vollstreckung nach § 216 Abs. 2 BGB noch möglich, selbst wenn die gesicherte Darlehensforderung bereits verjährt ist. Das vollstreckbare abstrakte Schuldanerkenntnis ist zwar in § 216 Abs. 2 BGB nicht ausdrücklich genannt, das Schuldversprechen ist aber eng mit der Grundschuld verbunden. Wenn schon akzessorische Sicherheiten in Form einer Hypothek oder eines Pfandrechts für eine verjährte Forderung gem. § 216 Abs. 1 BGB verwertet werden dürfen, muss erst recht die Verwertung von abstrakten Sicherheiten, wie das abstrakte vollstreckbare Schuldanerkenntnis, unabhängig von der gesicherten, aber bereits verjährten Darlehensforderung sein. Nach § 216 Abs. 2 BGB kann es deshalb keine unterschiedliche Rechtsfolge bei der Verjährung für eine vollstreckbare Grundschuld und ein vollstreckbares abstraktes Schuldanerkenntnis geben. Das **abstrakte Schuldanerkenntnis ist ein Recht im Sinne von § 216 Abs. 2 BGB**. Die Vollstreckung aus dem vollstreckbaren abstrakten Schuldanerkenntnis ist deshalb auch bei verjährter Darlehensforderung möglich, solange die für das abstrakte Schuldanerkenntnis geltende **dreißigjährige** Verjährung

---

[383] BGH, Urteil vom 5.3.1991 – XI ZR 75/90, NJW 1991, 1677 = WM 1991, 758 = ZIP 1991, 503.

noch nicht abgelaufen ist.[384] Dies gilt allerdings **nicht für bereits verjährte Zinsen** (§ 216 Abs. 3 BGB), das heißt, die Bank darf aus dem abstrakten Schuldanerkenntnis nicht wegen Darlehenszinsen oder Verzugszinsen auf die fällige Darlehensforderung vollstrecken, wenn die Darlehensforderung bereits verjährt ist (vgl. § 217 BGB).[385]

Der **wirtschaftliche Hintergrund** dieser Rechtsauffassung ist bedeutend: Müsste jede gekündigte Darlehensforderung gerichtlich geltend gemacht werden, um nicht in die Verjährung zu kommen, wäre dies ein finanzieller Milliardenaufwand.[386]

4.2.3.3 Grundschuldzinsen

Die **dinglichen Grundschuldzinsen** sind zu unterscheiden von den schuldrechtlichen Darlehenszinsen. Die Gundschuldzinsen werden dabei regelmäßig höher vereinbart als die Darlehenszinsen, um bei Zinsanpassungen bei einem höheren Zinsniveau die schuldrechtlichen Darlehenszinsen absichern zu können.

> **Beispiel:** Der Nominalzins bei Abschluss des Darlehensvertrages mit einem Darlehensnennbetrag von € 100 000,00 beträgt 4,6% p.a. Als dingliche Grundschuldzinsen werden 16% p.a. vereinbart. Der Darlehensnehmer zahlt im Jahr € 4600,00 an Zinsen, also 4,6% p.a. und nicht 16% p.a. Steigt aber in zehn Jahren bei der Konditionenanpassung der Nominalzins auf 12,6%, so sind diese höheren schuldrechtlichen Darlehenszinsen durch die vorsorglich höher eingetragenen dinglichen Grundschuldzinsen **gesichert**. Tatsächlich bezahlen muss der der Darlehensnehmer auch dann nur die schuldrechtlich geschuldeten Darlehenszinsen in Höhe von € 12 600,00 p.a.

Der **Zinsbeginn** kann vertraglich geregelt werden, ansonsten ist der Zeitpunkt der Grundschuldeintragung maßgeblich.

Die dinglichen **Grundschuldzinsen** können zu einer beachtlichen **Erhöhung des Sicherheitenvolumens** führen.

> **Beispiel:** Die Grundschuld in Höhe von € 100 000,00 mit 16% Grundschuldzinsen p.a. wird am 2.1. 2006 in das Grundbuch eingetragen. Wegen einer schuldrechtlichen Forderung in Höhe von € 150 000,00 wird die Grundschuld durch Zwangsversteigerung am 2.1. 2009 verwertet. Nach Abzug der Gerichtskosten verbleiben vom Erlös für die Verteilung an den Grundschuldgläubiger € 160 000,00. Der Darlehensgeber ist zusätzlich zur Grundschuld über € 100 000,00 mit Gundschuldzinsen für drei Jahre gesichert. Das ergibt ein zusätzliches Sicherungsvolumen von € 48 000,00.[387]

Meist wird dieses **zusätzliche Sicherungsvolumen** bei einer Absicherung durch eine nachrangige Grundschuld **übersehen**. Soll eine Forderung durch eine nachrangige Grundschuld gesichert werden, so ist zunächst zu berechnen, wie hoch das maximale zusätzliche Sicherungsvolumen der vorrangigen Grundschuld ist:

---

[384] ausführlich dazu Krepold/Achors, BKR 2007, 185.

[385] Beispiel siehe oben Punkt 4.1.3.5.

[386] Krepold/Achors, BKR 2007, 185, 190.

[387] 3 Jahre × 16% aus € 100 000,00 = 3 × 0,16 × € 100 000,00 = € 48 000,00

In der Bankpraxis ist die Fälligkeit der Grundschuldzinsen des letzten Jahres meist für den ersten Tag des neuen Kalenderjahres vereinbart.[388] Nach § 10 Abs. 1 Nr. 4 ZVG sind in die wirtschaftlich meist entscheidende Rangklasse 4 grundsätzlich die laufenden Zinsen und die Grundschuldzinsen aus den letzten zwei Jahren einzurechnen.

Beispiel: Die Grundschuld in Höhe von € 100 000,00 mit 16% Grundschuldzinsen p.a. wird am 30.12. 2003 in das Grundbuch eingetragen. Die Grundschuldzinsen für das vorangehende Jahr 2008 sind am ersten Werktag des neuen Jahres fällig, hier also am 2.1. 2009. Das Versteigerungsverfahren hat das örtlich zuständige Amtsgericht am 2.3. 2009 angeordnet, die Beschlagnahme erfolgte mit Zustellung des Anordnungsbeschlusses (§ 22 Abs. 1 S. 1 ZVG) an den Schuldner am 4.3. 2009. Wegen einer schuldrechtlichen Forderung in Höhe von € 250 000,00 wird die Grundschuld durch Zwangsversteigerung am 30.12. 2009 verwertet. Nach Abzug der Gerichtskosten verbleiben am Verteilungstermin für die Gläubiger € 260 000,00. Nach § 10 Abs. 1 Nr. 4 ZVG sind einzubeziehen:

- Laufende Zinsen

  Maßgeblich für die laufenden Zinsen ist die letzte Fälligkeit vor der Beschlagnahme am 4.3. 2009. Die letzte Fälligkeit war am 2.1. 2009 für die Grundschuldzinsen aus 2008: € 16 000,00

  Hinzu kommen die Zinsen für das Jahr 2009. Stichtag bei der Zinsberechnung für erlöschende Rechte (wie hier der Fall) ist der Verteilungstermin, für bestehen bleibende Rechte der Zuschlag.

  Zinsen bis zum 30.12. 2009: € 16 000,00

- Zinsen aus den letzten zwei Jahren
  am 2.1. 2008 sind die Zinsen aus 2007 fällig: € 16 000,00
  am 2.1. 2007 sind die Zinsen aus 2006 fällig: € 16 000,00

Um auf Nummer sicher zu gehen, sind also die Grundschuldzinsen aus vier Jahren anzusetzen. Der wirtschaftliche Wert der vorangehenden Grundschuldzinsen kann hier € 64 000,00 betragen. Bei der Verteilung entfallen auf die erstrangige Grundschuld einschließlich der Grundschuldzinsen € 164 000,00. Für den Gläubiger der zweitrangigen Grundschuld bleiben vom Erlös nur noch € 96 000,00 und nicht € 160 000,00, wie manch ein unbedarfter Banker meint.

4.2.4 Rangverhältnis der Grundschuld

Das Rangverhältnis der Grundschuld ergibt sich aus dem Grundbuch. In Abteilung I des Grundbuchs sind die Eigentümer der jeweils beschriebenen Flurnummern eingetragen, in Abteilung III die Grundschulden, Hypotheken und Rentenschulden, in Ab-

[388] Grund für diese Fälligkeitsregelung ist die Verschiebung der Verjährungsfrist um ein Jahr. Würden die Grundschuldzinsen für das Jahr 2008 zum Ende des Kalenderjahres 31.12. 2008 fällig werden, würde der Verjährungsbeginn mit der Fälligkeit zusammenfallen (vgl. § 199 Abs. 1 BGB) und die Verjährung zum 31.12. 2011 enden. Werden die Grundschuldzinsen erst zu Beginn des Jahres 2009 fällig, beginnt die Verjährung mit dem Schluss des Jahres 2009 und endet mit dem 31.12. 2012.

teilung II alle sonstigen Rechte, wie etwa der Nießbrauch, die Dienstbarkeiten oder ein Vorkaufsrecht. Sofern keine abweichende dingliche Bestimmung des Rangverhältnisses (§ 879 Abs. 3 BGB) ausdrücklich vereinbart und im Grundbuch eingetragen ist, zählt **innerhalb der gleichen Grundbuchabteilung** nur die laufende Nummer der Eintragung (**Lokalprinzip**, § 879 Abs. 1 Satz 1 BGB), bei Rechten in **verschiedenen Grundbuchabteilungen** geht das zeitlich **früher eingetragene Recht** dem danach eingetragenen Recht vor (**Prioritätsprinzip**, § 879 Abs. 1 Satz 2 BGB).

Beispiel 1: Die Grundschuld über € 100 000,00 für die Bayerische Hypo- und Vereinsbank AG ist am 28.10. 2001 ist unter laufender Nummer 1 eingetragen, die Grundschuld über € 200 000,00 am 4.11. 2001 unter laufender Nummer 2 für die Raiffeisenbank Altötting. Die Grundschuld über € 100 000,00 geht im Rang vor und wird zuerst bei der Verteilung bedient.

Beispiel 2: Die Grundschuld über € 200 000,00 ist am 4.11. 2001 unter laufender Nummer 1 für die Raiffeisenbank Altötting, die Grundschuld über € 100 000,00 für die Bayerische Hypo- und Vereinsbank AG am 28.10. 2001 ist unter laufender Nummer 2 eingetragen. Die Grundschuld über € 200 000,00 geht im Rang vor und wird zuerst bei der Verteilung bedient, obwohl sie zeitlich erst später eingetragen wurde.

Beispiel 3: Die Grundschuld über € 100 000,00 für die Bayerische Hypo- und Vereinsbank AG (B) ist am 28.10. 2001 in Abteilung III des Grundbuches eingetragen. Bereits am 18.9. 2001 wurde ein Nießbrauch[389] in Abteilung II für die 31-jährige Freundin (F) des Grundstückseigentümers eingetragen. Der Nießbrauch ist vorrangig. B kann das Grundstück nur mit dem Nießbrauch verwerten. Damit ist das Grundstück faktisch wertlos, da kaum ein Erwerber das Grundstück mit dem Nießbrauch kaufen wird, zumal die Nießbrauchberechtigte F erst 31 Jahre alt ist und noch eine durchschnittliche Lebenserwartung von über 50 Jahren hat.

Beispiel 4: Die Grundschuld über € 100 000,00 für die Bayerische Hypo- und Vereinsbank AG (B) ist am 28.10. 2001 in Abteilung III des Grundbuches eingetragen. Bereits am 18.9. 2001 wurde im Wege der vorweggenommenen Erbfolge eine Rückauflassungsvormerkung für die Eltern des Grundstückseigentümers eingetragen. Die vormerkungsberechtigten Eltern können nach § 888 Abs. 1 i.V.m. § 883 Abs. 2 S. 1 BGB die Zustimmung der B zur Löschung der Grundschuld verlangen. Die Vormerkung führt zur relativen Unwirksamkeit der später eingetragenen Grundschuld. Die Grundschuld ist wertlos.

Durch eine Vereinbarung zwischen den Gläubigern der betroffenen Rechte und Eintragung ins Grundbuch kann das Rangverhältnis geändert werden (**Rangänderung**, § 880 BGB). Damit kann der Gläubiger eines früher eingetragenen und damit vorrangigen Rechts dem Gläubiger eines zeitlich später und damit nachrangigen Rechts den Vorrang verschaffen. In den Beispielen 3 und 4 hätte die Bank also auf einem **Rangrücktritt** der Nießbrauchsberechtigten, bzw. der berechtigten aus der Rückauflassungsvormerkung bestehen müssen, um eine werthaltige Grundschuld zu erlangen.

---

[389] Nießbrauch ist gemäß § 1030 BGB das Recht, Nutzungen aus einer Sache zu ziehen. Der Nießbraucher einer Immobilie hat also das Recht, die Immobilie zu nutzen, sprich, zu bewohnen oder zu vermieten.

4.2.5 Zweckerklärung

Wesentliche Punkte der Zweckerklärung sind der Sicherungszweck, der Rückgewähranspruch, die Abtretung der Rückgewähransprüche gegenüber vorrangigen Gläubigern, der Auskunftsanspruch und die Verpflichtung, das Sicherungsobjekt entsprechend zu versichern.

4.2.5.1 Sicherungszweck

Ist der Sicherheitengeber und der Darlehensnehmer identisch, so kann ein weiter Sicherungszweck („**zur Sicherung aller bestehenden, künftigen und bedingten Ansprüche**") vereinbart werden. Bei Nichtidentität muss die zu sichernde Forderung genau bestimmt werden (z. B. „Darlehensvertrag vom 16. 5. 2009 über € 100 000,00"). Soll später wegen eines weiteren Darlehens der Sicherungszweck ausgeweitet werden, muss erneut eine Zweckerklärung für die neu zu sichernde Forderung hereingenommen werden.[390]

Der Sicherungszweck gilt auch für den Anspruch der Bank aus der **persönlichen Haftungsunterwerfung**, d. h. die Bank darf von dem persönlichen Titel nur wegen der in der Zweckerklärung vereinbarten Ansprüche Gebrauch machen.

4.2.5.2 Rückgewähranspruch

Die Grundschuld ist freizugeben, wenn die durch die Grundschuld gesicherten Ansprüche erfüllt sind. Die Freigabe der Grundschuld, die auch als Rückgewähr bezeichnet wird, erfolgt üblicherweise durch **Löschung** der Grundschuld; hierzu stellt die Bank eine – nach § 19 GBO notariell zu beglaubigende – **Löschungbewilligung** aus. Die Bank kann aber auch durch **Abtretung** (z. B. an die das Darlehen ablösende Drittbank) oder durch **Verzicht** freigeben. Der Verzicht führt nach §§ 1168, 1163 i.Vm. 1192 Abs. 1 BGB zur Umwandlung in eine Eigentümergrundschuld. Der Sicherungsgeber kann bestimmen, in welcher Form (Löschung, Abtretung oder Verzicht) die Grundschuld zurückgewährt wird (**Wahlschuld**, § 262 BGB).

4.2.5.3 Abtretung der Rückgewähransprüche gegenüber vorrangigen Gläubigern

Nachrangig mit einer Grundschuld gesicherte Banken lassen sich den Rückgewähranspruch des Eigentümers gegenüber vor- oder gleichrangig mit Grundschulden gesicherten Gläubigern abtreten. Die nachrangig gesicherte Bank rückt dann **qualitativ** im Rang auf und vergrößert **quantitativ** das Haftungsvolumen. Sie kann sich bei Fälligkeit des Rückgewähranspruches aus der ihr dann abzutretenden Grundschuld und dem Übererlös befriedigen.

> **Beispiel:** Die Bayerische Hypo- und Vereinsbank AG (B) ist als Grundschuldgläubigerin mit € 100 000,00 im ersten Rang im Grundbuch eingetragen. Im zweiten Rang ist die Raiffeisenbank Altötting (R) mit € 200 000,00 eingetragen. Das Darlehen des Kunden K bei der B wird zurückgeführt. Damit entsteht der Rückgewähranspruch

---

[390] Zu den Einzelheiten siehe oben Punkt 4.1.2.

HypoVereinsbank
UniCredit Group

Bayerische Hypo- und Vereinsbank
Aktiengesellschaft, München

Bitte angeben

Zweckbestimmungserklärung (Sicherungsvereinbarung)

- zu einer Grundschuld
- mit Abtretung von Rückgewähransprüchen
- zur Übernahme einer persönlichen Haftung
- sowie Abtretung von Versicherungsansprüchen

Zwischen – nachstehend "Sicherungsgeber" genannt –

Sicherungsgeber (Name, Firma, Anschrift)

Bitte ausfüllen
Bitte ausfüllen
Bitte ausfüllen Bitte ausfüllen

und dem oben genannten Kreditinstitut – nachstehend "Bank" genannt – wird Folgendes vereinbart:

Auf dem Beleihungsobjekt

Amtsgericht Bitte ausfüllen
Gemarkung Bitte ausfüllen
Band Bitte ausfüllen, Blatt Bitte ausfüllen
Flur: , Flurstück:
Adresse/Wohnungsnummer [1)]

lastet unter lfd. Nr. Bitte Ausfüllen (wird ggf. von der Bank ergänzt)

eine Grundschuld in Höhe von Bitte Ausfüllen Bitte Ausfüllen
Betrag in Worten: Bitte Ausfüllen Bitte Ausfüllen

Für die oben genannte Grundschuld gelten ergänzend zu den in der Grundschuldbestellungsurkunde getroffenen Regelungen folgende Vereinbarungen:

Sicherungszweck
Umfassende Besicherung eigener Verbindlichkeiten
Die Grundschuld und die sonstigen der Bank nach der Grundschuldbestellungsurkunde zustehenden Rechte, eine Übernahme der persönlichen Haftung sowie die Abtretung der Rückgewähransprüche, dienen zur Sicherung aller bestehenden, künftigen und bedingten Ansprüche, die der Bank mit ihren sämtlichen in- und ausländischen Geschäftsstellen aus der bankmäßigen Geschäftsverbindung gegen

[1] Nur ausfüllen, wenn Gemarkung, Band, Blatt noch nicht bekannt

den Sicherungsgeber zustehen. Hat der Sicherungsgeber die Haftung für Verbindlichkeiten eines anderen Kunden der Bank übernommen (z.B. als Bürge), so sichert die Grundschuld die aus der Haftungsübernahme folgende Schuld erst ab deren Fälligkeit.

Sicherungsvereinbarungen zu einem abstrakten Schuldversprechen
Die Sicherungsvereinbarungen gelten entsprechend für die der Bank zustehenden Rechte aus einer persönlichen Haftung nebst Unterwerfung unter die sofortige Zwangsvollstreckung, allerdings mit der Maßgabe, dass eine Haftung für Drittverbindlichkeiten ausgeschlossen ist. Hat der Sicherungsgeber die Haftung für die Verbindlichkeiten eines anderen Kunden der Bank übernommen (z.B. als Bürge) so sichert das abstrakte Schuldversprechen die aus der Haftungsübernahme folgende Schuld erst ab ihrer Fälligkeit.

Erweiterungen des Haftungsrahmens durch Abtretung der Ansprüche auf Rückgewähr vor- und gleichrangiger Grundschulden
Falls der Grundschuld gegenwärtig oder künftig andere Grundschulden im Rang vorgehen oder gleichstehen, werden der Bank hiermit die Ansprüche auf Rückübertragung vor- und gleichrangiger Grundschulden und Grundschuldteile nebst Zinsen und Nebenrechten, die Ansprüche auf Erteilung einer Löschungsbewilligung, einer Verzichtserklärung, einer Nichtvalutierungserklärung sowie die Ansprüche auf Auszahlung des Übererlöses im Verwertungsfalle abgetreten.
Sollten Rückgewähransprüche an vor- oder gleichrangigen Grundschulden bereits anderweitig abgetreten sein, wird hiermit der Anspruch auf Rückübertragung dieser Ansprüche abgetreten.
Bei Grundschuldbriefen wird ferner der Anspruch auf Aushändigung der Grundschuldbriefe und der Anspruch auf deren Vorlegung beim Grundbuchamt zur Bildung von Teilbriefen abgetreten.

Die Abtretung erfolgt mit der Maßgabe, dass die Bank sich bei Fälligkeit des Rückgewähranspruches auch aus der ihr dann abzutretenden Grundschuld sowie dem ihr zustehenden Übererlös befriedigen darf, wobei diese Grundschuld sowie der Übererlös zusätzlich zu der oben genannten Grundschuld als weitere Sicherheit für Forderungen der Bank dient. Für diese weitere Sicherheit gelten die Bestimmungen dieser Sicherungsvereinbarung entsprechend.

Die Bank ist befugt, die Abtretung der Rückgewähransprüche dem Rückgewährverpflichteten anzuzeigen.

Auf Verlangen der Bank wird der Sicherungsgeber alle Erklärungen abgeben, die zur Geltendmachung der vorstehend abgetretenen Ansprüche erforderlich sind, z.B. an der Löschung einer vor- oder gleichrangigen Grundschuld mitwirken.

Versicherung des belasteten Grundbesitzes und Abtretung der Ansprüche aus der Zubehörversicherung
Die auf dem belasteten Grundbesitz befindlichen Gebäude und Anlagen sowie das Zubehör hat der Sicherungsgeber gegen alle Gefahren zu versichern, wegen derer die Bank einen Versicherungsschutz für erforderlich hält. Insbesondere wird der Sicherungsgeber eine wertangemessene Versicherung für Feuer-, Leitungswasser-, Hagel- und Sturmschäden abschließen und solange unterhalten, wie der Bank durch die Grundschuld gesicherte Ansprüche zustehen. Kommt der Sicherungsgeber mit der Zahlung der Prämien in Verzug, so kann die Bank diese auf Kosten des Sicherungsgebers entrichten.
Die Ansprüche aus den bestehenden oder künftig noch abzuschließenden Zubehörversicherungen werden der Bank hiermit für den oben bestimmten Sicherungszweck abgetreten. Die Bank ist berechtigt, auch im Namen des Sicherungsgebers die Abtretung der Versicherungsgesellschaft anzuzeigen.

Anrechnung von Zahlungen
Alle Zahlungen werden ausschließlich auf die durch die Grundschuld gesicherten Forderungen geleistet, soweit nicht im Einzelfall berechtigterweise auf die Grundschuld selbst geleistet wird.

Sicherheitenfreigabe
Nach Befriedigung ihrer durch die Grundschuld gesicherten Ansprüche hat die Bank die Grundschuld nebst Zinsen und Nebenrechten sowie die ihr abgetretenen Rückgewähransprüche und die sonstigen Rechte freizugeben. Die Freigabe der Grundschuld erfolgt durch Löschungsbewilligung, sofern der Sicherungsgeber keine anderweitige Weisung erteilt. Dies gilt nicht, wenn die Bank verpflichtet ist, die Sicherheit an einen Dritten (etwa einen Bürgen, der die Bank befriedigt hat) zu übertragen.

Die Bank ist schon vor vollständiger Befriedigung ihrer durch die Grundschuld gesicherten Ansprüche verpflichtet, auf Verlangen nachrangige Grundschulden oder Grundschuldteile freizugeben oder auf angefallene Grundschuldzinsen zu verzichten, wenn und soweit der Grundschuldbetrag die gesicherten Ansprüche übersteigt.

Ist die Rückzahlung der gesicherten Verbindlichkeiten durch Ansprüche aus Lebensversicherungs- und/oder Bausparverträgen vereinbart, hat die Bank diese nur insoweit freizugeben, als ihr Wert ohne Berücksichtigung der Grundschuld höher ist als die gesicherten Verbindlichkeiten.

Sind für die durch die Grundschuld gesicherten Ansprüche noch weitere Sicherheiten bestellt worden (z.B. andere Grundschulden, Sicherungsübereignungen, Forderungsabtretungen), so ist die Bank über ihre Freigabeverpflichtung hinaus verpflichtet, auf Verlangen nach ihrer Wahl die Grundschuld oder auch etwaige andere Sicherheiten an den jeweiligen Sicherungsgeber ganz oder teilweise freizugeben, sofern der realisierbare Wert sämtlicher Sicherheiten 110 % der gesicherten Ansprüche der Bank nicht nur vorübergehend überschreitet. Bei der Auswahl der freizugebenden Sicherheiten wird die Bank auf die berechtigten Belange des Sicherungsgebers Rücksicht nehmen.

Die Bank verzichtet bereits jetzt auf die Einrede der Verjährung bei entstandenen oder künftig entstehenden Rückgewähransprüchen.

Verwertung der Sicherheiten
Die Bank darf die Grundschuld und die ihr zustehenden Rechte aus einer übernommenen persönlichen Haftung - nach deren jeweiliger Fälligkeit - durch Zwangsvollstreckung verwerten, wenn fällige Zahlungen auf die gesicherten Forderungen trotz angemessener Nachfristsetzung und Ankündigung von Zwangsvollstreckungsmaßnahmen nicht erbracht werden.

Zu einer Verwertung durch den Verkauf der Grundschuld ist die Bank berechtigt, wenn die Voraussetzungen für die Einleitung von Zwangsvollstreckungsmaßnahmen vorliegen; die Bank wird die Grundschuld ohne Zustimmung des Sicherungsgebers freihändig nur zusammen mit der gesicherten Forderung und nur in einer im Verhältnis zu ihr angemessenen Höhe verkaufen.

Die Bank ist nicht verpflichtet, in der Zwangsvollstreckung die Grundschuld mit einem die gesicherten Forderungen übersteigenden Betrag geltend zu machen. Dies gilt auch bei einer Verwertung der Grundschuld außerhalb des Zwangsvollstreckungsverfahrens.

Stundung/Vergleich/Verzicht
Dem Sicherungsgeber sollen gegen die Bank keine Einwendungen daraus erwachsen, dass die Bank hinsichtlich der besicherten Ansprüche bestehende oder künftig entstehende Sicherheiten ganz oder teilweise aufgibt, Stundung gewährt oder auf die Geltendmachung der Forderung gegenüber einem persönlichen Schuldner ganz oder teilweise verzichtet.

Auskünfte und Besichtigung
Die Bank kann die Erteilung aller Auskünfte und Nachweise über den Grundbesitz und seine Belastungen nebst den diesen zu Grunde liegenden persönlichen Forderungen und die Aushändigung aller Urkunden, insbesondere von Miet- und Pachtverträgen, verlangen, die sie für die Verwaltung, insbesondere Bewertung, und Verwertung der Grundschuld benötigt. Sie darf dementsprechend, solche Auskünfte, Nachweise und Urkunden – auch im automatisierten Abrufverfahren – bei Behörden, Versicherungsgesellschaften, Gläubigern und sonstigen Personen auf Kosten des Kreditnehmers einholen, und zu diesem Zweck eine Kopie dieser Urkunde als Nachweis vorlegen. Die Bank wird auch ermächtigt, bei Gläubigern vor- oder gleichrangiger Grundpfandrechte Auskünfte über bestehende Sicherheiten einzuholen.

Die Bank und im Verwertungsfall auch Interessenten sind berechtigt, das Beleihungsobjekt zu besichtigen oder besichtigen zu lassen.

Frühere Sicherungsvereinbarungen
Soweit in dieser Vereinbarung genannte Ansprüche bereits in früheren Sicherungsvereinbarungen an die Bank abgetreten oder verpfändet und nicht ausdrücklich zurückgewährt bzw. freigegeben wurden, bleiben diese mit dem vereinbarten Sicherungszweck bestehen.

Rechtswahlklausel
Für diesen Vertrag gilt deutsches Recht.

Ort, Datum

Firma/Unterschrift Sicherungsgeber

Bayerische Hypo- und Vereinsbank
Aktiengesellschaft

Ort, Datum

Wird von der Bank ausgefüllt - intern		
☐ Sicherheitenvertrag wurde vom Sicherheitengeber persönlich überreicht		
☐ Sicherheitenvertrag wurde vom Sicherheitengeber nicht persönlich überreicht; Sicherheitenvertrag erhalten am		
☐ bei Sicherheiten von Gebietsfremden: Sicherheitenvertrag wurde in der Filiale unterzeichnet		
☐ Unterschrift geprüft gemäß ZAD sowie Legitimationsdaten erfasst bzw. geprüft.		
Datum	Name Mitarbeiter	Unterschrift Mitarbeiter
☐ die für den Sicherheitengeber bestimmten und von der Bank gegengezeichneten Exemplare wurden ihm rechtzeitig (gem. ZAD) ausgehändigt/zugesandt		
☐ Sicherheit geprüft gemäß ZAD		
Datum	Name Mitarbeiter	Unterschrift Mitarbeiter

*Abbildung 4-2-5 Muster einer Sicherungszweckerklärung für die Grundschuld**

* Mit freundlicher Genehmigung der Bayerischen Hypo- und Vereinsbank AG.

des K gegen B. Allerdings hat der K diesen Rückgewähranspruch mit Unterzeichnung der Zweckerklärung der R an R abgetreten, so dass R Inhaber des Rückgewähranspruchs ist. Nicht K, sondern R kann nun wählen, wie die Grundschuld zurück gewährt wird. Wenn R Löschung der Grundschuld der B verlangt, rückt ihre bisher zweitrangige Grundschuld über € 200 000,00 in den ersten Rang auf. Verlangt die R Abtretung der zu Gunsten der B eingetragenen Grundschuld über € 100 000,00 an sich, erweitert die R ihre Sicherheit, denn sie hat fortan eine erstrangige Grundschuld über € 100 000,00 und eine zweitrangige Grundschuld über € 200 000,00, insgesamt also Grundschulden über nominal € 300 000,00.[391] Auch von der neu erworbenen erstrangigen Grundschuld darf die R nur nach Maßgabe der zwischen K und R für die zweitrangigen Grundschuld abgeschlossenen Zweckbestimmungserklärung Gebrauch machen.

4.2.5.4 Auskunft

Die Bank hat ein umfangreiches Auskunftsrecht und darf das Beleihungsobjekt besichtigen. Im Verwertungsfall sind auch potenzielle Interessenten zur Besichtigung berechtigt.

4.2.5.5 Versicherung

Um den wirtschaftlichen Wert der Grundschuld nicht zu gefährden, sind die Gebäude insbesonder gegen Feuer und andere Elementarrisiken zu versichern. In den Wert der Grundschuld ist nämlich nicht nur der Grund, sondern auch die auf dem Grundstück befindlichen Gebäude und Anlagen sowie das Zubehör, mit eingerechnet.

4.2.6 Verwertung der Grundschuld

Die Bank kann die Grundschuld kann durch **Zwangsversteigerung**, **Zwangsverwaltung** oder unter Mitwirkung des Eigentümers durch eine **freihändige Veräußerung** verwerten. Die Zwangsversteigerung und die Zwangsverwaltung sind im Gesetz über die Zwangsversteigerungsgesetz und Zwangsverwaltung (ZVG) geregelt.

Bei der **Zwangsversteigerung** (§§ 15 ff ZVG) sucht der Grundschuldgläubiger die Befriedigung seiner gesicherten Ansprüche aus der **Substanz der Immobilie**. Wesentliche Punkte des Verfahrensablaufs sind der Versteigerungsantrag des beitreibenden Gläubigers (§ 15 ZVG), die Anordnung der Zwangsversteigerung und die Eintragung der Anordnung in das Grundbuch (§ 19 ZVG), die Beschlagnahme des Grundstücks (§ 20 ZVG), die Bestimmung des Versteigerungstermins (§ 35 ZVG), die Feststellung des Verkehrswertes auf Grundlage eines Sachverständigengutachtens (§ 38 ZVG), der

---

[391] Einen Verzicht auf die Grundschuld wird R nicht verlangen. Denn würde B auf die Grundschuld verzichten, würde dies zur Umwandlung in eine Eigentümergrundschuld führen, siehe oben Punkt 4.2.5.2. Damit wäre K Inhaber der erstrangigen Grundschuld über € 100 000,00 und würde damit bei einer Zwangsversteigerung vorrangig vor der R befriedigt werden. Zwar würde der R dann nach § 1179a BGB ein Anspruch auf Löschung der Grundschuld gegen K zustehen, doch dann kann R zeit- und kostensparend auch gleich Grundschuldrückgewähr in Form der Grundschuldlöschung von B verlangen.

Versteigerungstermin (§§ 66 ff ZVG), der Zuschlag (§§ 79 ff ZVG) und der Verteilungstermin (§§ 105 ff ZVG). Mit der Verkündigung des Zuschlags (§ 89) ist der Ersteigerer neuer Eigentümer (§ 90 ZVG), der bisherige Eigentümer verliert sein Eigentum. Mit dem Versteigerungserlös wird im Verteilungstermin auf die Grundschuld bezahlt; die Zahlung muss die Bank entsprechend der Zweckerklärung auf die gesicherte Forderung verrechnen. Alle Rechte, die dem bestrangig betreibenden Gläubiger im Range gleich- oder nachstehen, sowie das eigene Recht erlöschen.

Im Unterschied zur Zwangsversteigerung werden im Rahmen der **Zwangsverwaltung** (§§ 146 ff ZVG) die aus dem Objekt erzielten Nutzungen, insbesondere die **Einnahmen** aus Miete oder Pacht, auf der Grundlage eines vom Vollstreckungsgericht erstellten Teilungsplanes durch einen gerichtlich bestellten und überwachten Zwangsverwalter an die Gläubiger nach der gesetzlich bestimmten Reihenfolge verteilt (§ 155 ZVG). Der Zwangsverwalter hat zudem alle erforderlichen Handlungen vorzunehmen, um das Sicherunsgobjekt in seinem wirtschaftlichen Bestand zu erhalten und ordnungsgemäß zu benutzen (§ 152 ZVG).

Der Grundschuldgläubiger kann **gleichzeitig** die Zwangsversteigerung und die Zwangsverwaltung beantragen und betreiben. Dies ist insbesondere dann sinnvoll, wenn sich das Zwangsversteigerungsverfahren über Jahre[392] hinzuziehen droht. Damit die in der Zwischenzeit eingehenden Mieten oder Pachten nicht dem vermietenden Eigentümer zur freien Verfügung stehen, zieht diese der Zwangsverwalter zur weiteren Verteilung ein. Erst mit Rechtskraft der Zuschlagserteilung in der Zwangsversteigerung wird die Zwangsverwaltung aufgehoben. Der Zwangsverwalter verwaltet im Zeitraum zwischen dem Zuschlag und der Rechtskraft des Zuschlags für den neuen Eigentümer und muss diesem gegenüber auch Rechnung legen.

Die **freihändige Veräußerung** ist zwar die übliche Verwertung einer Grundschuld, weil hier regelmäßig der höchste Erlös erzielt werden kann. Es handelt sich jedoch nicht um eine zwangsweise Verwertung, sondern um einen „normalen" Grundstücksverkauf, bei dem der Eigentümer (bzw. der Insolvenzverwalter, falls der Eigentümer in Insolvenz ist) als Verkäufer auftritt. Im Rahmen der freihändigen Veräußerung bestimmt dennoch in der Regel die Bank als Grundschuldgläubigerin den Mindestverkaufserlös, für den sie nach Geldeingang bereit ist, die Grundschuld zu löschen, damit der Grundstückskäufer vereinbarungsgemäß ein lastenfreies Grundstück erwerben kann.

Voraussetzung für die Verwertung der Grundschuld ist deren Fälligkeit nach § 1193 Abs. 1 BGB. Das Kapital der Grundschuld ist erst nach vorheriger Kündigung fällig. Die Kündigungsfrist beträgt sechs Monate. Entgegen dem früheren Recht sind abweichende Bestimmungen nicht zulässig, wenn die Grundschuld zur Sicherung einer Geldforderung dient (§ 1193 Abs. 2 S. 2 BGB). Wegen **fälliger Zinsen** bedarf es keiner Kündigung. Insoweit kann sofort mit der Verwertung begonnen werden. Weiter sind die in der Zweckerklärung genannten **schuldrechtlichen Verwertungsvoraussetzungen** einzuhalten. Danach darf die Zwangsvollstreckung nur erfolgen, wenn fällige Zahlungen auf die gesicherten Forderungen trotz angemessener Nachfristsetzung und Ankündigung von Zwangsvollstreckungsmaßnahmen nicht erbracht werden. Eine Verwertung der Grundschuld durch einen **Verkauf der Grundschuld** kommt nur in Betracht, wenn

---

[392] Die durchschnittliche Verfahrensdauer beträgt derzeit über zwei Jahre.

alle Voraussetzungen für die Einleitung von Zwangsvollstreckungsmaßnahmen vorliegen, wobei die Bank die Grundschuld ohne Zustimmung des Sicherungsgebers freihändig nur zusammen mit der gesicherten Forderung und nur einer im Verhältnis zu ihr angemessenen Höhe verkaufen darf.

4.2.7 Grundschuld in der Insolvenz

Die Grundschuld verschafft der grundpfandrechtlich gesicherten Bank in der Insolvenz des Sicherungsgebers ein Recht auf **abgesonderte Befriedigung** (§ 49 InsO), wenn die Erwerbserfordernisse vor Insolvenzeröffnung (§ 91 InsO) oder ausnahmsweise gem. § 81 InsO nach Insolvenzeröffnung vorliegen. Der Grundschuldgläubiger kann also, wie wenn der Grundstückseigentümer nicht in Insolvenz wäre, das Zwangsversteigerungsverfahren betreiben und den Erlös erhalten. Nur werden die Beschlüsse im Zwangsversteigerungsverfahren dem Insolvenzverwalter als Vertreter des insolventen Grundstückeigentümers zugestellt (es sei denn, der Insolvenzverwalter hat – wie häufig – das Grundstück aus der Insolvenzmasse freigegeben, weil es wertausschöpfend mit Grundpfandrechten belastet ist und kein Erlös für die Insolvenzmasse zu erwarten ist).

Kann der Erwerb der Grundschuld nach §§ 129 ff InsO angefochten werden, muss diese an die Insolvenzmasse wieder zurückgegeben werden. Für die Anfechtung genügt es bereits, wenn bei der mehraktigen Grundschuldbestellung ein **Teilakt** (wie z.B. der Eintragungsantrag, nicht aber die Eintragung selbst) in der anfechtbaren Zeit liegt und damit die Anfechtung begründet. Anfechtbar kann auch eine im Darlehensvertrag übernommene schuldrechtliche Verpflichtung zur Grundschuldbestellung sein.

4.3 Sicherungsabtretung

4.3.1 Grundstrukturen

Bei einer Abtretung (Zession) überträgt der **bisherige Gläubiger (Zedent)** eine **Forderung** auf eine andere Person, den **neuen Gläubiger (Zessionar).** Wenn dies geschieht, um eine Forderung des Zessionars gegen den Zedenten **abzusichern**, spricht man von einer Sicherungsabtretung (Sicherungszession).

Die Sicherungsabtretung ist eine **abstrakte** Sicherheit. Zwischen Bank und Kreditnehmer gibt es drei Rechtsgeschäfte, nämlich

- den Darlehensvertrag, der die zu sichernde Forderung bestimmt,
- die Abtretung, also das Verfügungsgeschäft, mit dem die Forderung gegen den Drittschuldner vom Kreditnehmer auf die Bank übergeht, und
- die Zweckerklärung (den Sicherungsvertrag), mit dem bestimmt wird, welche Forderungen durch die Abtretung gesichert werden.

Die Sicherungsabtretung unterscheidet sich von der „normalen" Abtretung iSd. §§ 398 ff. BGB nur durch ein zusätzliches Element, nämlich die **Zweckerklärung**, die bewirkt, dass die Abtretung nicht auf Dauer, sondern nur **zur vorübergehenden Sicherung einer (Darlehens-)Forderung** erfolgt.

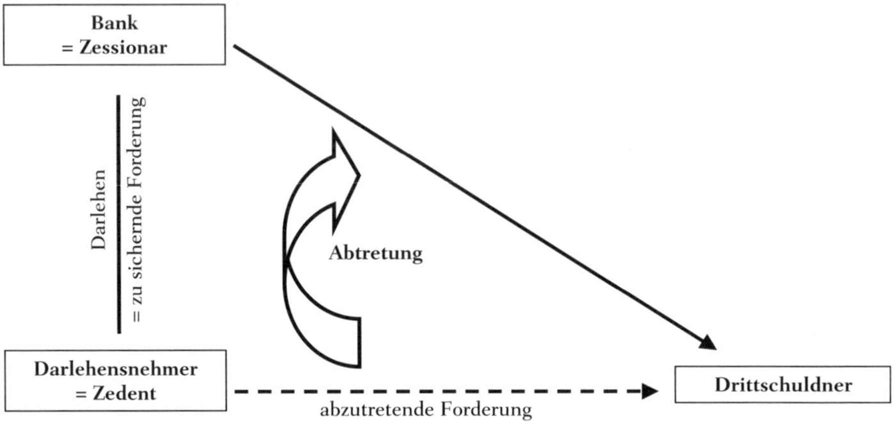

Abbildung 4-3-1: Skizze Abtretung

Die Zweckerklärung ist bei einer Sicherungsabtretung meist im Abtretungsformular selbst enthalten. Anders als bei der Grundschuld handelt es sich also nicht um ein gesondertes Formular. Wie bei allen anderen Sicherheiten auch, kann die Sicherungsabtretung entweder eine oder mehrere konkret bestimmte Darlehensforderungen absichern (**„enge Zweckerklärung"**) oder aber alle derzeitigen und künftigen Ansprüche aus der bankmäßigen Geschäftsverbindung (**„weite Zweckerklärung"**). Zudem ist natürlich auch die Sicherungsabtretung als **Drittsicherheit** möglich, also indem eine andere Person als der Kreditnehmer selbst der Bank eine Forderung abtritt.

4.3.2 Bestellung der Sicherheit

Die Abtretung ist nach § 398 S. 1 BGB ein Vertrag, die den Übergang einer Forderung vom bisherigen Gläubiger (Zedent) auf einen neuen Gläubiger (Zessionar) bewirkt. Die Abtretung bewirkt also eine unmittelbare Rechtsänderung und ist daher ein **Verfügungsgeschäft**.

4.3.2.1 Die abzutretende Forderung und ihre Bestimmbarkeit

Grundsätzlich kann **jede Forderung**, sofern ihre Übertragbarkeit nicht ausgeschlossen ist (§§ 399, 400 BGB; dazu sogleich), abgetreten werden. Im Bankgeschäft werden häufig Lohn- und Gehaltsansprüche, Mietzinsansprüche und Lebensversicherungen abgetreten; für Unternehmenskredite dient meist eine Globalzession aller Forderungen aus Lieferung und Leistung als Sicherheit. Diese Sonderformen werden in Punkt 4.3.6. ausführlich behandelt.

Die abzutretende Forderung muss **klar und eindeutig bestimmt oder zumindest bestimmbar** sein, sodass die abzutretende Forderung von anderen unterschieden werden kann. Insbesondere müssen genannt sein: Der **bisherige Gläubiger** der Forderung (Zedent), der Schuldner der abzutretenden Forderung (**Drittschuldner**) und der **Rechtsgrund** der Forderung (z. B. aus Kaufvertrag, aus Mietvertrag, aus Lebensversicherung).

Beispiel: Der Kreditnehmer tritt seine Forderungen gegen den Mieter Müller aus dem Mietverhältnis betreffend die Ladeneinheit Nr. 10 in der Schulstr. 11 in Mannheim ab.

Auch **künftige Forderungen** können abgetreten werden, wenn die Forderung spätestens zum Zeitpunkt ihrer Entstehung genügend bestimmt ist. Bei künftigen Forderungen können nicht immer alle oben genannten Merkmale beschrieben werden; insbesondere ist der Drittschuldner häufig nicht klar.

Beispiel: Der Kreditnehmer tritt seine Lohn- und Gehaltsforderungen auch aus künftigen, derzeit noch nicht bestehenden Arbeitsverhältnissen an die Bank ab. Nimmt der Kreditnehmer ein Arbeitsverhältnis auf, entstehen seine Gehaltsansprüche gegen den Arbeitgeber und sind von der Abtretung erfasst. Dabei ist es gleichgültig, bei welchem Arbeitgeber der Kreditnehmer seine Arbeit aufnimmt. Aufgrund der Abtretungserklärung ist klar, dass der Anspruch auf Gehalt gegen *jedweden* Arbeitgeber abgetreten ist.

Genauso ist es möglich, **alle derzeitigen und künftigen Forderungen gegen alle denkbaren Drittschuldner** abzutreten. Dabei handelt es sich um eine **Globalzession**, bei der der Kreditnehmer alle derzeitigen und künftigen Forderungen gegen seine Kunden an die Bank abtritt.[393]

Besondere Vorsicht ist geboten, wenn **nur ein Teil einer oder mehrere Forderungen abgetreten** werden soll.

Übungsfall: Kreditnehmer Konrad Koller ist bereit, der Bank alle seine Forderungen aus Lieferung und Leistung abzutreten, besteht allerdings auf einer Begrenzung der Haftung auf € 50 000,00. Der Bankmitarbeiter formuliert daher: Hiermit werden sämtliche Ansprüche des Hr. Koller aus Lieferung und Leistung gegen alle Drittschuldner mit den Anfangsbuchstaben A-Z abgetreten, allerdings nur bis zur Höhe von € 50 000,00. Ist diese Abtretung bestimmt genug?

Lösung: Die Abtretung ist nicht bestimmt genug, denn mit der gewählten Formulierung ist nicht klar, ob und in welcher Höhe eine konkrete Forderung von der Abtretung erfasst ist. Wenn Hr. Koller beispielsweise eine Forderung in Höhe von € 60 000,00 gegen einen Bauträger und eine Forderung in Höhe von € 5000,00 gegen einen anderen Auftraggeber hat, ist nicht klar, ob diese Forderungen gar nicht, in voller Höhe oder teilweise von der Abtretung erfasst sind. Die Abtretung ist mangels Bestimmbarkeit der Forderung unwirksam.

Wenn die Bank die Vorstellung des Herrn Koller wirksam umsetzen möchte, kann sie sich **verpflichten, denjenigen Erlös** aus den ihr abgetretenen Forderungen, der € 50 000,00 **übersteigt, an den Kreditnehmer auszukehren**. Eine derartige Begrenzung wäre allerdings nicht erforderlich, wenn der zu sichernde Kredit an Hr. Koller nur € 50 000,00 beträgt. Denn natürlich darf die Bank, wenn sie aus einer Abtretung mehr erlöst (z. B. € 60 000,00), als ihr zu sichernde Forderungen zustehen (€ 50 000,00), den Übererlös (hier: € 10 000,00) nicht behalten, sondern muss diesen an den Sicherungsgeber auskehren.

---

[393] Zur Globalzession siehe später unter Punkt 4.3.6.4.

4.3.2.2 Abtretungsverbote und Abtretungseinschränkungen

Eine Abtretung von Forderungen ist insbesondere nicht möglich, wenn vertraglich ein Abtretungsverbot vereinbart wurde (§ 399 Alt. 2 BGB) oder wenn die Forderung unpfändbar ist (§ 400 BGB).

Ein **Abtretungsverbot** wird nicht selten **vertraglich vereinbart**. Ebenso ist es möglich, die Abtretung durch vertragliche Vereinbarung an die Zustimmung des Schuldners zu knüpfen. Der Schuldner möchte sich dadurch vor einer unübersichtlichen Vertragsabwicklung schützen. Ein Abtretungsverbot kann auch in allgemeinen Geschäftsbedingungen vereinbart werden. Wird eine Abtretung entgegen einem Abtretungsverbot, bzw. ohne die erforderliche Zustimmung des Drittschuldners vorgenommen, ist die Abtretung unwirksam.

> **Beispiel:** Konstantin arbeitet bei einem großen Maschinenbauunternehmen. Dort ist durch die Arbeitsordnung, auf die der Arbeitsvertrag verweist, die Abtretung von Lohn- und Gehaltsansprüchen ausgeschlossen. Konstantin nimmt bei einer Bank einen Ratenkredit auf und tritt mit Unterzeichnung des Kreditvertrags seine Lohn- und Gehaltsansprüche an die Bank ab. Als er mit der Ratenzahlung rückständig wird, legt die Bank die Gehaltsabtretung gegenüber dem Maschinenbauunternehmen offen. Dieses verweist auf das Abtretungsverbot. Die Abtretung ist also unwirksam und damit wertlos.

Im **kaufmännischen Verkehr** kann ein Abtretungsverbot zwar vereinbart werden; eine dennoch vorgenommene Abtretung ist allerdings wirksam, § 354a S. 1 HGB. Trotzdem kann der Drittschuldner weiterhin mit befreiender Wirkung an den bisherigen Gläubiger leisten, § 354a S. 2 HGB.

Außerdem können Forderungen nicht abgetreten werden, soweit sie **unpfändbar** sind. Die für Sicherungsabtretungen wohl wichtigste Unpfändbarkeitsvorschrift ist **§ 850c ZPO**. Danach ist Arbeitseinkommen bis zu einer bestimmten Höhe unpfändbar. Die gleiche Begrenzung gilt nach § 54 Abs. 4 SGB I für Sozialleistungen, soweit diese nicht nach § 54 Abs. 3 SGB I in voller Höhe unpfändbar sind.

Übungsfall: Der Kreditnehmer unterzeichnet mit einem Ratenkreditvertrag folgende darin enthaltene formularmäßige Erklärung: Der Sicherungsgeber tritt hiermit an die Bank den der Pfändung unterworfenen Teil aller seiner gegenwärtigen und künftigen Ansprüche auf Arbeitsentgelt jeder Art, einschließlich Provisionsansprüchen, Tantiemen, Gewinnbeteiligungen sowie Abfindungen gegen seinen jeweiligen Arbeitgeber und auf Sozialleistungen (insbesondere Arbeitslosengeld, Arbeitslosenhilfe, Sozialleistungen, Rentenansprüche) ab. Als er seine Ratenzahlungen trotz mehrfacher Mahnung nicht mehr erbringt, legt die Bank die Gehaltsabtretung offen. Der Kreditnehmer erhält einen monatlichen Nettolohn von € 1400,00. Welchen Betrag wird die Bank erhalten?

Lösung: Nach der Pfändungstabelle zu § 850c ZPO sind davon € 290,40 pfändbar. Die Bank wird also nur € 290,40 vom Arbeitgeber überwiesen bekommen; der Restbetrag steht als unpfändbarer und damit nicht abtretbarer Teil dem Kreditnehmer zu.

4.3.2.3 Formvorschriften

Die Abtretung von Forderungen ist grundsätzlich formfrei möglich. Nur für wenige Ansprüche gibt es Formvorschriften in Spezialgesetzen. So bedarf z. B. die Abtretung von GmbH-Anteilen der notariellen Beurkundung (§ 15 Abs. 3 GmbHG).

4.3.3 Offenlegung der Sicherungsabtretung; Einziehungsbefugnis

Eine Abtretung ist **grundsätzlich auch wirksam, ohne dass sie dem (Dritt-)Schuldner angezeigt** wird. Der Drittschuldner ist durch die Sc**huldnerschutzvorschrift des § 407 Abs. 1 BGB** davor geschützt, an den falschen Gläubiger zu leisten. Kennt er die Abtretung nicht, darf er mit befreiender Wirkung an den bisherigen Gläubiger leisten.

Nur bei der Abtretung bestimmter Ansprüche ist die Abtretungsanzeige spezialgesetzlich oder in der vertraglichen Vereinbarung als Wirksamkeitsvoraussetzung vorgesehen. So bedarf die Abtretung von **Steuererstattungsansprüchen** einer – sogar auf einem bestimmten Vordruck vorzunehmenden – Abtretungsanzeige (§ 46 AO). Die Abtretung von **Lebensversicherungsansprüchen** muss nach § 13 Abs. 3 der Allgemeinen Bedingungen für Lebensversicherungen der Versicherungsgesellschaft angezeigt werden.

Sofern es keine solchen Vorschriften gibt, die die Bank zur Offenlegung zwingen, erfolgt die **Sicherungsabtretung meist „still"**. Die Abtretung wird also zunächst gegenüber dem Drittschuldner nicht offen gelegt; der Sicherungsgeber (Zedent) bleibt zur Einziehung der abgetretenen Forderung berechtigt; der Drittschuldner leistet – mangels Kenntnis der Abtretung – weiterhin an den Sicherungsgeber. Insbesondere die **Globalzession** aller Forderungen aus Lieferung und Leistung erfolgt meist als stille Abtretung, d. h. der Sicherungsgeber ist berechtigt, die Forderungen im normalen Geschäftsbetrieb einzuziehen. Eine entsprechende Regelung findet sich meist im Abtretungsvertrag z. B. mit folgender Formulierung: Dem Sicherungsgeber ist es gestattet, die an die Bank abgetretenen Forderungen im Rahmen eines ordnungsgemäßen Geschäftsbetriebs einzuziehen.

Bei einer stillen Sicherungsabtretung ist die **Bank nur unter gewissen**, im Abtretungsvertrag geregelten **Voraussetzungen zur Offenlegung der Abtretung berechtigt**. Voraussetzung für die Offenlegung ist meist der Verzug des Kreditnehmers mit fälligen Zahlungen auf die gesicherte Forderung sowie die vorherige Androhung der Offenlegung.

4.3.4 Verwertung

Die Verwertung einer Sicherungsabtretung erfolgt durch Einziehung der abgetretenen Forderungen durch die Bank. Wenn die Einziehungsbefugnis nach dem Abtretungsvertrag dem Sicherungsgeber zusteht, muss die Bank diese zunächst widerrufen.

Zudem muss die Bank die Abtretung gegenüber dem Drittschuldner offen legen, wenn sie die Forderung einziehen will. Hierzu ist sie entsprechend den vertraglichen Regelungen meist nur berechtigt, wenn der Kreditnehmer mit fälligen Zahlungen auf die gesicherte Forderung in Verzug ist und sie dem Sicherungsgeber die Offenlegung angedroht hat.

Wenn die Bank eine Lebensversicherung vor Ablauf der Versicherungszeit einziehen will, muss sie die Lebensversicherung kündigen. Dann erhält sie den Rückkaufswert der Versicherung.

4.3.5 Sicherungsabtretung in der Insolvenz

Nach § 51 Nr. 1 InsO besteht in der Insolvenz des Sicherungsgebers ein **Absonderungsrecht** der Bank an den **als Sicherheit abgetretenen Forderungen**. Der **Insolvenzverwalter** hat allerdings das **Recht zur Verwertung der abgetretenen Forderungen** (vgl. § 166 Abs. 2 InsO) und kann für die Feststellung des Absonderungsrechts und die Verwertung eine Vergütung zur Insolvenzmasse beanspruchen (vgl. § 171 InsO). Die Bank erhält regelmäßig nur den um Feststellungs- und Verwertungskostenpauschale von 4 % zzgl. 5 % gekürzten Verwertungserlös.

Allerdings können Insolvenzverwalter für die Verwertung von abgetretenen Lebensversicherungsansprüchen neben der Feststellungskostenpauschale von 4 % regelmäßig nicht die volle Verwertungskostenpauschale von 5 % geltend machen. Vielmehr ist die Verwertungskostenpauschale auf die tatsächlich entstandenen Kosten zu reduzieren, wenn diese erheblich, d. h. um mehr als 50 %, unter dem Pauschbetrag liegen.[394] Der Insolvenzverwalter muss über die tatsächlich entstandenen Kosten Rechnung legen und trägt die Darlegungs- und Beweislast für die geltend gemachten Verwertungskosten.[395]

4.3.6 Banküblich Sonderformen der Abtretung

4.3.6.1 Abtretung von Lohn- und Gehaltsansprüchen

Wie bereits ausgeführt, können Lohn- und **Gehaltsansprüche nur abgetreten werden, soweit sie pfändbar** sind (§ 400 BGB iVm. § 850c ZPO).

Zudem **schließen viele Arbeitgeber im Arbeitsvertrag eine Abtretung oder zumindest die Abtretung ohne ihre Zustimmung aus**. Wenn die Bank sicher gehen will, muss sie die Abtretung von Anfang an offen legen, um von einer eventuellen Abtretungseinschränkung zu erfahren, um gegebenenfalls die Zustimmung des Arbeitgebers zur Abtretung einzuholen oder um sich – bei Verweigerung der Zustimmung – eine andere Sicherheit bestellen zu lassen.

In der **Insolvenz** des Sicherungsgebers ist die Wirkung der Abtretung von Lohn- und Gehaltsansprüchen zudem zeitlich beschränkt: Nach § 114 Abs. 1 InsO ist die Abtretung nur für die Dauer von **zwei Jahren, gerechnet ab Eröffnung des Insolvenzverfahrens**, wirksam. Hintergrund für diese Regelung ist, dass das Arbeitseinkommen danach auch den anderen Insolvenzgläubigern zur Verfügung stehen soll. Der Gesetzgeber wollte mit der zeitlichen Begrenzung einen Ausgleich zwischen den Interessen der Kreditwirtschaft an einer Kreditsicherung und den Interessen der anderen Gläubiger schaffen.

---

[394] So ausdrücklich OLG Jena, Urteil vom 3.2. 2004 – 2 U 709/02, ZInsO 2004, 509; das OLG Jena hat die Schätzung der Verwertungskosten durch das LG Meiningen als 1. Instanz auf € 300,00 gebilligt.

[395] OLG Nürnberg, Beschluss vom 4.3. 2005 – 4 U 3471/04, ZInsO 2005, 380.

4.3.6.2 Abtretung von Mietansprüchen

Der Anspruch des Vermieters gegen den Mieter auf Zahlung der Mietzinsen kann abgetreten werden, allerdings handelt es sich dabei um eine vergleichsweise schwache Kreditsicherheit:

Ist die **vermietete Immobilie mit einem Grundpfandrecht belastet**, fällt der Anspruch auf den Mietzins in den **Haftungsverband der Grundschuld**. Dies gilt auch dann, wenn zuerst der Mietzinsanspruch abgetreten und erst zeitlich danach die Grundschuld bestellt wird.[396]

Damit kann der Mietzinsanspruch zwar an einen Dritten abgetreten werden, aber ab dem Zeitpunkt der **Beschlagnahme** der Mietzinsforderungen (durch Zwangsverwaltung oder dingliche Mietenpfändung) stehen dem Grundpfandgläubiger die Mieten zu (vgl. § 1123 Abs. 2 BGB). D.h. die Abtretung von Mietzinsansprüchen für eine vermietete, mit einem Grundpfandrecht belasteten Immobilie (an einen anderen als den Grundpfandgläubiger) ist **nur zeitlich begrenzt wirksam**.

Mit Eröffnung eines Insolvenzverfahrens über das Vermögen des Vermieters wird die Mietzession **unwirksam**, vgl. § 110 InsO. Damit stehen die Mieten ab Insolvenzeröffnung nicht mehr der Bank als Zessionar zu, sondern der Insolvenzmasse.

Das Gleiche gilt, wenn die Bank, an die die Mietzinsen abgetreten sind, zugleich **Grundpfandgläubiger** ist. Auch dann stehen der Bank die Mieten bis zur Insolvenzeröffnung zu. Eine Anfechtung der an die Bank vor Insolvenzeröffnung geleisteten Mieten scheidet regelmäßig aus, weil keine nach § 129 InsO für eine Anfechtung erforderliche Gläubigerbenachteiligung gegeben ist – die Bank hat auf Grund des Haftungsverbands der Grundschuld ein **Absonderungsrecht** an den Mieten; eine vorherige Beschlagnahme ist nicht erforderlich.[397] Wenn sich die Bank allerdings auch die nach Insolvenzeröffnung fällig werdenden Mieten sichern will, muss sie nach § 49 InsO die Zwangsverwaltung beantragen.[398]

4.3.6.3 Abtretung einer Lebensversicherung

Um die Abtretung von Lebensversicherungen verstehen zu können, bedarf es zunächst einiger Grundlagen des Versicherungsrechts.

Es gibt verschiedene Formen von Lebensversicherungen:

Die **reine Risikolebensversicherung** sichert den Tod der versicherten Person ab. Die Versicherungsgesellschaft zahlt, wenn die versicherte Person stirbt. Es handelt sich also um eine Versicherung auf den Todesfall.

Bei der **kapitalbildenden Lebensversicherung**, der Lebensversicherung auf den Erlebensfall, zahlt die Versicherungsgesellschaft, wenn die versicherte Person einen bestimmten Tag erlebt.

---

[396] BGH, Urteil vom 9.6.2005 – IX ZR 160/04, WM 2005, 1371 = ZIP 2005, 1452 = NJW 2006, 993.

[397] BGH, Urteil vom 6.11.2006 – IX ZR 133/05, WM 2007, 129 = ZIP 2007, 35.

[398] Eine Pfändung der Mieten aufgrund des dinglichen Titels reicht nicht, vgl. BGH, Beschluss vom 13.7. 2006 – IX ZB 301/04, NJW 2006, 3356 = WM 2006, 1685 = ZIP 2006, 1554.

Schließlich gibt es auch die **kombinierte Lebensversicherung auf den Erlebens- und Todesfall**, bei der die Versicherungsgesellschaft zahlt, wenn die versicherte Person bis zu einem bestimmten Tag stirbt, und wenn die versicherte Person den bestimmten Tag erlebt.

Der Vertragspartner einer Lebensversicherung ist der sog. **Versicherungsnehmer**. Der Versicherungsnehmer ist zur Zahlung der Versicherungsprämien verpflichtet.

Die **versicherte Person** ist diejenige, auf deren Leben die Versicherung abgeschlossen wird (vgl. § 150 VVG). Das heißt, der Tod oder das Erleben der versicherten Person stellt den Versicherungsfall dar, an dem die Versicherungsgesellschaft zahlt. Die versicherte Person kann mit dem Versicherungsnehmer identisch sein, muss es aber nicht. Wer versicherte Person ist, entscheidet der Versicherungsnehmer; es ist im Versicherungsvertrag festgelegt. Der Versicherungsnehmer kann die versicherte Person nicht ändern, da die Versicherungsgesellschaft die Prämien risikoabhängig kalkuliert, und das Risiko wird durch die versicherte Person bestimmt.

Beispiel 1: Ein allein verdienender Familienvater schließt eine Risikolebensversicherung auf sein Leben ab. Er ist Versicherungsnehmer und versicherte Person zugleich; wenn er als Alleinverdiener verstirbt, soll bei seinem Tod die Versicherungssumme gezahlt werden.

Beispiel 2: Ein Familienvater möchte eine Lebensversicherung als Kapitalanlage nutzen und schließt eine Lebensversicherung auf den Erlebensfall ab. Da das Todesrisiko bei seiner fünfjährigen Tochter gering ist, ist diese die versicherte Person. Versicherungsnehmer ist der Familienvater. Er erhält nach Ablauf der Versicherung die Versicherungsleistung.

Die Versicherungssumme wird im Versicherungsfall (Tod oder Erleben der versicherten Person) an den **Bezugsberechtigten** gezahlt. Bezugsberechtigt ist entweder der Versicherungsnehmer selbst oder eine andere Person. Wer bezugsberechtigt ist, entscheidet der Versicherungsnehmer im Versicherungsvertrag. Es gibt zwei Arten von Bezugsberechtigung:

- **Widerrufliches Bezugsrecht**: Hier kann der Versicherungsnehmer die bezugsberechtigte Person ohne deren Zustimmung ändern. Auch eine Zustimmung der Versicherungsgesellschaft ist nicht erforderlich (vgl. § 159 Abs. 1 VVG)
- **Unwiderrufliches Bezugsrecht**: Hier kann der Versicherungsnehmer die Bezugsberechtigung nur noch mit Zustimmung des Bezugsberechtigten ändern.

Beispiel: Der Versicherungsnehmer hat seiner Ehefrau ein Bezugsrecht eingeräumt. Er lässt sich von seiner Ehefrau scheiden und möchte daher die gemeinsame Tochter als Bezugsberechtigte einsetzen. Hat er seiner Frau ein unwiderrufliches Bezugsrecht eingeräumt, kann er diese Änderung nur mit deren Zustimmung vornehmen. War das Bezugsrecht widerruflich, muss er der Versicherungsgesellschaft nur mitteilen, dass ab sofort nicht mehr seine (Ex-) Ehefrau, sondern seine Tochter bezugsberechtigt ist.

Aus all dem ergibt sich für die Abtretung von Lebensversicherungen Folgendes:

Die **Abtretung** von Lebensversicherungsansprüchen muss der **Versicherungsnehmer** vornehmen, denn er ist Vertragspartner des Versicherungsvertrags und damit **Zedent**.

Die **versicherte Person muss der Abtretung nicht zustimmen**. Denn deren Leben oder Tod bestimmt nur den Versicherungsfall; dies bleibt von der Abtretung unberührt.

Falls nicht der Versicherungsnehmer selbst bezugsberechtigt ist, sondern eine andere Person, muss die **Bezugsberechtigung widerrufen** werden. Denn anderenfalls erhielte der Bezugsberechtigte und nicht die Bank im Versicherungsfall die Versicherungssumme. Wenn die Bezugsberechtigung nur widerruflich erteilt war, reicht es, wenn der Versicherungsnehmer die Bezugsberechtigung widerruft. War die **Bezugsberechtigung unwiderruflich** erteilt, muss der Bezugsberechtigte auf sein Bezugsrecht verzichten. Die Bank muss die **Zustimmung des Bezugsberechtigten** zur Abtretung der Lebensversicherung einholen.

Nach Nr. 13 der Allgemeinen Bedingungen für Lebensversicherungen ist die Abtretung erst wirksam, wenn sie der Lebensversicherungsgesellschaft **schriftlich angezeigt** wird. Die Abtretung von Lebensversicherungsansprüchen muss also stets offen gelegt werden.

Zudem stellt der Versicherungsschein ein Inhaberpapier dar (vgl. § 4 Abs. 1 VVG iVm. § 808 Abs. 1 S. 1 BGB). Das heißt, die Versicherungsgesellschaft ist berechtigt, mit befreiender Wirkung an denjenigen zu zahlen, der ihr den Versicherungsschein vorlegt. Deshalb sollte sich die Bank den **Versicherungsschein aushändigen lassen.**

Welche Stellung die Bank als Zessionarin erwirbt, hängt davon ab, ob es sich um eine Versicherung auf den Erlebens- oder Todesfall handelt.

Bei einer **echten Risikolebensversicherung**, bei der die Versicherungsgesellschaft nur zahlt, wenn die versicherte Person stirbt, erwirbt die Bank mit der Abtretung keine wirkliche Kreditsicherheit. Denn sie erhält die Versicherungssumme nur, wenn die versicherte Person verstirbt. Dies ist nur sinnvoll, wenn der Kreditnehmer selbst die versicherte Person ist, denn dann hat die Bank die Sicherheit, dass sie bei dessen Tod die Versicherungssumme erhält und damit das Darlehen zurückgeführt wird. Es handelt sich letztlich um eine **Restschuldversicherung im Todesfall.**

Eine **Versicherung auf den Erlebensfall** hingegen stellt (unabhängig davon, ob diese mit einer Versicherung auf den Todesfall kombiniert ist oder nicht), eine **echte Kreditsicherheit** dar. Die Bank erhält die Versicherungsleistung bei Ablauf der Versicherung.

4.3.6.4 Globalzession aller Forderungen aus Lieferung und Leistung

Viele Unternehmer können als Sicherheit für die ihnen gewährten Geschäftskredite nur die Abtretung aller ihrer Forderungen aus Lieferung und Leistung anbieten. Diese Globalzession ist weit verbreitet. Die zum Zeitpunkt der Abtretung **bestehenden** Forderungen gehen **mit Unterzeichnung** des Vertrags über; die **künftigen** Forderungen gehen **mit ihrer Entstehung** auf die Bank über. Zwar ist der Sicherungsgeber nach dem Abtretungsvertrag verpflichtet, in regelmäßigen Abständen **Bestandslisten** einzureichen, also Listen, aus denen sich seine offenen Forderungen ergeben. Diese Listen haben jedoch nur deklaratorische Bedeutung; sie sind für den Zeitpunkt des Forderungsübergangs bedeutungslos.

Solche Globalzessionen **kollidieren** regelmäßig mit dem **verlängerten Eigentumsvorbehalt** von Lieferanten. Der sog. verlängerte Eigentumsvorbehalt bedeutet, dass sich ein Lieferant das Eigentum bis zur vollständigen Bezahlung der gelieferten Ware vorbehält (Eigentumsvorbehalt) und sich im Fall der Weiterverarbeitung oder des Verkaufs der gelieferten Ware die Ansprüche gegen den Endverbraucher im voraus abtreten lässt (der Eigentumsvorbehalt wird also um eine Vorausabtretung „verlängert").

Beispiel: Ein Händler bekommt die Waren nur gegen verlängerten Eigentumsvorbehalt geliefert. Das heißt, der Lieferant behält sich das Eigentum an der Ware bis zur vollständigen Bezahlung vor. Falls der Händler die Ware schon vorher an einen Endverbraucher verkauft, ist der Zahlungsanspruch des Händlers gegen den Endverbraucher von der Vorausabtretung erfasst. Genau diesen, von der durch den verlängerten Eigentumsvorbehalt vereinbarten Vorausabtretung erfassten Zahlungsanspruch möchte sich die Bank durch die Globalzession abtreten lassen. Das heißt, die Globalzession kollidiert mit dem verlängerten Eigentumsvorbehalt, weil sie sich auf die gleichen Ansprüche erstreckt.

Grundsätzlich gilt bei der mehrfachen Abtretung der gleichen Forderung das **Prioritätsprinzip**. Die zuerst vorgenommene Abtretung ist vorrangig gegenüber der später vorgenommenen Abtretung. Die später vorgenommene Abtretung geht ins Leere, weil der Zessionar seine Ansprüche ja bereits abgetreten hat und daher nicht mehr über die abgetretenen Ansprüche verfügen kann.

Dieses Prioritätsprinzip wird jedoch bei der Kollision von verlängertem Eigentumsvorbehalt und Globalzession durchbrochen. Nach ständiger Rechtsprechung des BGH ist eine **Globalzession sittenwidrig und damit unwirksam, wenn sie sich auf Forderungen erstreckt, die im Rahmen eines branchenüblichen verlängerten Eigentumsvorbehalts an Lieferanten abgetreten** sind.[399] Der Globalzessionsvertrag muss deshalb eine sog. **dingliche Teilverzichtsklausel** enthalten, mit der die Bank den Vorrang der Rechte von Vorbehaltslieferanten sicherstellt. Eine solche Klausel lautet z. B. wie folgt: Falls an die Bank eine Forderung abgetreten ist, die von einem Lieferanten des Sicherungsgebers auf Grund eines brachenüblichen verlängerten Eigentumsvorbehalts gegenwärtig oder zukünftig berechtigterweise in Anspruch genommen werden kann, soll die Abtretung erst mit Erlöschen des verlängerten Eigentumsvorbehalts wirksam werden.[400]

4.4 Sicherungsübereignung

4.4.1 Grundstruktur

Mit der Sicherungsübereignung wird eine **Sache an die Bank übereignet, um eine Kreditforderung zu sichern**. Die Bank wird also Eigentümer der Sache, allerdings nur vorübergehend und in treuhänderischer Funktion. Der Sicherungsgeber bleibt Besitzer der Sache und kann diese weiter nutzen.

---

399 Erstmals BGH NJW 1971, 372; siehe auch *Ganter* in *Schimansky/Bunte/Lwowski*, Bankrechts-Handbuch, 3. Auflage, § 96, Rn. 185.

400 Zur Kollision von Globalzession und verlängertem Eigentumsvorbehalt vgl. *Lwowski* in *Schimansky/Bunte/Lwowski*, Bankrechts-Handbuch, 3. Auflage, § 96, Rn. 184 ff.

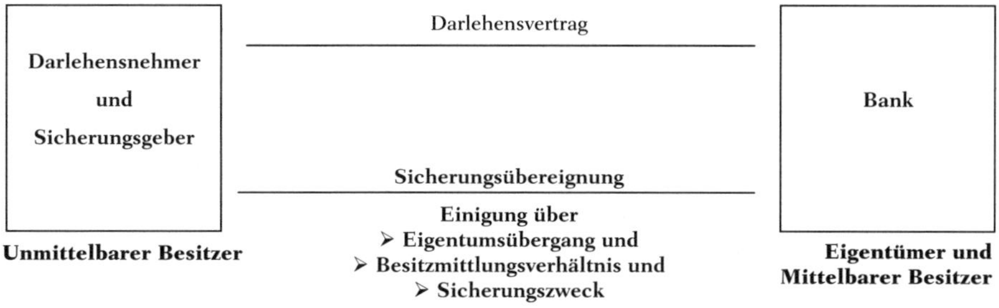

Abbildung 4-4-1: Skizze Sicherungsübereignung

Die Sicherungsübereignung ist – ebenso wie die Sicherungsabtretung – eine **abstrakte Sicherheit**. Auch hier gibt es drei Rechtsgeschäfte, nämlich Darlehensvertrag, Übereignung und Zweckerklärung.

Die Sicherungsübereignung unterscheidet sich von der „normalen" Übereignung iSd. §§ 929 ff. BGB nur durch ein zusätzliches Element, nämlich die Zweckerklärung, die bewirkt, dass die Sicherungsübereignung nicht auf Dauer, sondern nur zur vorübergehenden Sicherung einer (Darlehens-) Forderung erfolgt.

Die **Zweckerklärung** ist meist im gleichen Formular wie die Übereignung enthalten. Die Sicherungsübereignung kann entweder eine oder mehrere konkret bestimmte Darlehensforderungen absichern (**„enge Zweckerklärung"**) oder aber alle derzeitigen und künftigen Ansprüche aus der bankmäßigen Geschäftsverbindung (**„weite Zweckerklärung"**). Auch ist eine Sicherungsübereignung sowohl durch den Kreditnehmer selbst („eigene Sicherheit") als auch durch einen Dritten (**„Drittsicherheit"**) möglich.

Wie bereits ausgeführt, ist es charakteristisch für die Sicherungsübereignung, dass der **Sicherungsgeber im Besitz der Sache bleibt**. Dies ist Grund dafür, dass die Kreditwirtschaft die Sicherungsübereignung „erfunden" hat. Zwar könnte eine bewegliche Sache, die als Sicherheit dienen soll, genauso gut nach §§ 1204 ff. BGB **verpfändet** werden. Doch setzt die Bestellung des Pfandrechts an einer beweglichen Sache voraus, dass die Sache an den Pfandnehmer (Bank) übergeben wird (vgl. § 1205 Abs. 1 BGB). Damit könnte der Verpfänder jedoch nicht mehr mit der Sache arbeiten, und die Bank als Pfandgläubiger müsste die verpfändete Sache verwahren (vgl. § 1215 BGB), woran sie kein Interesse hat.

4.4.2 Bestellung der Sicherheit

4.4.2.1 Übereignung und Besitzmittlungsverhältnis

Die Sicherungsübereignung ist, wie bereits ausgeführt, eine „normale" Übereignung, die zur Sicherung einer Forderung erfolgt. Die Eigentumsübertragung setzt also **Einigung und Übergabe** iSd. § 929 BGB voraus, wobei mit Einigung die dingliche Einigung darüber, dass der Eigentumsübergang vom Sicherungsgeber auf die Bank erfolgen soll, gemeint ist.

Damit der Sicherungsgeber im Besitz der Sache bleibt, kann keine Übergabe nach § 929 BGB stattfinden, da der Sicherungsgeber dadurch den Besitz verlieren würde.

Die Übereignung erfolgt also nach §§ 929, 930 BGB durch die dingliche Einigung über die Eigentumsübertragung (§ 929 BGB) und Vereinbarung eines Besitzkonstituts, also eines **Besitzmittlungsverhältnisses** (§ 930 BGB). Das Besitzmittlungsverhältnis bedeutet, dass der Sicherungsgeber unmittelbarer Besitzer der Sache bleibt (er „behält" also die Sache bei sich) und die **Bank mittelbarer Besitzer** der Sache wird. Der mittelbare Besitz ist in § 868 BGB geregelt. Ein Besitzmittlungsverhältnis ist dadurch gekennzeichnet, dass der unmittelbare Besitzer die Sache auf Zeit nutzen kann und der mittelbare Besitzer unter gewissen Umständen, insbesondere bei Beendigung des Besitzmittlungsverhältnisses, Herausgabe vom unmittelbaren Besitzer verlangen kann.

Banken vereinbaren in ihren Formularen regelmäßig ein **unentgeltliches Verwahrungsverhältnis**, das in § 868 BGB als ein Fall für mittelbaren Besitz geregelt ist. Eine typische Formulierung für die Vereinbarung eines Besitzmittlungsverhältnisses lautet wie folgt: „Die Übergabe des Sicherungsgutes an die Bank wird dadurch ersetzt, dass der Sicherungsgeber es für die Bank sorgfältig unentgeltlich verwahrt. Soweit Dritte unmittelbaren Besitz am Sicherungsgut erlangen, tritt der Sicherungsgeber bereits jetzt seine bestehenden und künftigen Herausgabeansprüche an die Bank ab."

4.4.2.2 Bestimmtheitsgrundsatz

Die zu übereignenden Gegenstände müssen im Sicherungsübereignungsvertrag genau aufgeführt werden, weil die Sicherungsübereignung sonst nicht dem **sachenrechtlichen Bestimmtheitsgrundsatz** genügt. Das Sicherungsgut muss so genau bezeichnet werden, dass jeder, der nur den Vertrag kennt, das Sicherungsgut von allen anderen gleichartigen Sachen des Sicherungsgebers oder eines Dritten unterscheiden kann. Es ist also eine möglichst genaue Beschreibung des Sicherungseigentums erforderlich, was bei einzelnen Sachen noch verhältnismäßig einfach zu bewerkstelligen ist, indem beispielsweise Art, Hersteller, Typ, Fabriknummer und Standort, ggf. unter Beifügung einer Lageskizze, angegeben werden.

Bei **Sachgesamtheiten** ist die Abgrenzbarkeit von nicht sicherungsübereigneten gleichartigen Sachen von besonderer Bedeutung. Wert- oder mengenmäßige Beschreibungen sind nicht ausreichend.

> **Beispiel:** Die Beschreibung „100 Teppiche" in dem Sicherungsübereignungsvertrag eines Teppichhändlers ist nicht bestimmt genug, weil nicht klar ist, welche konkreten Teppiche übereignet sind. Ebenso genügt die Beschreibung „alle Waren, die nicht unter Eigentumsvorbehalt stehen" nicht dem Bestimmtheitsgrundsatz, weil ein Dritter allein mit dem Sicherungsübereignungsvertrag nicht feststellen kann, welche Waren nicht unter Eigentumsvorbehalt stehen und damit sicherungsübereignet sind.

Um eine Abgrenzung der sicherungsübereigneten von den nicht sicherungsübereigneten Gegenständen zu ermöglichen, müssen entweder **Markierungen** angebracht werden oder die zu übereignenden Gegenstände **getrennt aufbewahrt** werden, was eine Raumsicherungsübereignung ermöglicht.

4.4.2.3 Form

Die Sicherungsübereignung von beweglichen Sachen ist **formfrei** möglich, wobei sie im Bankgeschäft aus Beweisgründen **schriftlich** erfolgt.

4.4.3 Gegenstand der Sicherungsübereignung

Gegenstand der Sicherungsübereignung können alle Sachen sein, also auch Grundstücke; die Sicherungsübereignung ist allerdings nur üblich bei beweglichen Sachen einschließlich – v.a. bei landwirtschaftlichen Betrieben – Tieren (vgl. § 90a BGB). Typischerweise werden Gegenstände des **Anlagevermögens** (Maschinen, Geräte, Einrichtungsgegenstände, Fahrzeuge) oder des **Umlaufvermögens** (Vorräte, Roh-, Hilfs- und Betriebsstoffe, Halb- und Fertigerzeugnisse, Handelsware) eines Betriebs an die Bank sicherungsübereignet. Dabei handelt es sich um Gegenstände, mit denen der Sicherungsgeber typischerweise seinen Geschäftsbetrieb betreibt, was deutlich macht, dass er im Besitz der Sachen bleiben muss.

Wesentliche Bestandteile einer anderen Sache, der Hauptsache, können nicht sicherungsübereignet werden, da an ihnen keine eigenständigen Rechte begründet werden können (vgl. § 93 BGB; die wesentlichen Bestandteile eines Grundstücks sind in § 94 BGB geregelt).

> **Beispiel:** Es ist nicht möglich, ein Gebäude als Sicherheit zu übereignen, da das Gebäude wesentlicher Bestandteil des Grundstücks ist. Genauso können z.B. die Heizungsanlage oder die Fahrstuhlanlage eines Wohngebäudes nicht sicherungsübereignet werden, weil es sich dabei um wesentliche Bestandteile des Gebäudes und damit des Grundstücks handelt.

4.4.4 Sonderfälle der Sicherungsübereignung

4.4.4.1 Raumsicherungsübereignung

Bei der **Raumsicherungsübereignung** werden die sicherungsübereigneten Sachen dadurch bestimmt, dass sie sich in einem bestimmten Raum befinden. Dabei werden regelmäßig alle Gegenstände einer **bestimmten Gattung** (z.B. Waren, ggf. auch Einrichtungsgegenstände) sicherungsübereignet, und das Sicherungsgebiet durch einen **Lageplan** gekennzeichnet.

Meistens bezieht sich die Raumsicherungsübereignung auf Warenlager, die durch einen **wechselnden Bestand** gekennzeichnet sind, weil die gelagerten Waren verkauft werden und Nachschub geliefert wird; es handelt sich um eine revolvierende Kreditsicherheit. Der Sicherungsgeber ist **ermächtigt**, über die sicherungsübereigneten Gegenstände im **Rahmen eines ordnungsgemäßen Geschäftsbetriebs zu verfügen.** Zugleich vereinbaren Sicherungsgeber und Bank, dass auch Waren, die künftig in das Lager verbracht werden, an die Bank sicherungsübereignet sind. Diese vorweggenommene Sicherungsübereignung von künftig an den Sicherungsort verbrachten Gegenständen nennt man **antizipiertes Besitzkonstitut**: Sicherungsgeber und Bank erklären im Sicherungsübereignungsvertrag die dingliche Einigung, dass sie sich einig sind, dass das Eigentum an Sachen, die an den Sicherungsort verbracht werden, auf die Bank übergeht. Als Ersatz für die für den Eigentumsübergang erforderliche Übergabe vereinbaren sie zugleich ein Besitzmittlungsverhältnis.

Übungsfall: Ein Fabrikant von Kinderautos hat der Bank durch eine Raumsicherungsübereignung vom 16.10. 2007 das Eigentum an allen in seinem Warenlager gelagerten Einzelteile, aus denen er die Autos herstellt, übertragen. Als die Bank die dort gelagerten Einzelteile verwerten will, meldet sich der Lieferant bei der Bank und teilt mit, dass sich im Lager des Fabrikanten 5000 Lenker befinden, die er am 13.3. 2009 zum Preis von 50 000 EUR an K unter Eigentumsvorbehalt geliefert habe. Es seien erst € 30 000,00 gezahlt worden. Die Lenker stünden daher noch in seinem Eigentum; er verlangt diese heraus. Hat er recht? Welche Möglichkeiten hat die Bank?

Lösung: Zwar erstreckt sich der Raumsicherungsübereignungsvertrag auch auf später an den Sicherungsort verbrachte Gegenstände wie die Lenker. Allerdings ist der Fabrikant nicht Eigentümer der Lenker geworden, da der Lieferant nur unter Eigentumsvorbehalt geliefert hat und der Kaufpreis nicht vollständig bezahlt wurde. Jedoch steht dem Fabrikanten ein **Anwartschaftsrecht** zu. Das ist das Recht, Eigentümer zu werden, das nur noch unter einer einzigen, vom Fabrikanten zu beeinflussenden Bedingung steht, nämlich der vollständigen Kaufpreiszahlung. Ein Anwartschaftsrecht wird als „Minus zum Vollrecht" bezeichnet; und dieses **geht genauso wie das Eigentum auf die Bank als Sicherungsnehmer über**. Die Bank hat also aufgrund der Raumsicherungsübereignung das Anwartschaftsrecht an den Lenkern erworben.[401] Dennoch kann der Lieferant auf Grund des vereinbarten Eigentumsvorbehalts die Lenker **herausverlangen** (§ 985 BGB), muss dann allerdings den gezahlten Kaufpreis in Höhe von € 30 000,00 herausgeben. Die Bank wiederum hat die Möglichkeit, den **Eigentumsvorbehalt abzulösen**, indem sie den Restkaufpreis von € 20 000,00 an den Lieferanten zahlt. Denn in Raumsicherungsübereignungsverträgen ist regelmäßig die Vereinbarung enthalten, dass der Sicherungsgeber verpflichtet ist, einen eventuell bestehenden Eigentumsvorbehalt durch Zahlung des Kaufpreises zum Erlöschen zu bringen; zugleich ist die Bank befugt, eine Kaufpreisschuld des Sicherungsgebers auf dessen Kosten an den Lieferanten zu begleichen. Durch die Zahlung der Bank würde deren **Anwartschaftsrecht zum Vollrecht erstarken**; die Bank wäre Sicherungseigentümer und könnte die Lenker verwerten. Die Bank wird den Restkaufpreis nur dann zahlen, wenn sie mindestens genauso viel durch die Veräußerung der Vorbehaltsware erzielen kann.

Damit die Bank den Wert des ihr sicherungsübereigneten Warenlagers beurteilen kann, sehen Raumsicherungsverträge vor, dass der Sicherungsgeber der Bank in regelmäßigen Abständen **Bestandlisten** zu übergeben hat, die Angaben zu Art, Menge, Einkaufs- und Verkaufspreisen der Waren zu enthalten haben. Allerdings ist der Eigentumsübergang

---

[401] Dass sich die Sicherungsübereignung auch auf Anwartschaftsrechte an Sachen, die der Sicherungsgeber unter Eigentumsvorbehalt erworben hat, erstreckt, ist im Sicherungsübereignungsvertrag regelmäßig ausdrücklich geregelt. Aber auch wenn keine ausdrückliche Übereignung des Anwartschaftsrechts, sondern nur des Eigentums an Sachen in einem Warenlager vorgesehen ist, wird die Auslegung ergeben, dass auch die Anwartschaftsrechte an unter Eigentumsvorbehalt gelieferten Waren auf den Sicherungsnehmer übergehen sollen, vgl. *Ganter* in *Schimansky/Bunte/Lwowski*, Bankrechts-Handbuch, 3. Auflage, § 95, Rn. 74.

von der Übergabe und der Richtigkeit solcher Bestandslisten unabhängig; für den Erwerb des Sicherungseigentums der Bank kommt es nur darauf an, dass diese an den Sicherungsort verbracht werden.[402]

4.4.4.2 Sicherungsübereignung von Zubehör

Zubehör ist im Unterschied zu wesentlichen Bestandteilen, obwohl einer Hauptsache zugeordnet (vgl. § 97 BGB), **sonderrechtsfähig**. Zubehör kann also auch ohne die Hauptsache zur Sicherheit übereignet werden. Allerdings darf bei der Sicherungsübereignung von Zubehör eines Grundstücks nie vergessen werden, dass **Zubehör eines Grundstücks, das im Eigentum des Grundstückseigentümers steht, der Grundschuldhaftung** unterliegt (vgl. § 1120 BGB). Das heißt, dass die Bank, die sich Zubehör eines mit einer Grundschuld belasteten Grundstücks sicherungsübereignen lässt, das Sicherungseigentum nur belastet mit einem Pfandrecht des Grundschuldgläubigers erwirbt. Wenn der Grundschuldgläubiger die Zwangsversteigerung betreibt, erstreckt sich diese auch auf das der Grundschuldhaftung unterliegende Zubehör, d. h. das Zubehör wird mit dem Grundstück versteigert und der Erlös gebührt dem Grundschuldgläubiger (vgl. auch § 55 Abs. 2 ZVG).

Allerdings unterfällt **nur Zubehör,** das **zum Zeitpunkt der Grundschuldbestellung im Eigentum des Grundstückseigentümers** steht, der Grundschuldhaftung.

Übungsfall: Bank 1 hat sich die wertvollen Produktionsanlagen ihres Kunden sicherungsübereignen lassen. Als der gesicherte Kredit zur Rückzahlung fällig ist, setzt Bank 1 dem Kunden letzte Frist zur Rückzahlung und droht die Verwertung der Produktionsanlagen an. Daraufhin erhält Bank 1 ein Schreiben von Bank 2, die mitteilt, das Grundstück, auf dem die sicherungsübereigneten Anlagen steht, sei mit einer Grundschuld zu Gunsten Bank 2 belastet und auf Grund der beantragten Zwangsversteigerung sei auch die Anlage beschlagnahmt. Was muss Bank 1 nun prüfen?

Lösung: Die Produktionsanlage ist Zubehör iSd. § 97 BGB und kann als solche der Grundschuldhaftung nach § 1120 BGB unterliegen. Bank 1 muss daher prüfen, wann die Grundschuld zu Gunsten von Bank 2 im Grundbuch eingetragen wurde. Maßgeblich ist das Eintragungsdatum und nicht etwa das Datum, an dem die Grundschuld bestellt wurde (dingliche Einigung), denn eine Grundschuld entsteht erst mit Eintragung im Grundbuch (vgl. § 873 Abs. 1 BGB). Wurden **zuerst die Produktionsanlagen an Bank 1 sicherungsübereignet**, ist Bank 1 zur Verwertung berechtigt. Denn als die Grundschuld eingetragen wurde, standen die Produktionsanlagen nicht mehr im Eigentum des Grundstückseigentümers und unterfallen deshalb nicht der Zubehörhaftung (vgl. § 1120 BGB am Ende). Wurde **zuerst die Grundschuld zugunsten Bank 2 eingetragen** und danach die Anlage an Bank 1 sicherungsübereignet, unterfällt die Produktionsanlage der Grundschuldhaftung und die durch Bank 2 bewirkte Beschlag-

[402] Anders ist das bei der sog. **Mantelsicherungsübereignung**. Hier wird zwar auch im Voraus vereinbart, dass eine bestimmte Gattung von Sachen an die Bank übereignet werden, sobald diese an den Sicherungsort verbracht werden. Allerdings geht das Eigentum erst auf die Bank über, wenn der Sicherungsgeber der Bank die neu angeschafften Gegenstände mitteilt; erst dann findet die dingliche Einigung statt. Die Mantelsicherungsübereignung vermeidet Probleme mit dem Bestimmtheitsgrundsatz, macht andererseits die Bank stärker von der Mitwirkung des Sicherungsgebers abhängig.

nahme erstreckt sich auch auf die Anlage. Bank 1 hätte nur dann, wenn sie vor der Beschlagnahme durch Bank 2 die Anlage verwertet hätte, den Veräußerungserlös behalten dürfen, denn dann wäre durch die Veräußerung der Anlage und deren Entfernung vom Grundstück vor der Beschlagnahme gemäß § 1121 Abs. 1 BGB **Enthaftung** eingetreten, also die Anlage als Zubehör aus dem Haftungsverband der Grundschuld herausgefallen.

Wenn die Sicherungsübereignung von Grundstückszubehör werthaltig sein soll, muss die Bank eine Erklärung des Grundschuldgläubigers einholen, wonach dieser auf die **Grundschuldhaftung** des sicherungsübereigneten Gegenstands **verzichtet**, also den Gegenstand aus der Zubehörhaftung **freigibt**.

4.4.4.3 Sicherungsübereignung von Gegenständen in gemieteten Räumen

So wie die Sicherungsübereignung von Zubehör mit Grundschulden kollidieren kann, kann die Sicherungsübereignung von Gegenständen, die in gemieteten Räumen untergebracht sind, **mit dem Vermieterpfandrecht nach § 562 BGB kollidieren**. Auch hier kommt es auf die zeitliche Reihenfolge an: Ist das Eigentum an dem Gegenstand bereits vor Verbringung in die gemieteten Räume auf die Bank übergegangen, erwirbt der Vermieter kein Pfandrecht, da sich dieses nur auf die im Eigentum des Mieters befindlichen Sachen erstreckt. Befindet sich jedoch der zu übereignende Gegenstand bereits in den Mieträumen, wenn die Sicherungsübereignung unterzeichnet wird, erwirbt die Bank nur das mit dem Vermieterpfandrecht belastete Sicherungseigentum.

Gleiches gilt bei einer Raumsicherungsübereignung, wenn ein Gegenstand des Sicherungsnehmers später in den gemieteten Raum eingebracht wird: Bei einer Kollision zwischen Raumsicherungsübereignung und **Vermieterpfandrecht** gebührt dem Vermieterpfandrecht nach der Rechtsprechung der **Vorrang**.[403]

> **Beispiel:** Das Warenlager des Kreditnehmers ist angemietet. Will die Bank sich die im Warenlager gelagerten Waren sicherungsübereignen lassen, ist dies nur werthaltig, wenn der Vermieter ihr gegenüber auf sein Vermieterpfandrecht verzichtet.

4.4.5 Verwertung

Solange der gesicherte Kredit nicht notleidend ist, kann der Sicherungsgeber die in seinem Besitz befindliche, an die Bank sicherungsübereignete Sache nutzen. Ist der Kreditnehmer allerdings mit fälligen Zahlungen auf die gesicherte Forderung in Verzug und hat die Bank die Verwertung angedroht, kann die Bank die **Herausgabe** des Sicherungsguts verlangen und dieses **verwerten.**

Bei der **Raumsicherungsübereignung** ist der Sicherungsgeber über die Nutzung der sicherungsübereigneten Gegenstände hinaus berechtigt, im Rahmen des ordnungsgemäßen Geschäftsbetriebs über die sicherungsübereigneten Gegenstände zu verfügen.[404] Diese **Verfügungsbefugnis** kann die Bank nach den vertraglichen Vereinbarun-

---

[403] BGH NJW 1992, 1156 = WM 1992, 600 = ZIP 1992, 390.

[404] Siehe oben Punkt 4.4.4.1.

gen **widerrufen**, wenn der Sicherungsgeber erheblich gegen seine Pflicht zur sorgfältigen Behandlung des Sicherungsguts verstößt oder über das Sicherungsgut Verfügung trifft, die nicht im Rahmen eines ordnungsgemäßen Geschäftsbetriebs liegen. Gleiches gilt, wenn der Kreditnehmer seine Zahlungen eingestellt hat.

Die Verwertung des Sicherungsguts erfolgt regelmäßig auf Grund entsprechender vertraglicher Vereinbarung durch **freihändigen Verkauf**, wobei die Bank als Eigentümer Verkäufer ist.[405]

4.4.6 Sicherungsübereignung in der Insolvenz

In der Insolvenz des Sicherungsgebers ist der Insolvenzverwalter gemäß § 166 Abs. 1 InsO zur Verwertung des Sicherungsguts berechtigt, wenn es sich – wie regelmäßig der Fall – im Besitz des Insolvenzschuldners befindet. Damit stehen dem Insolvenzverwalter aus dem Verwertungserlös die 4%-ige Feststellungspauschale und die 5%-ige Verwertungspauschale zu (§ 171 InsO).[406] Denkbar wäre, dass die Bank bereits vor Eröffnung des Insolvenzverfahrens die Herausgabe des Sicherungsguts verlangt hat und in Besitz genommen hat; dann wäre der Insolvenzverwalter nicht zur Verwertung berechtigt. Allerdings kann die Herausgabe des Sicherungsguts an die Bank eine nach §§ 129 ff. InsO anfechtbare Handlung darstellen.

4.5 Pfandrecht

4.5.1 Grundstruktur und Bestellung der Sicherheit

Ein Pfandrecht ist die **Belastung einer Sache** (vgl. § 1204 BGB – z.B. Wertpapiere), eines **Rechts** (vgl. § 1273 BGB – z.B. Gesellschaftsanteil) oder einer **Forderung** (vgl. § 1279 BGB – z.B. Kontoguthaben) **zur Sicherung einer Forderung**, das dem Pfandgläubiger das Recht gibt, sich **aus dem Pfandgegenstand zu befriedigen**.

Die Befriedigung erfolgt bei verpfändeten Sachen durch Verkauf der Sache, wobei hierfür bei allen Sachen, die keinen Börsen- oder Marktpreis haben, eine **öffentliche Versteigerung** nötig ist (vgl. §§ 1233, 1235 BGB). Bei verpfändeten Forderungen erfolgt die Befriedigung des Pfandgläubigers, indem er die Forderung **einzieht** (vgl. § 1282 BGB). Die Befriedigung ist allerdings erst nach **Pfandreife** zulässig; als Pfandreife wird die Fälligkeit der gesicherten Forderung bezeichnet (vgl. § 1228 Abs. 2 S. 1 BGB).

Es gibt drei Arten von Pfandrechten: Das **vertraglich** vereinbarte Pfandrecht, das **gesetzliche** Pfandrecht (vgl. § 1257 BGB) und das **Pfändungspfandrecht** (vgl. § 804 ZPO). Letzteres entsteht im Wege der Zwangsvollstreckung, hat aber genau die gleichen Wirkungen wie das vertraglich vereinbarte Pfandrecht. Als Zwangsvollstreckungsmaßnahme stellt es keine Kreditsicherheit dar. Das kraft Gesetzes entstehende Pfand-

---

[405] Zur Frage, wer für die Abführung von Umsatzsteuer verantwortlich ist, vgl. *Ganter* in *Schimansky/Bunte/Lwowski*, Bankrechts-Handbuch, § 95, Rn. 178 ff.

[406] Zur Umsatzsteuer bei Verwertung im Insolvenzverfahren vgl. *Ganter* in *Schimansky/Bunte/Lwowski*, Bankrechts-Handbuch, § 95, Rn. 183 ff.

recht begegnet einem beispielsweise in Form des Vermieterpfandrechts nach § 562 BGB. Es ist ebenfalls keine Kreditsicherheit für die Bank, sondern kollidiert allenfalls mit für die Bank bestellten Kreditsicherheiten.[407] Als Kreditsicherheit dient also allein das vertraglich vereinbarte Pfandrecht, wobei es in der Kreditwirtschaft zwei Arten der Verpfändung gibt, nämlich das **Pfandrecht aufgrund gesonderten Verpfändungsvertrags** und das **AGB-Pfandrecht**.[408]

Das Pfandrecht ist eine **akzessorische Sicherheit**, wie sich z. B. aus § 1250 BGB ergibt, wonach das Pfandrecht automatisch mit der Übertragung der gesicherten Forderung übergeht, oder aus § 1252 BGB, wonach das Pfandrecht erlischt, wenn die gesicherte Forderung erlischt.

Das **Pfandrecht an beweglichen Sachen** ist in der Bankpraxis verdrängt worden durch die **Sicherungsübereignung**, weil die Pfandrechtsbestellung die Übergabe der Sache voraussetzt (§ 1205 BGB), sodass der Sicherungsgeber nicht mehr mit der Sache arbeiten kann. Dem Pfandrecht an beweglichen Sachen begegnet man eher in Pfandleihhäusern, die Darlehen gegen die Verpfändung (und Übergabe!) von Sachen, z. B. Schmuck, gewähren.

Ebenso ist das **Pfandrecht an Forderungen** weitgehend verdrängt worden durch die **Sicherungsabtretung**. Denn die Verpfändung von Forderungen ist nur wirksam, wenn sie dem Drittschuldner angezeigt wird (vgl. § 1280 BGB) – der Sicherungsgeber möchte aber häufig dem Drittschuldner nicht bekannt geben, dass er eine Forderung als Kreditsicherheit zur Verfügung gestellt hat. Anders als beim Pfandrecht ist es möglich, die Abtretung still, also ohne Offenlegung gegenüber dem Drittschuldner, vorzunehmen. Andererseits hat das Pfandrecht an Forderungen auch **Vorteile** gegenüber der Abtretung einer Forderung: Zum Einen ist es möglich, auch ein Pfandrecht an einer gegen den Pfandgläubiger selbst gerichteten Forderung zu bestellen.

Beispiel: Die Bank kann sich ein Pfandrecht an einem Sparkonto bestellen lassen, dass der Kreditnehmer bei ihr führt.

Bei der Abtretung des Anspruchs auf Auszahlung des Kontoguthabens an die Bank selbst würde hingegen **Konfusion** eintreten und die Forderung erlöschen.

Zudem hat das Pfandrecht in der **Insolvenz** einen Vorteil gegenüber der Sicherungsabtretung: Das Pfandrecht begründet nach § 50 Abs. 1 InsO ein Absonderungsrecht; der Gläubiger ist selbst zur Verwertung berechtigt, sodass im Unterschied zur abgetretenen Forderung **keine Feststellungs- und Verwertungspauschale** zu Gunsten der Insolvenzmasse entsteht.

4.5.2 Bestellung des Pfandrechts

Um ein Pfandrecht zu bestellen, bedarf es eines **Verpfändungsvertrags** sowie – wie bereits ausgeführt – der **Übergabe der Sache**, sofern eine Sache verpfändet werden soll (§ 1205 BGB), bzw. der **Anzeige an den Drittschuldner**, sofern eine **Forderung** ver-

---

[407] S. o. unter Punkt 4.4.4.3 zur Kollision von Sicherungsübereignung und Vermieterpfandrecht.

[408] Gegenüberstellung in Punkt 4.5.2; zum AGB-Pfandrecht ausführlich unter Punkt 4.5.6.

pfändet werden soll (§ 1280 BGB). Vom Bestellungsakt her unterscheidet sich das AGB-Pfandrecht vom Pfandrecht aufgrund gesonderter Verpfändungsvereinbarung. Aber auch sonst weist das AGB-Pfandrecht ein paar Unterschiede auf. Daher folgender Überblick über die Gemeinsamkeiten und Unterschiede des Pfandrechts aufgrund gesonderten Verpfändungsvertrags und des AGB-Pfandrechts[409]:

Pfandrecht aufgrund gesonderten Verpfändungsvertrags	**AGB-Pfandrecht nach Nr. 14 der AGB-Banken**
Bestellung	
– Bestellung durch gesonderten Verpfändungsvertrag und – bei verpfändeten Sachen: Übergabe der Sache an Pfandgläubiger oder – bei verpfändeten Rechten und Forderungen: Anzeige an Drittschuldner. – Kann auch an Forderungen gegen andere Schuldner (z.B. Kontoguthaben bei einer anderen Bank) bestehen, nicht nur an Forderungen gegen die kreditgebende Bank. – Als eigene und als Drittsicherheit denkbar.	– Bestellung durch Nr. 14 Abs. 1 der AGB-Banken; Voraussetzung ist also eine Geschäftsbeziehung, z.B. eine Kontoverbindung, in die die AGB-Banken wirksam einbezogen sind. – Besteht nur an Sachen, die die Bank im Besitz hat, oder an Forderungen gegen die kreditgebende Bank selbst (d.h. Bank ist Schuldner der verpfändeten Forderung und zugleich Pfandgläubiger!), d.h. keine gesonderte Übergabe oder Anzeige erforderlich. – Ausnahmen: Nr. 14 Abs. 3 AGB-Banken, z.B. nicht an Guthaben auf offenen Treuhandkonten – Nur als eigene Sicherheit, nicht als Drittsicherheit denkbar.
Sicherungszweck	
Weiter oder enger Sicherungszweck, je nach Vereinbarung.	Weiter Sicherungszweck für alle Forderungen der Bank aus der bankmäßigen Geschäftsverbindung, vgl. Nr. 14 Abs. 2 der AGB-Banken.
Verfügungsmöglichkeit des Sicherungsgebers	
Verfügungen über den verpfändeten Gegenstand ohne Zustimmung des Pfandgläubigers sind dem Sicherungsgeber sofort mit Abschluss des Verpfändungsvertrags nicht mehr möglich, z.B. wird ein verpfändetes Kontoguthaben gesperrt.	Verfügungen über die verpfändeten Gegenstände, z.B. Kontoguthaben, ohne Zustimmung der Bank bleiben möglich; erst, wenn die Bank ihr AGB-Pfandrecht geltend machen will, sperrt sie z.B. das Konto (vgl. hierzu Punkt 4.5.6.2.).
Verwertung des Pfandrechts	
Kein Unterschied bei verpfändeten Sachen: Androhung der Verwertung und Versteigerung bei verpfändeten Forderungen: Einziehung der Forderung; vorherige Androhung nur, wenn vertraglich geregelt	

Abbildung 4-5-2: Überblick Pfandrecht auf Grund gesonderten Vertrags – AGB-Pfandrecht

4.5.3 Verwertung des Pfandrechts

Nach § 1228 Abs. 2 S. 1 BGB ist die Bank zur Pfandverwertung berechtigt, sobald die gesicherte Forderung **ganz oder teilweise fällig** geworden ist. Die Fälligkeit der gesicherten Forderung wird als **Pfandreife** bezeichnet. Nach dem Gesetz reicht also die bloße Fälligkeit der gesicherten Forderung. Allerdings sehen die formularmäßigen Verpfändungsverträge der Banken regelmäßig vor, dass eine Pfandverwertung erst zulässig ist, wenn der Kreditnehmer mit fälligen Zahlungen auf die gesicherte Schuld in **Verzug** ist.

Beispiel: Als Sicherheit für einen Kontokorrentkredit ist ein Depot des Kreditnehmers verpfändet. Die Bank kündigt am 27.3. 2009 den Kontokorrentkredit mit sofortiger Wirkung, räumt dem Kreditnehmer allerdings eine Rückzahlungsfrist bis 10.4.

---

[409] Für weitere Besonderheiten des AGB-Pfandrechts siehe Punkt 4.5.6.

2009 ein. Der Kredit ist am 27.3. 2009 zur sofortigen Rückzahlung fällig, Verzug tritt jedoch erst mit Ablauf des 10.4. 2009 ein. Nach dem Gesetz wäre die Bank bereits ab 28.3. 2009 zur Pfandverwertung berechtigt, nach den üblichen Verpfändungsverträgen erst ab 11.4. 2009.

Zusätzlich bedarf es nach § 1234 BGB der vorherigen Androhung der Pfandverwertung mit einer Frist von einem Monat. Erst nach Ablauf der einmonatigen Wartefrist darf die Bank die ihr verpfändeten Sachen oder Forderungen verwerten. Nach § 1245 Abs. 1 S. 1 BGB können die Parteien eine abweichende Frist vereinbaren. Da die von Banken verwendeten formularmäßigen Verpfändungsverträge der AGB-Kontrolle unterliegen, ist allerdings regelmäßig nur dann eine kürzere Wartefrist (eine Woche) oder gar keine vorherige Androhung vorgesehen, wenn es sich bei dem Sicherungsgeber um ein Unternehmen handelt.

Die Verwertung von verpfändeten Sachen (die der Pfandgläubiger in seinem Besitz hat), erfolgt durch **Verkauf**, vgl. § 1228 Abs. 1 BGB. Nach § 1235 Abs. 1 BGB muss der Verkauf durch **öffentliche Versteigerung** erfolgen; nur bei Sachen, die einen **Börsen- oder Marktpreis** haben, ist nach § 1235 Abs. 2 BGB i.Vm. § 1221 BGB der **freihändige Verkauf** zulässig. Von § 1235 BGB abweichende Vereinbarungen sind vor Verwertungsreife nicht zulässig, vgl. § 1245 Abs. 2 BGB.

Wertpapiere haben regelmäßig einen Börsenpreis und können daher nach §§ 1235 Abs. 2, 1221 BGB durch **Verkauf über die Börse** verwertet werden.

Die **Verwertung von verpfändeten Forderungen** (z.B. Kontoguthaben) erfolgt nach § 1282 Abs. 1 BGB durch **Einziehung** der verpfändeten Forderung. Der Pfandgläubiger verlangt also Zahlung an sich selbst, wobei er dem Drittschuldner (wenn vertraglich nichts anderes vereinbart ist) die Pfandreife nachweisen muss, damit dieser sicher sein kann, nicht an den falschen zu leisten. Denn vor Pfandreife sind nur Verpfänder und Pfandgläubiger gemeinsam zur Einziehung berechtigt (vgl. § 1281 BGB).

Besteht ein **Pfandrecht an einer eigenen Schuld**, geschieht die **Einziehung durch Verrechnung** des Geldbetrags.

> **Beispiel:** Die Bank hat eine fällige Forderung in Höhe von € 10 000,00 aus einem gekündigten Ratenkredit. Zugleich hat der Kreditnehmer ein Guthaben von € 2000,00 auf einem Sparkonto bei der Bank, an dem diese nach Nr. 14 ihrer AGB ein Pfandrecht hat. Nach Verzug des Kreditnehmers mit der Rückführung der fälligen Forderung, Androhung der Verwertung und Ablauf der einmonatigen Wartefrist ist die Bank zur Verrechnung des Sparguthabens mit ihrer fälligen Forderung aus dem Ratenkredit berechtigt; sie bucht das Sparguthaben also um.

Der **Erlös** aus der Pfandverwertung steht dem Pfandgläubiger zu, soweit es zur Befriedigung seiner Forderung erforderlich ist. Der überschießende Teil des Erlöses tritt an die Stelle des Pfands. Ist die gesicherte Forderung allerdings vollständig getilgt, hat der Sicherungsgeber Anspruch auf den durch die Pfandverwertung erzielten Übererlös.

4.5.4 Das Pfandrecht in der Insolvenz

In der Insolvenz des Sicherungsgebers (Verpfänders) hat der Pfandgläubiger nach § 50 Abs. 1 InsO ein **Absonderungsrecht**. Er darf das Pfandrecht selbst außerhalb des Insolvenzverfahrens verwerten. Der Insolvenzmasse steht – anders als bei einer Sicherungsabtretung – kein Anteil am Verwertungserlös zu; der Verwertungserlös gebührt also vollständig dem Pfandgläubiger (bis zur Höhe der gesicherten Forderung).

4.5.5 Banküblichere Pfandrechte

4.5.5.1 Verpfändung von Kontoguthaben

Bei der Verpfändung von Kontoguthaben handelt es sich um die **Verpfändung einer Forderung**. Verpfändet wird die Forderung auf Auszahlung des Kontoguthabens, also der sich aus dem Kontovertrag ergebende Anspruch aus der Gutschrift[410]. Das Pfandrecht erstreckt sich auch auf die **Zinsen**, vgl. § 1289 BGB. Die Verpfändung erfolgt gemäß § 1279 BGB nach den Vorschriften der §§ 1280 bis 1290 BGB.

Zur wirksamen Verpfändung bedarf es der **Anzeige** der Forderungsverpfändung an den Drittschuldner, § 1280 BGB. **Drittschuldner** bei der Verpfändung von Kontoguthaben ist die Bank, bei der das Konto geführt wird. Nach dem Gesetzeswortlaut ist die Anzeige **vom Gläubiger** vorzunehmen. Gläubiger ist der Inhaber der verpfändeten Forderung, also der Kontoinhaber. Die Bank will sich als Pfandgläubigerin allerdings nicht darauf verlassen, dass ihr Kunde die Anzeige auch tatsächlich vornimmt, denn davon hängt schließlich die Wirksamkeit der ihr bestellten Sicherheit ab. Deshalb lassen sich Banken im Verpfändungsvertrag häufig vom Sicherungsgeber **bevollmächtigen**, die Anzeige beim Drittschuldner vorzunehmen; für diese Anzeige halten die Banken Formulare vor.

Nach dem Gesetzeswortlaut genügt die Anzeige an den Drittschuldner; eine **Bestätigung durch den Drittschuldner** ist nach dem Gesetz nicht erforderlich. Dementsprechend hat der Pfandgläubiger auch keinen Anspruch gegen den Drittschuldner auf eine Bestätigung, dass dieser die Verpfändungsanzeige erhalten hat; der Pfandgläubiger muss also ggf. anderweitig den Zugang der Verpfändungsanzeige beim Drittschuldner beweisen können. Es ist in der Bankpraxis allerdings üblich, den Erhalt der Verpfändungsanzeige zu bestätigen.

Bei der Verpfändung von Kontoguthaben bittet der Pfandgläubiger die kontoführende Bank darüber hinaus um einen Verzicht auf Aufrechnungs- und Zurückbehaltungsrechte und einen **Verzicht auf das AGB-Pfandrecht oder zumindest einen Rücktritt** des AGB-Pfandrechts der kontoführenden Bank hinter sein Pfandrecht. Denn ohne diesen Verzicht oder Rangrücktritt wäre das AGB-Pfandrecht aufgrund seiner zeitlich früheren Bestellung bei Eröffnung des Kontos vorrangig.[411] Vom Rangrücktritt des AGB-Pfandrechts wird allerdings – dies ist banküblich – ausdrücklich der Anspruch auf Entgelte aus der Kontoführung ausgenommen, d.h. die kontoführende

---

[410] Siehe oben unter Punkt 1.1.2.1.3.

[411] Vgl. zum Rang verschiedener Pfandrechte Punkt 4.5.6.1.

Bank darf trotz Verpfändung des Kontoguthabens ihre Kontoführungsentgelte dem Konto belasten.

Selbstverständlich ist die kontoführende Bank als Drittschuldner in ihrer Entscheidung frei, ob sie mit dem AGB-Pfandrecht zurück tritt. Erklärt die kontoführende Bank diesen Rangrücktritt nicht, ist das Pfandrecht der anderen Bank nahezu **wertlos**, weil sie immer fürchten muss, dass die kontoführende Bank das gesamte Kontoguthaben für die eigenen Forderungen der kontoführenden Bank gegen den gemeinsamen Schuldner benötigt.

Ist der Drittschuldner, also die kontoführende Stelle, **identisch mit dem Pfandgläubiger, bedarf es keiner gesonderten Anzeige** an die kontoführende Stelle.

> **Beispiel:** Die Bank stellt für den Kunden ein Aval in Höhe von € 20 000,00 aus, verlangt allerdings Barunterdeckung. Der Kunde verpfändet das bei der gleichen Bank geführte Sparkonto über € 20 000,00 an die Bank. Eine gesonderte Anzeige über die erfolgte Verpfändung ist entbehrlich, weil Drittschuldner und Pfandgläubiger identisch sind.

Die Verpfändung einer Forderung bewirkt, dass der **Drittschuldner nur noch an Schuldner und Pfandgläubiger gemeinsam leisten darf**, vgl. § 1281 BGB.

> **Beispiel:** Oskar verpfändet sein Sparkonto bei der Sparkasse an die HypoVereinsbank, um einen Kredit abzusichern, den die HypoVereinsbank seinem Sohn gewährt hat. Die Verpfändung wird der Sparkasse angezeigt. Die Sparkasse muss nun sicherstellen, dass sie gemäß § 1281 BGB nur noch an Oskar und die HypoVereinsbank gemeinsam leistet, was sie bankintern dadurch verwirklicht, dass sie das Konto für Verfügungen des Oskar sperrt.

Die Verpfändung von Kontoguthaben führt also zu einer **Kontosperre**. Deshalb ist nur die Verpfändung von Guthaben auf Sparkonten oder Festgeldkonten üblich. Die Verpfändung von Guthaben auf Kontokorrentkonten, die dem Zahlungsverkehr dienen, ist zwar theoretisch möglich, aber gänzlich unpraktikabel. Denn die kontoführende Bank müsste für jede Verfügung des Kontoinhabers die Zustimmung des Pfandgläubigers einholen; eine Führung als laufendes Zahlungsverkehrskonto ist damit nicht mehr möglich.

Nach Pfandreife, also nach Fälligkeit der durch das Pfandrecht gesicherten Forderung, ist der **Pfandgläubiger alleine berechtigt, die Forderung einzuziehen**, § 1281 Abs. 1 BGB.[412] Mit der Pfandreife endet also die gemeinsame Einziehungsbefugnis von Sicherungsgeber und Pfandgläubiger.

4.5.5.2 Verpfändung von Wertpapieren

Wesentlich für die Verpfändungspraxis sind die in ein **Depot** eingelieferten Wertpapiere, also Aktien, Rentenpapiere und Investmentfondsanteile. Dabei handelt es sich um Inhaberpapiere, also um Papiere, bei denen der Besitz ausreicht, um ein materielles Recht daran zu begründen. **Inhaberpapiere** werden gemäß § 1293 BGB nach den Vorschriften für die **Verpfändung von Sachen,** also nach §§ 1205 ff. BGB, verpfändet.

---

412 Näheres hierzu unter Punkt 4.5.4.

Das bedeutet, dass neben der Einigung über die Verpfändung die Übergabe der Wertpapiere – oder ein Übergabeersatz – erforderlich ist.

Um zu klären, wie die Übergabe vonstatten gehen kann oder ein Übergabeersatz vereinbart werden kann, muss geklärt werden, **wer überhaupt Besitz an in einem Depot verbuchten Wertpapieren hat**. Regelmäßig befinden sich die in ein Depot eingelieferten Wertpapiere in **Girosammelverwahrung**. Das bedeutet, dass nur eine Sammelurkunde existiert, die bei einem Zentralverwahrer verwahrt wird. Zentralverwahrer in Deutschland ist die Clearstram Banking AG.[413] Beim Zentralverwahrer, der depotführenden Bank und ggf. der Fondsgesellschaft wird die Information gespeichert, wem welcher Anteil an der Sammelurkunde zusteht. Bei der Girosammelverwahrung ist also die **Clearstream Banking AG unmittelbarer Besitzer**, die **depotführende Bank mittelbarer Besitzer erster Stufe** und der **Depotinhaber mittelbarer Besitzer zweiter Stufe**.

Nach § 1205 Abs. 1 S. 2 BGB ist die Übergabe entbehrlich, wenn der Pfandgläubiger bereits im Besitz der Sache ist. Das ist bei in Girosammelverwahrung befindlichen Wertpapieren, die sich in einem Depot bei der Pfandgläubigerin befinden, wie gezeigt, der Fall. Wird also ein **Depot bei der Bank an die depotführende Bank selbst verpfändet**, bedarf es **keiner Übergabe** oder eines Übergabeersatzes.

Werden hingegen **Depotwerte bei einer Drittbank** verpfändet, ist als Übergabeersatz nach § 1205 Abs. 2 BGB die Abtretung des Herausgabeanspruchs des Depotinhabers gegen die depotführende Drittbank an die Pfandgläubigerin erforderlich. Zudem bedarf es nach dem ausdrücklichen Wortlaut von § 1205 Abs. 2 BGB der **Anzeige** dieser Abtretung an die depotführende Bank.

Beispiel: Oskar verpfändet sein Depot bei der Sparkasse an die HypoVereinsbank. Oskar ist hinsichtlich der im Depot in Girosammelverwahrung verbuchten Wertpapiere mittelbarer Besitzer zweiter Stufe. Zur Sparkasse als mittelbarer Besitzer erster Stufe besteht ein Besitzmittlungsverhältnis. Oskar hat aus diesem Besitzmittlungsverhältnis einen Herausgabeanspruch, den er an die HypoVereinsbank als Pfandgläubigerin abtritt. Zugleich muss die Verpfändung der Sparkasse angezeigt werden, damit der Übergabeersatz nach § 1205 Abs. 2 BGB wirksam ist.

Zusätzlich zur Verpfändung von Wertpapieren, die nach den Vorschriften für die Verpfändung von Sachen vonstatten geht, wird regelmäßig auch der **Gegenwert von verpfändeten Wertpapieren** verpfändet. Dabei handelt es sich um die Verpfändung einer Forderung nach den §§ 1279 ff. BGB.

Beispiel: Oskar verpfändet die in seinem Depot bei der Sparkasse befindlichen Wertpapiere an diese zur Sicherung eines Kredits. Eine in seinem Depot bei der Sparkasse verbuchte Anleihe der Deutschen Bank wird zum 31.5. 2009 zur Rückzahlung fällig. Der Gegenwert wird einem bei der Sparkasse geführten Konto gutgeschrieben. Das dadurch entstehende Kontoguthaben, das den Gegenwert für die verpfändete Anleihe darstellt, soll ebenfalls einem Pfandrecht der Sparkasse unterliegen. Dementsprechend lässt sich die Sparkasse auch das durch den Gegenwert von verpfändeten Wertpapieren entstandene Kontoguthaben verpfänden.

---

[413] Früher: Deutsche Börse Clearing AG, Deutscher Kassenverein AG.

Wenn nur ein **Teil eines Depots verpfändet** werden soll, ist besonderer Wert auf die Bestimmtheit der zu verpfändenden Wertpapiere zu legen.

Beispiel: Die Verpfändung eines Wertpapierdepots in Höhe von € 100 000,00 ist unwirksam. Denn es ist nicht bestimmt, welche konkreten Wertpapiere von der Verpfändung erfasst sein sollen.

Es muss also entweder im Verpfändungsvertrag genau aufgelistet werden, **welche konkreten Wertpapiere verpfändet** werden; hierfür ist neben der Stückzahl mindestens die Nennung der Wertpapierkennnummer erforderlich. Oder es wird ein **gesondertes Depot** eröffnet, in dem nur die zu verpfändenden Wertpapiere verbucht werden. Gegebenenfalls wird die depotführende Bank auf die zweite Lösung drängen, weil sie anderenfalls das gesamte Depot sperren müsste. Der Depotinhaber könnte dann also auch über die eigentlich nicht verpfändeten Wertpapiere nicht ohne weiteres verfügen.

Eigene Aktien, Genussscheine und Wertpapiere, die nachrangige Verbindlichkeiten gegenüber der Bank als Pfandgläubigerin verbriefen, müssen aus aktienrechtlichen (§§ 71, 71d, 71e AktG) und aufsichtsrechtlichen Gründen (§ 10 Abs. 5, Abs. 5a KWG) von der Verpfändung ausgenommen werden; eine entsprechende Ausnahme findet sich in den von Banken verwendeten Verpfändungsformularen.

4.5.5.3 Verpfändung von Gesellschaftsanteilen

Nicht selten werden auch Gesellschaftsanteile verpfändet. Allerdings ist die **Bewertung** von verpfändeten Gesellschaftsanteilen schwierig. Gleiches gilt für die **Verwertung**, die nach § 1273 Abs. 2 BGB i.V.m. § 1235 BGB durch **öffentliche Versteigerung** stattfinden muss. Interessenten für Gesellschaftsanteile sind jedoch rar gesät, erst recht in einer öffentlichen Versteigerung. Die Bank ist also auch im Verwertungsfall darauf angewiesen, dass sich der Sicherungsgeber zu einem freihändigen Verkauf der Gesellschaftsanteile bereit erklärt.

Durch die Verpfändung eines Gesellschaftsanteils erwirbt die Bank beispielsweise ein Pfandrecht am Anspruch auf Gewinnauszahlung oder auf den Liquidationserlös. Die gesellschaftsrechtlichen Mitwirkungs- und Kontrollrechte sowie das Stimmrecht verbleiben hingegen beim Gesellschafter – dies wird regelmäßig im Verpfändungsvertrag klargestellt.

Die Verpfändung von **GmbH-Anteilen** bedarf nach § 15 Abs. 3, Abs. 4 GmbHG i.V.m. § 1274 Abs. 1 BGB der **notariellen Beurkundung.** Zudem kann der Gesellschaftsvertrag die Verpfändung von der Zustimmung durch die Gesellschaft oder einzelne Gesellschafter abhängig machen, vgl. § 15 Abs. 5 GmbHG. Die Verpfändung muss der **GmbH angezeigt** werden, sonst muss diese die Verpfändung nicht gegen sich gelten lassen, § 16 GmbHG, und wäre beispielsweise berechtigt, den Gewinnanteil an den Gesellschafter statt an den Pfandgläubiger zu zahlen.

Für die Verpfändung von **Anteilen an der GbR oder Personenhandelsgesellschaften** gibt es keine gesetzlichen Formvorschriften; allerdings kann der Gesellschaftsvertrag eine besondere Form vorsehen.

4.5.6 Besonderheiten des AGB-Pfandrechts

Das AGB-Pfandrecht hat in der Bankpraxis große Bedeutung, denn die **Bank kann damit auf die vom Schuldner bei ihr selbst unterhaltenen Guthaben** zur Befriedigung ihrer Forderungen gegen den Schuldner zugreifen. Dies könnte sie zwar auch durch eine Aufrechnung, doch muss hierfür eine Aufrechnungslage gemäß § 387 BGB bestehen, die z.B. bei Forderungen in verschiedenen Währungen nicht gegeben ist, und es bedarf gemäß § 388 BGB einer Aufrechnungserklärung.

4.5.6.1 Rang des AGB-Pfandrechts; Zusammentreffen mit Kontopfändung

Die Bedeutung des AGB-Pfandrechts zeigt sich auch bei einer **Kontopfändung**, denn das AGB-Pfandrecht der Bank, das bereits mit Kontoeröffnung auch an allen künftigen Kontoguthaben bestellt wurde, ist aufgrund der zeitlich früheren Entstehung immer **vorrangig** gegenüber dem Pfändungspfandrecht des Pfändungsgläubigers, das erst durch die Zustellung eines Pfändungs- und Überweisungsbeschlusses an die kontoführende Bank als Drittschuldner entsteht.[414]

Übungsfall: Henry führt ein Konto bei der Bank, das einen Sollsaldo von € 987,54 aufweist. Zudem hat er einen Ratenkredit bei der Bank aufgenommen und hat die letzte Rate in Höhe von € 520,00 nicht bezahlt. Der Bank wird ein Pfändungs- und Überweisungsbeschluss eines Finanzamtes über eine Forderung von € 10 000,00 zugestellt. Danach geht auf dem Konto des Henry eine Zahlung in Höhe von € 1500,00 ein. Kann die Bank das Kontoguthaben von € 512,46 einbehalten und wenn ja, warum?

Lösung: Die Bank hat ein AGB-Pfandrecht an dem Kontoguthaben, wenn und weil bei Kontoeröffnung durch Henry die AGB wirksam in die Geschäftsverbindung mit einbezogen wurden. Die Kontoeröffnung erfolgte zeitlich vor Zustellung des Pfändungs- und Überweisungsbeschlusses, sodass das AGB-Pfandrecht der Bank an dem Kontoguthaben vorrangig ist gegenüber dem Pfändungspfandrecht. Die Bank muss das Kontoguthaben also nicht an den Pfändungsgläubiger auskehren und darf es zur Befriedigung der fälligen, offenen Rate aus dem Ratenkredit verwenden.

Für das **Rangverhältnis von Pfandrechten** kommt es nur auf den **Zeitpunkt der Entstehung, bzw. Bestellung** an, und zwar auch, wenn künftige Forderungen verpfändet werden, vgl. § 1209 BGB. Es kommt also **nicht** darauf an, wann die durch das Pfandrecht gesicherte Forderung **fällig** wird. So entsteht beispielsweise das AGB-Pfandrecht an der Forderung aus einem Kontoguthaben, sobald das Kontoguthaben entsteht. Ob die durch das Pfandrecht gesicherte Forderung der Bank fällig ist, hat nur Bedeutung für die Pfandreife (vgl. § 1228 Abs. 2 S. 1 BGB) und damit für die Verwertung des Pfandrechts, nicht aber für das Rangverhältnis.

Beispiel: Henry aus dem vorherigen Übungsfall hatte in der Vergangenheit immer wieder Zahlungsprobleme bei seinem Ratenkredit. Zum Zeitpunkt der Zustellung des Pfändungs- und Überweisungsbeschlusses weist dieser allerdings keinen Ratenrück-

---

[414] Vgl. *Merkel* in *Schimansky/Bunte/Lwowski*, Bankrechts-Handbuch, 3. Auflage, § 93, Rn. 18, 49.

stand auf, so dass der Bank keine fällige Forderung zusteht. Dennoch kann sich die Bank wegen ihrer Forderungen aus dem Ratenkredit gegenüber dem Pfändungsgläubiger auf ihr vorrangiges AGB-Pfandrecht berufen und eine Zahlung an diesen verweigern. Mangels fälliger Forderung kann die Bank das Guthaben auf dem laufenden Konto jedoch nicht auf den Ratenkredit verbuchen. Denn durch die Verbuchung des Guthabens auf den Ratenkredit würde die Bank die Forderung an dem Kontoguthaben einziehen, und hierzu ist sie vor Pfandreife (§ 1228 Abs. 2 S. 1 BGB) nicht berechtigt. Doch muss sie Henry über das Kontoguthaben verfügen lassen und zusehen, wie dieser das Guthaben verbraucht, bis die Rate aus dem Ratenkredit fällig wird? Die Antwort gibt das folgende Kapitel:

4.5.6.2 Kontosperre auf Grund AGB-Pfandrecht

Der BGH hat wie folgt entschieden: „*Wenn ein entsprechendes Sicherungsbedürfnis besteht, kann eine Bank von ihrem Pfandrecht an den Forderungen eines Kunden aus einem Kontoguthaben auch schon vor Pfandreife Gebrauch machen, indem sie zur Sicherung einer späteren Verwertung keine Verfügungen des Kunden mehr zulässt (‚Kontosperre'). Lässt die Bank es zu, dass der Kunde über sein Kontoguthaben verfügt, gibt sie insoweit ihr Pfandrecht frei.*"[415]

Das heißt, die Bank kann auch schon dann, wenn sie in Kürze eine fällige Forderung haben wird, Kontoguthaben gesperrt halten, um die spätere Verwertung des Guthabens sicher zu stellen. Dieses Ergebnis stützt der BGH auf § 1281 S. 2 Halbsatz 1 BGB, wonach Gläubiger der verpfändeten Forderung (also der Kontoinhaber) als auch der Pfandgläubiger (also die Bank) vor Pfandreife (also vor Fälligkeit der gesicherten Forderung) verlangen können, dass der Schuldner der verpfändeten Forderung an beide gemeinsam leistet. Das AGB-Pfandrecht ist dadurch gekennzeichnet, dass der **Schuldner der verpfändeten Forderung** (also die Bank als kontoführende Stelle) **identisch ist mit dem Pfandgläubiger**. Der Kontoinhaber kann also wegen des AGB-Pfandrechts nicht verlangen, dass die Bank an ihn alleine leistet; ebenso wenig kann er verlangen, dass die Bank auf seine Anweisung an Dritte leistet. Damit bewirkt § 1281 S. 2 Halbsatz 2 BGB faktisch eine **Kontosperre**, wenn sich die Bank gegenüber dem Kunden **auf ihr AGB-Pfandrecht beruft**. Hierzu ist sie **auch schon vor Pfandreife berechtigt**, weil sie anderenfalls bis zur Fälligkeit der gesicherten Forderung nichts unternehmen könnte, um ihr Pfandrecht zu sichern, und ihr Pfandrecht dadurch erheblich an Wert gemindert wird. Der Kontoinhaber wird dadurch auch nicht unangemessen benachteiligt, weil es der Verpfändung von Forderungen, wie dargelegt, wesenseigen ist, dass der Inhaber der verpfändeten Forderung nicht mehr an sich alleine Zahlung verlangen kann.

In einer störungsfreien Geschäftsverbindung hingegen lässt die Bank den Kunden über sein Kontoguthaben verfügen – hierzu ist er aufgrund des Kontokorrentverhältnisses ja auch berechtigt. Indem die Bank **Guthaben abverfügen lässt, gibt sie jeweils ihr Pfandrecht frei**; **neue Zahlungseingänge** hingegen unterfallen mit Gutschrift auf dem Konto wiederum dem **AGB-Pfandrecht**.

---

[415] Auszug aus den Leitsätzen des BGH-Urteils vom 12.2. 2004 – IX ZR 98/03, NJW 2004, 1660 = WM 2004, 666 = ZIP 2004, 620 = BKR 2004, 199.

4.5.6.3 Das AGB-Pfandrecht an Guthaben aus Arbeitseinkommen

Übungsfall: Die Bank hat einen Ratenkredit gekündigt. Der Kreditnehmer führt außerdem ein Girokonto bei der Bank. Auf diesem geht das Arbeitseinkommen in Höhe von € 1500,00 ein. Die Bank macht wegen ihrer fälligen Forderung aus dem Ratenkredit ihr AGB-Pfandrecht an dem durch die Gutschrift des Arbeitseinkommens entstandenen Guthaben geltend und lässt den Kontoinhaber nicht darüber verfügen. Ist die Bank hierzu berechtigt, obwohl Arbeitseinkommen nach § 850c ZPO teilweise unpfändbar ist?

Lösung: Ja, denn der nach § 850c ZPO bestehende teilweise Pfändungsschutz besteht nur an der Forderung des Arbeitnehmers gegen den Arbeitgeber auf Zahlung des Arbeitseinkommens. Mit der Überweisung des Arbeitseinkommens auf das Konto der Arbeitnehmers ist die Forderung – und mit ihr der Pfändungsschutz nach § 850c ZPO – erloschen. Für die aus dem Arbeitseinkommen entstandene Gutschrift besteht nur noch Pfändungsschutz nach § 850k ZPO auf Beschluss des Vollstreckungsgerichts. Wenn die Bank jedoch ihr vertraglich vereinbartes AGB-Pfandrecht geltend macht, handelt es sich nicht um eine Pfändungsmaßnahme; das Vollstreckungsgericht ist nicht zuständig. Anders als § 850c ZPO gewährt § 850k ZPO keinen automatischen Pfändungsschutz. Deshalb hindert § 850k ZPO nach dem Urteil des BGH vom 22.3. 2005 nicht die Verrechnung im Kontokorrent.[416] Ebenso wie das Aufrechnungsverbot für unpfändbare Forderungen nach § 374 BGB nicht bei § 850k ZPO eingreift, kann auch das nach § 1274 BGB i.V.m. § 400 BGB bestehende Abtretungs- und damit auch Verpfändungsverbot für unpfändbare Forderungen bei § 850k ZPO nicht einschlägig sein. Die Bank ist zur Geltendmachung des AGB-Pfandrechts an Kontoguthaben, das aus der Gutschrift von Arbeitseinkommen resultiert, berechtigt.

Etwas **anderes** gilt allerdings für **Gutschriften aus Sozialleistungen**: Diese sind nach § 55 Abs. 1 SGB I für den Zeitraum von sieben Tagen seit Gutschrift (automatisch; ohne Beschluss des Vollstreckungsgerichts) unpfändbar. Diese kraft Gesetzes ohne Beschluss des Vollstreckungsgerichts bestehende (zeitlich begrenzte) Unpfändbarkeit führt zu einem zeitlich begrenzten Aufrechnungs-/Verrechnungsverbot nach § 374 BGB, zu einem Abtretungsverbot nach § 400 BGB und damit auch zu einem Verpfändungsverbot nach § 1274 BGB. Die Bank muss den Kontoinhaber also innerhalb von **sieben Tagen** über Kontoguthaben verfügen lassen, das aus der Gutschrift von Sozialleistungen entstanden ist. **Erst danach** kann sie (sofern noch Guthaben vorhanden ist) ihr **AGB-Pfandrecht** wegen fälliger Forderungen an dem Kontoguthaben geltend machen.

4.5.6.4 Das AGB-Pfandrecht an Kontoguthaben eines Bürgen

Übungsfall: Die Bank hat Herrn König einen bis zum 30.6. 2009 befristeten Kontokorrentkredit über € 50 000,00 gewährt. Frau König hat sich für diesen Kontokorrentkredit bis zur Höhe von € 50 000,00 verbürgt. Frau König hat ein Wertpapierdepot bei der Bank mit einem Kurswert von € 20 000,00. Sie möchte am 25.6. 2009 ihr Wertpapierdepot auflösen und den Gegenwert zu einer anderen Bank überweisen. Kann die Bank ihr dies unter Berufung auf das AGB-Pfandrecht verweigern? Bitte ziehen Sie zur Lösung des Falls den Wortlaut von Nr. 14 der AGB-Banken heran.

---

[416] Vgl. hierzu oben Punkt 1.1.2.2.

Lösung: Die Wertpapiere sind im mittelbaren Besitz erster Stufe der Bank und unterliegen damit dem Pfandrecht nach Nr. 14 Abs. 1 S. 1 der AGB. Der Anspruch der Bank aus der Bürgschaft gegen Frau König ist zudem ein Anspruch aus der bankmäßigen Geschäftsverbindung nach Nr. 14 Abs. 2 S. 1 der AGB. Allerdings beinhaltet **Nr. 14 Abs. 2 S. 2 der AGB** eine Sonderregelung für den Fall, dass der Kunde für Verbindlichkeiten eines anderen Kunden die Haftung übernommen hat, also wie hier Frau König, die als Bürgin für die Verbindlichkeiten des Herrn König haftet: In diesem Fall sichert das Pfandrecht die aus der Haftungsübernahme (Bürgschaft) folgende Schuld **erst ab deren Fälligkeit**. Die Bürgschaft als akzessorische Sicherheit wird fällig, wenn die gesicherte Hauptschuld fällig wird. Der Kontokorrentkredit des Herrn König ist erst mit Ablauf der Befristung am 30.6. 2009 fällig; somit ist auch die Bürgschaft der Frau König erst am 30.6. 2009 fällig. Somit besteht erst mit Ablauf des 30.6. 2009 ein Pfandrecht an dem Wertpapierdepot von Frau König. Die Bank kann Frau König also nicht den Verkauf der Wertpapiere verweigern.

Diese Regelung in den AGB geht auf die BGH-Rechtsprechung zurück, wonach der **Bürge vor Fälligkeit der Bürgschaftsschuld nicht zu Vermögensopfern verpflichtet** ist.[417] Denn die Bank hat sich, indem sie eine Bürgschaft als Sicherheit akzeptiert hat, mit einer von der Zahlungsfähigkeit und -willigkeit des Sicherungsgebers abhängigen Personensicherheit begnügt. Sie kann diese Personensicherheit nicht „durch die Hintertür" in eine Sachsicherheit umwandeln, indem sie über das AGB-Pfandrecht Vermögenswerte des Bürgen „festhält", bevor sie überhaupt vom Bürgen Zahlung verlangen kann.

4.5.6.5 Das AGB-Pfandrecht in der Insolvenz

Das AGB-Pfandrecht ist in der Insolvenz relativ einfach anfechtbar.[418]

Zwar ist das AGB-Pfandrecht ein vollwertiges Vertragspfandrecht, ebenso wie das aufgrund gesonderten Verpfändungsvertrags vereinbarte Pfandrecht. Allerdings hat der BGH entschieden, dass das **AGB-Pfandrecht nur insolvenzfest erworben werden kann, wenn der Pfandgegenstand (insbesondere Kontoguthaben) außerhalb des Anfechtungszeitraums erworben wurde.** Wurde die Verpfändung durch gesonderten Vertrag bei Kreditausreichung vorgenommen, hat die Bank den Pfandgegenstand bereits mit Kreditausreichung und damit regelmäßig außerhalb des Anfechtungszeitraums erworben. Das AGB-Pfandrecht ist jedoch dadurch gekennzeichnet, dass die Bank den Kunden während der störungsfreien Geschäftsverbindung über sein Kontoguthaben verfügen lässt. Erst wenn Liquiditätsprobleme auftreten, macht die Bank ggf. ihr AGB-Pfandrecht an den neu entstandenen Kontoguthaben geltend. Das heißt, das **AGB-Pfandrecht wird regelmäßig an Kontoguthaben geltend gemacht, die erst kurz vor Insolvenzantragstellung entstanden sind**.

Zudem handelt es sich bei der Entstehung von Kontoguthaben und damit des AGB-Pfandrechts um **inkongruente Deckung**, weil die Bank keinen Anspruch auf Zahlungseingänge hat. Da eine inkongruente Deckung, die ein Gläubiger innerhalb eines Monats vor dem Insolvenzantrag oder danach erhält, nach § 131 Abs. 1 Nr. 1 InsO ohne

---

[417] BGHZ 92, 295; BGH WM 1989, 129; BGH WM 1990, 1910.

[418] Vgl. zu den nachfolgenden Ausführungen die grundlegende Entscheidung BGH WM 2002, 951.

weitere Voraussetzungen anfechtbar ist, sind Zahlungseingänge innerhalb dieses Zeitraums anfechtbar. Die Bank, muss also, selbst wenn sie fällige Forderungen gegen den Kontoinhaber aus Darlehen hat, sämtliche Zahlungseingänge seit einem Monat vor dem Insolvenzantrag herausgeben.

Sind der Bank allerdings aufgrund einer **Globalzession** sämtliche Ansprüche des Kontoinhabers auf Lieferung und Leistung abgetreten, handelt es sich um **kongruente Deckung**.[419] Denn hier hat die Bank als Inhaber der Forderungen gegen die Schuldner ihres Kunden sehr wohl Anspruch auf den Zahlungseingang. Es ist dann zu prüfen, ob der abgetretene Anspruch anfechtbar erworben wurde, wobei auf den Zeitpunkt der Entstehung des abgetretenen Anspruchs abzustellen ist (also beispielsweise, wann der als Handwerker tätige Kunde der Bank von seinem Auftraggeber Zahlung verlangen konnte) – der Zahlungseingang ist nur dann anfechtbar, wenn die Voraussetzungen des § 130 InsO zum Zeitpunkt der Entstehung der nunmehr bezahlten Forderung vorlagen. Das Bestehen eines Globalzessionsvertrags führt also zu einer erheblichen Vorverlagerung des Prüfungszeitpunkts und damit in vielen Fällen dazu, dass die Forderung anfechtungsfrei entstanden ist, und damit auch der Zahlungseingang nicht angefochten werden kann.[420]

4.6 Bürgschaft

4.6.1 Grundstrukturen und Rechtsverhältnisse

Die Bürgschaft ist die häufigste Form der **Personalsicherheit**. Der Bürge verpflichtet sich gegenüber dem Gläubiger, für eine fremde Schuld einzustehen (vgl. § 765 BGB).

4.6.1.1 Verhältnis zwischen Gläubiger und Bürge

Das Verhältnis zwischen Gläubiger und Bürge wird durch den **Bürgschaftsvertrag** und die §§ 765 ff. BGB bestimmt. Der Gläubiger kann vom Bürgen aus dem Bürgschaftsvertrag Zahlung verlangen. Es handelt sich um einen einseitig verpflichtenden Vertrag.

Dieser Zahlungsanspruch tritt neben den Zahlungsanspruch, den der Gläubiger aus der verbürgten Hauptschuld hat. Es handelt sich bei der Bürgschaft immer um eine **Drittsicherheit**.

Die Bürgschaft ist streng **akzessorisch**, also in ihrem Bestand abhängig vom Bestand der Hauptschuld.[421]

---

[419] BGH, Urteil vom 29.11. 2007 – IX ZR 30/07, NJW 2008, 430 = WM 2008, 204 = ZIP 2008, 183 = BKR 2008, 112.

[420] Bei der Insolvenzanfechtung von Zahlungseingängen handelt es sich um eine nicht einfach nachvollziehbare Thematik; zudem ist die Rechtsprechung sehr vielfältig und einzelfallbezogen, bzw. ergebnisorientiert, und noch vieles ungeklärt, bzw. in Veränderung begriffen. Deshalb muss weiterführend auf die insolvenzrechtliche Literatur und Rechtsprechung verwiesen werden. Allerdings ist die Insolvenzanfechtung von Zahlungseingängen in der Praxis von hoher Bedeutung, weshalb die zwei wichtigsten Themen und BGH-Entscheidungen der Erwähnung bedürfen.

[421] Zur Akzessorietät der Bürgschaft siehe unten Punkt 4.6.3.1.

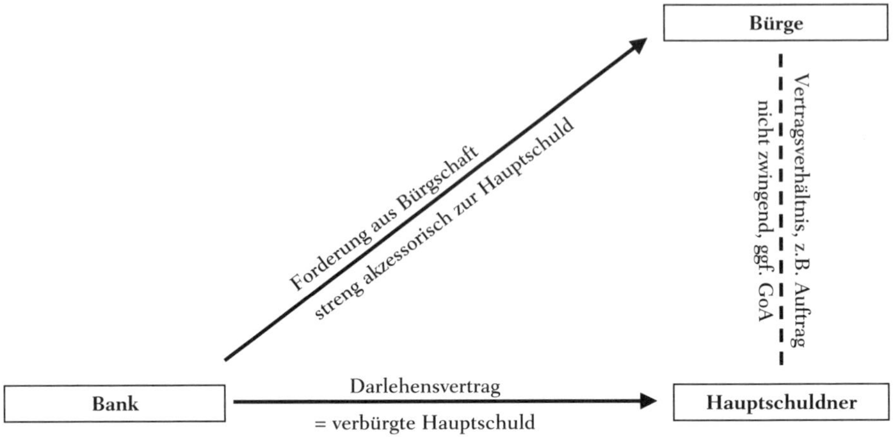

Abbildung 4-6-1: Skizze Bürgschaft

4.6.1.2 Verhältnis zwischen Gläubiger und Hauptschuldner

Die **verbürgte Hauptschuld**, also das **Verhältnis zwischen Gläubiger und Hauptschuldner**, kann jedem beliebigen Schuldverhältnis entspringen. So kann beispielsweise auch der Anspruch auf Erbringung einer Werkleistung verbürgt werden, wie die Ausführungen zum Avalkredit zeigen.[422] Wenn man von der Bürgschaft als Kreditsicherheit spricht, handelt es sich bei der Hauptschuld immer um den Zahlungsanspruch der Bank aus einem oder mehreren Kreditverhältnissen. Die Bürgschaftserklärung muss die zu verbürgende Hauptschuld genau bestimmen.

4.6.1.3 Verhältnis zwischen Hauptschuldner und Bürge

Regelmäßig stellt der Bürge die Bürgschaft im Auftrag des Hauptschuldners, so dass zwischen Bürgen und Hauptschuldner meist ein unentgeltlicher Auftrag oder ein entgeltlicher Geschäftsbesorgungsvertrag besteht.

> **Beispiel:** A, der Alleingesellschafter und Geschäftsführer einer Ein-Mann-GmbH, übernimmt zur Sicherung des an die GmbH gewährten Kontokorrentkredits eine Bürgschaft. Hier liegt ein unentgeltlicher Auftrag der GmbH an A vor, denn der A übernimmt die Bürgschaft unentgeltlich, damit die von ihm gegründete GmbH den für ihren Geschäftsbetrieb nötigen Kredit erhält.

4.6.2 Schriftform des Bürgschaftsvertrags

Nach § 766 BGB ist eine Bürgschaft nur wirksam, wenn sie **schriftlich** übernommen wurde. Die **Bürgschaft eines Kaufmanns** ist **formfrei**, wenn die Abgabe von Bürgschaften für ihn ein Handelsgeschäft darstellt, vgl. §§ 343, 350 HGB.

---

[422] Siehe oben unter Punkt 3.3.1.

Beispiel: Wenn sich die Bayerische Hypo- und Vereinsbank AG im Auftrag eines Bauunternehmens gegenüber dem Bauherren für die Erfüllung des Bauvertrags verbürgt, wäre die Bürgschaft formfrei möglich. Denn zum Handelsgewerbe der Bank, die als juristische Person Kaufmann ist, gehört die Abgabe von Bürgschaften.

Dabei handelt es sich eher um einen eher theoretischen Fall, denn weder wird die Bayerische Hypo- und Vereinsbank AG mündlich eine Bürgschaft übernehmen, noch der Bauherr eine mündliche Bürgschaftserklärung akzeptieren. Die Formfreiheit der von einem Kaufmann übernommenen Bürgschaft, die zu seinem Handelsgewerbe gehört, wirkt sich eher insoweit aus, als an die Bürgschaftserklärung keine so hohen Anforderungen gestellt werden wie an eine dem Schriftformerfordernis unterliegende Bürgschaftserklärung.

Das Schriftformerfordernis soll den Bürgen vor einer übereilten Haftungsübernahme für eine fremde Schuld **warnen**. Es gilt deshalb **nur für die Erklärung des Bürgen**, nicht aber für die Annahme durch den Gläubiger. Damit das Schriftformerfordernis seine Warnfunktion erfüllen kann, muss das vom Bürgen übernommene Risiko in der Bürgschaftsurkunde genau beschrieben sein. Der Bundesgerichtshof verlangt deshalb in ständiger Rechtsprechung, dass die **wesentlichen Bestandteile der Bürgschaftsverpflichtung in der Urkunde bezeichnet** sein müssen, nämlich der Verbürgungswille, die Bestimmung der verbürgten Hauptschuld und Bezeichnung von Gläubiger und Hauptschuldner.

Beispiel: Der Bürge unterzeichnet ein Bürgschaftsformular der Bank. Der Bankmitarbeiter füllt erst nach der Unterschrift des Bürgen die verbürgte Hauptschuld aus. Diese sog. **Blankobürgschaft** ist unwirksam, weil die vom Bürgen unterzeichnete Erklärung nicht die wesentlichen Bestandteile enthalten hat.[423]

Der **Verbürgungswille**, also der Wille, für eine fremde Schuld einzustehen, muss sich aus der Urkunde selbst ergeben.

Beispiel: Der Bürge unterzeichnet neben dem Kreditnehmer den Kreditvertrag, in dem bestimmt ist, dass als Sicherheit eine Bürgschaft zu stellen ist. In der bloßen Mitunterschrift liegt keine Bürgschaftserklärung, weil der Wille, für die fremde Schuld einzustehen, nicht hinreichend deutlich wird.[424]

Die Bürgschaftsurkunde muss **die zu verbürgende Hauptschuld** (also den Sicherungszweck!) **sowie Schuldner und Gläubiger genau bezeichnen**. Dabei kann auch eine künftige oder bedingte Verbindlichkeit verbürgt werden, vgl. § 765 Abs. 2 BGB. Die zu sichernde Hauptschuld muss hinreichend bestimmbar sein. Es genügt also nicht, wenn sich der Bürge für alle denkbaren künftigen Verbindlichkeiten verbürgt. Nach ständiger Rechtsprechung ist die Formulierung, wonach sich der Bürge **„für alle derzeitigen und künftigen Ansprüche der Bank aus der bankmäßigen Geschäftsbeziehung“** zum Hauptschuldner verbürgt (sog. weiter Sicherungszweck, siehe oben Kapitel 4.1.2), bestimmt genug.[425]

---

423 Grundlegend: BGH NJW 1996, 1467.

424 *Ganter* in *Schimansky/Bunte/Lwowski*, Bankrechts-Handbuch, 3. Auflage, § 91, Rn. 35.

425 Vgl. z.B. BGH NJW 1995, 2553.

Allerdings ist diese formularmäßig übernommene **weite Sicherungszweckerklärung AGB-rechtlich unwirksam**, weil sie den Bürgen entgegen Treu und Glauben unangemessen benachteiligt (§ 307 Abs. 1 und 2 BGB) und zudem eine überraschende Klausel darstellt (§ 305c BGB). Denn der Bürge hat keinen Einfluss darauf, ob der Hauptschuldner weitere Kredite aufnimmt; er erfährt davon im Regelfall noch nicht einmal etwas.[426]

Ausnahmsweise ist der weite Sicherungszweck in einer Bürgschaft **wirksam**, wenn sich der **Allein- oder Mehrheitsgesellschafter oder der Geschäftsführer**[427] **des Hauptschuldners** für alle derzeitigen und künftigen Verbindlichkeiten des Hauptschuldners verbürgt. Denn Allein- oder Mehrheitsgesellschafter können beeinflussen, ob und in welcher Höhe „ihre" Gesellschaft Kredit aufnimmt.[428]

Das **Schriftformerfordernis** bedeutet nach § 126 Abs. 1 BGB, dass der Bürge die Urkunde **eigenhändig unterschreiben** muss. Zudem muss die Bürgschaft nach dem Wortlaut von § 766 S. 1 BGB **schriftlich „erteilt"** werden. Das bedeutet, dass die eigenhändig unterzeichnete Bürgschaftsurkunde dem Gläubiger zugegangen sein muss. Geht die Bürgschaft der Bank nur als Fax (= Fernkopie) zu, genügt das nicht dem Schriftformerfordernis.

4.6.3 Umfang der Haftung des Bürgen

4.6.3.1 Akzessorietät

Da der Bürge verpflichtet ist, für eine fremde Schuld einzustehen, ist die Bürgschaft vom jeweiligen Bestand der Hauptschuld abhängig (§ 767 BGB). Diese als **Akzessorietät** bezeichnete Abhängigkeit gilt nicht nur für das Entstehen, sondern auch das Fortbestehen der Bürgschaft. Insbesondere mit Erlöschen der Hauptschuld erlischt auch die Bürgschaft. Allerdings zieht die **vorübergehende Rückführung eines Kontokorrentkredits** nicht das endgültige Erlöschen der Bürgschaft nach sich.

Beispiel: Der Bürge B hat sich für einen Kontokorrentkredit in Höhe von € 100 000,00 an K verbürgt. Der Kontokorrentkredit ist unbefristet gewährt worden. Am 1.12. 2008 beträgt der Saldo des Kontos, nachdem er sich bisher immer im Minus bewegt hat, aufgrund eines größeren Zahlungseingangs 0, am 2.12. 2008 auf Grund einer Barabhebung durch den K wieder € 20 000,00 im Soll. Wenn die Bank

---

[426] Im Einzelnen, auch mit zahlreichen Nachweisen aus der Rechtsprechung, vgl. *Ganter* in *Schimansky/Bunte/Lwowski*, Bankrechts-Handbuch, 3. Auflage, § 91, Rn. 13 ff., sowie die Ausführungen oben unter Punkt 4.1.2.

[427] Ob dies auch für den angestellten Fremd-Geschäftsführer gilt, der an der GmbH nicht als Gesellschafter beteiligt ist und sich damit gegen einen Beschluss der Gesellschafter nach § 37 Abs. 1 GmbHG zur Kreditaufnahme nicht „wehren" kann, ist noch nicht höchstrichterlich entschieden. *Ganter* in *Schimansky/Bunte/Lwowski*, Bankrechts-Handbuch, 3. Auflage, § 91, Rn. 25, hält den weiten Sicherheitszweck auch bei Fremd-Geschäftsführern. für wirksam, weil dieser den Bürgschaftsvertrag aus wichtigem Grund kündigen könne, wenn die Gesellschafterversammlung eine Kreditaufnahme beschließt.

[428] Ausführlich *Ganter* in *Schimansky/Bunte/Lwowski*, Bankrechts-Handbuch, 3. Auflage, § 91, Rn. 25.

am 3.12. 2008 den Kontokorrentkredit kündigen würde, könnte sie den B in voller Höhe der Hauptschuld, also in Höhe von € 20 000,00, in Anspruch nehmen. Dass der Kontokorrentkredit zwischenzeitlich zurückgeführt worden war, ist nicht relevant, da die Bürgschaft für das gesamte Kontokorrentverhältnis gestellt wurde, und es dem Kontokorrentkredit immanent ist, dass er in unterschiedlicher Höhe ausgenutzt wird.

Problematisch können indessen **Umschuldungen** sein, die Bank und Hauptschuldner ohne Zustimmung des Bürgen vornehmen, zum Beispiel, wenn ein Kontokorrentkredit in ein Darlehen umgeschuldet wird. Denn bei einer Umschuldung findet die Rückführung des alten Kredits durch einen neu vereinbarten und neu ausgezahlten Kredit statt, sodass fraglich ist, ob sich die Bürgschaft automatisch auf den neu vereinbarten Kredit bezieht. Ob in solchen Vereinbarungen eine **echte Schuldumschaffung (Novation)** – die das Erlöschen der Bürgschaft nach sich zieht – oder nur die **Änderung eines bestehenden Schuldverhältnisses** – mit der Folge, dass die Bürgschaft fortbesteht – gewollt ist, ist Auslegungssache. Der BGH geht davon aus, dass im Zweifel keine Novation gewollt ist.[429]

Dennoch empfiehlt es sich, den **Bürgen bei Änderungen der verbürgten Schuld mit einzubeziehen**. Von einer bloßen Mitunterschrift des Bürgen auf dem geänderten Darlehensvertrag ist abzuraten, da darin der Verbürgungswille nicht deutlich zum Ausdruck kommt (siehe oben Punkt 4.6.2). Zu empfehlen ist der Austausch der Bürgschaftserklärung oder zumindest ein erläuternder Zusatz auf dem geänderten Darlehensvertrag vor der Unterschrift des Bürgen, wonach die Haftung des Bürgen aus der genau zu bezeichnenden Bürgschaftserklärung auch für diesen geänderten Darlehensvertrag fortbesteht.

Die Akzessorietät der Bürgschaft bringt es mit sich, dass der **Gläubiger der Bürgschaft immer mit dem Gläubiger der Hauptschuld identisch** sein muss. Dementsprechend ist eine Bürgschaft auch **nicht selbständig abtretbar**. Vielmehr muss die Hauptschuld abgetreten werden, was nach § 401 BGB den Übergang der Bürgschaft auf den neuen Gläubiger nach sich zieht.

Aufgrund der Akzessorietät der Bürgschaft muss die Bank, wenn sie ihre Ansprüche aus der Bürgschaft **titulieren** möchte, immer auch **Bestand und Höhe der Hauptschuld darlegen**. Ist die Bürgschaft für einen **Kontokorrentkredit** gestellt worden, kommt der Bank allerdings das Saldoanerkenntnis des Kreditnehmers auch im Verhältnis zum Bürgen zugute. Die Bank muss also nicht jede Einzelposition des Kontokorrents darlegen und beweisen, sondern sie kann sich auf den letzten Rechnungsabschluss berufen, dem der Kreditnehmer nicht widersprochen und den er damit anerkannt hat.[430]

Beispiel: B hat sich für den Kontokorrentkredit des K verbürgt. Am 27.1. 2009 kündigt die Bank, weil sie vom Insolvenzantrag des K erfährt, den Kontokorrent und nimmt den B aus der Bürgschaft in Anspruch. Nachdem bis 15.3. 2009 keinerlei Zahlungen eingegangen sind, reicht die Bank Klage gegen B ein. Um die Höhe der Forderung gegen den Bürgen B substantiiert darzulegen, reicht es, wenn die Bank

---

429 BGH NJW 1999, 3708.

430 Vgl. zuletzt BGH vom 18.12. 2001 – XI ZR 360/00, WM 2002, 281 = ZIP 2002, 297 = BKR 2002, 164; zum Rechnungsabschluss und zum Saldoanerkenntnis siehe oben Punkt 1.1.2.3 und 1.1.2.4.

den letzten Rechnungsabschluss per 31.12. 2008 vorlegt. Da der K diesem nicht innerhalb von 6 Wochen nach Zugang des Rechnungsabschlusses widersprochen hat, liegt ein Saldoanerkenntnis vor, das auch gegen den B wirkt. Die Bank muss also nur noch die Kontobewegungen seit dem letzten Rechnungsabschluss bis zur Kündigung am 27.1. 2009 vorlegen, um ausreichend zur Höhe der Hauptschuld vorzutragen. Daneben sind erforderlich: Kontokorrentkreditvertrag und Kündigung des Kontokorrents, um Bestand und Fälligkeit der Hauptschuld darzulegen. Im Hinblick auf die Bürgschaft bedarf es der Vorlage der Bürgschaftserklärung sowie des Inanspruchnahmeschreibens.

4.6.3.2 Haftung für Nebenforderungen; Höchstbetrag der Bürgschaft

Der Bürge haftet **in Höhe der Hauptschuld**. Allerdings besteht die Forderung der Bank aus einem Kredit regelmäßig nicht nur aus der Hauptforderung, sondern auch aus **Zinsen**, und zwar zunächst rückständigen Zinsen aus dem Darlehensvertrag, nach Kündigung des Darlehens dann aus gesetzlichen Verzugszinsen. Da der Bürge sich für alle Ansprüche der Bank aus einem bestimmten Darlehen verbürgt und die Verzinslichkeit des Darlehens kennt, haftet er auch für die auf die Hauptschuld anfallenden Vertragszinsen – sowie für die auf Gesetz beruhenden Verzugszinsen. Dass der Bürge auch für **Rechtsverfolgungskosten** gegen den Hauptschuldner (also insbesondere die Kosten für die Titulierung der Hauptschuld) haftet, ist in § 767 Abs. 2 BGB geregelt.

Allerdings sehen die von Banken verwendeten Bürgschaftsformulare regelmäßig einen **Höchstbetrag** vor. Dieser Höchstbetrag kann nicht durch Zinsen oder sonstige Kosten erweitert werden. Frühere Bürgschaftsformulare sahen die Formulierung vor, wonach die Bürgschaft auch für Zinsen, Provisionen und Kosten gilt, auch wenn dadurch der festgelegte Höchstbetrag überschritten wird. Der BGH hat diese Klausel für unwirksam erklärt.[431] Eine Überschreitung des Höchstbetrags durch den Anspruch der Bank auf Nebenforderungen gegen den Hauptschuldner ist also nicht mehr möglich. Allerdings kann sich der **Bürge selbst in Verzug** befinden, sodass die Bank auch von ihm gemäß § 288 Abs. 1 BGB Verzugszinsen verlangen kann, die zu einer Überschreitung des Höchstbetrags führen können.

Beispiel: Der Bürge B hat sich in Höhe von € 80 000,00 für ein Darlehen an D in Höhe von € 150 000,00 verbürgt. Die Bank kündigt das Darlehen zum 15.1. 2009, wobei sich ihre Forderung auf € 75 342,76 Hauptforderung (Darlehensvaluta) und € 6700,00 rückständige Zinsen beläuft, in Summe also € 82 042,76. Mit Schreiben vom 1.2. 2009 nimmt sie den B aus seiner Bürgschaft in Anspruch, und zwar in Höhe von € 80 000,00. Der B haftet nämlich für die Hauptschuld sowie für die von D nicht bezahlten, vertraglich vereinbarten Zinsen, allerdings nicht über den Bürgschaftshöchstbetrag hinaus. Die Bank fordert B zur Zahlung bis 15.2. 2009 auf. Nachdem kein Zahlungseingang zu verzeichnen ist, befindet sich B seit 16.2. 2009 mit der Bezahlung seiner Bürgschaftsverbindlichkeit in Verzug, sodass der Bank ab 16.2. 2009 Verzugszinsen aus € 80 000,00 in Höhe von 5%-Punkten über dem Basiszinssatz zustehen.

---

[431] Vgl. BGH, Urteil vom 14.10. 2003 – XI ZR 121/02, NJW 2004, 161 = WM 2003, 2379 = ZIP 2003, 2193 = BKR 2003, 976.

4.6.4 Einreden des Bürgen

Der Bürge hat **zwei verschiedene Arten von Einreden**. Er hat nicht nur die Einwendungen und Einreden **aus eigenem Recht**, die sich aus der Bürgschaft selbst ergeben. Dabei sieht das Bürgschaftsrecht mit §§ 770, 771 und 776 BGB über die üblichen Einreden hinaus besondere Bürgeneinreden vor. Darüber hinaus kann der Bürge auch die **Einwendungen und Einreden des Hauptschuldners** geltend machen. Dies folgt insbesondere hinsichtlich der Einwendungen aus dem Akzessorietätsprinzip, ist aber im Hinblick auf die echten Einreden auch ausdrücklich in § 768 BGB geregelt.

4.6.4.1 Besondere Bürgeneinreden

Die besonderen Bürgeneinreden finden sich in den §§ 770, 771, 776 BGB. Ein in Bürgschaftsformularen erklärter **formularmäßiger Verzicht** des Bürgen auf seine speziellen Bürgeneinreden ist nach der BGH-Rechtsprechung **meist unwirksam**.

§ 770 BGB regelt in **Abs. 1** die **Einrede der Anfechtbarkeit**. Der Bürge kann also seine Leistung verweigern, solange der Hauptschuldner zur Anfechtung der verbürgten Hauptschuld berechtigt ist. Der formularmäßige Verzicht des Bürgen auf die Einrede der Anfechtbarkeit ist unwirksam.[432]

In **Abs. 2** des **§ 770 BGB** ist die **Einrede der Aufrechenbarkeit** geregelt. Der Bürge hat ein Leistungsverweigerungsrecht, solange sich der Gläubiger durch Aufrechnung gegenüber dem Hauptschuldner befriedigen kann.

> **Beispiel:** Der Bürge hat sich für einen Kontokorrentkredit von € 20 000,00 verbürgt. Der Kreditnehmer hat bei der Bank ein Guthaben von € 15 000,00. Der Bürge kann verlangen, dass die Bank sich in Höhe von € 15 000,00 an dem Guthaben befriedigt und nur € 5000,00 von ihm verlangt.

Nach neuerer Rechtsprechung des BGH ist der **formularmäßige Verzicht** des Bürgen auf die Einrede der Aufrechenbarkeit **unwirksam**, soweit sich der Verzicht auch auf Fälle erstreckt, in denen die Gegenforderung des Hauptschuldners **unbestritten oder rechtskräftig** ist.[433] Die Verzichtsklausel muss also eine Ausnahme für die beiden genannten Fälle vorsehen, anderenfalls ist sie auf Grund des Verbots der geltungserhaltenden Reduktion insgesamt unwirksam.

Nach **§ 771 S. 1 BGB** steht dem Bürgen die sogenannte **Einrede der Vorausklage** zu. Allerdings ist die Bezeichnung dieser Einrede irreführend, denn in Wahrheit ist ein **erfolgloser Vollstreckungsversuch** des Gläubigers gegen den Hauptschuldner nötig. Erst danach kann der Gläubiger den Bürgen in Anspruch nehmen. Nach der gesetzlichen Grundkonzeption haftet der Bürge also nur subsidiär.

Die Einrede der Vorausklage ist ausgeschlossen, wenn der Bürge auf die Einrede verzichtet hat, insbesondere sich als **Selbstschuldner** verbürgt hat. In der Praxis sind nahezu alle Bürgschaften selbstschuldnerische Bürgschaften, d.h. der Bürge kann die

---

[432] BGH NJW 1986, 43.

[433] Erstmals BGH, Urteil vom 16.1.2003 – IX ZR 171/00, NJW 2003, 1521 = WM 2003, 669 = ZIP 2003, 621 = BKR 2003, 293.

Einrede der Vorausklage nicht erheben. Der formularmäßige Verzicht auf die Einrede der Vorausklage wird allgemein für zulässig gehalten.[434]

In **§ 776 BGB** ist die **Einrede der Aufgabe von Sicherheiten** geregelt. § 776 BGB besagt, dass der Bürge insoweit von seiner Schuld frei wird, als der Gläubiger eine Sicherheit aufgibt, die für die verbürgte Hauptschuld gestellt worden ist und aus der sich der Bürge hätte befriedigen können. Dabei handelt es sich um eine in der Bankpraxis gefährliche Vorschrift, die zur Wertlosigkeit der Bürgschaft führen kann:

Übungsfall: Sabine hat sich für die Forderungen der Bank gegen ihren Ehemann Günther aus einem Existenzgründerdarlehen in Höhe von € 150 000,00 in gleicher Höhe verbürgt. Günther hat der Bank zudem eine Grundschuld auf seinem Betriebsobjekt gestellt, wobei ein enger Sicherungszweck beschränkt auf das Existenzgründungsdarlehen vereinbart war. Fünf Jahre später benötigt Günther auch noch einen Kontokorrentkredit von € 100 000,00. Anlässlich der Kreditvereinbarung unterzeichnet Günther eine neue Zweckerklärung für die Grundschuld, so dass diese künftig alle Verbindlichkeiten des Günther absichert. Als Günther Insolvenz anmeldet, verwertet die Bank die Grundschuld und rechnet den Versteigerungserlös in Höhe von € 100 000,00 auf den – nicht verbürgten – Kontokorrentkredit an, der damit vollständig zurück geführt ist. Die Bank nimmt Sabine aus ihrer Bürgschaft wegen der Schuld aus dem Existenzgründungsdarlehen in Höhe von € 150 000,00 in Anspruch. Kann Sabine die Zahlung verweigern?

Lösung: Sabine kann der Bank gemäß § 776 BGB die Einrede der Aufgabe von Sicherheiten entgegen halten. Denn als Sabine die Bürgschaft übernommen hatte, stand der Bank mit der von Günther bestellten Grundschuld eine weitere Sicherheit zur Verfügung. Indem die Bank den zunächst auf das verbürgte Existenzgründungsdarlehen beschränkten engen Sicherungszweck erweitert und den Erlös anderweitig verrechnet hat, hat sie im Verhältnis zu Sabine, die hieran nicht beteiligt war, eine Sicherheit aufgegeben. Zum Zeitpunkt der Bürgschaftsübernahme konnte Sabine davon ausgehen, dass die von Günther gestellte Sicherheit über § 774 BGB (s. Punkt 4.6.6) auch ihr als Bürgin in voller Höhe zugute kommt. Sabine wird daher gemäß § 776 BGB in Höhe von € 100 000,00 (Verwertungserlös der aufgegebenen Sicherheit) aus ihrer Bürgschaftsverpflichtung frei und haftet nur noch in Höhe von € 50 000,00.

§ 776 BGB greift also auch ein, wenn der **Sicherungszweck einer Sicherheit nachträglich erweitert** wird, ohne dass der Bürge zustimmt.

Der in zahlreichen älteren Bürgschaftsformularen enthaltene **Verzicht auf die Rechte aus § 776 BGB** ist, wenn er **formularmäßig** erklärt wird, **unwirksam.**[435]

4.6.4.2 Einreden gegen die Hauptschuld, insbesondere Verjährungseinrede

Nach **§ 768 BGB** kann der **Bürge alle Einwendungen und Einreden, die der Hauptschuldner hat, geltend machen.** So kann sich der Bürge beispielsweise darauf berufen, dass die Hauptschuld noch nicht fällig ist, z. B. weil die Kündigungserklärung der Hauptschuldner-GmbH auf Grund deren Liquidation nicht zugestellt werden konnte.

[434] *Schmitz/Wassermann/Nobbe* in Bankrechts-Handbuch, § 91, Rn. 151.

[435] St.Rspr. des BGH seit BGH, Urteil vom 2.3. 2000 – IX ZR 328/98, NJW 2000, 1566 = WM 2000, 764.

Oder der Bürge kann einwenden, dass der Hauptschuldner die Hauptschuld bereits getilgt hat.

Ein **formularmäßiger Verzicht** auf die Einreden nach **§ 768 BGB** ist **unwirksam**, weil dadurch gegen den elementaren Akzessorietätsgrundsatz verstoßen würde.[436]

Für diese Einwendungen und Einreden trägt der **Bürge** nach allgemeinen Grundsätzen die **Darlegungs- und Beweislast**. Das ist insbesondere relevant bei einer Bürgschaft für einen Kontokorrentkredit. Hat der Hauptschuldner gegen den Rechnungsabschluss keine Einwendungen erhoben und diesen damit anerkannt, gilt dieses Anerkenntnis auch gegen den Bürgen. Wenn der Bürge einwenden will, dass der Rechnungsabschluss dennoch nicht richtig ist, so muss er dies beweisen.

Seitdem mit der Schuldrechtsmodernisierung zum 1.1. 2002 die regelmäßige Verjährungsfrist von 30 Jahren auf drei Jahre verkürzt wurde, hat die **Einrede der Verjährung** für die Bankpraxis an Bedeutung gewonnen. Vor der Schuldrechtsmodernisierung galt sowohl für Darlehens- als auch Bürgschaftsforderungen die regelmäßige Verjährungsfrist von 30 Jahren, so dass der Bürge auf Grund der langen Dauer der Verjährungsfrist kaum je die Verjährungseinrede erheben konnte. Für ab dem 1.1. 2002 übernommene Darlehen und Bürgschaften gilt die in § 195 BGB geregelte neue regelmäßige Verjährungsfrist von **drei Jahren**[437], so dass die Verjährungseinrede seitdem an erheblicher praktischer Bedeutung gewonnen hat.

Dabei **beginnt** die Verjährungsfrist mit dem Schluss des Kalenderjahres zu laufen, in dem die **Forderung entstanden** ist (und der Gläubiger Kenntnis von seinem Anspruch hat), vgl. § 199 Abs. 1 BGB. Das Entstehen der Forderung ist regelmäßig mit deren **Fälligkeit** gleichzusetzen. Ein unbefristet gewährtes Darlehen wird mit seiner Kündigung fällig; ein befristet gewährtes Darlehen mit Fristablauf. Die Bürgschaft wird fällig mit Fälligkeit der verbürgten Hauptschuld[438]. Die Inanspruchnahme des Bürgen ist für den Verjährungsbeginn nicht erforderlich – es sei denn, die Inanspruchnahme ist im Bürgschaftstext ausdrücklich zur Fälligkeitsvoraussetzung gemacht worden.[439]

Wichtig ist: Der **Bürge hat zwei Verjährungseinreden**, nämlich die **Einrede der Verjährung der Bürgschaftsschuld** und – gemäß § 768 BGB – die **Einrede der Verjährung der Hauptschuld.** Und noch wichtiger ist: **Nicht jede Maßnahme**, die der Gläubiger gegen den Hauptschuldner einleitet, um die Verjährung zu hemmen oder neu beginnen zu lassen, **wirkt gegen den Bürgen.**

Die Bank als Gläubiger muss also nicht nur zwei, sondern eigentlich drei Prüfungsschritte beachten. Die Bank muss, wenn sie dem Bürgen seine Verjährungseinreden aus der Hand schlagen will, **(1) dafür Sorge tragen, dass die Hauptschuld nicht verjährt, (2) prüfen, ob diese Maßnahme auch gegen den Bürgen wirkt und (3) dafür Sorge tragen, dass auch die Bürgschaftsschuld nicht verjährt**. Schritt (2) ist dabei derjenige, der am leichtesten übersehen wird:

---

436 BGH, Urteil vom 3.3. 2001 – IX ZR 236/00, NJW 2001, 1857.

437 Zum Übergangsrecht vgl. Art. 229 § 6 EGBGB. Danach verjährten sog. Altforderungen, die bereits vor dem 1.1. 2002 bestanden, meistens zum 31.12. 2004.

438 BGH, Urteil vom 29.1. 2008 – XI ZR 160/07, NJW 2008, 1729 = WM 2008, 729 = ZIP 2008, 733 = BKR 2008, 196.

439 OLG München, Urteil vom 19.1. 2006 – 19 U 4232/05, WM 2006, 684.

Verzichtet beispielsweise der Hauptschuldner auf die Einrede der Verjährung, so kann zwar die Hauptschuld nicht verjähren. Doch wirkt der Verzicht des Hauptschuldners auf die Einrede der Verjährung **nicht gegen den Bürgen**, wie in § 768 Abs. 2 BGB ausdrücklich geregelt ist. Der Bürge müsste also – neben dem Verjährungsverzicht des Hauptschuldners – selbst auf seine beiden Verjährungseinreden verzichten. Oder die Bank muss, wenn der Bürge nicht zum Verzicht bereit ist, nicht nur den Bürgen verklagen, um die Verjährung der Bürgschaft zu verhindern (Hemmung der Verjährung durch Rechtsverfolgung gemäß § 204 BGB), sondern zugleich auch den Hauptschuldner verklagen, um dem Bürgen die Einrede der Verjährung der Hauptschuld aus der Hand zu schlagen. Denn die durch Klage eintretende Hemmung der Verjährung wirkt auch gegen den Bürgen.[440]

Für die Bankpraxis gefährlich ist auch folgende Situation: Die Bank hat ihre **Bürgschaftsforderung rechtskräftig tituliert**, sodass gem. § 197 Abs. 1 Nr. 3 BGB die 30-jährige Verjährungsfrist gilt. Die Bank hat den Hauptschuldner nicht verklagt, weil mit ihm eine Rückzahlungsvereinbarung zu Stande gekommen war. Nachdem der Hauptschuldner seine Ratenzahlungsverpflichtungen nicht mehr erfüllt, bleibt die Bank über Jahre hinweg untätig, sodass die **Hauptschuld verjährt**. Der Bürge kann über eine Vollstreckungsgegenklage (§ 767 ZPO) die Einrede der Verjährung der Hauptschuld erheben und wird so von seiner Bürgschaftsverpflichtung frei, und das, obwohl die Bank einen rechtskräftigen Titel gegen ihn hat![441]

4.6.5 Sittenwidrigkeit wegen krasser finanzieller Überforderung

In der Bankpraxis war es bis Mitte der 1990er Jahre üblich, auch von **einkommens- und vermögenslosen Familienangehörigen oder Ehegatten** die Stellung von Bürgschaften zu verlangen, beispielsweise, um Vermögensverschiebungen zu verhindern. Der bis zum Jahr 2000 für das Bürgschaftsrecht zuständige IX. Zivilsenat des Bundesgerichtshofs sah diese Bürgschaften als wirksam an, auch wenn die bürgenden Familienangehörigen oder Ehegatten durch die Inanspruchnahme in eine finanziell ausweglose Situation gebracht wurden. Das **Bundesverfassungsgericht** führte mit seinem Beschluss vom 19. 10. 1993[442] eine Kehrtwende herbei: Es hob eines der BGH-Urteile auf und entschied, dass die Zivilgerichte zur Inhaltskontrolle von Verträgen verpflichtet sind, die das Ergebnis strukturell ungleicher Verhandlungsstärke sind und einen der beiden Vertragspartner ungewöhnlich stark belasten. In der Folgezeit wandelte sich auch die Rechtsprechung des BGH grundlegend. Heute nimmt der **BGH** an, dass eine Bürgschaft sittenwidrig ist, die den **Bürgen finanziell krass überfordert**, wenn der Bürge die Bürgschaft **nur aus emotionaler Verbundenheit** mit dem Kreditnehmer übernommen hat und die **Bank dies in sittlich anstößiger Weise ausgenutzt** hat. Die gleichen Grundsätze gelten für sonstige Mithaftungsübernahmen, wenn der Mithaftende kein echter Darlehensnehmer ist.

---

440 Vgl. *Palandt/Heinrichs*, BGB, 68. Auflage, § 209, Rn. 1; hingegen soll der nach § 212 BGB durch Zwangsvollstreckungsmaßnahmen oder Anerkenntnis eintretende Neubeginn der Verjährung der Hauptschuld nicht gegen den Bürgen wirken, vgl. *Palandt/Heinrichs*, BGB, 68. Auflage, § 212, Rn. 8.

441 Vgl. hierzu BGH NJW 1999, 278.

442 BVerfG, Beschluss vom 19. 10. 1993, NJW 1994, 36.

4.6.5.1 Mithaftungsübernahme durch unechte Darlehensnehmer

Häufig übernehmen Familienangehörige oder Ehegatten keine Bürgschaft, sondern **unterzeichnen den Darlehensvertrag** mit. Dann sind sie von ihrer formalen Stellung her Darlehensnehmer und keine Bürgen. Doch auch die Mithaftung eines Darlehensnehmers kann nach § 138 BGB sittenwidrig sein, nämlich dann, wenn es um einen sog. „unechten Darlehensnehmer" handelt. Ein „echter Darlehensnehmer" kann durch seine Verpflichtung aus dem Darlehen nicht finanziell krass überfordert sein; bei einem „unechten Darlehensnehmer" ist wie bei einem Bürgen zu prüfen, ob seine Mithaftung wegen krasser finanzieller Überforderung sittenwidrig ist. Nach der Rechtsprechung des Bundesgerichtshofs ist ein **echter Darlehensnehmer** nur derjenige, der

- ein eigenes sachliches und/oder persönliches Interesse an dem Darlehen hat und
- gleichberechtigt über die Auszahlung und Verwendung der Darlehensvaluta mitentscheiden darf.[443]

Die **Bezeichnung des Mithaftenden im Darlehensvertrag** als (Mit-)Darlehensnehmer ist Ausgangspunkt der Auslegung.[444] Ein im Darlehensvertrag als Darlehensnehmer bezeichneter Mithaftender ist allerdings dennoch unechter Darlehensnehmer – und kann damit finanziell krass überfordert sein – wenn er kein eigenes Interesse an dem Darlehen hat.[445] Die Mitentscheidung über Auszahlung und Verwendung des Darlehens wird selten problematisiert, zumal derjenige, der im Darlehensvertrag als Darlehensnehmer bezeichnet wird, bereits durch seine Mitunterschrift unter dem Darlehensvertrag mit bestimmt, dass das Darlehen für den im Vertrag bezeichneten Verwendungszweck verwendet wird und entsprechend der Bestimmungen im Darlehensvertrag ausgezahlt wird. Die Tatsache, dass ein Darlehen auf ein **gemeinsames Konto** der Darlehensnehmer ausgezahlt wird, kann allerdings als weiteres Indiz für die Stellung als echter Darlehensnehmer herangezogen werden.

Der BGH bejaht das **eigene Interesse des Mithaftenden am Darlehen** insbesondere dann, wenn der Mithaftende **Miteigentum an dem durch das Darlehen finanzierten Objekt** erworben hat. Dabei reicht sogar aus, wenn eine **Beteiligung** des Mithaftenden am finanzierten Objekt bei Abschluss des Darlehens **konkret vorgesehen** war; im vom BGH entschiedenen Fall lag bereits ein notarieller Vertrag vor, durch den der mithaftende Ehegatte Miteigentümer werden sollte.[446]

Beispiel: Anton hat im Jahr 1995 ein Immobiliendarlehen aufgenommen, um den Erwerb eines Reihenhauses zu finanzieren. Seine Ehefrau Berta, die Hausfrau und Mutter ohne nennenswertes Vermögen war, hat den Darlehensvertrag als Darlehens-

---

[443] Grundlegend BGH, Urteil vom 14.11. 2000 – XI ZR 248/99, NJW 2001, 815 = WM 2001, 402 = ZIP 2001, 189; vgl. auch BGH, Urteil vom 28.5. 2002 – XI ZR 205/01, NJW 2002, 2705 =WM 2002, 1649 = ZIP 2002, 1482 = BKR 2002, 720 und BGH, Urteil vom 25.1. 2005 – XI ZR 325/03, NJW 2005, 973 = WM 2005, 418 = ZIP 2005, 607.

[444] Vgl. BGH, Urteil vom 16.12. 2008 – XI ZR 454/07, ZIP 2009, 655 = WM 2009, 645.

[445] Dass das Eigeninteresse fehlt, muss der Darlehensnehmer nach den Regeln der sekundären Beweislast vortragen, vgl. BGH, Urteil vom 16.12. 2008 – XI ZR 454/07, ZIP 2009, 655 = WM 2009, 645.

[446] Vgl. BGH, Urteil vom 27.5. 2003 – IX ZR 238/99, WM 2003, 1563.

nehmerin unterzeichnet. Das Haus wird von Anton und Berta und ihren Kindern bewohnt, Eigentümer des Hauses ist jedoch nur Anton. Im Jahr 2009 kündigt die Bank das Immobiliendarlehen wegen Zahlungsrückständen und nimmt die Berta, die inzwischen von Anton geschieden ist, ebenfalls in Anspruch. Berta ist unechte Darlehensnehmerin, weil allein die Tatsache, dass sie im finanzierten Objekt wohnt, nicht ausreicht, um das eigene Interesse am Darlehen zu bejahen.[447] Damit ist ihre Mithaftung sittenwidrig, weil sie keinerlei Einkünfte und Vermögen hatte; die Bank kann sie nicht in Anspruch nehmen.

Anders kann der Fall zu beurteilen sein, wenn mit dem Darlehen das **„tägliche Leben der Ehegatten"** finanziert wird, also bei der Finanzierung von Gebrauchsgegenständen:

Beispiel: Anton hat das das in seinem Alleineigentum stehende „Familienauto" durch einen Ratenkreditvertrag finanziert. Die damals arbeits- und „führerscheinlose" Ehefrau Berta hatte den Kreditvertrag mit unterzeichnet. Da der PKW für das tägliche Leben der Familie genutzt wurde, lag das Eigeninteresse der Ehefrau auf der Hand. Der BGH hat Berta als echte Darlehensnehmerin angesehen, sodass keine Sittenwidrigkeit vorlag.[448]

Das **eigene Interesse** des Mithaftenden am Darlehen wird auch bejaht, wenn der **Mithaftende am kreditnehmenden Unternehmen beteiligt** ist, insbesondere Mitgesellschafter ist.[449] Nur eine „Splitterbeteiligung" von wenigen Prozent würde nicht ausreichen, oder wenn es sich bei dem Mithaftenden um einen vorgeschobenen „Strohmanngesellschafter" handelt, wenn die „Strohmanneigenschaft" der Bank bekannt war. Ebenso reicht es nicht aus, wenn der Mithaftende nur als Arbeitnehmer im Unternehmen **mitarbeitet**, denn mangels Beteiligung am Unternehmen kann er nicht über die Auszahlung und Verwendung des Darlehens entscheiden.[450]

4.6.5.2 Sittenwidrigkeitsprüfung bei Bürgen und unechten Darlehensnehmern

Bürgschaften[451], die von Personen übernommen werden, die dem **Hauptschuldner emotional nahe stehen** (insbesondere Ehegatten, nichteheliche Lebensgefährten, nahe Verwandte), sind sittenwidrig, wenn sie den Bürgen **finanziell krass überfordern**. Die krasse finanzielle Überforderung liegt vor, wenn der **Bürge nicht einmal die für die gesicherte Hauptschuld anfallenden Zinsen aus seinem pfändbaren Einkom-**

[447] Vgl. BGH, Urteil vom 28.5. 2002 – XI ZR 205/01, NJW 2002, 2705 = WM 2002, 1649 = ZIP 2002, 1482 = BKR 2002, 720.

[448] BGH, Urteil vom 23.3. 2004 – XI ZR 114/03, WM 2004, 1083 = ZIP 2004, 1039 = BKR 2004, 317.

[449] Vgl. zuletzt zur Mithaftung des Kommanditisten für Kredite an die KG: BGH, Urteil vom 28.5. 2002 – XI ZR 199/01, NJW 2002, 2634 = WM 2002, 1647 = ZIP 2002, 1395 = BKR 2002, 716.

[450] Vgl. BGH, Urteil vom 25.1. 2005 – XI ZR 28/04, NJW 2005, 971 = WM 2005, 421 = ZIP 2005, 432; vgl. auch OLG Celle, Urteil vom 12.9. 2007 – 3 U 85/07, WM 2008, 296, rechtskräftig.

[451] Oder Mithaftungsübernahme als unechter Darlehensnehmer; im Folgenden wird der Einfachheit halber nur vom Bürgen gesprochen.

men und Vermögen begleichen kann.[452] Liegt eine solche finanziell krasse Überforderung vor, **vermutet** die Rechtsprechung, dass der Bürge die Bürgschaft nur aus emotionaler Verbundenheit zum Hauptschuldner übernommen hat und die Bank dies in sittlich anstößiger Weise ausgenutzt hat.[453] Diese Vermutung ist zwar prinzipiell für die Bank widerleglich, doch ist keine Gerichtsentscheidung bekannt, bei der es einer Bank gelungen wäre, das Unwerturteil zu widerlegen.

Bei der Sittenwidrigkeitsprüfung kommt es also maßgeblich darauf an, ob eine krasse finanzielle Überforderung vorliegt. Für diese Prüfung ist zunächst das **pfändbare Einkommen und Vermögen** des Bürgen festzustellen und sodann die **monatliche Zinsbelastung** aus dem verbürgten Darlehen.

4.6.5.2.1 Maßgeblicher Zeitpunkt

Maßgeblich sind die Einkommens- und Vermögensverhältnisse des Bürgen, die er, ausgehend von der Situation bei Abgabe der Mithaftungserklärung, voraussichtlich zum Zeitpunkt seiner Inanspruchnahme haben wird. Damit handelt es sich um eine **Prognoseentscheidung ausgehend vom Zeitpunkt der Abgabe der Mithaftungserklärung.**

Grundsätzlich ist das Einkommen des Bürgen zu Grunde zu legen, das er **zu dem Zeitpunkt hatte, als er die Bürgschaft unterzeichnet hat**. Wenn die Bank damals eine **Selbstauskunft** eingeholt hat, sind die vom Bürgen dort angegeben Werte maßgeblich; Angaben, die sich später als falsch erweisen, gehen regelmäßig zu Lasten des Bürgen. Stellt sich beispielsweise nachträglich heraus, dass der vom Bürgen angegebene Wert eines Grundstücks tatsächlich niedriger war oder durch eine nicht vorhersehbare Entwicklung gesunken ist, kann dies die Sittenwidrigkeit nicht im Nachhinein begründen. Waren für die Bank Einkommenssteigerungen **vorhersehbar**, können diese mit berücksichtigt werden, da es sich um eine Prognoseentscheidung handelt.

> **Beispiel:** Die bürgende Ehefrau arbeitete zum Zeitpunkt der Bürgschaftsübernahme nicht, weil sie ein Kind im Alter von einem Jahr zu betreuen hatte. Es war allerdings geplant, dass sie in einem Jahr eine Teilzeittätigkeit mit 50% aufnehmen wird. Das Einkommen aus der Teilzeittätigkeit kann, da es vorhersehbar war, für die Prüfung der Sittenwidrigkeit berücksichtigt werden.

Hat die Bank keine Selbstauskunft eingeholt, kann sie vom Bürgen eine Selbstauskunft, rückwirkend auf den Zeitpunkt der Mithaftungserklärung, anfordern. Da der **Bürge die Darlegungs- und Beweislast** für die Sittenwidrigkeit der Mithaftung trägt, wird er spätestens im Prozess offen legen müssen, welches Einkommen und Vermögen er damals hatte. Allerdings geht der IX. Zivilsenat des BGH von einer **widerleglichen Vermutung** aus, wonach das **Einkommen und Vermögen, das der Bürge bei Inanspruchnahme der Bürgschaft hat, für die Bank vorhersehbar** war.[454]

---

[452] St.Rspr. des BGH, vgl. z.B. BGH, Urteil vom 25.1. 2005 – XI ZR 28/04, NJW 2005, 973 = WM 2005, 421 = ZIP 2005, 432.

[453] St.Rspr. des BGH, vgl. z.B. BGH, Urteil vom 25.1. 2005 – XI ZR 28/04, NJW 2005, 973 = WM 2005, 421 = ZIP 2005, 432.

[454] BGH NJW 1996, 2088; vgl. hierzu auch § 309 Abs. 1 Nr. 1 InsO.

4.6.5.2.2 Wie hoch ist das pfändbare Einkommen des Bürgen?

Das pfändbare Einkommen des Bürgen ist aus dem monatlichen Nettoeinkommen zu ermitteln. Dabei ist **die zu § 850c ZPO geltende Pfändungstabelle** heranzuziehen, und zwar diejenige, die **zum Zeitpunkt der Bürgschaftsübernahme galt** (und nicht diejenige, die zum Zeitpunkt der Inanspruchnahme gilt). Dass die „alten" Pfändungstabellen heranzuziehen sind, ist zwar vom BGH nicht entschieden, kann aber nicht anders sein. Denn die Erhöhung der Pfändungsfreibeträge zum 1.1. 2002 auf fast das Doppelte war für die Banken bei einer z.B. in den 1990er Jahren übernommenen Bürgschaft nicht vorhersehbar und kann daher nicht zu der Vermutung führen, die Bank habe die emotionale Verbundenheit des Bürgen zum Hauptschuldner in sittlich anstößiger Weise ausgenutzt.

Unterhaltspflichten sind bei der Ermittlung des pfändbaren Einkommens zu berücksichtigen, sofern **tatsächlich Unterhalt geleistet wird**. Das ist beim Unterhalt, der angeblich an den Ehegatten (Darlehensnehmer) oder an volljährige Kinder oder an nicht beim mithaftenden Ehegatten lebende minderjährige Kinder geleistet wird, nachzuweisen. Davon, dass Unterhalt an im Haushalt des mithaftenden Ehegatten lebende minderjährige Kinder geleistet wird, ist grundsätzlich auszugehen. Den wegen Unterhalt erhöhten Pfändungsfreibetrag können **beide Ehegatten** in Anspruch nehmen, wenn beide ihren gemeinschaftlichen Kindern Unterhalt leisten.

4.6.5.2.3 Wie hoch ist das Vermögen des Bürgen?

In der Praxis wird häufig übersehen, dass nach der ständigen Rechtsprechung des BGH auch das **Vermögen des Bürgen** zu berücksichtigen ist. Wenn der Bürge seine Schuld begleichen kann, indem er sein Vermögen verwertet, ist er – selbst wenn er keine Einkünfte hätte – nicht finanziell krass überfordert.

> **Beispiel:** Der Bürge hat eine Bürgschaft in Höhe von € 100 000,00 übernommen. Er wohnt in seiner unbelasteten Eigentumswohnung, die einen Verkehrswert von € 110 000,00 hat. Der Bürge ist nicht finanziell krass überfordert, weil er durch Verwertung seiner Immobilie die Schuld tilgen kann. § 138 BGB schützt nicht die Möglichkeit mietfreien Wohnens.[455]

Allerdings ist nur **freies Vermögen** des Bürgen zu berücksichtigen. Insbesondere bei Immobilien, die mit Grundpfandrechten belastet sind, ist die Grundschuld vom Wert der Immobilie abzuziehen – allerdings nur in der Höhe, in der die Grundschuld noch valutiert, also in der Höhe der aktuell bestehenden Darlehensverbindlichkeit, die durch die Grundschuld gesichert ist.

> **Beispiel:** Der Bürge ist gemeinsam mit seiner Ehefrau zu je 1/2 Miteigentümer einer Immobilie im Wert von € 110 000,00. Es ist eine Grundschuld in Höhe von € 110 000,00 im Grundbuch eingetragen. Der Bürge schuldet aus dem Immobiliendarlehen noch € 60 000,00 (die Grundschuld valutiert also in Höhe von

---

[455] BGH, Urteil vom 26.4. 2001 – IX ZR 337/98, NJW 2001, 2466 = WM 2001, 1330 = ZIP 2001, 1190; ebenso ist die Grundschuldbestellung auf dem Eigenheim, das das einzige Vermögen des Sicherungsgebers darstellt, nicht sittenwidrig, vgl. oben Punkt 4.1.3.2.

€ 60 000,00). Die Immobilie hat also nach Abzug der Belastung einen Wert von € 50 000,00, wovon dem Bürgen, da er nur zu 1/2 Miteigentümer ist, € 25 000,00 als freies Vermögen anzurechnen sind.

Das **freie Vermögen** wird bei der Sittenwidrigkeitsprüfung berücksichtigt, indem es **vom Nominalbetrag des verbürgten Darlehens in Abzug gebracht** wird, bevor die Zinsen berechnet werden.

Beispiel: Der Bürge aus unserem vorigen Beispiel hat sich bis zu einem Höchstbetrag von € 100 000,00 für ein Darlehen an seinen Sohn von € 100 000,00 verbürgt. Die Zinsbelastung aus dem verbürgten Darlehen ist nicht aus € 100 000,00 zu ermitteln, sondern aus einem Betrag von € 75 000,00. Denn der Bürge kann mit seinem freien Vermögen von € 25 000,00 einen Teil der Bürgenschuld begleichen, sodass es nur noch darauf ankommt, ob er die auf den Restbetrag von € 75 000,00 entfallenden Zinsen begleichen kann.

4.6.5.2.4 Wie hoch ist die Zinsbelastung aus dem verbürgten Darlehen?

Es ist zu errechnen, wie hoch die **anfängliche monatliche Zinsbelastung aus dem Darlehen** ist, für das sich der Bürge verbürgt hat. Zu Grunde zu legen ist – wenn nicht vorab Vermögen abzuziehen ist (vgl. 4.2.5.2.3) – der Darlehensnominalbetrag und der Nominalzinssatz (Nominalbetrag × Zinssatz p. a. / 12).

Beispiel: Für das Darlehen in Höhe von € 100 000,00 aus obigem Beispiel ist ein Nominalzins von 5% p.a. vereinbart. Die jährliche Zinsbelastung beträgt also € 5000,00 (5/100 × € 100 000,00). Dies ergibt eine monatliche Zinsbelastung von € 416,67 (€ 5000,00 : 12 Monate).

Dass sich bei einer vereinbarten annuitätischen Tilgung der monatlich zu leistenden Zinsanteil erniedrigt, wird in der BGH-Rechtsprechung außer acht gelassen. Ebenso ist unerheblich, wie hoch der Tilgungsanteil der monatlich zu zahlenden Rate war oder ist. Denn nach der Rechtsprechung des BGH kommt es nur auf die zu zahlenden Zinsen an.

Handelt es sich bei dem verbürgten Darlehen um einen **Kontokorrentkredit**, ist die Zinsbelastung für den Betrag des gewährten Kontokorrentkredits zu berechnen, obwohl ein Kontokorrentkredit niedriger ausgenutzt sein kann. Denn für den Bürgen besteht ein Risiko bis zur Höhe der Kontokorrentlinie, weil der Hauptschuldner diese jederzeit voll ausnutzen kann.

Beispiel: Der Bürge hat sich für einen Kontokorrentkredit von € 100 000,00 mit einem Zinssatz von 7% p.a. verbürgt. Auch wenn der Kontokorrentkredit zur Zeit der Bürgeninanspruchnahme nur in Höhe von € 90 000,00 ausgenutzt ist, ist für die Sittenwidrigkeitsprüfung auf die monatliche Zinsbelastung von € 583,33 abzustellen (7/100 × € 100 000,00 / 12).

Ist der **Bürgschaftshöchstbetrag niedriger als der Darlehensnominalbetrag oder die eingeräumte Kontokorrentlinie**, so ist die Zinsbelastung nur aus dem Bürgschaftshöchstbetrag zu errechnen. Denn der Bürge haftet ja nicht auf die volle Darlehenshöhe, sondern nur in Höhe des Höchstbetrags.

Beispiel: Der Bürge hat sich für einen Kontokorrentkredit von € 200 000,00 zu 10% p.a. Zinsen verbürgt, allerdings nur bis zu einem Höchstbetrag von € 100 000,00. Die Zinsbelastung ist zu errechnen aus dem Bürgschaftshöchstbetrag und beläuft sich somit auf monatlich € 833,33 (10/100 × 100 000 / 12).

4.6.5.2.5 *Vergleich des pfändbaren Einkommens mit der Zinsbelastung*

Als Letztes ist zu überprüfen, **ob das ermittelte pfändbare Einkommen ausreicht, um die monatliche Zinsbelastung aus dem Darlehen zu tilgen**. Reicht das pfändbare Einkommen dazu aus, ist der Bürge nicht finanziell überfordert. Ist das pfändbare monatliche Einkommen geringer als die monatliche Zinsbelastung aus dem Darlehen, ist der Bürge finanziell krass überfordert und seine Bürgschaft damit sittenwidrig und unwirksam.

4.6.6 Inanspruchnahme aus der Bürgschaft und Rückgriff des Bürgen

Die Bank kann den selbstschuldnerisch haftenden Bürgen sofort mit Fälligkeit der Hauptschuld in Anspruch nehmen. Dennoch sind Hauptschuldner und Bürge keine Gesamtschuldner. Sie **haften nebeneinander für die gleiche Schuld**, wobei Zahlungen des Hauptschuldners auf die verbürgte Schuld dem Bürgen zugute kommen, weil die Bürgschaft streng akzessorisch ist.

Soweit der Bürge die Bank befriedigt, geht die Forderung der Bank gegen den Hauptschuldner auf den Bürgen über. Dieser **gesetzliche Forderungsübergang** ist in § 774 Abs. 1 S. 1 BGB geregelt. Daneben hat der Bürge häufig gegen den Hauptschuldner einen **eigenständigen vertraglichen Aufwendungsersatzanspruch**, z. B. aus §§ 670, 677 BGB, wenn der Übernahme der Bürgschaft ein Auftrag zu Grunde liegt.

Zusammen mit der Hauptschuld gehen der Bank für die Hauptschuld gestellte akzessorische **Sicherheiten** auf den Bürgen über, § 401 BGB. Sind der Bank abstrakte Sicherheiten für die verbürgte Hauptschuld gestellt, hat der Bürge nach der Rechtsprechung analog §§ 774, 412, 401 BGB einen Anspruch auf Übertragung dieser Sicherheiten.

Allerdings kann der Bürge den auf ihn übergegangenen Anspruch gegen den Hauptschuldner **nicht zum Nachteil des Gläubigers** geltend machen, § 774 Abs. 1 S. 2 BGB. Die Bank genießt also mit ihren Forderungen den Vorrang vor dem Bürgen.

Wenn sich mehrere Bürgen für die gleiche Hauptschuld verbürgen, geht die Hauptschuld nur insoweit auf den zahlenden Bürgen über, als dieser im Innenverhältnis zum anderen Bürgen von diesem Ausgleich verlangen kann, § 774 Abs. 2, 426 Abs. 2 S. 1 BGB. Im Gesetz nicht geregelt ist der Ausgleich zwischen Bürgen und anderen Sicherungsgebern, sodass der sog. „Wettlauf der Sicherungsgeber" entstehen könnte: Begleicht der Bürge die Hauptschuld voll, erwirbt er die Ansprüche aus der Hauptschuld und mit ihr weitere Sicherungsrechte, die er nun in voller Höhe gegen den Sicherungsgeber geltend machen könnte. Der BGH ist diesem Ergebnis entgegen getreten, indem er die Gesamtschuldregeln auch auf das Zusammentreffen von Bürgen mit anderen Sicherungsgebern anwendet.[456]

4.6.7 Die Bürgschaft in der Insolvenz

Ist der **Kreditnehmer in Insolvenz**, meldet die Bank ihre Kreditforderung im Insolvenzverfahren an. Aufgrund der Insolvenzeröffnung gilt die Forderung nach § 41 InsO als fällig. Diese Fälligkeit wirkt allerdings nicht gegen den Bürgen. Um die Bürgschaft fällig zu stellen, muss also trotz § 41 InsO der verbürgte Kredit gekündigt werden. Dann kann die Bank den **Bürgen in Anspruch nehmen**.

Die **Insolvenzforderung** gegen den Kreditnehmer wird wegen der Bürgschaft nur **„für den Ausfall" festgestellt**. Zahlungen des Bürgen kann und muss die Bank in voller Höhe auf die verbürgte Kreditforderung anrechnen. Die Insolvenzforderung vermindert sich entsprechend; die Bank erhält auf die verbliebene Restforderung nur die Insolvenzquote. Die Zahlung des Bürgen kann der Insolvenzverwalter nicht anfechten, da es sich nicht um eine Handlung des Insolvenzschuldners, sondern um die Leistung eines am Insolvenzverfahren nicht beteiligten Dritten handelt.

Ist der **Bürge in Insolvenz**, hat die Bank aus der Bürgschaft eine Insolvenzforderung, die sie im Insolvenzverfahren anmeldet. Die Bürgschaft gilt als fällig (§ 41 Abs. 1 InsO), auch wenn die verbürgte Forderung noch nicht fällig sein sollte. Auf diese Insolvenzforderung in Höhe des Bürgschaftsbetrags erhält die Bank bei Abschluss des Insolvenzverfahrens die Insolvenzquote, die sie auf die verbürgte Forderung verrechnen kann. Die Tatsache, dass mit der Insolvenz des Bürgen eine Sicherheit (nahezu) wertlos wird, kann dazu führen, dass die Bank den **verbürgten Kredit** bereits bei Eröffnung des Insolvenzverfahrens über das Vermögen des Bürgen **kündigt**, weil sich der Wert einer Sicherheit deutlich verschlechtert hat und damit die Rückzahlung des Kredits gefährdet ist.

---

[456] BGH NJW 1989, 2530; die Entscheidung des BGH bezieht sich auf das Zusammentreffen von Bürgschaft und Grundschuld, ist aber entsprechend auf andere Sicherheiten anzuwenden, vgl. *Schmit/Wassermann/Nobbe* in Bankrechts-Handbuch, § 91, Rn. 188.

5 Übungsklausuren

Bitte versuchen Sie die Klausuren erst selbst zu lösen. Lösen heißt auch ausformulieren, gerade das müssen Sie üben. Bitte blättern Sie erst dann in den Lösungsteil. Wenn Sie zuerst selbst nachdenken, haben Sie einen viel höheren Lernerfolg. Deshalb haben wir die Fallangaben von den Lösungen getrennt. Eine mögliche Punkteverteilung ist in der Gliederung der Lösungsskizze am Rand aufgenommen.

5.1 Klausurangaben

5.1.1 Klausur 1: Ganz schön frech[453]

Thema: Bankgeheimnis, Durchbrechung des Bankgeheimnisses

Sie sind im Konzernbereich Recht der Bayerischen Hypo- und Vereinsbank (B) beschäftigt. Heute legt Ihnen die Filiale Gauting ein Schreiben der Staatsanwaltschaft Kiel vom 1.4. 2009 (kein Aprilscherz, deshalb wird das Schreiben im Originaltext abgedruckt![458]) vor und fragt an, ob eine Verpflichtung besteht, die gewünschten Auskünfte zu geben und die Unterlagen zu übersenden.

Nehmen Sie zu den in diesem Auskunftsersuchen dargestellten Thesen kritisch Stellung und überprüfen Sie die Rechtsansichten der Staatsanwaltschaft bei dem Landgericht Kiel anhand der einschlägigen Rechtsvorschriften. Fertigen Sie dazu ein Gutachten.

---

[457] In weiten Teilen entspricht dieser Sachverhalt der Examensklausur vom 5.4. 2006.

[458] Die Namen, die Daten und anderen individuellen Merkmale sind abgeändert. Zur besseren Lesbarkeit wurde der Text nochmals abgeschrieben.

Staatsanwaltschaft
bei dem
Landgericht Kiel

Staatsanwaltschaft Kiel • Postfach 71 02 • 24171 Kiel

An die
Bayerische Hypo- und Vereinsbank AG
Kardinal-Faulhaber-Straße 1

80333 München

Aktenzeichen: Js /04
(Bitte immer angeben)

Postanschrift:
Postfach 71 02, 24171 Kiel
Dienstgebäude:
Schützenwall 31-35, 24114 Kiel
Telefon: **0431 604-0** (Vermittlung)
Durchwahl: XXX
Telefax: **0431 604-33**

Konto der Landeskasse Schleswig-Holstein:
Deutsche Bundesbank Kiel,
BLZ: 210 000 00, Konto-Nr. 210 015 05
/sche

01.04.2009

Ermittlungsverfahren
gegen Klaus Kunde, Musterstraße 17, 80333 München, geb. am 27.11.1965
wegen des Verdachts des Betrugs gemäß § 263 StGB

hier: Auskunftsersuchen gemäß §§ 160, 161, 161a ff. StPO
Ihr Zeichen: Klaus Kunde, Bereich Immobilienkunden, Konto 0 123 456 789

Sehr geehrte Damen und Herren,

in dem oben angegebenen Ermittlungsverfahren benötige ich Auskünfte Ihres Geldinstitutes zu dem dort befindlichen Vorgang Klaus Kunde sowie Ablichtungen von diesem.

Ich erlaube mir bereits einleitend darauf hinzuweisen, dass Sie nach den Vorschriften der Strafprozessordung verpflichtet sind, beweiserhebliche Unterlagen vorzulegen und Angaben zu machen, notfalls nach Ladung durch die Staatsanwaltschaft im Rahmen einer förmlichen Vernehmung.

Im Rahmen des hier anhängigen o. g. Ermittlungsverfahrens gegen den Beschuldigten Klaus Kunde u. a. besteht der Verdacht des Betruges zum Nachteil von verschiedenen Kreditinstituten, indem der Beschuldigte Kunde Immobilien weit unter dem Verkehrswert an „Strohleute" veräußert haben soll, wozu verschiedene Kreditinstitute Löschungsbewilligungen für ihre im Grundbuch eingetragenen Grundschulden erteilten, obwohl dem Beschuldigten Kunde bereits bei Korrespondenz mit den Kreditinstituten bekannt gewesen sein soll, dass die „Strohleute", an die er zu verkaufen beabsichtigte, ihrerseits dieselben Immobilien zu weit höheren Kaufpreisen weiterveräußern würden, wobei diese „Zweitverkäufe" z.T. sogar bereits vor der Erteilung der Löschungsbewilligungen der Kreditinstitute für den „Erstverkauf" des Beschuldigten Kunde getätigt wurden.

Nachfolgend aufgeführte Unterlagen der Bank sind hier für die weiteren Ermittlungen als Beweismittel erforderlich, um dass Zustandekommen der Erteilung der Löschungsbewilligungen der Bank in dem zugrunde liegenden Immobiliengeschäft nachvollziehen zu können:

- der Vorgang der Bank mit dem dortigen Aktenzeichen „Klaus Kunde", welcher den Schriftwechsel mit dem Beschuldigten Kunde sowie insbesondere die Bewilligung der Löschung der Grundschulden der Bank vom 08.12.2008, die in Abteilung III der

Grundbücher M, Blatt 32360, M, Blatt 35022, M, Blatt 34662, M, Blatt 49941, M, Blatt 59538 und M, Blatt 60268 eingetragen waren, zum Gegenstand hat;

- jeden weiteren Schriftverkehr mit dem Beschuldigten Kunde oder den an der Abwicklung der o.g. Immobilienverkäufe beteiligten Notare und Banken, (Telefon-) Notitzen u. ä., insbesondere Mitteilungen des Beschuldigten zu dem zu erzielenden Kaufpreis der o. g. Immobilien;

Unter Hinweis auf die §§ 161, 161a, 51, 95 StPO bitte ich Sie, die o. g. vorhandenen Unterlagen in originalgetreuen, gut lesbaren Kopien vollständig zu dem o. g. hiesigen Aktenzeichen zu übersenden.

Rein vorsorglich darf ich mir den Hinweis erlauben, dass Zeugen gesetzlich verpflichtet sind, bei dem Staatsanwalt zu erscheinen und anhand von vorhandenen Unterlagen zur Sache auszusagen. Ich weise insbesondere darauf hin, dass im strafrechtlichen Ermittlungsverfahren ein sogenanntes Bankgeheimnis dem Auskunftsverlagen der Staatsanwaltschaft nicht entgegensteht. Für öffentlich-rechtliche Kreditinstitute folgt die Auskunftspflicht zudem bereits aus §§ 160, 161 StPO (vgl. nur Kleinknecht/Meyer-Goßner, § 161 StPO, RdNr. 4). Ein etwaiges Bankgeheimnis ist privatrechtlicher Natur, beruht auf der vertraglichen Vereinbarung der Bank bzw. Sparkasse mit dem Kunden und ist der Staatsanwaltschaft gegenüber nicht zu wahren (beispielhaft: Landgericht Lübeck, Beschluss vom 03.02.2000, SchlHA 2000, S. 69).

Bei unberechtigtem Ausbleiben oder unberechtigter Aussageverweigerung können ihnen hierdurch entstandene Kosten auferlegt und ein Ordnungsgeld festgesetzt werden. Auch die zwangsweise Vorführung ist zu lässig (§§ 161a, 51, 70 StPO).

Zur Vorlage der Beweisunterlagen besteht ebenfalls eine gesetzliche Verpflichtung, die notfalls zwangsweise durchgesetzt werden kann (§ 95 StPO). Insbesondere können Kontounterlagen (z.B. Kontoverdichtungen) nach § 95 Abs.1 StPO von der Staatsanwaltschaft herausverlangt werden. Eines richterlichen Beschlusses bedarf es dafür nicht (Landgericht Lübeck, a. a. O.).

Nur im Falle einer Verweigerung der Auskunft wäre eine zwangsläufig mit Unannehmlichkeiten verbundene Durchsuchung Ihrer Geschäftsräume mit ggf. nachfolgender Beschlagnahme sowie eine Zeugenvernehmung Ihrer Angestellten erforderlich. Da ich aber davon ausgehen, dass Sie Ihrer Auskunftspflicht auch ohne Zwangsmaßnahmen nachkommen werden und an einer Erschwerung und Verzögerung der Ermittlungsverfahren nicht interessiert sind, bitte ich darum, dass Sie zu dem oben bezeichneten Beweisgegenstand eine schriftliche Auskunft erteilen und die dazu gehörenden Unterlagen, notfalls in originalgetreuen, lesbaren Fotokopien, aus Vereinfachungsgründen möglichst zeitnah unmittelbar zu meinen Händen zu dem o.g. Aktenzeichen zu übersenden.

Für eventuelle Rückfragen stehe ich Ihnen unter der Telefonnummer 0431/ 604-XXX bzw. per Telefax unter 0431/604-33 zur Verfügung.

Bitte behandeln Sie dieses Schreiben vertraulich. Informieren Sie insbesondere weder die genannten Personen noch sonst dritte Personen über dieses Auskunftsersuchen.

Etwaige Ihnen entstehende Kosten können gemäß JVEG in Rechnung gestellt werden.

Für Ihre Bemühungen bedanke ich mich bereits jetzt.

Mit freundlichen Grüßen

XXXXXXX
Staatsanwalt

Beglaubigt
YYYYYYY
Justizangestellte

Abbildung 5-1-1: Auskunftsersuchen der Staatsanwaltschaft bei dem Landgericht Kiel

5.1.2 Klausur 2: Ein Sommermärchen – oder auch nicht[459]

Thema: Darlehensrecht, Schriftform

F, im Sommer 2006 hauptberuflich Fußballfan und weniger Angestellter bei der B-Bank AG (B), denkt seit Wochen nur noch an Fußball. Selbst die Nachmittagsspiele hat er live mit einer selbst installierten Fernsehkarte am Bank-PC verfolgen können. Darunter leidet jedoch seine Arbeit:

Am 9.6. 2006 schließen B und Daisy D. „per Handschlag" einen grundpfandrechtlich gesicherten Darlehensvertrag über € 1 000 000,00 zu einem Zinssatz von nominal 5,4% p.a. Dieser Zinssatz ist fest für 10 Jahre. Als Tilgung ist 1% des Darlehensnennbetrages p.a. jeweils zum 30.12. eines Jahres vereinbart. Die Darlehensauszahlung erfolgt am1.8. 2006. Das Restdarlehen soll am 31.7. 2016 zurückbezahlt werden. Darlehenszweck ist der private Erwerb einer Villa, die direkt am Starnberger See liegt.

D unterzeichnet am Samstag, den 10.6. 2006, eine Ausfertigung und sendet diese an die B zurück. Alle erforderlichen Angaben sind auf dem von F vorbereiteten Vertrag enthalten, bis auf folgende Punkte:

1. Anstatt richtig „5,8% p.a." Effektivzins hat F „5,4% p.a." eingetragen. F meinte fälschlicherweise, der Effektivzins sei hier identisch mit dem Nominalzins.
2. Die Kosten für die Risikolebensversicherung in Höhe von € 120,00 p.a. sind nicht im Darlehensvertrag ausgewiesen, obwohl der Abschluss der Risikolebensversicherung ausdrücklich von B bedingt ist.

Ob die B dem D ein ihrerseits unterschriebenes Exemplar per Fax am Freitag, den 16.6. 2006 übermittelt, ist und bleibt streitig. B zahlt das Darlehen vereinbarungsgemäß am 1.8. 2006 auf das Girokonto der D aus.

Nach vertragsgemäßer Bedienung verlangt D jetzt die Rückerstattung der bislang bezahlten Zinsen. Als Grund führt D lediglich an, es läge kein Darlehensvertrag vor.

Für den Fall, dass das Gericht dies nicht so sehen und von der Wirksamkeit des Darlehensvertrages ausgehen sollte, verlangt D von B die Reduzierung des Zinses auf den entsprechend niedriger angegebenen Effektivzinssatz und will auch die Kosten für die Risikolebensversicherung nicht bezahlen.

Prüfen Sie gutachterlich folgende Fragen:

1. Kann D von B die vollständige Rückerstattung der gezahlten Zinsen verlangen?
2. Hat D zumindest einen Anspruch auf teilweise Rückerstattung der gezahlten Zinsen?
3. a) Kann D dann Neuabrechnung mit Aufschlüsselung nach dem Zins- und Tilgungsanteil verlangen?
b) Wie hoch ist der Rückerstattungsanspruch in € zum angenommenen Stichtag 30.12. 2009?
4. Hat D einen Anspruch auf entsprechende Reduzierung des Nominalzinssatzes?
5. Kann D von B die Freistellung von den Kosten zur Risikolebensversicherungverlangen?

---

[459] In weiten Teilen entspricht dieser Sachverhalt der Examensklausur vom 22.12. 2006.

5.1.3 Klausur 3 – Schluss mit dem Ärger[460]

Thema: Darlehensrecht, Kündigung durch die Bank

Stefan Sauber (S) und General Bank AG (G) haben im Jahr 2006 form- und rechtswirksam ein Darlehen mit einem Darlehensnennbetrag von € 99 000,00 zur Finanzierung eines direkt unter der Einflugschneise des Flughafens Berlin-Schönefeld liegenden Reiheneckhauses abgeschlossen. Der Darlehenszinssatz ist für 10 Jahre fest vereinbart. An Eigenkapital setzt S € 20 000,00 ein. Nach dem Bürgerentscheid im Mai 2008 soll der Flughafen Berlin-Tempelhof geschlossen und Berlin Schönefeld zum einzigen internationalen Flughafen von Berlin ausgebaut werden. Dieses Darlehen ist mit einer auf dem Reiheneckhaus lastenden Grundschuld gesichert.

S bedient sein Darlehen (Zinsen und Tilgung sind monatlich fällig) seit zehn Monaten nicht mehr. Seine Rückstände aus Zins und Tilgung betragen € 4711,00. Am 2.6. 2008 kündigt deshalb G das Darlehen und verlangt die sofortige Rückzahlung des noch ausstehenden Darlehensrestes von € 96 000,00 sowie der Rückstände in Höhe von € 4711,00.

Weil sich G nicht mehr länger mit S „herumärgern" will, verkauft und tritt G diese Darlehensforderung einschließlich der Rückstände (insgesamt also eine Forderung in Höhe von € 100 711,00) am 18.07. 2008 schriftlich an Dream Star Deal (D) ab. G erhält dafür einen Kaufpreis von € 73 000,00. G und D vereinbaren über den Kaufpreis Stillschweigen. D begrüßt S schriftlich als neuen Kunden, stellt sich mit allen Angaben zum Unternehmen inklusive ladungsfähiger Anschrift dem S vor, und fügt ein Schreiben der G bei, worin die Abtretung an D bestätigt wird. S nimmt die Schreiben zur Kenntnis, erinnert sich aber daran nicht mehr, als er unverhofft zu Geld kommt und zahlt die Darlehensforderung in Höhe von € 100 711,00 an G zurück.

Kann D von S die ausstehenden € 100 711,00 verlangen (Gutachten)?

[460] Teil der Examensklausur vom 18.12. 2008

5.1.4 Klausur 4 – Noch mehr Aktien auf Pump[461]

Thema: Darlehensrecht, Kündigung durch den Darlehensnehmer

Stefan Sauber (S) hat bei der General Bank AG (G) form- und rechtswirksam einen Darlehensvertrag mit folgenden Konditionen abgeschlossen:

Nettodarlehensbetrag € 1 000 000,00; Zinsen 2 Jahre fest bis 18. 12. 2009; keine Tilgung; mit einer Grundschuld über € 1 110 000,00 auf einem Grundstück in München gesichert; zum 18. 12. 2009 noch fällige Gesamtforderung der G in Höhe von € 1 031 600,00 (Nettodarlehensbetrag € 1 000 000,00 zuzüglich der vertragsgemäß am 18. 12. 2009 jährlich fälligen Zinsen in Höhe von € 31 600,00);

S meint, das Grundstück sei mindestens € 1 500 000,00 wert. S will sich wegen der nach der Finanzkrise seit Herbst 2008 günstigen Kurse Aktien kaufen und deshalb ein weiteres Darlehen über € 500 000,00 aufnehmen. G lehnt die Finanzierung aber ab. S findet eine andere Bank L, die insgesamt € 1 500 000,00 nur unter der Bedingung finanzieren will, dass sie die allein finanzierende Bank ist.

S zahlt nach seiner fristgemäßen Kündigung G am 18. 12. 2008 einen Betrag von € 1 000 000,00 zurück. Auf die vorzeitige Rückzahlung will sich G zwar nicht einlassen und fordert aber auf jeden Fall sofort die Restforderung in Höhe von € 31 600,00. S meint, G könne ja mit dem vorzeitig zurückbezahlten Geld „arbeiten“. Unterstellen Sie eine Anlagerendite für genau ein Jahr in Höhe von 3,5 % p. a. und die weiteren üblichen Berechnungsgrößen.

Kann G von S am 18. 12. 2008 die angesprochenen € 31 600,00 verlangen (Gutachten)?

[461] Teil der Examensklausur vom 18. 12. 2008

5.1.5 Klausur 5 – Den Bürgen sollst du würgen?

Thema: Bürgschaft, sittenwidrige Mithaftung

Die Eheleute David (D) und Berta (B) haben im Jahr 2005 ein neues Reihenhaus in München-Trudering zu einem Preis von € 400 000,00 gekauft. Sie sind Miteigentümer zu je 1/2 und wohnen mit ihrem gemeinsamen fünfjährigen Kind darin. Den Kaufpreis haben sie mit einem gemeinsam aufgenommenen Darlehen über € 300 000,00 bei der Kredit Bank AG (K) finanziert; auf dem Objekt lastet eine Grundschuld der K über nominal € 300 000,00. Am 18.5. 2009 kommen D und B zum Mitarbeiter Schlau der K und teilen mit, dass D eine Eigentumswohnung zu einem Kaufpreis von € 150 000,00 erwerben und vermieten will. D soll Alleineigentümer werden; es wird ein Darlehen über € 150 000,00 benötigt. Dafür könnte die K aktuell einen Zinssatz von 5 % bei einer 10-jährigen Laufzeit anbieten. Bankmitarbeiter Schlau will, dass auch die B für das Darlehen an D haftet. Er lässt sich von den Eheleuten eine Selbstauskunft ausfüllen und entnimmt dieser, dass B ein monatliches Nettogehalt von € 1585,00 hat. Außer ihrem Miteigentumsanteil an dem gemeinsamen Reihenhaus hat B kein weiteres Vermögen. Die Immobilienfinanzierung über ursprünglich € 300 000,00 valutiert zum 30.4. 2009 nur noch mit € 240 000,00. Da Schlau kürzlich ein Seminar über die rechtlichen Fallstricke der Bürgschaft besucht hat, weiß er, dass die Mitunterzeichnung von Darlehensverträgen durch Eheleute wegen krasser finanzieller Überforderung unwirksam sein kann.

Wie und in welcher maximalen Höhe kann Schlau eine wirksame Mithaftung von B erreichen?

5.2 Klausurlösungen

5.2.1 Klausurlösung 1 – Ganz schön frech

5.2.1.1 Gliederung der Lösungsskizze

Verpflichtung der B zur Auskunft und Übersendung der Unterlagen

Anspruchsgrundlage: Durchbrechung des Bankgeheimnisses mit einem Durchsuchungs- (§ 105 Abs. 1 S. 1 StPO) und Beschlagnahmebeschluss (§ 98 Abs. 1 S. 1 StPO)

5 Punkte

1 Bankgeheimnis (Nr. 2 Abs. 1 AGB-Banken)

Grundsätzliche Verpflichtung der Bank zur Verschwiegenheit

Ausnahmen:

- Einwilligung des Kunden: –
- Befugnis zur Bankauskunft gem. Nr. 2 Abs. 2 – 4 AGB-Banken: –
- Gesetzliche Bestimmungen: rechtmäßiger Durchsuchungs- und Beschlagnahmebeschluss wegen Art. 13 GG

5 Punkte

2 Anforderungen an einen rechtmäßigen Durchsuchungs- (§ 105 Abs. 1 S. 1 StPO) und Beschlagnahmebeschluss (§ 98 Abs. 1 S. 1 StPO)

2.1 Anfangsverdacht (§ 152 Abs. 2 StPO)

Anhaltspunkte für eine bestimmte, bereits begangene Straftat, vgl. BVerfG 1.3. 2002, WM 2002, 648

Um welche Straftat kann es sich hier handeln?

Das Wirtschaftsleben in der Bundesrepublik ist gekennzeichnet von frei ausgehandelten Preisen. In der Regel wird im Handel das Eingekaufte teurer weiter verkauft. Davon lebt der Handel.

§ 263 Abs. 1 StGB zu Lasten der Banken, die Löschungsbewilligungen erteilt haben

2.1.1 Täuschung: Über welche Tatsache?

Wert des Grundstückes? Marktpreis ist Werturteil, keine Tatsachenbehauptung („Mir ist das Grundstück € x wert."). Durch Unterlassen? Garantenpflicht, § 13 StGB? Bank ist am Immobilienmarkt tätig und kennt die Preise.

d.h. keine Täuschung[462]

---

[462] So BGH LM Nr. 5 zu § 263 StGB, OLG Stuttgart NStZ 1985, 503, BayObLG NJW 94, 1078, 1079, Cramer in Schönke/Schröder, Strafgesetzbuch, 27. Auflage, § 263, Rn. 17c.

2.2.2 Irrtum[463]: Ausnutzen der Fehlvorstellung der Bank reicht nicht aus[464]

2.2.3 Vermögensverfügung:

Freigabe der Grundschuld, da das Grundstück regelmäßig lastenfrei erworben werden soll;

2.3.4 Vermögensschaden:

Zu geringer Erlös für die Freigabe der Grundschuld

2.3.5 subjektiver Tatbestand: Ausführungen dazu fehlen

Zwischenergebnis: Kein Anfangsverdacht

20 Punkte

2.2 Richterlicher Beschluss

Eigenverantwortliche richterliche Überprüfung

Ausnahmsweise genügt Anordnung durch die Staatsanwaltschaft, wenn Gefahr in Verzug: Gefahr in Verzug „nur dann, wenn keine richterliche Anordnung – trotz entsprechender organisatorischer Vorkehrungen und entsprechender personeller und sachlicher Ausstattung – eingeholt werden kann, ohne den Zweck der Maßnahme zu gefährden"[465]

hier keine Gefahr in Verzug, da in diesem Fall

bei der Bank keine Gefahr der Verfälschung und Beseitigung

Zwischenergebnis: Kein richterlicher Beschluss, keine Gefahr in Verzug;

8 Punkte

2.3 Grundsatz der Verhältnismäßigkeit

mildestes Mittel, z. B. Abwendungsbefugnis für eine Durchsuchung durch Abwendungsvorlage oder Abwendungsauskunft

geringstmöglicher Eingriff, z. B. Fotokopien: hier begehrt die Staatsanwaltschaft nur die Übersendung der entsprechenden Unterlagen;

Zwischenergebnis: Grundsatz der Verhältnismäßigkeit ist gewahrt.

5 Punkte

2.4 Schriftform:

Wegen des Grundrechtseingriffs muss eine Kontrolle anhand eines schriftlichen Beschlusses möglich sein.[466]

Zwischenergebnis: Es liegt ein schriftliches Auskunftsersuchen vor.

2 Punkte

---

[463] Da ein Gutachten gefordert ist, müssen Sie die Prüfung fortsetzen.

[464] Cramer in: Schönke-Schröder, StGB, 27. Aufl., § 263, Rn. 46.

[465] BVerfG, Urteil vom 20.2. 2001 – 2 BvR 1444/00, NJW 2001, 1121, 1123.

[466] BVerfG NJW 1966, 1603; *Ciolek-Krepold*, Durchsuchung und Beschlagnahme in Wirtschaftsstrafsachen, Rn. 65.

2.5 Das Schreiben vom 1.4. 2009 müsste den inhaltlichen Anforderungen an den Durchsuchungs- und Beschlagnahmebeschluss genügen.

aa) Namentliche Bezeichnung des Beschuldigten: +
bb) Genaue Bezeichnung des Durchsuchungsobjektes: –
cc) Konkrete Angaben zum Tatverdacht:
+, aus dem sich aber kein strafbares Verhalten ergibt, s.o.
dd) Durchsuchungszweck:
Konkrete Benennung der Beweismittel, Übereinstimmung Durchsuchungszweck zum Tatverdacht: +
ee) Verhältnismäßigkeit:
Selbstüberprüfung und Korrektiv, Abwendungsvorlage, Abwendungsauskunft: +

Zwischenergebnis: Das Schreiben vom 1.4. 2009 genügt nicht den inhaltlichen Anforderungen an einen Durchsuchungs- und Beschlagnahmebeschluss.

10 Punkte

2.6 Gültigkeitsdauer wegen einer möglichen Änderung des Sachverhalts nur 6 Monate (vgl. BVerfGE 96, 44).[467] Bei Vorliegen eines Durchsuchungs- und Beschlagnahmebeschlusses wäre dieser noch im zeitlichen Rahmen.

2.7 Herausgabeverlangen nach § 95 StPO

Konkretes Beweismittel konnte trotz Durchsuchung nicht gefunden werden, Versteck des Beweismittels nicht zu ermitteln; Richtervorbehalt darf nicht umgangen werden. Hier will die Staatsanwaltschaft die Unterlagen gerade ohne Einschaltung eines Richters erlangen. Dies ist rechts- und verfassungswidrig[468];

2.8 Unterrichtung des Kunden

Staatsanwaltschaft bittet den Vorgang „vertraulich" zu behandeln; zulässig, außer im Fall eines Geldwäscheverdachtes (§ 12 Abs. 1 S. 1 GwG)

2.9 Die Kostenerstattung richtet sich nach JVEG.

---

[467] BVerfG, Beschluss vom 27.5. 1997 – 2 BvR 1992/92, NJW 1997, 2165.

[468] Vgl. LG Bonn WM 1982, 1371; LG Berlin WM 1984, 772; LG Landshut WM 1985, 749; LG Düsseldorf wistra 1993, 199; LG Stuttgart NJW 1992, 2646; *Braczyk*, wistra 1993, 57; *Reiß* StV 1988, 35; *Pfeiffer*, StPO, 5. Auflage 2005, § 95 RdNr 1 aE; *Selmer*, Steuerrecht und Bankgeheimnis, S. 67; *Nack* in *Hannich (Hrsg.)*, Karlsruher Kommentar zur StPO, 6. Auflage 2008, § 95 RdNr 4: „Zuständig ist der Richter. Eine Zuständigkeit der Staatsanwaltschaft wird durch § 161a nicht begründet"; *Lemke* in Heidelberger Kommentar zur Strafprozeßordnung, 3. Aufl. 2001, § 95, RdNr 6; *Müller* in KMR, *Kleinknecht/Müller/Reitberger*, § 95 RdNr 6, Stand Dezember 2008: „Nur der Richter"; *Schäfer* in *Loewe/Rosenberg*, 25. Auflage 1997 ff., § 95 StPO RdNr 6; *Dahm*, BuB, RdNr 2/895; aA: LG Lübeck vom 3.2. 2000, NJW 2000, 3149 mwN; *Meyer/Goßner* 51. Aufl. 2008, § 95 RdNr 2 ohne Begründung.

Ergebnis: Die Anforderungen an einen rechtmäßigen Durchsuchungs- (§ 105 Abs. 1 S. 1 StPO) und Beschlagnahmebeschluss (§ 98 Abs. 1 S. 1 StPO) sind nicht gegeben.

15 Punkte

3 Weitere Vorgehensweise

3.1 Gibt B hier dennoch Auskunft, so verletzt sie das Bankgeheimnis.

3.2 Das Ergebnis ihrer Prüfung teilen Sie der Staatsanwaltschaft mit. Diese kann dann einen rechtmäßigen Durchsuchungs- (§ 105 Abs. 1 S. 1 StPO) und Beschlagnahmebeschluss (§ 98 Abs. 1 S. 1 StPO) beantragen. Diesen Weg wird die Staatsanwaltschaft üblicherweise so einschlagen.

3.3 Sollte dies nicht der Fall sein:

Rechtsschutz auch nach Durchsicht der Unterlagen und dem damit verbundenen Ende der Durchsuchung wegen des Grundgedankens eines effizienten Rechtsschutzes gem. Art. 19 IV GG[469];

3.4 Verwertungsverbot

bei bewussten Verstoß gegen die Grundsätze der Durchsuchung und Beschlagnahme: Verwertungsverbot[470]

10 Punkte

Juristische Argumentation, Aufbau, Konsequenz

20 Punkte

5.2.1.2 Vorschlag einer Klausurlösung

Verpflichtung der B zur Auskunft und Übersendung der Unterlagen

Anspruchsgrundlage: Durchbrechung des Bankgeheimnisses mit einem Durchsuchungs- (§ 105 Abs. 1 S. 1 StPO) und Beschlagnahmebeschluss (§ 98 Abs. 1 S. 1 StPO)

1. Nach dem vorkonstitutionellem Gewohnheitsrecht hat B das Bankgeheimnis zu wahren, das in Nr. 2 Abs. 1 AGB-Banken näher ausgestaltet ist. Danach ist die Bank zur Verschwiegenheit über alle kundenbezogenen Tatsachen und Wertungen verpflichtet, von denen sie Kenntnis erlangt (Bankgeheimnis). Informationen über den Kunden darf die Bank nur weitergeben, wenn gesetzliche Bestimmungen dies gebieten, der Kunde eingewilligt hat oder die Bank zur Erteilung einer Bankauskunft befugt ist. Hier hat Klaus Kunde (K) zur Weitergabe der Informationen nicht eingewilligt. Eine Bankauskunft schei-

---

[469] BVerfG, Beschluss vom 30.4. 1997 – 2 BvR 817/90, 2 BvR 728/92, 2 BvR 802/95, 2 BvR 1065/95, NJW 1997, 2163; bestätigt durch BVerfG, Beschluss vom 22.1. 2002 – 2 BvR 1473/01, StV 02, 348, BVerfG, Beschluss vom 3.12. 2002 – 2 BvR 1845/00, NJW 03, 2303 und BVerfG, Beschluss vom 18.12. 2002 – 2 BvR 1910/02, NJW 03, 1513.

[470] BVerfG, Beschluss vom 12.4. 2005 – 2 BvR 1027/02, NJW 2005, 1917; BGH, Urteil vom 18.4. 2007 – 5 StR 546/06, NJW 2007, 2269.

tert an den Voraussetzungen der Nr. 2 Abs. 2 bis 4 AGB-Banken. So darf die Auskunft nur an einen Kunden der Bank oder an eine andere Bank gegeben werden, nicht aber an die Staatsanwaltschaft.

Die in Art. 13 GG geschützte Unverletzlichkeit der Wohnung und von Geschäftsräumen darf nur im Rahmen der gesetzlichen Bestimmungen durchbrochen werden, insbesondere mit einem rechtmäßigen Durchsuchungs- (§ 105 Abs. 1 S. 1 StPO) und Beschlagnahmebeschluss (§ 98 Abs. 1 S. 1 StPO).

2 An einen rechtmäßigen Durchsuchungs- (§ 105 Abs. 1 S. 1 StPO) und Beschlagnahmebeschluss (§ 98 Abs. 1 S. 1 StPO) sind folgende Anforderungen zu stellen:

2.1 Zunächst muss ein Anfangsverdacht (§ 152 Abs. 2 StPO) gegeben sein. Anfangsverdacht bedeutet, dass Anhaltspunkte für eine bestimmte, bereits begangene Straftat vorliegen müssen,[471] wobei auf eine ex ante Betrachtung abzustellen ist. Die aufzuklärende Straftat ist zu umschreiben. Die konkret aufgeführten Tatsachen müssen nach der kriminalistischen Erfahrung eine Straftat verwirklichen. Es muss also dem Beschuldigten ein Verhalten angelastet werden, das – wenn es so wirklich begangen sein sollte – den Tatbestand eines Strafgesetzes erfüllt.[472]

Die Staatsanwaltschaft geht hier von einem Betrug (§ 263 Abs. 1 StGB) des K zu Lasten der Banken, die Löschungsbewilligungen erteilt haben, aus, weil K billiger erworbene Grundstücke teuerer weiterverkauft habe. Diese Ansicht erscheint schon auf den ersten Blick sonderbar, lebt doch der Handel davon, dass das Eingekaufte teuerer weiter verkauft wird. Das Wirtschaftsleben in der Bundesrepublik ist dabei von frei ausgehandelten Preisen gekennzeichnet, wobei nur zivilrechtlich die Grenze der Sittenwidrigkeit (§ 138 BGB) nicht überschritten werden darf. Im Strafrecht ist der Geschehensablauf unter die Tatbestandsmerkmale des jeweiligen Straftatbestands zu subsumieren.

2.1.1. Zunächst müsste eine Täuschung des K vorliegen. Täuschung ist die Vorspiegelung falscher oder die Entstellung oder Unterdrückung wahrer Tatsachen. K begehrt die Freigabe der Grundschulden, die auf dem Grundstück lasten, um das Grundstück freihändig und ohne eine grundpfandrechtlich Belastung weiterverkaufen zu können. Nach der Angabe im Schreiben vom 1.4. 2009 hat K nur die Freigabe der Grundschuld durch entsprechende Kaufpreiszahlung begehrt, mit der seine ansonsten nicht bedienbare Darlehensschuld zurückgeführt werden soll. Der Wert des Grundstückes bildet sich am Markt heraus, ist also ein Marktpreis. Marktpreise sind aber Werturteile („Mir ist das Grundstück € x wert.") und gerade keine Tatsachenbehauptungen.

K hat aber nach dem Schreiben vom 1.4. 2009 nicht einmal über Werte gesprochen, er hat nur die Freigabe der Grundschulden begehrt. Dies kann al-

---

[471] BVerfG, Beschluss vom 1.3. 2002 – 2 BvR 972/00, WM 2002, 648 = NJW 2002, 1940.

[472] BVerfG, Beschluss vom 8.3. 2006 – 2 BvR 27/04, NJW 2004, 1517, 1518; BVerfG vom 7.9. 2006 – 2 BvR 1219/05, NJW 2007, 1443.

lenfalls ein Unterlassen (§ 13 StGB) sein. Falsche Tatsachen durch schlüssiges Verhalten werden nur dann vorgespiegelt, wenn der Täter die Unwahrheit zwar nicht mit Worten erklärt, sie aber durch sein Verhalten zum Ausdruck bringt; dabei kommt es entscheidend darauf an, welcher Erklärungswert seinem Gesamtverhalten nach der Verkehrsanschauung im Hinblick auf die Art des abgeschlossenen Vertrages objektiv beizumessen ist.[473] Wer die Freigabe der Grundschuld zu einem bestimmten Preis begehrt, erklärt damit im allgemeinen nicht schon schlüssig, der Preis sei angemessen oder üblich.[474] In einer Marktwirtschaft richtet sich der Preis nach Angebot und Nachfrage. Vereinbarungen über den Austausch von Gütern und Leistungen unterliegen der Vertragsfreiheit. Sie schließt es grundsätzlich aus, die Angemessenheit des Preises zu einer Minimalforderung der Redlichkeit im Geschäftsverkehr zu erheben. Es ist i. d. R. Sache des Käufers oder Bestellers, abzuwägen und sich zu entscheiden, ob er die geforderte Vergütung aufwenden will oder nicht.[475] (vgl. BGH, LM Nr. 5 zu § 263 StGB).

Zwischenergebnis: Eine Täuschung i. S. v. § 263 Abs. 1 StGB liegt hier nicht vor. Ein Anfangsverdacht scheidet schon hier wegen einer nicht strafbaren Tat aus. Die Staatsanwaltschaft hat hier deshalb kein Auskunftsrecht[476].

2.1.2 Durch die Täuschung über eine Tatsache müsste bei den Banken ein Irrtum erregt oder unterhalten werden. Das Ausnutzen der Fehlvorstellung der Bank, nämlich der Preis für die Freigabe der Grundschuld sei angemessen, reicht nicht aus.[477]

2.1.3 Die Vermögensverfügung liegt in der Freigabe der Grundschuld, da der Dritte, hier der sogenannte „Zweitkäufer" das Grundstück regelmäßig lastenfrei erwerben will.

2.1.4 Zum objektiven Tatbestand ist im Schreiben vom 1.4. 2009 nichts angegeben.[478]

2.1.5 Ausführungen zum subjektiven Tatbestand fehlen ebenfalls.

Zwischenergebnis: Aus dem Schreiben vom 1.4. 2009 ergibt sich kein Anfangsverdacht.

---

473 Cramer in: Schönke-Schröder, StGB, 27. Aufl., § 263 Rn. 14/15.

474 BGH, LM Nr. 5 zu § 263 StGB; RGSt 42, 147, 150; Cramer in: Schönke-Schröder, StGB, 27. Aufl., § 263, Rn. 17c.

475 BGH, LM Nr. 5 zu § 263 StGB; RGSt 42, 147, 150; Cramer in: Schönke-Schröder, StGB, 27. Aufl., § 263, Rn. 17c.

476 Da ein Gutachten gefordert ist, müssen Sie die Prüfung fortsetzen.

477 Cramer in: Schönke-Schröder, StGB, 27. Aufl., § 263, Rn. 46.

478 Zum Verständnis sei außerhalb der Klausurlösung ausgeführt: Bei dieser Konstellation liegt der Vermögensschaden meist in der angespannten finanziellen Situation des K in Verbindung mit dem im Vergleich zur Darlehensschuld zu geringem Erlös für die (Freigabe der) Grundschuld. K hat außer dem Grundstück nichts, die Darlehensschuld kann er nicht bedienen. Gibt also die Bank die Grundschuld frei, kann sie die Forderung gegen K meist voll abschreiben.

2.2 Grundsätzlich bedarf die Anordnung eines Durchsuchungs- (§ 105 Abs. 1 S. 1 StPO) und Beschlagnahmebeschluss (§ 98 Abs. 1 S. 1 StPO) eines richterlichen Beschlusses. Der Richter hat dabei die von der Staatsanwaltschaft vorgetragenen Gesamtumstände eigenverantwortlich zu überprüfen.

Nur ausnahmsweise genügt die Anordnung durch die Staatsanwaltschaft, wenn Gefahr in Verzug ist. Gefahr in Verzug ist „nur dann, wenn keine richterliche Anordnung – trotz entsprechender organisatorischer Vorkehrungen und entsprechender personeller und sachlicher Ausstattung – eingeholt werden kann, ohne den Zweck der Maßnahme zu gefährden“[479].

Hier müsste also ausgeführt werden, dass B die Unterlagen verschwinden lassen würde, wenn nicht unverzüglich gehandelt würde. Dies ist hier gerade nicht so. Die Staatsanwaltschaft hat dafür keinerlei Anhaltspunkte, sonst würde sie nicht ein Schreiben an B senden, sondern selbst vor Ort unangekündigt durchsuchen.

Zwischenergebnis: Das Verhalten der Staatsanwaltschaft ist verfassungswidrig. Für die Durchsuchung und Beschlagnahme gibt es keinen richterlichen Beschluss. Das Handeln der Staatsanwaltschaft kann man hier auch nicht mit „Gefahr in Verzug“ begründen.

2.3 Nach dem Grundsatz der Verhältnismäßigkeit ist das mildestes Mittel und der geringstmögliche Eingriff zu wählen. Anstatt zu durchsuchen, wählt hier die Staatsanwaltschaft mit der Abwendungsbefugnis durch Abwendungsvorlage und Abwendungsauskunft das mildeste Mittel. Auch der Geschäftsbetrieb der B ist nicht beeinträchtigt, da hier die Staatsanwaltschaft nur die Übersendung der entsprechenden Unterlagen in Kopie begehrt. Dies ist der geringstmögliche Eingriff.

Zwischenergebnis: Der Grundsatz der Verhältnismäßigkeit ist gewahrt.

2.4 Weiter ist die Schriftform einzuhalten. Wegen des Grundrechtseingriffs muss eine Kontrolle dieser hoheitlichen Maßnahme möglich sein. Dies ist für den von der Durchsuchung Betroffenen nur möglich, wenn das von der Ermittlungsbehörde Geforderte an Ort und Stelle mit dem Durchsuchungs- (§ 105 Abs. 1 S. 1 StPO) und Beschlagnahmebeschluss (§ 98 Abs. 1 S. 1 StPO) verglichen werden kann.[480]

Zwischenergebnis: Es liegt ein schriftliches Auskunftsersuchen vor.

2.5 Das Schreiben vom 1.4. 2009 müsste den inhaltlichen Anforderungen an den Durchsuchungs- und Beschlagnahmebeschluss genügen.

Der Beschuldigte ist zwar namentlich bezeichnet, jedoch fehlt die genaue Bezeichnung des Durchsuchungsobjektes. Wie oben unter Punkt 2.1 bereits

---

[479] BVerfG, Urt. vom 20.2. 2001 – 2 BvR 1444/00, NJW 2001, 1121, 1123

[480] BVerfG NJW 1966, 1603; *Ciolek-Krepold*, Durchsuchung und Beschlagnahme in Wirtschaftsstrafsachen, Rn. 65.

ausgeführt, gibt es zwar teilweise konkrete Angaben zum Tatverdacht, aus diesen ergibt sich jedoch kein strafbares Verhalten. Der Durchsuchungszweck mit der konkreten Benennung der Beweismittel ist angegeben, der Durchsuchungszweck stimmt der angenommenen Tat überein. Auf die Verhältnismäßigkeit ist mit der Abwendungsvorlage und der Abwendungsauskunft eingegangen.

Zwischenergebnis: Das Schreiben vom 1.4. 2009 genügt nicht den inhaltlichen Anforderungen an einen Durchsuchungs- und Beschlagnahmebeschluss.

2.6 Wegen möglicher Änderung des Sachverhalts darf der Durchsuchungs- und Beschlagnahmebeschluss nach der Rechtsprechung des Bundesverfasungsgerichtes nicht älter als sechs Monate sein.[481]

2.7 Voraussetzung für ein Herausgabeverlangen nach § 95 StPO ist, dass ein konkretes Beweismittel trotz einer rechtmäßigen Durchsuchung (grundsätzlich unter Einschaltung des Gerichts) nicht gefunden werden konnte. Mit anderen Worten war das Beweismittel so gut versteckt, dass es die Ermittlungsbehörden nicht finden konnten. Der Richtervorbehalt darf nicht umgangen werden. Hier gab es keinen richterlichen Durchsuchungs- und Beschlagnahmebeschluss: Vielmehr will die Staatsanwaltschaft die Unterlagen gerade ohne Einschaltung eines Richters erlangen. Dies ist rechts- und verfassungswidrig[482]. In dem Auskunftsersuchen wird die Meinung erweckt, das Herausgabeverlangen nach § 95 StPO sei von der Rechtsprechung und der Literatur einheitlich gedeckt. Dem ist gerade nicht so, die Staatsanwaltschaft führt hier die Betroffenen in die Irre.

2.8 Die Staatsanwaltschaft bittet den Vorgang „vertraulich" zu behandeln. Außer im Fall eines Geldwächeverdachtes (§ 11 Abs. 3 GwG) ist die Bank berechtigt, den Kunden zu unterrichten, um ihm die Möglichkeit der Selbstanzeige zu eröffnen und einen effektiven Rechtsschutz zu gewähren.

2.9 Die Kostenerstattung richtet sich nach JVEG.

---

[481] BVerfG, Beschluss vom 27.5. 1997 – 2 BvR 1992/92, NJW 1997, 2165.

[482] Vgl. LG Bonn WM 1982, 1371; LG Berlin WM 1984, 772; LG Landshut WM 1985, 749; LG Düsseldorf wistra 1993, 199; LG Stuttgart NJW 1992, 2646; *Braczyk*, wistra 1993, 57; *Reiß* StV 1988, 35; *Pfeiffer*, StPO, 5. Auflage 2005, § 95 RdNr 1 aE; *Selmer*, Steuerrecht und Bankgeheimnis, S. 67; *Nack* in *Hannich (Hrsg.)*, Karlsruher Kommentar zur StPO, 6. Auflage 2008, § 95 RdNr 4: „Zuständig ist der Richter. Eine Zuständigkeit der Staatsanwaltschaft wird durch § 161a nicht begründet"; *Lemke* in Heidelberger Kommentar zur Strafprozeßordnung, 3. Aufl. 2001, § 95, RdNr 6; *Müller* in KMR, *Kleinknecht/Müller/Reitberger*, § 95 RdNr 6, Stand Dezember 2008: „Nur der Richter"; *Schäfer* in *Loewe/Rosenberg*, 25. Auflage 1997 ff., § 95 StPO RdNr 6; *Dahm*, BuB, RdNr 2/895; aA: LG Lübeck vom 3.2. 2000, NJW 2000, 3149 mwN; *Meyer/Goßner* 51. Aufl. 2008, § 95 RdNr 2 ohne Begründung.

Ergebnis: Die Anforderungen an einen rechtmäßigen Durchsuchungs- (§ 105 Abs. 1 S. 1 StPO) und Beschlagnahmebeschluss (§ 98 Abs. 1 S. 1 StPO) sind nicht gegeben. Die gesetzlichen Bestimmungen gebieten hier nicht, der Staatsanwaltschaft Auskunft zu geben und die Unterlagen zu übersenden.

3 Nach dieser rechtlichen Analyse schließt sich in der Praxis die Frage an, wie weiter vorzugehen ist:

3.1 Von einer Auskunftserteilung ist hier dringend abzuraten. Die gesetzlichen Bestimmungen gebieten hier nicht, der Staatsanwaltschaft Auskunft zu geben und die Unterlagen zu übersenden. Gibt B hier dennoch Auskunft, so verletzt sie das Bankgeheimnis.

3.2 Das Ergebnis ihrer Prüfung teilen Sie der Staatsanwaltschaft mit. Diese kann dann einen rechtmäßigen Durchsuchungs- (§ 105 Abs. 1 S. 1 StPO) und Beschlagnahmebeschluss (§ 98 Abs. 1 S. 1 StPO) beantragen. Diesen Weg wird die Staatsanwaltschaft üblicherweise so einschlagen.

3.3 Sollte die Staatsanwaltschaft ihr Auskunftsersuchen durchsetzen wollen, so ist der Rechtsweg offen. Nach § 98 Abs. 2 S. 2 StPO kann B jederzeit die gerichtliche Entscheidung beantragen. Grundsätzlich ist das Amtsgericht zuständig, in dessen Bezirk die Beschlagnahme stattgefunden hat (§ 98 Abs. 2 S. 3 StPO). Dagegen ist die Beschwerde nach § 304 StPO zulässig. Hilft das Amtsgericht nicht ab, ist die Beschwerde sofort, spätestens vor Ablauf von drei Tagen, dem Landgericht vorzulegen (§ 306 Abs. 2, 2. Halbsatz StPO). Gegen die Entscheidung des Landgerichts kann Verfassungsbeschwerde erhoben werden. Dieser Rechtsschutz besteht wegen des Grundgedankens eines effizienten Rechtsschutzes gem. Art. 19 IV GG[483] auch nach Durchsicht der Unterlagen und dem damit verbundenen Ende der Durchsuchung.

3.4 Verstößt die Staatsanwaltschaft, wie hier, bewusst gegen die verfassungsrechtlich geschützten Grundsätze der Durchsuchung und Beschlagnahme (s.o. Richtervorbehalt, u.a.) so darf sie die mit dem Auskunftsersuchen erlangten Beweise nicht verwerten.[484] Bei einem bewussten Verstoß gegen die Grundsätze der Durchsuchung und Beschlagnahme ist ein Verwertungsverbot der daraus gewonnenen Erkenntnisse als Korrektiv zum verfassungswidrigen Grundrechtseingriff unabdingbar.

---

[483] BVerfG, Beschluss vom 30.4. 1997 – 2 BvR 817/90, 2 BvR 728/92, 2 BvR 802/95, 2 BvR 1065/95, NJW 1997, 2163; bestätigt durch BVerfG, Beschluss vom 22.1. 2002 – 2 BvR 1473/01, StV 02, 348, BVerfG, Beschluss vom 3.12. 2002 – 2 BvR 1845/00, NJW 03, 2303 und BVerfG, Beschluss vom 18.12. 2002 – 2 BvR 1910/02, NJW 03, 1513.

[484] BVerfG, Beschluss vom 12.4. 2005 – 2 BvR 1027/02, NJW 2005, 1917; BGH, Urteil vom 18.4. 2007 – 5 StR 546/06, NJW 2007, 2269.

5.2.2 Klausurlösung 2 – Sommermärchen

5.2.2.1 Gliederung der Lösungsskizze

Hinweis: Soweit sich die hier angegebenen Vorschriften des BGB durch das neue Verbraucherdarlehensrecht ändern, sind die neuen Vorschriften in Klammern angegeben.

Frage 1: Anspruch des D gegen B auf vollständige Rückerstattung der Zinsen

Anspruchsgrundlage: § 812 Abs. 1 S. 1 1. Var. BGB (Leistungskondiktion)

5 Punkte

1. Durch Leistung eines anderen

   Jede zweckgerichtete Vermehrung fremden Vermögens: D zahlt an B Zinsen

2. Etwas erlangt

   B erlangt Geld in Form von Zinsen.

3. Ohne rechtlichen Grund

   Zu prüfen ist, ob der abgeschlossene Darlehensvertrag (§ 488 Abs. 1 S. 1 BGB) der rechtliche Grund für die Zinszahlungen sein kann.

3.1 Einigung: +

3.2 Form: § 492 BGB

3.2.1 Verbraucherdarlehensvertrag, § 491 BGB

- B ist Unternehmer i.S.v. § 14 Abs. 1 BGB
- D ist Verbraucher i.S.v. § 13 BGB
- Ausnahmen von § 491 Abs. 2, Abs. 3 BGB liegen nicht vor

5 Punkte

3.2.2 Schriftform, § 492 Abs. 1 S. 1, § 126 Abs. 1 BGB

Als Ausnahme zu § 126 Abs. 2 S. 1 BGB, ist auch die getrennte schriftliche Erklärung von Angebot und Annahme möglich (§ 492 Abs. 1 S. 3 BGB, bzw. § 492 Abs. 1 S. 2 BGB-E).

3.2.2.1 Angebot schriftlich:

Unterschriebenes Schreiben vom 10.6. 2006

3.2.2.2 Annahme schriftlich:

Unterschrieben hat B, aber dieses Schreiben muss gem. § 130 BGB original unterschrieben zugehen.

Fax genügt nicht (deshalb ist kein Beweis zu erheben)

Ausnahmen:

- § 151 Verzicht auf Annahmeerklärung: hier nicht
- § 492 Abs. 1 S. 4 BGB (§ 492 Abs. 1 S. 3 BGB-E): Fax ist keine automatische Einrichtung

Zwischenergebnis: Form nicht gewahrt, Darlehensvertrag nach § 494 Abs. 1 BGB nichtig.

10 Punkte

3.2.3 Heilung der Formnichtigkeit, § 494 Abs. 2 S. 1 BGB

§ 494 BGB ist eine dem § 125 S. 1 BGB und dem § 139 BGB vorgehende Sonderregelung.

Meinungsstreit, ob bei Verletzung der Schriftform insgesamt § 494 Abs. 2 S. 1 BGB anwendbar ist, also ob Heilung eintritt und welche Sanktion (immer Zinssatzermäßigung?) eintritt.

Zwischenergebnis: Formmangel durch Empfang des Darlehens ohne Ermäßigung des Zinssatzes geheilt. Rechtlicher Grund der Zinszahlung i. S. v. § 812 Abs. 1 S. 1, 1. Var. BGB ist der zunächst nichtige, dann aber nach § 494 Abs. 2 S. 1 BGB geheilte und gültig gewordene Darlehensvertrag.

Endergebnis: D kann nicht die vollständige Rückerstattung der Zinsen verlangen.

20 Punkte

Frage 2: Anspruch des D gegen B auf teilweise Rückerstattung der Zinsen

Anspruchsgrundlage: § 494 Abs. 3 BGB i.V.m. § 812 Abs. 1, S. 1, 1. Var. BGB (Leistungskondiktion)

1. Durch Leistung eines anderen

   Jede zweckgerichtete Vermehrung fremden Vermögens: D zahlt an B Zinsen

2. Etwas erlangt: B erlangt Geld in Form von Zinsen.

3. Ohne rechtlichen Grund:

   Bei zu niedrig angegeben Effektivzinssatz: verhältnismäßige Herabsetzung des Nominalzinses.

   Für darüber hinaus bezahlte Zinsen gibt es keinen rechtlichen Grund.

   Berechnung:[485]

$$\frac{5{,}4\%\ \text{(Eff.-zins falsch)}}{5{,}8\%\ \text{(Eff.-zins richtig)}} \times 5{,}4\%\ \text{Nom.-zins (vereinbart)}$$

$$= 5{,}03\%\ \text{p. a. Nom.-zins (neu)}$$

Zwischenergebnis: Verminderung des Nominalzinssatzes auf 5,03% p.a.

Endergebnis: D hat gegen B ein Rückerstattungsanspruch der bezahlten Zinsen, die über den Nominalzinssatz von 5,03% p.a. hinausgehen.

8 Punkte

---

[485] Siehe Punkt 3.2.8.2, dort auch zur abweichenden Meinung, wonach sich ein Nominalzins von 5,0% ergeben soll (5,8% – 5,4% = 0,4%; 5,4% – 0,4% = 5,0%).

Frage 3a: Anspruch des D gegen B auf Neuabrechnung unter Aufschlüsselung von Zins- und Tilgungsleistung

Anspruchsgrundlage: § 494 Abs. 2 S. 4 BGB, bzw. § 494 Abs. 5 BGB-E

Zins- und Tilgungsraten insgesamt[486] neu zu berechnen (§ 494 Abs. 2 S. 4 BGB, bzw. § 494 Abs. 5 BGB-E)

Neuberechnung auf Basis des auf 5,03% p.a. herabgesetzten Nominalzinses

Nach Sinn und Zweck kein Anspruch auf Aufschlüsselung der Raten in Zins- und Tilgungsanteile

Ergebnis: Kein Anspruch des D gegen B auf Neuabrechnung des Darlehens unter Aufschlüsselung von Zins- und Tilgungsleistungen.

5 Punkte

Anspruchsgrundlage: Darlehensvertrag

Der Darlehensvertrag begründet kein Auftrags- und Geschäftsbesorgungsverhältnis; deshalb keine Auskunft- und Rechenschaftspflichten gemäß § 666, § 675 BGB

Ergebnis: Kein vertraglicher Anspruch des D gegen B auf Neuabrechnung des Darlehens unter Aufschlüsselung von Zins- und Tilgungsleistungen.

3 Punkte

Anspruchsgrundlage: § 242 BGB i.V.m. § 494 Abs. 3 BGB i.V.m. § 812 Abs. 1, S. 1, 1. Var. BGB

Keine Auskunft und Rechenschaft nach § 242 BGB. Zuviel bezahlte Zinsen können vom Darlehennehmer selbst aufgeschlüsselt und neu berechnet werden.

2 Punkte

Frage 3b: Höhe des Rückerstattungsanspruches in € für die zuviel bezahlten Zinsen zum angenommenen Stichtag 30.12. 2009[487]

Gegenüberzustellen ist, was D an Zinsen tatsächlich bezahlt hat, nämlich nominal 5,4% p.a. und den tatsächlich geschuldeten Zinsen in Höhe von 5,03%.

€ 22 339,73 Zinsen bezahlt:

Rechenweg: € 1 000 000,00 für 151 Tage (1.8. 2006 bis 30.12. 2006) 5,40% Zins p.a.

$$€\ 1\,000\,000{,}00 \times 0{,}0540 \times \frac{151\ \text{Tage}}{365\ \text{Tage}} = €\ 22\,339{,}73$$

Geschuldete Zinsen bei einem herabgesetzten Zinssatz von 5,03% p.a.: € 20 809,04

---

[486] Vgl. BGH, Urteil vom 9.5. 2006 – XI ZR 114/05, BKR 2006, 405 zum gleichlautenden § 6 Abs. 2 S. 4 VerbrKrG aF, jetzt § 494 Abs. 2 S. 4 BGB.

[487] In der Klausur war dieser Teil erlassen. Da der BGH (vgl. BGH vom 9.5. 2006, BKR 2006, 405) vom Bankkunden die Berechnung verlangt, sollten Sie diese Berechnungen verstehen. Im mündlichen Staatsexamen wird gerne nach dem Rechenweg gefragt.

Rechenweg: € 1 000 000,00 × 0,0503 × $\frac{151 \text{ Tage}}{365 \text{ Tage}}$ = € 20 809,04

Die Differenz für 2006 in Höhe von € 1530,69 ist von B an D zurückzuerstatten.

Am 30.12. 2006 erfolgt eine Tilgung von 1% p.a., da aber erst am 1.8. 2006 das Darlehen ausbezahlt worden ist, erfolgt eine zeitanteilige Berechnung der Tilgung:

Rechenweg: € 1 000 000,00 × 0,01 × $\frac{151 \text{ Tage}}{365 \text{ Tage}}$ = € 4136,99 Tilgung für 2006

Auch für 2007 sind die Zinsen neu zu berechnen:

(€ 1 000 000,00 – € 4136,99) × 0,0540 =	€ 53 776,61 tatsächlich bezahlt
(€ 1 000 000,00 – € 4136,99) × 0,0503 =	€ 50 091,91 tatsächlich geschuldet
Differenz	€ 3 684,70

Am 30.12. 2007 erfolgt eine Tilgung in Höhe von € 10 000,00 (= 1% des Darlehensnennbetrages), usw. Die Berechnungen sind entsprechend fortzusetzen.

Zum angenommenen Stichtag 30.12. 2009 sind an zu viel bezahlten Zinsen geschuldet:

2006:	€ 1 530,69
2007:	€ 3 684,70
2008:	€ 3 647,70
2009:	€ 3 610,70
Insgesamt zum 30.12. 2009	€ 12 473,79[488]

Ergebnis: Die Höhe des Rückerstattungsanspruches für die zu viel bezahlten Zinsen zum angenommenen Stichtag 30.12. 2009 beträgt € 12 473,79, allerdings verjährt der Rückerstattungsanspruch wegen der für das Jahr 2006 zu viel bezahlten Zinsen zum 31.12. 2009.

15 Punkte

Frage 4: Anspruch von D gegen B auf Reduzierung des Nominalzinssatzes

Anspruchsgrundlage: § 494 Abs. 3 BGB

Der Effektivzinssatz ist zu niedrig angegeben. Der Nominalzins ist verhältnismäßig auf 5,03% p.a. herabzusetzen (s.o.).

Ergebnis: D kann von B die Reduzierung des Nominalzinssatzes verlangen.

3 Punkte

[488] Exkurs für die Praxis: Sind aus den vorgenannten Geldbeträgen seit den entsprechenden Fälligkeiten tatsächlich Nutzungen (bei Geld sind das die Zinsen) gezogen worden, so sind diese ebenfalls zu erstatten (§ 818 Abs. 1 BGB).

Frage 5: Freistellung von den Kosten für die Risikolebensversicherung

Anspruchsgrundlage: § 494 Abs. 2 S. 3 BGB (§ 494 Abs. 4 S. 1 BGB-E)

Risikolebensversicherung im Zusammenhang mit dem Verbraucherdarlehensvertrag abgeschlossen (§ 492 I 5 Nr. 6 BGB; anders nach neuem Recht, weil sich Art. 247 § 3 Abs. 1 Nr. 10 EGBGB-E im Einklang mit der Verbraucherkreditrichtlinie nur auf Kosten bezieht, die sich aus dem Darlehensvertrag ergeben, nicht aber auf Kosten, die sich aus anderen Verträgen ergeben[489]). Kosten im Darlehensvertrag nicht angegeben und deshalb nicht geschuldet (§ 494 Abs. 2 S. 3 BGB), aber kein Freistellungsanspruch gegen die Bank.[490]

Ergebnis: B hat D nicht von den Kosten für die Risikolebensversicherung freizustellen.

4 Punkte

Juristische Argumentation, Aufbau, Konsequenz

20 Punkte

5.2.2.2 Vorschlag einer Klausurlösung

Frage 1: Anspruch des D gegen B auf vollständige Rückerstattung der Zinsen

Anspruchsgrundlage: § 812 Abs. 1, S. 1, 1. Var. BGB (Leistungskondiktion)

D hat dann einen Anspruch auf vollständige Rückzahlung der Zinsen, wenn B durch die Leistung des D etwas ohne rechtlichen Grund erlangt hat (§ 812 Abs. 1 S. 1 1. Var. BGB).

1 Leistung bedeutet jede zweckgerichtete Vermehrung fremden Vermögens. Hier zahlt D an B Geld in Form von Zinsen und vermehrt dadurch zweckgerichtet das Vermögen der B.

2 B erhält dieses Geld und ist dadurch bereichert.

3 Diese Bereicherung müsste ohne rechtlichen Grund erfolgt sein. Zu prüfen ist, ob der „per Handschlag" abgeschlossene Darlehensvertrag (§ 488 Abs. 1 S. 1 BGB) vom 9./10.6. 2006 der rechtliche Grund für die Zinszahlungen sein kann.

3.1 Den Darlehensvertrag haben die Parteien mündlich am 9.6. 2006 abgeschlossen. Eine Einigung liegt schon in diesem Handschlag.

3.2 Liegt ein Verbraucherdarlehensvertrag vor, muss dieser schriftlich abgeschlossen sein (§ 492 Abs. 1 S. 1 BGB). Ein Verbraucherdarlehensvertrag ist nach der Legaldefinition des § 491 Abs. 1 BGB ein entgeltlicher Darlehensvertrag zwischen einem Unternehmer (§ 14 BGB) als Darlehensgeber und einem Verbraucher (§ 13 BGB) als Darlehensnehmer. Darlehensnehmer ist

---

[489] BT-Drucksache 16/11643, S. 202.

[490] BGH, Urteil vom 18.1. 2005, XI ZR 17/04, WM 2005, 415 = ZIP 2005, 339; s.o. Punkt 3.2.8.3.

hier die natürliche Person D, die das Darlehen zu privaten Zwecken, nämlich zum privaten Erwerb einer Villa am Starnberger See aufnimmt, also ein Verbraucher i.S.v. § 13 BGB. Darlehensgeber ist die B-Bank AG, eine juristische Person, die ihr Geld u.a. mit den an sie zu zahlenden Zinsen für gewährte Darlehen verdient. B ist somit Unternehmer nach § 14 Abs. 1 BGB. Ausnahmen des § 491 Abs. 2 und Abs. 3 BGB liegen nicht vor. In diesem Fall handelt es sich um einen Verbraucherdarlehensvertrag, der nach § 492 Abs. 1 S. 1, § 126 Abs. 1 BGB schriftlich abgeschlossen sein muss. Ein Handschlag erfüllt das Schriftformerfordernis nicht. Als Ausnahme zu § 126 Abs. 2 S. 1 BGB, ist auch die getrennte schriftliche Erklärung von Angebot und Annahme möglich (§ 492 Abs. 1 S. 3 BGB bzw. § 492 Abs. 1 S. 2 BGB-E). D hat das von der Bank vorgefertigte Vertragsexemplar am 10.6. 2006 unterschrieben. Die Bank hat zwar daraufhin den Darlehensvertrag unterschrieben, dieser ist aber nicht dem D gem. § 130 BGB original unterschrieben zugegangen. Ein Fax genügt nicht, da dies eine Fernkopie ist, auf der die Unterschriften der Bank nicht im Original angebracht sein können[491]. Auch die weiteren Ausnahmen greifen nicht: B hat nicht nach § 151 BGB auf den Zugang der Annahmeerklärung verzichtet. Auch ist das Fax keine automatische Einrichtung i.S.v. § 492 Abs. 1 S. 4 BGB (§ 492 Abs. 1 S. 3 BGB-E).

Zwischenergebnis: Die Schriftform nicht gewahrt, der Darlehensvertrag ist nach § 494 Abs. 1 BGB nichtig.

Deshalb ist zu überprüfen, ob nicht die fehlende Form nach § 494 Abs. 2 S. 1 BGB geheilt werden kann. § 494 BGB ist eine dem § 125 S. 1 BGB und dem § 139 BGB vorgehende Sonderregelung. Nach § 494 Abs. 2 S. 1 BGB wird der Darlehensvertrag trotz des Formmangels gültig, wenn der Darlehensnehmer das Darlehen empfangen hat. Hier hat D die Darlehensvaluta am 1.8. 2006 erhalten.

Es gibt einen Meinungsstreit, ob bei Verletzung der Schriftform insgesamt § 494 Abs. 2 S. 1 BGB anwendbar ist:

Die Mindermeinung sieht bei der allgemeinen Verletzung des Schriftformerfordernisses die Sanktion des § 494 Abs. 2 S. 1, S. 2 BGB, also insbesondere eine Reduzierung des Zinssatzes auf den gesetzlichen Zinssatz in Höhe von 4% p.a. gem. § 246 BGB. Da wegen der fehlenden Schriftform auch die Angabe des Zinssatzes fehle, gelte § 494 Abs. 2 S. 2 BGB „erst recht", wenn nicht nur der Zinssatz, sondern alle Angaben fehlen.

Der BGH[492] und h.M. sehen dies aber anders: Sinn und Zweck des Schriftformerfordernisses nach § 492 ist die Information, Aufklärung und Warnung des Verbrauchers sowie im Übrigen die Beweisfunktion. Hier enthält „die vom Darlehensnehmer zu unterzeichnende Vertragserklärung" gem. § 492

[491] Exkurs: Für den Richter wäre es hier ein schwerer Fehler, darüber Beweis zu erheben, ob das Fax zugegangen ist oder nicht. Dies ist nicht beweiserheblich, da selbst ein zugegangenes Fax für die Schriftform nicht ausreicht.

[492] Lesenswert BGH, Urteil vom 6.12. 2005 – Az. XI ZR 139/05, NJW 2006, 681 = BKR 2006, 103 = WM 2006, 217 = ZIP 2006, 224.

Abs. 1 S. 5 BGB (bzw. § 492 Abs. 2 BGB-E i.V.m. Art. 247 §§ 6 bis 13 EG-BGB-E) alle notwendigen Angaben. Insoweit ist die Vertragsunterlage eindeutig und enthält alle für den Darlehensnehmer erforderlichen Informationen. Auch der Wortlaut des Gesetzes stützt diese Argumentation. § 494 Abs. 2 S. 1 BGB verweist auf den gesamten § 494 Abs. 1 BGB. In § 494 Abs. 1 BGB ist in der 1. Var. ausdrücklich der Fall genannt, „wenn die Schriftform *insgesamt* nicht eingehalten ist". Deshalb ist der Erst-Recht-Schluss der Mindermeinung falsch.

Zwischenergebnis: Der Formmangel ist durch die Inanspruchnahme des Darlehens ohne Ermäßigung des Zinssatzes geheilt. Rechtlicher Grund der Zinszahlung i.S.v. § 812 Abs. 1 S. 1, 1.Var. BGB ist der zunächst nichtige, dann aber nach § 494 Abs. 2 S. 1 BGB geheilte und gültig gewordene Darlehensvertrag.

Endergebnis: D kann nicht die vollständige Rückerstattung der Zinsen verlangen.

Frage 2: Anspruch des D gegen B auf teilweise Rückerstattung der Zinsen

Anspruchsgrundlage: § 494 Abs. 3 BGB i.V.m. § 812 Abs. 1 S. 1, 1. Var. BGB (Leistungskondiktion)

D hat dann einen Anspruch auf teilweise Rückzahlung der Zinsen, wenn B durch die Leistung des D etwas ohne rechtlichen Grund erlangt hat (§ 812 Abs. 1 S. 1, 1. Var. BGB).

1. Leistung bedeutet jede zweckgerichtete Vermehrung fremden Vermögens. Hier zahlt D an B Geld in Form von Zinsen und vermehrt dadurch zweckgerichtet das Vermögen der B.

2. B erhält dieses Geld und ist dadurch bereichert.

3. Diese Bereicherung müsste ohne rechtlichen Grund erfolgt sein. Ist der Effektivzinssatz zu niedrig angegeben, so hat D nach § 494 Abs. 3 einen Anspruch auf die verhältnismäßige Herabsetzung des Nominalzinses. Für darüber hinaus bezahlte Zinsen gibt es keinen rechtlichen Grund. Hier ist angabegemäß der Effektivzinssatz, anstatt richtig mit „5,8% p.a.", unzutreffend mit „5,4% p.a." angegeben. Im Wissen, dass die Verbraucher die Effektivzinssätze vor dem Abschluss eines Darlehens vergleichen und nicht schwierige finanzmathematische Berechnungen anstellen, hat der Gesetzgeber in § 494 Abs. 3 die Sanktion normiert, auf Grund des zu niedrig angegebenen Effektivzinssatzes den Nominalzinssatz verhältnismäßig entsprechend herabzusetzen. Dazu ist folgende Berechnung durchzuführen:

$$\frac{5{,}4\%\ \text{(Eff.-zins falsch)}}{5{,}8\%\ \text{(Eff.-zins richtig)}} \times 5{,}4\%\ \text{Nom.-zins (vereinbart)}$$

$$= 5{,}03\%\ \text{p.a. Nom.-zins (neu)}$$

Zwischenergebnis: Der Nominalzinssatz ist auf 5,03% p.a. herabzusetzen.

Endergebnis: D hat gegen B ein Rückerstattungsanspruch der bezahlten Zinsen, die über den Nominalzinssatz von 5,03% p.a. hinausgehen.

Frage 3a: Anspruch des D gegen B auf Neuabrechnung unter Aufschlüsselung von Zins- und Tilgungsleistung

Anspruchsgrundlage: § 494 Abs. 2 S. 4 BGB (§ 494 Abs. 5 BGB-E)

Nach dem Wortlaut des § 494 Abs. 2 S. 4 sind nur die Zins- und Tilgungsraten insgesamt[493] neu zu berechnen. Geschuldet ist von B nur, auf Basis des auf 5,03% p.a. herabgesetzten Nominalzinses, die Höhe der monatlichen Zins- und Tilgungsrate insgesamt für die Zukunft neu zu berechnen. Auch nach Sinn und Zweck ergibt sich kein Anspruch auf Aufschlüsselung der Raten in Zins- und Tilgungsanteile, da § 492 Abs. 1 S. 5 Nr. 3 BGB nur eine Angabe über die Art und Weise der Darlehensrückzahlung verlangt (§ 492 Abs. 1 BGB-E i.V.m. Art. 247 § 6 Abs. 1 Nr. 1, § 3 Abs. 1 Nr. 7 EGBGB-E) nur die Angabe von Betrag, Zahl und Fälligkeit der einzelnen Teilzahlungen verlangt. Auch der mit dem neuen Verbraucherdarlehensrecht eingeführte Anspruch auf einen Tilgungsplan, der die Raten auf Zins und Tilgung aufschlüsselt (§ 14 EGBGB-E) hilft D nicht weiter, da sich dieser („Plan") nur auf die Zukunft, nicht die Vergangenheit bezieht.

Ergebnis: Es besteht kein Anspruch des D gegen B auf Neuabrechnung des Darlehens unter Aufschlüsselung von Zins- und Tilgungsleistungen.

Anspruchsgrundlage: Darlehensvertrag

Der Darlehensvertrag als solcher begründet im Gegensatz zum Girovertrag mit Kontokorrentabrede kein Auftrags- und Geschäftsbesorgungsverhältnis, bei dem gesetzliche Auskunfts- und Rechenschaftspflichten gemäß § 666, § 675 BGB bestehen.

Ergebnis: Es besteht kein vertraglicher Anspruch des D gegen B auf Neuabrechnung des Darlehens unter Aufschlüsselung von Zins- und Tilgungsleistungen.

Anspruchsgrundlage: § 242 BGB i.V.m. § 494 Abs. 3 BGB i.V.m. § 812 Abs. 1 S. 1, 1. Var. BGB

Auch aus dem allgemeinen Grundsatz von Treu und Glauben (§ 242 BGB) schuldet B nicht Auskunft und Rechenschaft. D kann seinen Anspruch aus § 494 Abs. 3 BGB i.V.m. § 812 Abs. 1 S. 1, 1. Var. BGB auf zuviel bezahlter Zinsen nach der Neuberechnung notfalls unter Zuhilfenahme Dritter selbst aufschlüsseln und berechnen.

---

[493] BGH, Urteil vom 9.5. 2006 – XI ZR 114/05, BKR 2006, 405 zum gleichlautenden § 6 Abs. 2 S. 4 VerbrKrG aF, jetzt § 494 Abs. 2 S. 4 BGB

Frage 3b: Höhe des Rückerstattungsanspruches in € für die zuviel bezahlten Zinsen zum angenommenen Stichtag 30. 12. 2009[494]

Gegenüberzustellen ist, was D an Zinsen tatsächlich bezahlt hat, nämlich nominal 5,4% p.a. und den tatsächlich geschuldeten Zinsen in Höhe von 5,03%. In 2006 hat D das Darlehen in Höhe von € 1 000 000,00 vom 1.8. 2006 bis 30. 12. 2006 (151 Tage) in Anspruch genommen und dafür bei 5,40% Zins p.a. € 22 339,73 bezahlt.

Rechenweg: $€\ 1\,000\,000{,}00 \times 0{,}0540 \times \frac{151\ \text{Tage}}{365\ \text{Tage}} = €\ 22\,339{,}73$

Tatsächlich bezahlen hätte D aber nur € 20 809,04 müssen.

Rechenweg: $€\ 1\,000\,000{,}00 \times 0{,}0503 \times \frac{151\ \text{Tage}}{365\ \text{Tage}} = €\ 20\,809{,}04$

Die Differenz für 2006 beträgt € 1530,69, die B an D zurückzuerstatten hat.

Am 30. 12. 2006 erfolgt eine Tilgung von 1% p.a., da aber erst am 1.8. 2006 das Darlehen ausbezahlt worden ist, erfolgt eine zeitanteilige Berechnung der Tilgung:

Rechenweg: $€\ 1\,000\,000{,}00 \times 0{,}01 \times \frac{151\ \text{Tage}}{365\ \text{Tage}} = €\ 4136{,}99$ Tilgung für 2006

Auch für 2007 sind die Zinsen neu zu berechnen:

(€ 1 000 000,00 – € 4136,99) × 0,0540 =	€ 53 776,61 tatsächlich bezahlt
(€ 1 000 000,00 – € 4136,99) × 0,0503 =	€ 50 091,91 tatsächlich geschuldet
Differenz	€ 3 684,70

Am 30. 12. 2007 erfolgt eine Tilgung in Höhe von € 10 000,00 (= 1% des Darlehensnennbetrages).

Die Berechnung für 2008 ergibt:

(€ 1 000 000,00 – € 14 136,99) × 0,0540 =	€ 53 236,61 tatsächlich bezahlt
(€ 1 000 000,00 – € 14 136,99) × 0,0503 =	€ 49 588,91 tatsächlich geschuldet
Differenz	€ 3 647,70

Die Differenz für 2009 berechnet sich ebenso:

(€ 1 000 000,00 – € 24 136,99) × 0,0540 =	€ 52 696,61 tatsächlich bezahlt
(€ 1 000 000,00 – € 24 136,99) × 0,0503 =	€ 49 085,91 tatsächlich geschuldet
Differenz	€ 3 610,70

[494] In der Klausur war dieser Teil erlassen, da aber der BGH vom Bankkunden die Berechnung verlangt, sollten Sie diese Berechnungen verstehen. Im mündlichen Staatsexamen wird geRn.e nach dem Rechenweg gefragt.

Zum angenommenen Stichtag 30.12. 2009 sind an zu viel bezahlten Zinsen geschuldet:

2006:	€ 1 530,69
2007:	€ 3 684,70
2008:	€ 3 647,70
2009:	€ 3 610,70
Insgesamt zum 30.12. 2009	€ 12 473,79[495]

Ergebnis: Die Höhe des Rückerstattungsanspruches für die zu viel bezahlten Zinsen zum angenommenen Stichtag 30.12. 2009 beträgt € 12 473,79. Allerdings verjährt der Anspruch auf Rückerstattung der im Jahr 2006 zu viel bezahlten Zinsen zum 31.12. 2009.

Frage 4: Anspruch von D gegen B auf Reduzierung des Nominalzinssatzes

Anspruchsgrundlage: § 494 Abs. 3 BGB

Der Effektivzinssatz ist zu niedrig angegeben. Der Nominalzins ist verhältnismäßig auf 5,03% p.a. herabzusetzen (s.o. Frage 2).

Ergebnis: D kann von B die Reduzierung des Nominalzinssatzes verlangen.

Frage 5: Freistellung von den Kosten für die Risikolebensversicherung

Anspruchsgrundlage: § 494 Abs. 2 S. 3 BGB

Werden Kosten für eine Versicherung, die im Zusammenhang mit dem Verbraucherdarlehensvertrag abgeschlossen wird (§ 492 I 5 Nr. 6 BGB), nicht angegeben, so sind diese vom Darlehensnehmer nicht geschuldet.

Um das Darlehen zu erhalten, musste D die von B geforderte Risikolebensversicherung abschließen. Diese Kosten sind im Darlehensvertrag nicht angegeben und deshalb nicht geschuldet (§ 494 Abs. 2 S. 3 BGB).

Allerdings führt dies bei Kosten, die der Darlehensnehmer im Verhältnis zu einem Dritten, hier der Versicherung, schuldet, nicht zu dem von der Literatur angenommenen Freistellungsanspruch gegen den Darlehensgeber, weil der Freistellungsanspruch nach Auffassung des BGH jede rechtsdogmatische Begründung vermissen lässt.[496]

Nach neuem Recht sind zudem die Kosten der Risikolebensversicherung nicht gesondert anzugeben, weil sich Art. 247 § 3 Abs. 1 Nr. 10 EGBGB-E im Einklang mit der Verbraucherkreditrichtlinie nur auf Kosten bezieht, die sich aus dem Darlehensvertrag

---

[495] Exkurs für die Praxis: Sind aus den vorgenannten Geldbeträgen seit den entsprechenden Fälligkeiten tatsächlich Nutzungen (bei Geld sind das die Zinsen) gezogen worden, so sind diese ebenfalls zu erstatten (§ 818 Abs. 1 BGB).

[496] BGH, Urteil vom 18.1. 2005, XI ZR 17/04, WM 2005, 415 = ZIP 2005, 339; s.o. Punkt 3.2.8.3.

ergeben, nicht aber auf Kosten, die sich aus anderen Verträgen ergeben.[497] Die Kosten für die Risikolebensversicherung sind allerdings, da sie zwingend zur Voraussetzung des Darlehens gemacht wurde, Bestandteil der Gesamtkosten, die wiederum in den Gesamtbetrag und den effektiven Zinssatz einfließen (Art. 247 § 3 Abs. 1 Nr. 8, Abs. 2 EGBGB-E, § 6 Abs. 3 Nr. 4 PAngV-E). Die Nichtangabe der Kosten für die Risikolebensversicherung zieht also, da sie als gesonderte Angabe nicht geschuldet ist, keine Sanktion nach sich.

Ergebnis: B hat D nicht von den Kosten für die Risikolebensversicherung freizustellen.

5.2.3 Klausurlösung 3 – Schluss mit dem Ärger

5.2.3.1 Gliederung der Lösungsskizze

Anspruch des D gegen S auf € 100 711,00

Anspruchsgrundlage: § 488 I 2, § 490 I i.V.m. § 398 BGB

5 Punkte

1. Fälliger Rückzahlungsanspruch aus Darlehensvertrag

1.1 Darlehensvertrag, § 488 I 1 BGB:+

1.2 Zinsen nach Angabe monatlich fällig; Rückstand in Höhe von € 4711,00 fällig

Fälligkeit der Hauptsache:

1.2.1 Kündigung, § 488 III BGB: –, Zeit ist bestimmt;

1.2.2 Außerordentliche Kündigung, § 490 I BGB

- Verschlechterung der Vermögensverhältnisse: S kann 10 Raten nicht bezahlen
- Gefährdung der Rückerstattung trotz Sicherheit: Zinsen laufen auf, Rückstände werden größer, Wert des Sicherungsobjektes verschlechtert sich, da in Zukunft einziger internationaler Flughafen in Berlin, Lärm- und Abgassteigerung

1.2.3 § 498 III BGB nF:

Immobiliardarlehen § 492 Ia 2 BGB: +

zwei Teilzahlungen im Rückstand: +

mehr als 2,5% des Darlehensnennbetrages (€ 99 000,00):

Rückstand in Höhe von € 4711,00 ist mehr als € 2475,00, d.h. +

Erfolglose Fristsetzung und Gesprächsangebot gemäß § 498 Abs. 1 BGB fehlen zwar, wegen der Übergangsregelung in Art. 229 § 18 Abs. 1 EGBGB ist

[497] BT-Drucksache 16/11643, S. 202.

aber § 498 Abs. 3 nF BGB nicht anwendbar, da Darlehensvertrag vor dem 18.8. 2008 geschlossen wurde, nach § 498 Abs. 3 BGB a.F. war aber § 498 Abs. 1 BGB nicht auf Immobiliardarlehensverträge anwendbar. Für die Kündigung sind vertraglich vereinbarte Voraussetzungen zu beachten, zu denen hier nichts ausgesagt ist.

Zwischenergebnis: Forderung ist fällig. Es besteht gegen S ein Anspruch auf Rückzahlung des Darlehens.

15 Punkte

Jedoch macht nicht G, sondern D die Forderung geltend:

2. D müsste Anspruchsinhaber sein

Nicht aus eigenem Recht, aber möglicherweise aus abgetretenem Recht:

2.1 Abtretung wirksam

2.1.1 Zedent G war Anspruchsinhaber: +

2.1.2 Wirksamer Abtretungsvertrag:

Abtretungsvertrag zwischen D und G: übereinstimmende Willenserklärungen

2.1.3 Ausschluss der Abtretung, § 399/§ 400 BGB

a) Bankgeheimnis

ausführliche Darlegung der Argumentationen in Rechtsprechung (BGH vom 27.2. 2007, BKR 2007, 194, bestätigt durch BVerfG vom 11.7. 2007, WM 2007, 1694) und Literatur (Nobbe, WM 2005, 1537, 1547)

Der Gesetzgeber geht inzwischen ebenfalls von der Abtretbarkeit einer Darlehensforderung aus (vgl. insbesondere § 492 Abs. 1a und Abs. 3, § 1192 Abs. 1a BGB, § 799a ZPO).

Wahrnehmung berechtigter Interessen durch die Bank: Wenn der Darlehensnehmer vertragsbrüchig geworden ist, darf die Bank alles tun, um ihren Schaden möglichst gering zu halten. Urteilsverfahren und Zwangsversteigerung öffentlich (§ 169 S. 1 GVG, § 39 Abs. 1, § 66, § 105 ZVG).

Geringere Belastung durch Weiterverkauf als durch einen öffentlichen Zivilrechtsprozess

Begrenzung weiterer wirtschaftlicher Risiken für die Bank

b) Pflicht zur Unterrichtung über den neuen Gläubiger und dessen Kontaktdaten nach § 496 II BGB; mit Begrüßungsbrief des D erfüllt

15 Punkte

Zwischenergebnis: Der neue Gläubiger D tritt an die Stelle des alten Gläubigers G mit allen Rechten und Pflichten

2.2 Keine Erfüllung nach § 362 BGB, da G nicht mehr Gläubiger

2.3 § 407 BGB

Leistet Schuldner S in Unkenntnis der Abtretung an den alten Gläubiger G, so wird er auch gegenüber dem neuen Gläubiger D von seiner Leistungspflicht frei.

S kannte aber den neuen Gläubiger D, konnte sich nur nicht daran erinnern.

5 Punkte

Ergebnis: D kann von S € 100 711,00 verlangen.

Juristische Argumentation, Aufbau, Konsequenz

10 Punkte

5.2.3.2 Vorschlag einer Klausurlösung

Anspruch des D gegen S auf € 100 711,00

Anspruchsgrundlage: § 488 I 2, § 490 I i.V.m. § 398 BGB

1. Zunächst muss ein fälliger Rückzahlungsanspruch aus einem Darlehensvertrag (§ 488 Abs. 1 S. 1 BGB) vorliegen. G und S haben einen form- und rechtswirksamen Darlehensvertrag geschlossen (§ 488, § 491, § 492 BGB). Die Zinsen sind hier monatlich fällig. Nach Sachverhaltsangabe betragen die fälligen Rückstände aus Zins und Tilgung € 4711,00.

   Auch die Hauptsache muss fällig sein. Durch die 10-jährige Zinsfestschreibung ist die Zeit des Darlehens bestimmt. Die Fälligkeit der Hauptsache ergibt sich deshalb nicht aus § 488 Abs. 3 BGB, sondern kann sich nur nach § 490 Abs. 1 BGB ergeben. Eine außerordentliche Kündigung durch die darlehensgebende Bank setzt voraus, dass in den Vermögensverhältnissen des Darlehensnehmers oder in der Werthaltigkeit einer für das Darlehen gestellten Sicherheit eine wesentliche Verschlechterung eintritt oder einzutreten droht, durch die die Rückerstattung des Darlehens, auch unter Verwertung der Sicherheit, gefährdet wird.

   S konnte hier die letzten 10 Raten nicht bezahlen. Damit offenbart sich die wesentliche Verschlechterung seiner Vermögenssituation. Die Verschlechterung seiner Vermögenssituation ist schon eingetreten. Das Gesetz lässt sogar eine drohende Vermögensverschlechterung schon ausreichen. Auch das über eine Grundschuld als Sicherheit gegebene Reiheneckhaus kann dem S hier nicht weiterhelfen. Zwar lag das Reiheneckhaus immer schon in der Einflugschneise eines Verkehrflughafens, durch die Ausweitung des nationalen und internationalen Flugverkehrs auf dem dann einzigen Flughafen in Berlin werden mehr Flugzeuge landen und abheben. Dabei kommt es in der Einflugschneise zu mehr Lärm und zu einer höheren Abgasentwicklung, was das Reiheneckhaus weniger attraktiv macht und dessen Verkauf oder Verwertung erheblich erschwert. Da S lediglich € 20 000,00 Eigenkapital eingesetzt hat und schon Rückstände in Höhe von € 4711,00 aufgelaufen sind, hat die Bank nur ein theoretisches Sicherheitspolster von gerade noch € 15 289,00. Dieses ist aber in Relation zur Ausweitung des Flugverkehrs zu setzen, sodass es schwerlich vorstellbar sein dürfe, noch einen Verwertungspreis in Forderungshöhe zu erzielen, zumal die Prognose nach einer zehnmaligen Nichtzahlung darauf hindeutet, dass auch in den nächsten Monaten keine Zahlungen erfolgen. Kurzum, die Zinsen laufen auf, die Rückstände werden größer und der Wert des Sicherungsobjektes verschlechtert sich. Ein außerordentlicher Kündigungsgrund liegt vor.

Gem. § 498 Abs. 3 BGB aF gelten die Voraussetzungen des § 498 Abs. 1 (Mindestrückstand, zwei Teilzahlungen im Rückstand, Gesprächsangebot) für eine Kündigung bei einem Verbraucherdarlehensvertrag (§ 491 BGB) nicht bei Immobiliardarlehensverträgen. Hier ist das Darlehen mit einer Grundschuld gesichert, es handelt sich hier um einen Immobiliardarlehensvertrag (§ 492 Abs. 1a S. 2 BGB). Wegen der Übergangsregelung in Art. 229 § 18 Abs. 1 EGBGB ist auch § 498 Abs. 3 BGB nF (zwei aufeinander folgende Teilzahlungen, mindestens 2,5% des Darlehensnennbetrages, erfolglose Fristsetzung, Gesprächsangebot, wobei die letzten beiden Punkte hier nicht vorliegen) nicht anwendbar, da der Darlehensvertrag vor dem 18.8. 2008 geschlossen wurde und die Abtretung ebenfalls vor dem 18.8.2008 erfolgte[498].

Zwischenergebnis: Die Forderungen sind fällig. Es besteht gegen S ein Anspruch auf Rückzahlung des Darlehens.

2. Jedoch macht nicht G, sondern D die Forderung geltend. D ist nicht Anspruchsinhaber aus eigenem, möglicherweise aus abgetretenem Recht. Dies setzt eine wirksame Forderungsabtretung voraus: Der Zedent G war Anspruchsinhaber, D und G haben einen wirksamen Abtretungsvertrag vereinbart. Zu prüfen ist, ob das dem S zustehende Bankgeheimnis eine Abtretung wegen der §§ 399, 400 BGB ausschließt.

Wie unter Punkt 1 bereits festgestellt, erfüllt S vertragswidrig nicht mehr seine Verpflichtungen aus dem Darlehensvertrag. Das Darlehen ist Not leidend. Der Gesetzgeber[499] geht inzwischen ebenfalls von der Abtretbarkeit einer Darlehensforderung ohne Mitwirkung des Schuldners aus (vgl. insbesondere § 492 Abs. 1a und Abs. 3, § 1192 Abs. 1a BGB, § 799a ZPO). Mit dem Verkauf der Darlehensforderung realisiert die Bank zwar den Verlust, begrenzt damit aber zugleich das Risiko. Gerade wegen der Eigenkapitalrichtlinien nach den Vorschriften von Basel II, wonach höhere Risiken mit einem höheren Eigenkapital zu unterlegen sind, was zu einer Verteuerung von risikohöheren Engagements führt, neigen Banken dazu, ein unabsehbares Risiko durch einen Forderungsverkauf endgültig zu bereinigen. Jede der bislang durchgeführten Veräußerungsmodalitäten zwingt die veräußernde Bank Informationen über seinen Kunden preiszugeben und damit das Bankgeheimnis zu verletzen: Selbst wenn der Forderungseinzug durch die veräußernde Bank selbst erfolgt, kann ein entsprechender Kaufpreis für die abzutretende Darlehensforderung nur gefunden werden, wenn die Bonität des Darlehensnehmers offen liegt und das bekannt gegebene Sicherungsobjekt neu einge-

---

498 In der Praxis ist es unabdingbar, sich bei langfristigen Verträgen mit den Übergangsregelungen des EGBGB vertraut zu machen.

499 Risikobegrenzungsgesetz vom 18.8. 2008, BGBl I S. 1666.

wertet werden kann. Das Thema einer realitätsnahen Kaufpreisfindung zwingt die Vertragsparteien vor Abschluss ihrer Verhandlungen, die zunächst anonymisierten Daten zu individualisieren.

Für eine mutmaßliche Einwilligung fehlt der Anknüpfungspunkt. Auch § 402 BGB kann nicht herangezogen werden, da diese Vorschrift das Verhältnis des Abtretenden (Zedent) zum Zessionar bestimmt. § 354a HGB gilt nur für beiderseitige Handelsgeschäfte, scheidet also aus, wenn der Darlehensnehmer ein Verbraucher ist.

Die Begründung liegt in der Wahrnehmung berechtigter Interessen durch die Bank: Wenn der Darlehensnehmer vertragsbrüchig geworden ist, darf die Bank alles tun, um ihren Schaden möglichst gering zu halten.

Aus diesen Gründen hat der Bundesgerichtshof[500] die Abtretung Not leidender Darlehensforderungen trotz des zu beachtenden Bankgeheimnisses für wirksam erachtet. Diese grundlegende BGH-Entscheidung hat das Bundesverfassungsgericht[501] bestätigt.

Außerdem ist die Bank in jedem Fall berechtigt, im Urteilsverfahren einen Titel zu erstreiten oder das grundpfandrechtlich gesicherte Objekt im Wege der Zwangsversteigerung zu verwerten. Das Urteilsverfahren ist ebenso öffentlich (§ 169 S. 1 GVG) wie das Zwangsversteigerungsverfahren (§ 39 Abs. 1, § 66, § 105 ZVG). Bei der gerichtlichen Geltendmachung darf und muss die Bank die anspruchbegründenden Tatsachen vortragen. Insoweit muss das Bankgeheimnis zurücktreten. Gleiches gilt für das Zwangsversteigerungsverfahren. Durch den Weiterverkauf und die Abtretung der Darlehensforderung ist der Darlehensnehmer keiner öffentlichen Gerichtsverhandlung ausgesetzt und deshalb insgesamt weniger stark beeinträchtigt.

Nach § 496 Abs. 2 BGB ist S über die Abtretung, den neuen Gläubiger und dessen Kontaktdaten nach § 1 Abs. 1 Nr. 1 bis 3 BGB-InfoV (Angaben zur Person, bzw. zum Unternehmen und ladungsfähige Anschrift) zu unterrichten. Dies gilt auch für bis zum 18.8. 2008 abgeschlossene Darlehensverträge, da in der Übergangsregelung in Art. 229 § 18 EGBGB im Hinblick auf § 496 Abs. 2 BGB keine Ausnahmeregelung enthalten ist (wie es z.B. für die Kündigungsvorschrift des § 498 BGB der Fall ist). Die erforderliche Unterrichtung ist in dem „Begrüßungsschreiben" des D an S enthalten.

Zwischenergebnis: Der neue Gläubiger D tritt an die Stelle des alten Gläubigers G mit allen Rechten und Pflichten

3. G ist nicht mehr Gläubiger. Durch die Zahlung der € 100 711,00 an G ist grundsätzlich keine Erfüllung (§ 362 BGB) eingetreten, es sei denn, S leistet in Unkenntnis der Abtretung an den alten Gläubiger G. Dann würde S auch gegenüber dem neuen Gläubiger D von seiner Leistungspflicht frei. S kannte

[500] BGH, Urteil vom 27.2. 2007 – XI ZR 195/05, NJW 2007, 2106 = ZIP 2007, 619 = BKR 2007, 194.

[501] BVerfG, Beschluss vom 11.7. 2007 – 1 BvR 1025/07, NJW 2007, 3707 = BKR 2007, 503 = WM 2007, 1694.

aber den neuen Gläubiger D, konnte sich nur nicht daran erinnern. Vom Begrüßungsschreiben des neuen Gläubigers D hat S Kenntnis. Die Abtretungsanzeige gem. § 409 BGB liegt diesem Schreiben bei.

Zwischenergebnis: S hat durch die Zahlung an den bisherigen Gläubiger G nicht erfüllt.

Ergebnis: D kann von S € 100 711,00 verlangen.

5.2.4 Klausurlösung 4 – Noch mehr Aktien auf Pump

5.2.4.1 Gliederung der Lösungsskizze

G gegen S auf Zahlung von € 31 600,00

Anspruchsgrundlage: § 488 I 2, § 490 II BGB

5 Punkte

1. Wirksamer Darlehensvertrag: +

Zinsen sind nur zu bezahlen, wenn nicht wirksam gekündigt:

2 Kündigung nach § 489 I BGB

2.1 fester Zinssatz für einen bestimmten Zeitraum:

Zwei Jahre fest, € 31 600,00 zum 18.12. 2009, entspricht 3,16% nominal

2.2 Beendigung der Zinsbindung (Nr. 1): –

2.3 Nr. 2: Verbraucher, § 13 BGB: +

aber grundpfandrechtlich gesichert, also kein Kündigungsrecht

Nach neuem Recht: jederzeitiges Kündigungsrecht für Verbraucher nach § 500 Abs. 1 BGB-E, gilt aber ebenfalls nicht für grundpfandrechtlich gesicherte Darlehen, vgl. § 503 Abs. 1 S. 1 BGB-E

2.4 Ablauf der 10-Jahres Frist (Nr. 3, bzw. § 489 Abs. 1 Nr. 2 BGB-E): –

Zwischenergebnis: Keine Kündigung nach § 489 I BGB (und § 500 BGB-E) möglich.

5 Punkte

3 Kündigung nach § 490 II BGB

3.1 fester Zinssatz für einen bestimmten Zeitraum: s.o. +

3.2 grundpfandrechtlich gesichert: s.o. +

3.3 Kündigungsfrist eingehalten: „fristgemäß“

3.4 berechtigte Interessen (§ 490 II 2):

Hier besteht ein Bedürfnis nach einer anderweitigen Verwertung der zur Sicherung des Darlehens hingegebenen Sache, da das Grundstück bei einer anderen Bank höher beliehen werden kann.

Zwischenergebnis: Kündigung nach § 490 II 3 BGB möglich, aber Vorfälligkeitsentschädigung

10 Punkte

4 Höhe der Vorfälligkeitsentschädigung

4.1 Aktiv-Passiv-Vergleich / Zahlungsstrommodell

Welchen Betrag muss ich heute am 18.12. 2008 anlegen, um im nächsten Jahr € 1 031 600,00 zu erhalten?

Anlage von € 1 000 000,00 bringt bei einer Rendite von 3,5%[502]	€ 35 000,00
erspartes Risiko 0,014% bis 0,1% (h.M.)	€ 140,00 – 1000,00
entfallende Verwaltungskosten	€ 30,00 – 60,00
Zwischensumme (mindestens)	€ 35 170,00 – 36 060,00
abzüglich Bearbeitungsentgelt	€ 300,00

In der Summe sind es in jedem Fall mindestens € 34 870,00 und damit mehr als die nach dem Zins- und Tilgungsplan noch geschuldeten Zinsen in Höhe von € 31 600,00, die durch eine entsprechende Anlage der vorzeitig erhaltenen € 1 000 000,00 erzielt werden können.

4.2 Um die am 18.12. 2009 insgesamt fälligen € 1 031 600,00 bezahlen zu können, reicht es bei einer Verzinsung von 3,5% p.a. heute ein Jahr vorher € 1 000 000,00 anzulegen. Diese 1 000 000,00 hat S bezahlt.

20 Punkte

Endergebnis: G kann von S € 31 600,00 nicht verlangen.

Juristische Argumentation, Aufbau, Konsequenz

10 Punkte

5.2.4.2 Vorschlag einer Klausurlösung

G gegen S auf Zahlung von € 31 600,00

Anspruchsgrundlage: § 488 Abs. 1 S. 2 i.V.m. § 490 Abs. 2 BGB

1. G und S haben einen form- und rechtswirksamen Darlehensvertrag geschlossen (§ 488, § 491, § 492 BGB). Grundsätzlich sind auch die vereinbarten Zinsen zu bezahlen, es sei denn S hat wirksam gekündigt.

2. Zu prüfen ist zunächst, ob dem Darlehensnehmer ein ordentliches Kündigungsrecht nach § 489 Abs. 1 BGB (und § 500 Abs. 1 BGB-E) zusteht. Hier haben G und S einen festen Zinssatz (nominal 3,16%) für den bestimmten Zeitraum von zwei Jahren bis zum 18.12. 2009 vereinbart. Die Zinsbindung

[502] Sie können auch wie unter Punkt 3.1.5.5.3. berechnen, müssen aber dabei berücksichtigen, dass S keinen Anspruch (hier nicht gefragt) auf Auszahlung eines Zinsverbesserungsvorteil hat. S muss in jedem Fall den Nettodarlehensbetrag zurückbezahlen. Das Risiko der vorzeitigen Rückzahlung des Darlehens liegt in der Risikosphäre des Darlehensnehmers S.

war am 18. 12. 2008 noch nicht beendet (§ 489 Abs. 1 Nr. 1 BGB). Stefan Stauber ist ein Verbraucher i. S. v. § 13 BGB, das Darlehen ist mit einer Grundschuld über € 1 110 000,00 grundpfandrechtlich gesichert, weshalb eine Kündigung nach § 489 Abs. 1 Nr. 2 BGB ausscheidet. Ebenso liegt nach neuem Recht kein Kündigungsrecht gemäß § 500 Abs. 1 BGB-E vor, weil dieses nach § 503 Abs. 1 BGB-E nicht auf grundpfandrechtlich gesicherte Darlehen anwendbar ist. Die 10-Jahres Frist (§ 489 Abs. 1 Nr. 3 BGB, bzw. § 489 Abs. 1 Nr. 2 BGB-E) ist noch nicht abgelaufen, sodass der Darlehensnehmer nicht nach § 489 Abs. 1 BGB (und § 500 BGB-E) kündigen kann.

3. Für den Darlehensnehmer kann aber eine Kündigung nach § 490 Abs. 2 S. 1 BGB in Betracht kommen. Wie bereits unter 2. dargestellt, haben G und S einen festen Zinssatz für einen bestimmten Zeitraum vereinbart und das Darlehen ist grundpfandrechtlich gesichert. Darüber hinaus muss der Darlehensnehmer mit der Kündigung ein berechtigtes Interesse verfolgen. Eine beispielhafte Aufzählung für ein berechtigtes Interesse hat der Gesetzgeber in § 490 Abs. 2 S. 2 BGB normiert. Hier besteht ein Bedürfnis nach einer anderweitigen Verwertung der zur Sicherung des Darlehens hingegebenen Sache, da das Grundstück bei einer anderen Bank höher beliehen und damit der wirtschaftliche Wert des Grundstückes mit einem höheren Darlehensbetrag besser genutzt werden kann. Der Darlehensnehmer hat angabegemäß („fristgemäß") auch die Kündigungsfrist eingehalten.

Rechtsfolge dieser wirksamen Kündigung nach § 490 Abs. 2 S. 2 BGB ist die Zahlung von Schadensersatz in Form der Vorfälligkeitsentschädigung (§ 490 Abs. 2 S. 3 BGB).

Um entscheiden zu können, ob ein Schaden für G überhaupt entstanden ist, muss die Vorfälligkeitsentschädigung unter den hier vorliegenden Rahmenbedingungen errechnet werden.

4. Um die Höhe der Vorfälligkeitsentschädigung[503] berechnen zu können, ist das aktuelle Zinsniveau mit dem vertraglich vereinbarten Zins- und Tilgungsplan zu vergleichen. Bei dem hier abgeschlossenen Darlehen wäre bei einem normalen Ablauf nur noch eine Zahlung zu begleichen, nämlich die Zahlung über € 1 031 600,00 in genau einem Jahr am 18. 12. 2009. Nach dem Zahlungsstrommodell im Aktiv-Passiv-Vergleich ist zu berechnen, welchen Betrag ich heute am 18. 12. 2008 zu den am 18. 12. 2008 maßgeblichen Zinskonditionen anlegen muss, um im nächsten Jahr € 1 031 600,00 zu erhalten.

In diesem Fall hat S schon € 1 000 000,00 zurückbezahlt.[504] Legt man diese € 1 000 000,00 zu dem am 18. 12. 2008 aktuellen Zinssatz von 3,5% an, so

---

[503] Die Berechnung erfolgt nach der in der Praxis üblichen Aktiv-Passiv-Vergleichmethode und der dafür vom BGH in seinem Urteil vom 7. 11. 2000 – XI ZR 27/00, NJW 2001, 509, 510 = WM 2001, 20, 24 = ZIP 2001, 20, 23 aufgestellten Grundsätzen.

[504] Sie können auch wie unter Punkt 3.1.5.5.3. berechnen, müssen aber dabei berücksichtigen, dass S keinen Anspruch (hier nicht gefragt) auf Auszahlung eines Zinsverbesserungsvorteil hat. S muss in jedem Fall den Nettodarlehensbetrag zurückbezahlen. Das Risiko der vorzeitigen Rückzahlung des Darlehens liegt in der Risikosphäre des Darlehensnehmers S.

erhält G nach einem Jahr Zinsen in Höhe von € 35 000,00. Mit anderen Worten: Die vorzeitig zurückbezahlten € 1 000 000,00 kann die Bank G sofort in Hypothekenpfandbriefen für ein Jahr anlegen und erhält dafür einen Zinssatz von 3,5%. Nach einem Jahr hat G einen Zinsertrag von € 35 000,00. G hat noch den Vorteil, dass das Risiko eines Darlehensausfalls durch die vorzeitige Rückzahlung nicht mehr vorhanden ist. Deshalb muss sich G nach der herrschenden Meinung[505] dieses ersparte Risiko in Höhe von 0,014% – 0,1% des Darlehensnennbetrages, also mit € 140,00 – € 1000,00 anrechnen lassen. Weiter hat G wegen der vorzeitigen Rückzahlung keine Verwaltungskosten mehr. Setzt man diese mit € 30,00 – € 60,00 an, so hat G durch die vorzeitige Rückzahlung zunächst einen finanziellen Vorteil von € 35 170,00 – € 36 060,00. Als Aufwand hat G die Berechnung der Vorfälligkeit. Als Bearbeitungsentgelt dafür können € 300,00 veranschlagt werden. Insgesamt hat G in jedem Fall einen Vorteil von mindestens € 34 870,00. Dieser Vorteil, der durch eine entsprechende Anlage der vorzeitig erhaltenen € 1 000 000,00 erzielt werden kann, ist höher als die nach dem Zins- und Tilgungsplan noch geschuldeten Zinsen in Höhe von € 31 600,00. Eine Vorfälligkeitsentschädigung fällt somit nicht an. G hat keinen Schaden und kann die ursprünglich nach dem Zins- und Tilgungsplan noch ausstehenden € 31 600,00 nicht verlangen.

Die nach neuem Recht in § 502 Abs. 1 Nr. 1 BGB-E vorgesehene Begrenzung der Vorfälligkeitsentschädigung auf 1% des vorzeitig zurückgezahlten Betrags ist für grundpfandrechtlich gesicherte Darlehen nicht relevant, vgl. § 503 Abs. 1 BGB-E.

Endergebnis: G hat gegen S keinen Anspruch auf Zahlung von € 31 600,00.[506]

5.2.5 Klausurlösung 5 – Den Bürgen sollst du würgen?

Die Mithaftung von Eheleuten durch Mitunterzeichnung von Darlehensverträgen kann wegen krasser finanzieller Überforderung sittenwidrig sein. Das kommt dann in Frage, wenn der Ehegatte kein eigenes Interesse am Darlehen hat und damit so genannter unechter Darlehensnehmer ist. Bei Immobilienfinanzierungen ist insbesondere der Ehegatte, der nicht Miteigentümer des finanzierten Objekts wird, unechter Darlehensnehmer. Das trifft auf die B zu. Es ist also zu prüfen, ob die B durch Mitunterzeichnung des Darlehensvertrags – wodurch eine Haftung in voller Höhe des Darlehensbetrags über € 150 000,00 erreicht würde – finanziell krass überfordert wäre:

10 Punkte

---

[505] A.A. Krepold, BKR 2009, 28.

[506] Mehr ist hier nicht gefragt; insbesondere ist nicht auszuführen, ob S gegen G einen Anspruch auf Vorteilsausgleich hat. Mehr zum Vorteilsausgleich: *Bruchner/Krepold* in *Schimansky/Bunte/Lwowski*, Bankrechts-Handbuch, 3. Auflage, § 79, Rn. 89.

Pfändbares Einkommen der B:

Monatliches Nettogehalt: € 1585,00

Davon monatlich pfändbar bei Unterhaltspflicht für 1 Kind: **€ 112,05**[507]

5 Punkte

Freies Vermögen der B:

Wert des Reihenhauses: € 400 000,00; davon gehört B 1/2

Allerdings ist das Vermögen mit einer Grundschuld belastet und es kann nur freies Vermögen berücksichtigt werden. Maßgeblich ist nicht der Nominalbetrag der Grundschuld, sondern wie hoch diese valutiert; hier also € 240 000,00.

Freies Vermögen: € 400 000,00 – € 240 000,00 = € 160 000,00

Davon 1/2 (Miteigentumsanteil der B = 1/2): **€ 80 000,00**

10 Punkte

Monatliche Zinsbelastung:

Darlehensbetrag abzüglich freies Vermögen: € 150 000,00 – € 80 000,00 = € 70 000,00

5% p.a. × € 70 000,00 = € 3500,00 p.a.

€ 3500,00 / 12 Monate = **€ 291,67** pro Monat

Wenn B den Darlehensvertrag als Mitdarlehensnehmerin unterzeichnen würde, wäre ihre Mithaftung sittenwidrig, denn sie kann aus den pfändbaren Einkünften von € 112,05 nicht die monatlichen Zinsen in Höhe von € 291,67 bezahlen. Es tritt auch keine Reduzierung des Haftungsumfangs auf den finanziell tragbaren Betrag ein, sondern die Mithaftung ist insgesamt unwirksam. Also muss Schlau die Haftung der B begrenzen, was über eine Bürgschaft mit einem Höchstbetrag, der niedriger ist als der Darlehensbetrag, möglich ist.

10 Punkte

Berechnung der Haftungshöchstgrenze

B hat Einkünfte in Höhe von € 112,05 zur Verfügung. Das heißt, ihre Haftung muss auf einen Haftungsbetrag H begrenzt werden, der bei einer Verzinsung von 5% p.a. nur maximal eine Zinsbelastung von € 112,05 im Monat = € 1344,60 im Jahr ergibt.

H × 5% = € 1344,60

H = € 1344,60 / 0,05 = € 26 892,00

Zuzüglich freies Vermögen der B von € 80 000,00 = **€ 106 892,00**

---

507 Vgl. die Pfändungstabelle zu § 850c ZPO gemäß Pfändungsfreigrenzenbekanntmachung 2005 (abgedruckt z.B. unter http://www.gesetze-im-internet.de/pf_ndfreigrbek_2005/BJNR049300005.html); diese Pfändungstabelle gilt gemäß Pfändungsfreigrenzenbekanntmachung 2007 (vgl. http://www.gesetze-im-internet.de/pf_ndfreigrbek_2009/BJNR114100009.html) unverändert bis 30.6.2011 fort. Auch wenn D und B gemeinsam sogenannten Naturalunterhalt für ihr im Haushalt lebendes gemeinsames Kind leisten, muss die Erhöhung der Pfändungsfreigrenze bei beiden Eheleuten berücksichtigt werden.

Schlau wird also von B eine Bürgschaft über einen Höchstbetrag von € 106 892,00 verlangen (wobei in der Bankpraxis aus Vorsichtsgründen maximal eine Bürgschaft über einen Höchstbetrag von € 100 000,00 verlangt werden würde, weil es sich bei Immobilienwerten immer nur um geschätzte Werte handelt).

15 Punkte

Kontrollrechnung:[508]

Monatliche Zinsbelastung bei einer Bürgschaft über € 106 892,00 für das Darlehen über € 150 000 zu einem Darlehenszins von 5% p.a.:

Bürgschaftshöchstbetrag € 106 892,00 – freies Vermögen € 80 000,00 = € 26 892,00

5% × € 26 892,00 = € 1344,60

€ 1344,60 / 12 Monate = € 112,05 = pfändbares Einkommen von € 112,05

B kann also die auf den Bürgschaftshöchstbetrag von € 106 892,00 anfallenden Zinsen aus ihrem freien Vermögen (€ 80 000,00) und ihren pfändbaren Einkünften (€ 112,05 monatlich) tragen. Sie ist durch eine Bürgschaft von € 106 892,00 nicht finanziell krass überfordert; Schlau kann eine Bürgschaft in dieser maximalen Höhe von B verlangen.

---

[508] Die Kontrollrechnung dient dem besseren Verständnis, sie müsste in einer Klausur nicht dargestellt werden.

Stichwortverzeichnis

D

E